Alfried Längle

Viktor Frankl

Eine Begegnung

Alfried Längle

Viktor Frankl

Eine Begegnung

2. Auflage

facultas

Alfried Längle, geboren 1951, Studium der Medizin und Psychologie in Innsbruck, Rom, Toulouse und Wien. Arzt für Allgemeinmedizin und psychotherapeutische Medizin, klinischer Psychologe, Psychotherapeut, Professor an der Psychologischen Fakultät der HSE Moskau, Dozent an der Psychologischen Fakultät Klagenfurt, mehrere Ehrenprofessuren und Ehrendoktorate ausländischer Universitäten. Er ist Ehren-Präsident und Gründungsmitglied der Internationalen Gesellschaft für Existenzanalyse und Logotherapie (GLE-Int) und führt eine psychotherapeutische Praxis in Wien. 2006 wurde er mit dem Wissenschaftspreis des Landes Vorarlberg und 2011 mit dem Goldenen Ehrenzeichen für Verdienste um die Republik Österreich ausgezeichnet. Alfried Längle ist verheiratet und hat vier Kinder.

Bibliografische Information der Deutschen Nationalbibliothek
Die Deutsche Nationalbibliothek verzeichnet diese Publikation in der Deutschen Nationalbibliografie; detaillierte bibliografische Daten sind im Internet über http://dnb.d-nb.de abrufbar.

2. Auflage 2022

Dieses Buch erschien in einer früheren Auflage 1998 bei Piper.
facultas Verlag, 1050 Wien, Österreich
www.facultas.at, office@facultas.at
Umschlagfoto: Regina Längle
Korrektorat: Laura Hödl, Wien
Satz: Wandl Multimedia Agentur, Groß Weikersdorf
Druck: Prime Rate, Budapest
Printed in Hungary
ISBN 978-3-7089-2163-1
e-ISBN 978-3-99111-470-3

Inhaltsverzeichnis

Vorwort

Dass ich über Viktor Frankl ein Buch schreibe, liegt nahe und hat eine innere Logik, ohne deshalb schon selbstverständlich zu sein. Es stellt eine natürliche Fortsetzung unserer jahrelangen Beziehung und engen Zusammenarbeit dar. Dennoch habe ich von mir aus den Plan zu einem solchen Projekt nicht mehr gehabt. Ich schrieb nach Frankls Tod im September 1997 einige Nachrufe und glaubte, es bei unserer jahrelangen, aber schließlich getrennten freundschaftlichen Beziehung bewenden lassen zu können.

Kurz darauf rief mich das wissenschaftliche Lektorat des Piper-Verlags an. Man informierte mich darüber, dass der Verlag nach Frankls Tod eine Würdigung seiner Person und seines Werkes herausgeben wollte. Ein solches Porträt fehle im deutschen Sprachraum.

Viktor Frankl als Person und als Persönlichkeit darzustellen war eine Aufgabe, die schon lange fällig war und mit der seine Leistung eine weitere Würdigung erhalten konnte. Lediglich in spanischer Sprache gab es aus dem Jahre 1984 eine Biografie von Guillermo Pareja-Herrera. Frankl selbst hat eine Autobiografie geschrieben und darin aus seinem Leben erzählt. Eine Reflexion seines Lebens und eine Zusammenschau der Biografie mit seinem Werk war schon längst fällig. Da seine Bücher weiterhin große Verbreitung finden, möchten viele auch mehr über Frankl als Person wissen, besonders jetzt, wo wir ihm nicht mehr persönlich begegnen können.

Durch Frankls Ausscheiden aus der Gesellschaft für Logotherapie und Existenzanalyse (Wien) hatten wir in den letzten sechs Jahren seines Lebens kaum mehr Kontakt miteinander. Von 1982 bis 1991 verband uns eine intensive gemeinsame Arbeit und ein persönlicher, freundschaftlicher Umgang. Fast täglich haben wir einander gesprochen oder getroffen. Ich war seine „rechte Hand", wie er zu sagen pflegte. Meine Beziehung zu ihm hatte natürlich schon viel früher begonnen. Mir war Frankl schon lange aus der Lektüre und vom Besuch seiner Vorlesungen bekannt. – 1991 beendete er diese Zusammenarbeit, weil es Weiterentwicklungen in der Gesellschaft für Logotherapie und Existenzanalyse (GLE) Wien gab, mit denen er nicht einverstanden war bzw. die er nicht als

„Logotherapie" ansehen konnte. Er zog seinen Ehrenvorsitz zurück, um diese Arbeit von seinem Namen getrennt zu halten. Wir werden darauf in einem eigenen Kapitel zu sprechen kommen.

Dieser überraschende Bruch war der Grund, dass ich zunächst nicht mehr die Absicht hatte, mich noch einmal intensiv mit Frankls Persönlichkeit auseinanderzusetzen. Zwar waren mein Schmerz und meine Affekte inzwischen zur Ruhe gekommen, aber meine Enttäuschung war noch spürbar. Außerdem fragte ich mich, ob es Frankl wohl recht wäre, wenn ich ein Buch über ihn schreiben würde? Stand ich ihm nicht zu nahe, um das richtige Maß an Distanz finden zu können? Oder waren wir uns in den sechs Jahren doch zu fern geworden, um seine Person noch gut genug beschreiben zu können? Hatten sich meine Affekte, meine Wut und meine Enttäuschung ausreichend beruhigt, um mir nicht noch einen Streich zu spielen?

Vor über zehn Jahren hat mir Frankl (meines Wissens als Einzigem) ein Manuskript seiner Biografie zur posthumen Verwendung anvertraut. Am Beginn dieses Manuskripts stand, dass jemand auf der Grundlage dieser Information eine Biografie über ihn schreiben möge ... – Frankl hat das Manuskript nie zurückverlangt, auch nicht nach unserer Trennung. Dieses Faktum gab mir nun zu denken. Wenngleich er selbst den größten Teil davon 1995 in seiner Autobiografie veröffentlicht hat, so sehe ich darin doch eine Geste, die ich als grundsätzliches Einverständnis von seiner Seite empfand. Als ich dann zu schreiben begann, bekam ich immer mehr das Gefühl, dass es auch in seinem Sinne wäre, wenn ich dieses Porträt versuchte. Gleichzeitig fiel mir auch wieder ein – und ich darf es hier vielleicht auch einmal wiedergeben –, wie oft er mir in den Jahren unserer Zusammenarbeit gesagt hatte, dass er sich von keinem Logotherapeuten so gut verstanden wisse wie von mir. Dies sei nicht nur im persönlichen Gespräch der Fall. Ich würde auch in den Publikationen seine Lehre genau so einbringen und zitieren, wie er selbst es täte.

Also ließ ich mich auf einen Schreibversuch ein. Dabei bemerkte ich bald, dass mir der Abstand der letzten Jahre einen ruhigen und umsichtigeren Blick gab, der dem, was ich zu sagen versuchte, sicher gut tat. Nach dieser Erfahrung und auf der Basis der wieder wach gewordenen Erinnerungen entschied ich mich, dieses Buch zu schreiben. Ich sah darin eine Gelegenheit, mich noch einmal in einer tiefen und persönlichen Form mit Viktor Frankl zu beschäftigen und unsere abgebrochene Beziehung zu Ende zu führen. In dieser Überlegungsphase spürte ich, dass ich unserer jahrelangen engen Freundschaft einen würdigen, uns beiden gemäßen Rahmen geben wollte. Beim Schreiben wurde mir unsere gemeinsame Zeit noch einmal sehr lebendig. Viele Erinnerungen tauchten auf, und die guten Gefühle jener Zeit wurden wieder wach. So ist dieses Buch für mich selbst eine wichtige Arbeit geworden. Diese intensive, monatelange

Beschäftigung mit Viktor Frankls Person, seinem Leben und seinen Gedanken sollte noch einmal ein Dank für meinen wichtigsten Lehrer werden. Abgesehen von meiner persönlichen Haltung zu diesem Buch wünsche ich denen, die es lesen, dass auch sie aus Frankls bewegender Biografie viele Anregungen für ihr eigenes Leben mitnehmen können.

Zu danken habe ich vielen, die am Zustandekommen dieser Publikation mitgeholfen haben: meiner Frau Silvia für viele Gespräche und für ihre Begleitung der Niederschrift (Autoren sind „während der Geburt" oft abwesend und, wenn sie da sind, nicht immer leicht zu haben), meinen Kollegen Lilo Tutsch und Christian Probst für ihre kritische Lektüre, meinem Freund Peter Michael Braunwarth für historische Anregungen und kritische Durchsicht, Dr. Etti Mandl für Einblicke in die jüdische Kultur und in das jüdische Wien und Mag. Karin Steinert für die unermüdliche Niederschrift.

Wien, im April 1998 Alfried Längle

Vorwort zur Neuauflage

Drei Jahre nach dem Erscheinen dieses Buches ist ein weiteres, wichtiges Buch über Frankl auf den Markt gekommen: *When Life Calls Out to Us. – The Love and Lifework of Viktor and Elly Frankl* (New York: Doubleday 2001). Haddon Klingberg, Jr. hat es auf Anfrage Frankls verfasst. Als Grundlage dienten ihm über 100 Stunden Tonbandaufzeichnungen, die er selbst gemacht hatte. Zu diesem Zwecke reiste Dr. Klingberg über sieben Jahre hinweg wiederholt von Chicago (wo er als Psychologieprofessor lebte) nach Wien, um Frankls Berichte und Erzählungen aufzuzeichnen, viele Orte zu besuchen, Fotos zu machen, und sich so in Frankls Leben einzuarbeiten. Aus diesen englischen Berichten Frankls stellte er sein Buch zusammen. Er verfügte damit über mehr und genuinere Informationen als ich, der ich nie Aufzeichnungen machte (dafür jedoch Frankls deutsche autobiografische Skizze zur Verfügung hatte). Dieses Buch ist daher eine Fundgrube über Details und Erlebnisse aus dem Leben Frankls, erweitert das hier gezeichnete Bild – und mehr noch: schildert auch das Leben seiner Frau Elly. Es ist 2002 im Deuticke/Zsolnay-Verlag in Wien unter dem Titel *Das Leben wartet auf dich – Viktor & Elly Frankl* auch auf Deutsch erschienen.

Anders das vorliegende Buch. Frankls Leben, Denken, Erinnern und Erleben dient als Anlass, sich mit ihm auseinanderzusetzen, Fragen nachzugehen, seine Antworten, wo möglich, einzuholen. Ich gebe eigene Erfahrungen, Gefühle und Gedanken dazu, Fragen, die mir kommen, Erlebnisse, die ich mit ihm haben durfte, schildere Schwierigkeiten, die ich hatte. Die Leser sind dadurch eingeladen, durch die reiche Biografie Frankls ein Stück weit mitzugehen. Das Buch ist keine Biografie – es soll eine *Begegnung mit Viktor Frankl* vermitteln, ihn lebendig zeichnen, um ihn als Menschen antreffen und erleben zu können.

Wien, 26. März 2013 — Alfried Längle

Einleitung

Dieses Buch erzählt von Viktor Frankl – dem Menschen, dem Zeitzeugen der Geschichte, dem Arzt und dem Wissenschaftler. Es soll aus einem Leben berichten, das von Geborgenheit und Glück, über weite Strecken aber auch von Leid, Spannung und Konflikten geprägt war. Wenn wir Viktor Frankls Lebensgeschichte betrachten, begegnet uns seine Persönlichkeit unter den verschiedensten Gesichtspunkten. Es leuchten Zusammenhänge zwischen seiner Person und seinem Werk auf, und das, wofür Frankl als Mensch steht, wird lebendig. Denn besonders als Mensch und als Persönlichkeit hat Frankl Bedeutung, Popularität, vielleicht sogar Weltruhm erlangt. Er, der dem Tod im Konzentrationslager knapp entkommen ist und den Verlust seiner engsten Angehörigen zu betrauern hatte, war besonders legitimiert, authentischer Verkünder eines neuen Zugangs zur Psychotherapie zu sein. So versuchte er, in seinem Lebenswerk eine „Psychotherapie mit menschlichem Antlitz“ (Lukas) zu schaffen, die vor allem vom Ringen um Sinn im Leben handelt – um Hilfe also im Leiden und in der Verzweiflung.

Dieses Buch ist keine Biografie im strengen Sinn mit möglichst umfangreichem Datenmaterial. Dazu hätte es noch genauerer Recherchen und einer lückenlosen Dokumentation von Frankls Leben bedurft. Es verfolgt auch nicht die Absicht, den Einfluss einzelner Wissenschaftler auf Frankls Werk nachzuweisen oder, umgekehrt, die historische Bedeutung seines Werkes auf die Psychotherapie in den einzelnen Ländern aufzuzeigen. Ebensowenig geht es um den geistesgeschichtlichen Zusammenhang oder um jene Quellen, von denen Frankl beeinflusst worden ist, von denen er gelernt und aus denen er mehr oder weniger bewusst geschöpft hat. Dieses Buch ist ein lebendiges und persönliches Buch. Es lebt aus einer jahrelangen Zusammenarbeit und freundschaftlichen Beziehung. Es handelt vom Geist, Leben und Wirken, vom Menschen Viktor Frankl. Seinem Wunsch gemäß versucht es, ihm gerecht zu werden, ohne ihn zu „gurufizieren“ oder zu idealisieren – schätzte er doch stets den „Mut zur offenen Kritik“, wie er in einem Interview (1988) einmal sagte. Bemüht um Wahrhaftigkeit, soll Viktor Frankl als der Mensch gezeichnet werden, als den ich ihn erlebt habe.

Seiner Persönlichkeit und seinem Werk nachzugehen, ist in mehrfacher Hinsicht interessant. Viktor Frankl hat dieses Jahrhundert fast in seiner ganzen Länge durchlebt. Sein Leben ist darum die Geschichte eines *Zeitzeugen* des 20. Jahrhunderts. Sie vermag, uns menschliche und psychische Einblicke in diese bewegte Epoche zu geben. Sie bringt uns einen Menschen nahe, der im Geiste eines tief empfundenen abendländischen Humanismus die Wunden, die ihm diese Zeit geschlagen hatte, zu überwinden versuchte.

Die Geschichte Viktor Frankls steht für die *Geschichte der Psychotherapie*, die er miterlebt und mitgestaltet hat. Er hat sein Leben einer Disziplin gewidmet, deren Entfaltung mit diesem Jahrhundert zusammenfällt. Sie hat die vielfältigsten Einflüsse auf Geschichte, Kunst, Kultur und das Selbstverständnis des Menschen gehabt.

Dieses Buch handelt insbesondere davon, wie es Frankl gelungen ist, aus den Erfahrungen seines persönlichen Lebens und seiner Tätigkeit als Arzt und Psychiater eine Psychotherapierichtung zu schaffen, die in mancherlei Hinsicht gegen das traditionelle Bild der Psychotherapie stand und steht. Es geht der persönlichen und fachlichen Frage nach, warum Frankl diese *Ergänzung zur traditionellen Psychotherapie* wichtig war, die er als humanistisches Korrektiv besonders zur damaligen Tiefenpsychologie verstand. Er nahm in ihr manches vorweg, was in der zweiten Hälfte des 20. Jahrhunderts innerhalb der Tiefenpsychologie und in vielen anderen Psychotherapierichtungen (häufig auch unabhängig von ihm) Verbreitung und Anerkennung gefunden hat.

Frankl war ein Mensch, der in einer modernen, säkularen Zeit mit ihrem Traditionsverlust um sein *religiöses Verständnis* bemüht war. Er suchte neue Formen und seinen persönlichen Ausdruck dafür. Er versuchte immer seinen Glauben zu leben, aus einer unverbrüchlichen Beziehung zu Gott heraus – eine Beziehung, die nicht nur sein Leben geprägt, sondern auch sein Werk durchstrahlt hat. Als Angehöriger des jüdischen Volkes und der jüdischen Religionsgemeinschaft war Frankl während der Zeit des Nationalsozialismus einer besonderen Belastungsprobe ausgesetzt. Er war gezwungen, als Jude und als Angehöriger einer traditionell angefeindeten Minderheit ein neues Selbstverständnis zu suchen, und er fand auch hier seinen ganz persönlichen Weg.

Da diese Schrift so sehr von der *Person Frankls* handelt, soll es auch um den Menschen gehen, der Witze und Humor so sehr liebte. Seine geistreiche Art, seine Prägnanz und Pointiertheit, die in seinem Werk intensiv aufscheint, soll auch hier wieder auferstehen. Ein wenig kommt sein privates Leben zur Sprache, seine Familie, seine Lebensgewohnheiten, seine Vorlieben und Abneigungen, sein Temperament und seine Vergnügungen und auch seine Ängste. Wo es um psychologische Aspekte der Persönlichkeit Frankls geht, werden diese mit der Methode der Existenzanalyse und mit den Mitteln der Phänomenologie erhellt.

In einem eigenen Abschnitt werden abschließend der Stellenwert der *Lehre Frankls* in der Psychotherapie, ihr derzeitiger Stand und die Weiterentwicklungen beschrieben.

Dieses Buch soll ein lebendiges und lebensnahes Buch sein. Es möchte dem Leser auch Anregungen für sein eigenes Leben geben. Darum werden die Lehre und das Leben Frankls so dargestellt, dass der Geist, der Frankls Leben und Werk durchzieht, spürbar wird. – So, hoffe ich, wird dieses Buch zu einer Begegnung mit der Person Viktor Frankls führen.

Die Lebensgeschichte

Frankl liebte es, sein Leben als *vielseitig verwobene Gestalt* zu erzählen. Ein solches Vorgehen ist ganzheitlich angelegt und weist ihn als Existenzphilosophen und Phänomenologen aus, dem es um das Wesen der Dinge geht. Ob er eine Anekdote erzählt, einen Witz, eine Reflexion oder einen belastenden Lebensabschnitt, überall sollen die bewegenden Elemente sichtbar werden. Diese enthüllen sich am besten in der Schilderung des Verlaufs eines Lebens, besser als in der Kartografie aufgezählter historischer Einzelfakten – zeigt doch der Fluss des Lebens die Person im Umgang mit ihrer Realität und dem Schicksal, das sie zu bewältigen hat, besser, weil sich ihre Wesenszüge als durchgängiges, die einzelne Situation überdauerndes Muster vor dem wechselnden Hintergrund der Ereignisse klarer abheben. Darum stellte Frankl sein Leben am liebsten erzählerisch dar. Er hielt sich nicht unbedingt an den chronologischen Ablauf der Ereignisse. Er übersprang große Zeiträume seines Lebens und verband Kindheitserinnerungen mit Erlebnissen aus den reifen Jahren oder mit Alterserfahrungen. Ihm ging es in erster Linie um das Sichtbarmachen der Person und dessen, wie sie denkt, entscheidet, leidet, fühlt und handelt, wie sie war, wuchs, reifte und Stellung bezog.

Unser Vorgehen bewegt sich im Geiste Frankls, wenn wir sein Leben nicht nach Jahreszahlen ordnen und seinen Ablauf nicht chronologisch wiedergeben. Es soll das herausgestellt werden, was sich als Markantes und Charakteristisches in seiner Biografie findet. Wir werden den Ereignissen nachgehen und sehen, wie sie sich auf sein Leben, seine Umgebung und sein Werk auswirkten. Es soll nicht noch einmal nacherzählt werden, was Frankl selbst so lebendig und anschaulich in seiner *Autobiographischen Skizze* (Frankl, 1973/1981) und in seinem letzten Buch: *Was nicht in meinen Büchern steht* (1995)[1] niedergeschrieben hat. Hilfreich für das Verfassen dieser Arbeit war an einigen Stellen auch die erste Biografie über Frankl, die Guillermo Pareja (1984) auf Spanisch verfasste und die viele authentische Erzählungen Frankls enthält. Einige biografische Hinweise stammen aus dem Buch *Österreicher, die der Welt gehören*[2]. Besonders hilfreich war das erste Manuskript von *Was nicht in meinen Büchern steht*, das mir Frankl im Oktober 1985[3] zur posthumen Verwendung übergeben hatte und das noch einiges unpubliziertes Material und viele nicht redigierte, spontane Gedanken enthält.

Diese Texte dienten als authentisches Datenmaterial, das aber weder biografisch noch historisch einer weiteren Überprüfung unterzogen wurde. Sie wurden ergänzt durch Informationen, Berichte und Erlebnisse, die mir aus anderen Quellen, insbesondere seinen Büchern und Vorträgen, zugänglich waren oder die ich von Frankl selbst bekommen hatte.

Zur besseren Orientierung über Frankls Lebenslauf und zum Nachschlagen ist im Anhang (S. 219–222) ein Überblick über die biografischen Daten und die wichtigsten Lebensabschnitte Frankls zusammengestellt worden.

Die Mutter – Die personifizierte Güte

Frankl beginnt seine beiden Biografien mit widmenden Worten für seine Mutter:

> „Meine Mutter stammte aus einem alteingesessenen Prager Patriziergeschlecht – der Prager deutsche Dichter Oskar Wiener (dessen Gestalt in Meyrinks Roman ‚Der Golem' verewigt wurde) war ihr Onkel. Ich sah ihn, als er längst erblindet war, im Lager Theresienstadt zugrunde gehen. Zu ergänzen wäre, daß meine Mutter von Raschi, der im 12. Jahrhundert gelebt hat, abstammt, aber auch vom ‚Maharal', dem berühmten ‚Hohen Rabbi Löw' von Prag. Und zwar wäre ich die 12. Generation nach dem ‚Maharal'. Das geht alles aus dem Stammbaum hervor, in den Einblick zu nehmen ich einmal Gelegenheit hatte." (Frankl, 1995, 1)

Frankl bezeichnete seine Mutter als „einen *seelenguten und herzensfrommen* Menschen". In seinem Manuskript hatte er sie ursprünglich umgekehrt als „herzensguten" und „seelenfrommen" Menschen beschrieben und diese Formulierung dann handschriftlich abgeändert. Die ursprüngliche Beschreibung „herzensgut und seelenfromm" ist persönlicher und näher verbunden. Sie nimmt Bezug zu einer Güte, die aus dem Herzen kommt („herzensgut"), das sich im direkten Kontakt mit dem Menschen berühren lässt. Und es beschreibt sie als eine Frau, deren Glaube aus einer frommen Seele strömte („seelenfromm"). So wäre ihr Glaube der „Seele" zugeschrieben, die ja geistiger ist als das den Leib durchpulsende Herz, aus welchem ihre Güte und ihr Geben stammten.

Da dies die *einzige Charakterisierung seiner Mutter* ist, stellt sich doch die Frage, warum Frankl sie umgestellt hat. Hat Frankl seine Mutter doch anders erlebt, als er ursprünglich und spontan hingeschrieben hat? Wenn sie die Güte in Person war, so würde die Güte mehr ihrem Wesen entsprechen und wäre Ausdruck ihrer Seele, wie wir es etwa von der Redewendung her kennen: „Sie war eine Seele von Mensch". Galt das Herz der Mutter doch mehr der Frömmigkeit als den Beziehungen? Oder hat es ihr Sohn in seiner Art und mit seiner Persönlichkeit nur so empfunden? – Wie immer es der kleine Viktor erlebt haben mag, sicher ist, dass Frankl sich seiner Mutter tief verbunden fühlte. Auch im hohen Alter sprach er nur mit warmen Worten von ihr. Seine Stimme wurde weich und er senkte den Kopf ein wenig, wenn er jemandem das Bild seiner Mutter zeigte. Ich habe ihn dabei nie etwas anderes sagen hören als: „Sie war die Güte in Person". Mir ist aus den Gesprächen der Eindruck geblieben, dass sie eine verständnisvolle, nachgiebige Person gewesen sein muss, die sich der Autorität des (wesentlich älteren) Gatten – wie damals üblich – ganz unterstellt hat, aber nach innen hin der warme und ruhige Pol der Familie war.

Humorvoll meinte Frankl bisweilen, man glaube nicht, dass er als Person auch *von seiner Mutter etwas geerbt* hätte. Denn auf den ersten Blick würde man ihm seine tiefe Emotionalität nicht ansehen. Tatsächlich kamen seine Gefühle in den persönlichen Kontakten, wie ich sie erlebt habe, viel verhaltener zum Vorschein als etwa in den Patientengesprächen. Die Berührung mit Leid regte sein Mitfühlen an. Das war ganz im Sinne des von ihm sehr geschätzten Philosophen Schopenhauer und seiner „Ethik des Mitleids". Natürlich gab es auch im privaten Rahmen Gelegenheiten, Situationen und Begegnungen, in denen seine Emotionalität eine Rolle spielte. Doch am liebsten hielt er seine Gefühle in der Intimität. Darum hat er sie in besonderem Maße in Verbindung mit seiner Religiosität gelebt. Sie war bei ihm von derselben Herzlichkeit geprägt wie bei der Mutter. Wenn er von seinem persönlichen Glauben sprach, was sehr selten und auch nur im kleinen, intimen Kreise oder noch eher unter vier Augen geschah, dann bekam seine Stimme dieselbe Weichheit und jenes Timbre, das sie auch hatte, wenn er von seiner Mutter sprach – ein Zeichen tiefer, innerer Berührtheit, die spürbar ängstlich den Schutz der Intimität suchte. – Hätte er diesen Zug an sich selbst auch als „seelenfrommen und herzensguten" bezeichnet?

Diese erste Beschreibung der Emotionalität Frankls zeigt uns eine *versteckte Gefühlsverwandtschaft mit seiner Mutter*. Wir werden später in einem eigenen Kapitel auf die Bedeutung der Emotionalität in Frankls Leben eingehen, da diese in seiner Biografie und mehr noch in seinem Werk eine große Bedeutung hatte.

Obwohl das erste Kapitel in Frankls Autobiografie die Überschrift „Die Eltern" trägt, schreibt er im Grunde nicht viel über seine Mutter. Eigentlich erzählt er mehr von sich, vom berühmten Stammbaum, in dem er steht, von seiner Geburt, die „beinahe im berühmten Café Siller“ (1)* (dem späteren Stammcafé von Alfred Adler) stattgefunden hätte und die mit dem Todestag Beethovens zusammenfällt. Er berichtet von sich als Kleinkind, von seiner emotionalen Verbundenheit zum Elternhaus und zur Mutter. Die Beschreibung der Beziehung zu ihr gipfelt im schmerzlichen Erlebnis ihres lange befürchteten und ängstlich geahnten Verlustes im Konzentrationslager. Nach dem Tod des Vaters, den er in Theresienstadt bis zum Sterben begleiten konnte, hat er es sich zum Prinzip gemacht, „wo immer ich ihr begegnete und wann immer sie von mir Abschied nahm, sie zu küssen, so daß eine Garantie bestand, daß, wenn uns irgendetwas trennen sollte, wir im Guten voneinander gegangen sind“ (ebd.). Aus diesen wenigen Worten spricht eine große *Anhänglichkeit an die Mutter*. Sie ist gepaart mit einer eigenartig anmutenden Ängstlichkeit, der Liebe der Mutter verlustig gehen zu können, weil sich unbemerkt etwas zwischen sie gestellt haben könnte.

War sich Frankl der Liebe seiner Mutter nicht sicher? – Es besteht aufgrund seiner eigenen Äußerungen kein Zweifel daran, dass die Liebe seiner Mutter dauerhaft, tief, echt und warmherzig war. Frankl hat diese Liebe als einen besonders großen Wert für sein Leben empfunden. – Warum also diese Ängstlichkeit? Warum wollte der bald 40-jährige Mann, der verheiratet war und mit seiner Frau zusammenlebte, noch mehr Sicherheit, ja eigentlich eine Garantie, die er sich durch den stets neu auszutauschenden Abschiedskuss holte? – Wir wissen es nicht. Natürlich kann man sich fragen, ob er von dieser Liebe nicht genug bekommen hatte. Hat er sie deshalb nicht als „herzensgut“, sondern als „seelengut“ bezeichnet? – Oder lag es vielleicht doch nicht so sehr an seiner Mutter als vielmehr an der „bockigen“, eher schwierigen Persönlichkeit des kleinen Viktor, die es ihm verwehrte, die Liebe der Mutter voll zu erleben? Es scheint naheliegend, dass der Sohn in seiner eigenwilligen Art sich öfter „ins Abseits“ brachte, „unnötige“ Spannungen und Konfrontationen aufbaute, denen die Mutter nicht so recht beikommen konnte und denen sie in ihrer Art hilflos gegenüberstand. Dann hätte Viktor eine (von ihm geschaffene) Distanz zu ihr erlebt und sich von ihrer Liebe und Wärme nicht umfangen gefühlt. Resultierte vielleicht daher die Ängstlichkeit, dass sich etwas unbemerkt zwischen sie stellen könnte?

In diese durch seine abwehrenden und unnahbaren Persönlichkeitszüge selbst geschaffene Einsamkeit hinein hat er die anhaltende, liebevolle Wärme seiner Mutter gespürt. Ich könnte mir vorstellen, dass Frankl ihr für die Nachhaltigkeit ihrer Liebe unendlich dankbar gewesen ist. Er war froh, dass diese

* Blanke Ziffern wie hier verweisen auf die Autobiografie Frankls (1995) mit dem Titel *Was nicht in meinen Büchern steht*.

Sonne einer unbedingten mütterlichen Liebe trotz der Schwierigkeiten, eben „trotzdem" weiterschien. Hier könnte Frankl in frühesten Jahren den Wert eines *Trotzdem* erfahren haben, das für ihn in seinem späteren Lebenswerk als „Trotzmacht des Geistes" und als Sinn „trotz allem" so maßgeblich wurde.

Für Frankl bedeutete das „Trotzdem" in erster Linie nicht Krieg, nicht Konflikt, nicht Ablehnung, sondern Schutz, Lebenserhaltung, Bewahrung der Liebe. Sein „Trotzdem" hatte den Zuschnitt von „und trotzdem, trotz allem, ganz unbedingt und bedingungslos Ja zum Leben sagen". Bei seiner Mutter hatte er sein solches „Trotzdem" erfahren und in sich bewahrt – ein warmes, fast hilfloses, aber unergründlich tiefes Aufrechterhalten von Beziehung. Es fiel auf sein eigenes, persönlichkeitsbedingtes, abgrenzendes, trotziges „Trotzdem", zu dem er anlagebedingt neigte, das aber ohne diese mütterliche Wärme zu kalt, ja unbarmherzig hätte werden können. – So wurde es zum „berühmten Frankl'schen Trotzdem", wie es heute schon mancherorten genannt wird.

Die Beziehung Frankls zu seiner Mutter ist auch in einem *religiösen Zusammenhang* zu sehen. Als sich Viktor ahnungsvoll zum voraussichtlich letzten Mal in Theresienstadt von ihr verabschiedete, weil er mit seiner Frau nach Auschwitz deportiert wurde und seine Mutter in Theresienstadt zurückbleiben musste (sie wurde, was damals noch niemand wusste, eine Woche später nach Auschwitz deportiert und kam sofort in die Gaskammer), bat er sie um ihren Segen, den sie ihm auch gleich gab. Oft musste er im Lager an seine Mutter denken. Er wusste nicht, dass sie schon tot war. Aber immer, wenn er an sie dachte, drängte sich ihm „unabweislich die Vorstellung auf, das einzig Angemessene wäre, wie es immer so schön heißt, in die Knie zu sinken und den Saum ihres Kleides zu küssen" (2). Hier bringt Frankl in bewegender Weise seine Verehrung für die Mutter zum Ausdruck. Die Geste, nämlich den Saum ihres Kleides küssen zu wollen als *das einzig ihr Angemessene*, überhöht die Beziehung gleichzeitig in religiös-ritueller Weise. Es ist der Ausdruck der Verehrung einer Heiligen.

Diese Aussage hat eine eigenartige Wirkung auf mich. Ich empfinde eine tiefe Berührung bei so viel Verehrung. Sie rührt an die eigene Mutterbeziehung. „Wie wäre das bei mir? Könnte ich auch so von meiner Mutter sprechen? Sollte ich nicht auch so von ihr sprechen können? Wäre ich dann ein dankbarer Sohn (oder eine dankbare Tochter)? Wäre das nicht das Ideal?" Solche Fragen bedrängen mich und machen mir ein wenig schlechtes Gewissen. Ich bemerke, dass ich nicht so eine verehrungsvolle Beziehung zu meiner Mutter habe. Frage ich mich nun aber nach meiner eigenen Beziehung zur Mutter und danach, wie ich sie gerne hätte, so entdecke ich, dass ich eine nähere Beziehung zu meiner Mutter haben möchte, als Frankl sie hier beschreibt. Ich würde nicht den Saum ihres Kleides küssen wollen, ich würde ihre Wange küssen. Ich würde sie in den Arm nehmen, fest drücken, ihr vielleicht die Hände küssen wollen. Da hätte ich das

Gefühl, dass es sich um eine ihr und mir angemessene Ausdrucksweise handelt. Mich vor ihr zu verneigen und den Saum ihres Kleides zu küssen, wäre mir zu idealistisch, zu lebensfern. Sie bekäme für mich einen wie heiligen Charakter, würde Madonna, unberührbar, unnahbar, unantastbar. Eine respektvolle Distanz täte sich zwischen uns auf. Das hieße für mich, dass ich ihrer im Grunde unwürdig bin und dass ihre Liebe zu mir allein von ihrer Gunst und Gnade abhängt.

Die Unterschiedlichkeit im Erleben von Autor und Leser drängt zu der Frage, wie Frankls Geste und Gefühl zu verstehen sind. Ohne Zweifel handelt es sich um einen Ausdruck größter Verehrung. Ist die Geste einem Mann, der „noch unter dem Kaiser" aufgewachsen ist und der Untergebenheit als naturgegeben und daher ihm angemessen empfinden konnte, von klein auf geläufig und selbstverständlich? Ist Frankl im Sozialverhalten ein Kind des 19. Jahrhunderts, auf die Wahrung der Etikette bedacht? – Ein solcher zeitgebundener Einfluss ist mit Sicherheit gegeben. Frankl wies auch andere Elemente davon auf, z. B. die strikte Einhaltung der Höflichkeitsformen oder die Titulierung von Freunden während einer öffentlichen Diskussion. Gleichzeitig aber war er im rationalen Leben ein Aufklärer, von progressivem, jugendlichem Geist, im linken politischen Lager stehend. Seine Elternbeziehung aber stand in einem (später auch als solchem deklarierten) Traditionalismus.

Diesen wenigen Worten Frankls ist es natürlich schwer zu entnehmen, woraus seine Mutterbeziehung lebte. Ich kann auch nicht einschätzen, inwieweit die sprichwörtliche „jiddische Mame"[4] als „beste aller Mütter" bei Frankl eine Rolle gespielt hat. Die „jiddische Mame" galt als eine Matriarchin, der der Sohn ein Leben lang untergeordnet bleibt und von der er sich eigentlich nie richtig abnabeln kann (ebd., 11). Die meisten Witze, die auf diese typische Mutter-Sohn-Beziehung anspielen, nehmen diese enge Bindung aufs Korn bzw. das Klagen der Mutter, die dem Sohn den Versuch einer Emanzipation sehr übel nimmt, wo sie doch alles für ihn tue und er mehr Selbstständigkeit nicht brauche. Auffallend bleibt bei Frankl jedenfalls eine Art *Überhöhung der Mutter*, die ihr den Charakter einer Heiligen zuschrieb.

Stammte diese Überhöhung vielleicht aus der Vereinsamung, der Kälte und der unbeschreiblichen Not des Konzentrationslagers, wo sich Frankl ihrer erinnerte, sich nach ihrer Wärme zurücksehnte und nun erst in der Tiefe zu ermessen vermochte, was sie ihm gegeben und bedeutet hatte? War sie somit Ausdruck einer im Nachhinein ans Schuldhafte reichenden und daher überschäumenden Dankbarkeit, die ihm damals bewusst geworden ist? – Es fällt nicht schwer, sich diese Konstellation vorzustellen, insbesondere wenn man die Umstände des Todes kennt.

Oder war das eine schon vorher gelebte Beziehung der Verehrung, in der stets eine gewisse Distanz vorherrschte, in der die kindlichen Bedürfnisse nach

Nähe und Zärtlichkeit unbefriedigt blieben und der Mangel an erlebter und empfundener Nähe auf der geistigen Ebene – eben durch Verehrung, durch das „im Guten miteinander sein", durch den mütterlichen Segen – eingeholt wurden? Auch dafür spricht einiges: Frankl beginnt über seine Mutter mehr in Form einer Genealogie ihrer Abstammung zu schreiben und bringt kein persönliches oder körperlich nahes Erleben mit ihr zum Ausdruck (außer der ergreifenden Abschiedsszene). Er beschreibt sich selbst als „sekkantes" Kind, dem die Mutter im Wiegenlied oft vorgesungen hat: „Sei doch schon ruhig, du elendiglicher Kerl". Im nicht redigierten Manuskript schreibt Frankl, dass die Mutter ihn sogar als „ekelhaften Kerl" (MS, 2)** bezeichnet hätte und ihm dies später auch so erzählt habe. Hier kann man sich einige Spannungen und mütterliche Aggressionen vorstellen. Auffallend ist auch das Heimweh des erwachsenen Mannes, der schon Facharzt für Neurologie und Psychiatrie war. Wenn ich mich recht erinnere, sagte mir Frankl, dass er bis zu seiner Heirat zunächst jede Woche, dann jeden Monat und schließlich jedes Jahr an seinem Geburtstag noch einmal zu Hause übernachten wollte (1).

Wie dem auch sei, auch die Mutter hing an Frankl. Als sich Viktor in Theresienstadt von ihr verabschiedete, „bat ich sie im letzten Moment: ‚Bitte, gib mir den Segen'. Und ich werde nie vergessen, wie sie mit einem Schrei, der ganz aus der Tiefe kam und den ich nur als inbrünstig bezeichnen kann, gesagt hat: ‚Ja, ja, ich segne dich' – und dann gab sie mir den Segen." (2) Sichtlich tief bewegt und erschüttert gab die Mutter dem Wunsch ihres Sohnes nach. Es war ein Aufschrei, ein ganz tiefer, „inbrünstiger" Aufschrei, mit dem sie Viktor gegenüber zum letzten Mal ihr Muttersein leben konnte. Jedem Häftling in Theresienstadt war bekannt, dass der Abtransport nach Auschwitz so viel wie den Tod bedeutete, denn in Auschwitz waren die Gaskammern, die es in Theresienstadt nicht gab. Frankl wusste während seiner Lagerhaft in Theresienstadt darum. Was er hier beschreibt, ist ein Bild von der Art des „stabat mater" – die wahrscheinlich schrecklichste Erfahrung, die eine Mutter durchmachen kann, wenn sie ihr Kind in den Tod gehen sieht. Im ursprünglichen Textentwurf gibt Frankl seinen Eindruck von diesem Schrei der Mutter noch genauer wieder: „Inbrünstig hab ich den Schrei genannt – ich möchte weitergehen: er war tierisch, wie von einem brünstigen Tier." Und weiter meinte er, wenn das Wort von einer bestimmten Psychotherapiemethode nicht so strapaziert wäre, würde er sagen, dass es sich um einen „Urschrei" gehandelt hat.

Diese Ausführungen wurden in der veröffentlichten Ausgabe der Biografie weggelassen. Sie können leicht missverstanden werden und das Bild der Mutter trüben. Es hätten Vorwürfe kommen können: Wie kann jemand den letzten

** Die Abkürzung MS (z. B. MS, 2) nimmt auf das umfangreichere Manuskript Frankls Bezug, das dieser Autobiografie zugrunde liegt.

Eindruck von seiner Mutter in einem quasi sakralen Moment in einen solchen Vergleich bringen – ihren Schmerz nicht mehr als menschlich, sondern als brünstig und tierisch bezeichnen? Manch einer könnte meinen, Frankl entweihe damit das Bild und die Person der Mutter. Er zeige sich als herzloser Naturforscher, der nicht einmal vor der Gnade des letzen Augenblicks und der Heiligkeit einer Mutterliebe Halt mache, sondern auch diese Beziehung respektlos wissenschaftlicher Klassifikation opfere. – Solche Kritik würde seiner Person nicht gerecht werden und den Sachverhalt nicht treffen. Es geschah daher zu Recht, dass diese Passage nicht publiziert wurde, weil sie einer Einbettung oder eines Kommentars bedarf.

Frankl hat mir diese Abschiedsszene mit seiner Mutter einmal persönlich unter vier Augen erzählt, etwa mit denselben Worten. Seine Stimme wurde dabei sehr leise, bedeckt, und sie belegte sich, als schämte er sich, es zu sagen. Und doch war eine Bestimmtheit darin, eine Entschlossenheit zur Wahrhaftigkeit, ein Wissen, sich nicht dafür schämen zu müssen. Denn wovon er sprach, das war eben keine Beurteilung, keine Klassifikation, war nicht wissenschaftlich verfremdet und in unpersönlicher Distanz gehalten, sondern ein tiefster, schmerzlich empfundener Eindruck. Die Bewegtheit seiner Mutter war eine Wahrnehmung von ihm, die trotz der verehrenden Beziehung zu ihr und trotz der Tragik der eigenen Situation vor dem Abtransport in den wahrscheinlichen Tod in Auschwitz unvoreingenommen war. So traf ihn dieser Aufschrei mit der ganzen bedrohlichen Wucht, welche die Mutter in dem Augenblick für ihren Sohn empfunden hatte. In diesem Aufschrei spürte er die unbeschreibliche und unfassbare Tiefe der Beziehung einer Mutter zu ihrem Kind, eine Tiefe, die durch das Geistige und Seelische hindurch in der Mutter geradezu verleiblicht und mit ihrem Fleisch verschmolzen war. Der Verlust eines Kindes verletzt eine Mutter in einer Schicht, die noch tiefer ist als das individuelle Unbewusste oder das archetypische gemeinsame Unbewusste, weil es eben in unserem leiblichen und damit auch in jenem physischen Dasein gründet, das wir mit den Tieren gemeinsam haben. Frankl hatte persönlich durchaus einen Sinn und auch Respekt für diese tiefe Verankerung des Menschen in der Natur, auch wenn er sie in seiner Theorie nicht ausgeführt hat (es gibt nur wenige Bemerkungen, die in diese Richtung gehen). So scheute er sich auch nicht, in Diskussionen zu sagen, dass dem Menschen nichts vom Tiere fehle (wenngleich dem Tier all das fehle, was den Menschen ausmache).

Gerade das zeichnet die Person Frankls aus, dass er einen wachen, wachsamen und offenen Geist hatte, mit dem er ungemein scharfe Beobachtungen anstellen konnte und Phänomene manchmal blitzschnell wahrnahm und verstand, die anderen in ihrer Bedeutung noch verschlossen blieben. Natürlich hielt sich auch diese Fähigkeit in menschlichen Grenzen, und es ist mir nie ganz klar geworden, wie gut er sie beispielsweise auf sich selbst anwenden konnte. Hier aber, in dieser ergreifenden Abschiedsszene mit seiner Mutter, zeigt sich die ganze Spannweite der Person Frankls: sein Abschiedsschmerz, seine vielleicht schon idealisierte, jedenfalls geistig überhöhte Mutterbeziehung, sein Versuch, ihre Liebe und seine Beziehung auf einer religiösen Ebene der Vergänglichkeit zu entreißen und ihre Kraft und Wirkung in Form eines Segens mitnehmen zu können. Dabei bewahrte er sich eine beinahe nüchterne Sachlichkeit und Offenheit in der Wahrnehmung, die keiner beschönigenden Sentimentalität zum Opfer fiel.

Ich selbst war tief bewegt, als mir Frankl diese Geschichte erzählte – bewegt von der Situation, die darin geschildert wird, bewegt von diesem Urschrei einer Mutter, bewegt von dem Mut Frankls, sich in dieser Spannweite des Erlebens offen zu zeigen. Etwas unsicher fragte mich Frankl nach der Erzählung, ob ich ihm das glauben könne mit dem Aufschrei eines brünstigen Tieres, unsicher und mit einem Anflug von Scham, nicht wissend, ob so etwas überhaupt kommunizierbar und für andere, die es nicht miterlebt haben, verstehbar ist; zweifelnd, ob diese Kluft zwischen dem tierisch Leidenschaftlichen und dem rein Geistigen durch die Sprache überbrückt werden kann. – Ich konnte es gut verstehen und mitfühlen. Ich wage daher auch, es hier wiederzugeben, zudem legitimiert durch die Absicht Frankls, es für die Publikation im geeigneten Rahmen freizugeben.

Der Vater – Die personifizierte Gerechtigkeit

Frankl glaubte zu Recht, dass er *eher nach dem Vater geraten* sei (4), der als Persönlichkeit das Gegenteil von seiner Mutter war. War diese die Güte in Person – weich, mitfühlend, warmherzig und herzensfromm –, so schildert er den Vater als spartanisch im Lebensstil, sparsam (aber nicht geizig), mit strengem Pflichtbewusstsein, starren Prinzipien, „ein Prinzipienreiter bis zur Pedanterie, vor allem bis zum Starrsinn“ (MS, 3). Er schätzte an seinem Vater den großen Sinn für Gerechtigkeit, obwohl dessen Gefühle einem breiten Spektrum unterworfen waren und zwischen Stoizismus und Jähzorn pendeln konnten. Einmal zerbrach der Vater einen Spazierstock oder Bergstock an Viktor, als er ihn in einem Anfall von Jähzorn verprügelte.

Am Freitagabend „zwang“ der Vater seine beiden Söhne Walter und Viktor, jeweils ein Gebet auf Hebräisch vorzulesen (3). Da die beiden nie eine Thoraschule besucht hatten und Hebräisch nur zu Hause beim Vater erlernt hatten, war es ihnen nur selten möglich, die Gebete fehlerfrei vorzulesen. Der strenge Vater legte aber großen Wert auf fehlerfreien Vortrag. Um die Söhne zu Bestleistungen zu motivieren, verteilte er klugerweise keine Strafen, sondern versagte ihnen die in Aussicht gestellte Prämie. Die zehn Heller gab es nur, „wenn wir den Text absolut perfekt herunterlesen konnten" (ebd.). Das kam aber nur ein paarmal im Jahr vor.

Auch der Vater war, so wie die Mutter, sehr *religiös*. Hob Frankl bei ihr die „herzensfromme" Haltung ihrer Religiosität hervor, so schilderte er beim Vater die strenge Art, in der sich dieser eng an die rituellen Vorschriften hielt. Er verweigerte z. B. nicht koscheres Essen (bis zum Ersten Weltkrieg) (4), hielt die jüdischen Feiertage aufs Genaueste ein und riskierte lieber eine Disziplinarstrafe, als sich dem Auftrag seines Sektionschefs im Ministerium zu beugen, am höchsten jüdischen Feiertag (Jom Kippur) im Dienst zu erscheinen und zu arbeiten (5) – trotz seines eisernen Pflichtbewusstseins! Der Glaube stand dem Vater am höchsten, gefolgt von seinen Prinzipien.

Dennoch kann die Religiosität des Vaters nicht als orthodox oder als unkritisch bezeichnet werden. Frankl beschreibt seinen Vater als einen kritischen, liberalen „Reformjuden" (ebd.), der sich seine weltanschauliche Eigenständigkeit offensichtlich zu bewahren verstand und sich gegenüber den menschlichen Einflüssen in der Religion in überlegter Distanz hielt.

Neben seiner Prinzipientreue, seiner Verbundenheit zur religiösen Tradition und seiner intellektuellen Auseinandersetzung mit dem Judentum war der Vater beseelt von einer tiefen Gottergebenheit. Diese kam in berührender Art und Weise zum Vorschein, als der 80-Jährige beim Marsch nach Theresienstadt jenen Leuten, die der Panik nahe waren, ein paarmal lächelnd sagte: „Immer nur heiter, Gott hilft schon weiter". Gottergebenheit scheint mir auch in seinem Wahlspruch „Wie Gott will, ich halt' still" durchzukommen. Ein Rabbi, der den Vater gut gekannt hatte, attestierte Frankls Mutter nach seinem Tod, dass er ein Gerechter, ein Zaddik, gewesen sei (7) – wohl im Sinne eines gottgefälligen, in der jüdischen Tradition gelebten Lebens zu verstehen.

Im Kontext der Religiosität bekam die „Prinzipienreiterei" des Vaters ein anderes Gesicht (5). Frankl meinte dann auch, er müsse dieses Urteil einschränken und es als „Prinzipientreue" auslegen, weil der Vater später nicht mehr so starr an diesen Prinzipien festhielt, sondern offen war für liberale Denkweisen und für ein Reformjudentum. Ebenso unterzog er den am Vater beschriebenen Stoizismus einer Korrektur (ebd.). War die ruhige Gelassenheit seines Vaters durch den Jähzorn über Jahre hinweg eingeengt gewesen, so konnte sie sich dank seiner unerschütterlichen Gottergebenheit im Alter ausweiten. Die zwei markantesten Charakterzüge des Vaters, die Prinzipienstrenge und der Stoizismus, haben sich also nach Auffassung seines Sohnes durch die Religion zum Besseren gewandelt. Dank seiner religiösen Verbundenheit zu Gott konnte der Vater diese Leistung gegenüber seinem „psychischen Schicksal" vollbringen und zu einem persönlichen „Wachstum“ finden, das ihn „reifen“ ließ. In diesem „über sich hinauswachsen reifte er zu sich heran“, um Frankls Formulierungen im *Leidenden Menschen* (Frankl, 1990, 326-330) zu verwenden, die an dieser Stelle wohl für seinen Vater passen würden. Dieser Wandel der Persönlichkeit des Vaters scheint mir für Frankl ein Vorbild dafür gewesen zu sein, was eine „Psychotherapie vom Geistigen her“ (Frankl, 1990, 271) – so versteht er die Logotherapie – leisten sollte.

Prinzipientreue und *Stoizismus* sowie ein *Perfektionismus*, der bis zur Pedanterie gehen konnte, beschrieb Frankl als *seine „charakterologische Herkunft“* (5). Dazu gehörten die Erkenntnislust am großen Zusammenhang sowie die Freude am Detail wie auch das Leiden an den Entbehrungen und Entsagungen durch den hohen Anspruch an sich selbst. In dieser Veranlagung seiner Persönlichkeit sieht Frankl das *Geheimnis seines Erfolges*. Er hat seine Anlagen zu Prinzipien geistiger Haltung gemacht (13): die kleinsten Dinge mit derselben Gründlichkeit wie die größten (Perfektionismus) und dafür die größten mit derselben Ruhe wie die kleinsten zum frühest möglichen Termin zu verrichten (Stoizismus) und das Unangenehme aus Prinzip vor dem Angenehmen zu erledigen.

Die väterlichen Persönlichkeitseigenschaften Viktors wurden durch die Erziehung noch verstärkt. Wie weit er sich den Vater als Vorbild genommen oder sich von ihm etwa in der Pubertät abgegrenzt hat (soweit das kurz nach dem Ersten Weltkrieg überhaupt möglich war), geht aus den schriftlichen Unterlagen nicht hervor. Die Niederschrift, besonders die Erstfassung, hat jedenfalls einen kritischen Zug. Hier ist ein konfrontativer Geist des Sohnes spürbar, der aber nicht übertrieben wirkt und an keiner Stelle beschuldigend oder verurteilend ist. Frankl zeichnet das Bild eines strengen Mannes, der es dem Sohn nicht leicht machte und viel von ihm forderte. Dabei hat er ihn aber gerecht und anständig behandelt und sich insgeheim über die beruflichen Ambitionen seines Sohnes gefreut (weil dieser seinen eigenen Wunsch, Arzt zu werden, zu realisieren versprach). Die markantesten Konturen des Vaters wurden im Alter gütiger und weicher.

Von einer Idealisierung des Vaters, wie wir es bei der Mutter gesehen haben, kann kaum gesprochen werden, außer vielleicht in der bereits erwähnten Äußerung des Rabbiners (7), der ihn im Trostgespräch bei seiner Mutter als einen „Gerechten“ bezeichnete. Doch schon nimmt Frankl den kleinen Ansatz zur Idealisierung zurück, indem er der großen Äußerung des Rabbiners seinen eigenen kindlichen Eindruck zur Seite stellt und sich erinnert, dass er als Kind doch recht gehabt hätte, wenn er den Vater als gerecht empfunden habe.

Der Vater war für den Sohn eine *Autorität*, die ihren Willen bei ihm durchzusetzen vermochte (er war bei seiner Geburt auch schon 44 Jahre alt). Er gab der Familie und seiner wesentlich jüngeren Frau klare Richtlinien der Lebensführung und der religiösen Haltung vor. Ein solches väterliches Verhalten entsprach dem Weltbild des heranwachsenden Buben und jungen Mannes – kam es doch auch aus einem Zeitgeist, der von Ergebenheit gegenüber Autoritäten, von Disziplin und Selbstüberwindung, Treue bis in den Tod für Gott und Vaterland geprägt war. Das könnte verständlich machen, dass Viktor für seinen Vater trotz der Ähnlichkeit der Charaktere eine Verehrung empfand, die mehr zu einem Nachstreben als zu einem Auflehnen gegen den Vater führte. Das setzt aber voraus, dass Frankl diese „väterlichen Züge an ihm selbst" angenommen und mit ihnen zu leben gelernt hat und sie zu seinem Vorteil fruchtbar machen konnte. So musste er sie nicht mehr am Vater bekämpfen, wenn auch manche Härte des väterlichen Verhaltens ihm bis ins Alter schmerzvoll in Erinnerung geblieben sein dürfte. Was davon geblieben ist, war eine eher konfrontative Haltung zum Vater, wie sie in der Autobiografie spürbar wird.

So wie sich mir die Vaterbeziehung darstellt, habe ich Zweifel, ob der Vater in seiner Observanz der Prinzipientreue, des Pflichtbewusstseins und der Fehlerfreiheit die Genialität seines heranwachsenden Sohnes erkannt hat und ob er ihr gewachsen war. Diese eigenständige Begabung drängte den jungen Viktor schon als Gymnasiasten außer Haus. Er besuchte Vorlesungen in der Volkshochschule und setzte sich als Funktionär der sozialistischen Gymnasiasten ein. Dieser Umstand ist für seine intellektuelle Entwicklung insofern wichtig gewesen, als er damals viele interessante Persönlichkeiten kennenlernte, die nach dem Zweiten Weltkrieg z. T. hohe politische Funktionen innehatten. Mit ihnen konnte er „über Gott und die Welt diskutieren", wie er später sagte. Er fand Gesprächspartner für politische, gesellschaftliche, soziale, psychologische, medizinische, philosophische und theologische Fragen. Besonders viel wurde über die von der damaligen akademischen Welt verpönte Psychoanalyse diskutiert, der ein subversiver und daher für die Jugend besonders interessanter Flair anhaftete. Natürlich wurden diese „umstürzlerischen" Denkweisen bei der linken Intelligenzija offener aufgenommen und vertreten als bei der rechten. Auf ein offenes Ohr bei seinem Vater dürfte Frankl mit diesen Ideen aber nicht gestoßen sein, falls er überhaupt davon erzählt hat. Ich weiß nicht, ob das mit dem damals vorherrschenden distanzierten Umgang zwischen Eltern und Kindern zusammenhängt (manche Kinder mussten ihre Eltern sogar noch mit „Sie" ansprechen). Vielleicht war auch der Vater mit seinen Aufgaben und Pflichten so beschäftigt, dass er den Sohn ungestört seinen intellektuellen Werdegang nehmen ließ und sich nicht weiter darum kümmerte. Er konnte ja mit Viktors schulischem Fortgang und Erfolg (Frankl war schon in der Unterstufe Vorzugsschüler) zufrieden sein. Das könnte erklären, dass es nie zu einem Bruch oder zu berichtenswerten Spannungen zwischen den beiden brisanten Temperamenten gekommen ist. Umgekehrt interessierte sich Viktor auch nur wenig für das, womit der Vater beschäftigt war. Selbst als der Vater in der Jugendfürsorge unter Minister Josef Maria von Bärnreither tätig geworden war – ein Bereich, in dem Frankl dann einige Jahre später selbst aktiv wurde –, gab es für den Sohn „nichts Langweiligeres als diese Materie“ (50).

Woher kam also diese *Achtung für den Vater*? Könnte da eine gewisse Schwierigkeit Frankls eine Rolle spielen, wirkliche Nähe (auch zu engen Angehörigen?) aufzubauen und zu halten, die dann auf einer mehr geistigen Ebene als Achtung, Wertschätzung und Verehrung ihren Ausgleich fand? Ist es diese Eigenschaft der Persönlichkeit Frankls, die ihn im Gegenzug auch für sich selbst Verehrung anstreben ließ? Selbst wenn dies zutreffen sollte, reicht es schwerlich aus, um diese beiden Persönlichkeiten über ihre konfliktnahe Veranlagung hinwegzubringen. Noch viel weniger vermag es zu erklären, dass Frankl während der Nazizeit für die Eltern sein Ausreisevisum verfallen ließ oder dass er seinen Vater so sorgsam bis in den Tod begleitete. Eine solche psychologische Erklärung im Sinne einer Kompensation als alleiniger Grund für die respektvolle Beziehung zum Vater anzugeben, wäre ein Reduktionismus im Sinne des Psychologismus, gegen den Frankl ein Leben lang gekämpft hat. – Neben rein psychologischen Erklärungsversuchen finden sich auch tiefere Gründe für sein Verhalten, die mit dem realen Vater zu tun hatten und nicht Fantasien oder Projektionen einer bedürftigen Seele sind. Diese Unterscheidung zwischen psychischen Ursachen und geistigen Werten hat eine fundamentale Bedeutung für die Existenzanalyse und Logotherapie – auf sie wird in Kapitel III ausführlicher eingegangen.

Es sind mehrere Gründe, die die Beziehung zum Vater tief werden ließen. Da muss man sich an erster Stelle in Erinnerung rufen, dass der Vater ihm und der ganzen Familie „immer Geborgenheit“ gab (4). Es war der Vater, der dem Kind Viktor *ein Urerlebnis von Geborgenheit* vermittelte, das beispielgebend für sein ganzes Leben war:

> „Ich muß fünf Jahre alt gewesen sein, als ich – und ich halte diese Kindheitserinnerung für paradigmatisch – an einem sonnigen Morgen in der Sommerfrische Hainfeld erwachte. Während ich die Augen noch geschlossen hielt, wurde ich von dem unsäglich beglückenden und beseligenden Gefühl durchflutet, geborgen, bewacht und behütet zu sein. Als ich die Augen öffnete, stand mein Vater lächelnd über mich gebeugt.“ (10)

Ein solches archaisches Erleben kann man wohl nie vergessen. Es hat den Knaben durchströmt und war dem Greis noch in lebhafter Erinnerung. Viktor blieb dem Vater darob ein Leben lang dankbar verbunden. Er hat mit seiner phänomenologischen Wachheit, die ihn kennzeichnete, gespürt, dass dieser strenge und gerechte und wahrscheinlich schwer zugängliche Mann ihm vom

Herzen her Gutes wollte und Freude an seinem Dasein hatte. Hier strömte auf das Kind etwas ein, das man wahrscheinlich nur als echte väterliche Liebe bezeichnen kann. Das kleine Kind hat dieses Strömen bereits als lebenswärmende Liebe wahrgenommen und empfinden können und sich in seiner Wachheit bewusst gehalten. Immer wieder konnte Viktor sich innerlich darauf beziehen und sich so das Erlebnis lebendig halten. Einen solchen Wärmepol in sich haben und lebendig halten zu können, nimmt viel vom unmittelbaren Angewiesensein auf wärmende Beziehungen.

Eigenartigerweise hat Frankl sich aber gescheut, von „väterlicher Liebe" zu sprechen bzw. seine Empfindung als solche zu bezeichnen. Das könnte meiner Meinung nach mit drei Gründen zu tun haben: zuerst mit dem *Respekt* vor dem Vater, der ihm gebot, Distanz und Zurückhaltung zu leben und die Gefühle des Vaters nicht zu beurteilen, zu benennen oder zu interpretieren. Ob dabei auch jüdische Traditionen eine Rolle spielten, weiß ich nicht. Diese Haltung kommt zweitens Frankls eigenen, man muss wohl sagen narzisstischen *Zügen der Persönlichkeit* entgegen: Er sprach am liebsten von sich selbst. In gewissem Sinne hängt das mit dem ersten Punkt zusammen. Das distanzierende Verhalten der Verehrung nimmt einen näheren Bezug zum anderen erst gar nicht auf; man bleibt daher alleine bei sich zurück. Schließlich findet sich die bereits erwähnte *Scheu* Frankls, über Gefühle zu sprechen und sie aus der Intimität preiszugeben (mehr über Frankls Verhältnis zur Emotionalität wird auf S. 112 berichtet).

Ein anderer Umstand, der die reale Beziehung zum Vater prägte, war eine *tiefe Liebe und Anhänglichkeit* für den Vater. Es war im Gespräch mit dem Vater, dass Frankl sich entschied, seine Eltern in der Nazizeit nicht alleine zu lassen, sondern zu ihrem Schutze in Wien zu bleiben. Wir kommen auf diese Schlüsselszene in Frankls Leben später zu sprechen.

Noch deutlicher kommt diese zwar sachlich gelebte, aber von tiefer Verbundenheit getragene Liebe zum Vater in der Szene zum Ausdruck, wo Frankl vom sterbenden Vater im Konzentrationslager in Theresienstadt Abschied nimmt. Der halb verhungerte, 81-jährige Vater hatte zwei Pneumonien durchgemacht und befand sich im terminalen Lungenödem. Im Todeskampf spritzte Frankl ihm eine Ampulle Morphium, die er ins Lager schmuggeln hatte können, um ihm seine Schmerzen und den Kampf zu erleichtern und abzukürzen. Dann fragte er ihn:

> „Hast du noch Schmerzen? – Nein – Hast du noch irgendeinen Wunsch? – Nein – Willst du mir noch irgend etwas sagen? – Nein – Dann küßte ich ihn und ging. Ich wußte, daß ich ihn nicht mehr lebend wiedersehen würde. Aber ich hatte das wunderbarste Gefühl, das man sich vorstellen kann: ich hatte das Meinige getan. Ich war der Eltern wegen in Wien geblieben und jetzt hatte ich ihn in den Tod begleitet und ihm unnötige Todesqualen erspart." (6)

Was mich selbst in dieser Szene immer wieder berührt, ist zunächst einmal, dass Frankl uns am Abschied von seinem Vater persönlich teilnehmen lässt. Da ist die Tragik so unvermittelt spürbar, dass dieses letzte Beisammensein in der Not und im unmenschlich kalten Milieu des Konzentrationslagers stattfinden musste, wo eine adäquate Hilfe oder auch nur eine minimale medizinische Versorgung nicht möglich war. Es berührt mich, dass Frankl für seinen Vater (unter Gefahr?) eine Ampulle Morphium „organisiert" hatte, und es berührt mich der glückliche Umstand, dass er Arzt war und es ihm auch selber verabreichen konnte. Besonders bewegt mich, dass Frankl das letzte Gespräch mit seinem Vater im Wortlaut wiedergibt. Damit lässt er uns an einem der intimsten Momente teilhaben, die man mit einem Menschen erleben kann. So nahe zu dem Ereignis zugelassen zu werden und Frankl dabei so persönlich erleben zu dürfen, ist etwas Außergewöhnliches.

Zugleich hat mich diese Szene aber auch persönlich beschäftigt. Frankl bringt sie ja als eine Illustration für etwas ganz Wesentliches, worauf es im Leben ankommt: *das Seinige getan zu haben* – seine Verantwortung und Verpflichtung gelebt zu haben; der eigenen Entscheidung und dem Auftrag des Lebens treu geblieben zu sein; in etwas anderem aufzugehen, über sich selbst hinauszugehen „im Dienst an einer Sache oder in der Liebe zu einer Person", wie es in der Selbst-Transzendenz, einem Hauptelement der Logotherapie, heißt. Diese „Mission" erfüllt zu haben, erfüllte Frankl „mit dem wunderbarsten Gefühl, das man sich vorstellen kann", wie er sagte. Wenn eine solche Einstellung sogar im Konzentrationslager und beim letzten Abschied vom eigenen Vater möglich ist, dann muss diese Lehre Frankls, für die das Beispiel steht, von großem Gewicht für das Leben sein. Und umso mehr kann diese Aufgabe unter gewöhnlichen Lebensumständen zur Erfüllung führen. Mit solchen Gedanken war ich jedesmal befasst, wenn ich diese Geschichte hörte. Ich war berührt von der Tragik der Situation und der persönlichen Nähe, zu der ich mich hingeführt fand. Ich fühlte mich wie ein dritter Anwesender, der dem letzten Lebewohl eines Vaters für seinen Sohn, dem letzten Hilfsdienst und Abschied eines Sohnes für seinen Vater, beiwohnen durfte. Nach ein paar Augenblicken war mir, als ob ich selbst an Frankls Stelle stünde. Wäre ich nicht unsäglich traurig gewesen, fragte ich mich? Hätte es mir nicht das Herz gebrochen, ihn, der ein so tapferes und anständiges Leben geführt hatte, so erbärmlich hier liegen zu sehen und dabei selbst so ohnmächtig zu sein? Ihm nicht einmal ein gutes Bett oder ein Glas Wasser verschaffen zu können? Hätte ich mich so losreißen können, ihn im Sterben allein lassen mögen? Ich fühlte, dass ich bei ihm hätte bleiben mögen, so lange es nur ging.

Ich merkte, wie stark ich schließlich mit mir selbst beschäftigt war, mit meiner Sicht des Lebens und meiner Beziehung zu meinem Vater und zu dessen

Tod. Darin lag für mich persönlich das besonders Wertvolle, wenn Frankl seinen Abschied vom Vater erzählte.

Hier soll es jedoch um die Person Frankls gehen. Daher wollen wir den Blick wieder auf ihn lenken. Was kommt in dieser Szene und in der Beziehung zum Vater von seiner Person zum Vorschein? Was hat ihn zu seinem Handeln bewegt? Was stand für ihn im Vordergrund? Wie war seine Beziehung zum Vater?

Frankl schreibt im Grunde wenig von seinem Vater, sondern wiederum mehr von sich, von seiner Aufgabe, vom „Sinnauftrag" der Situation. „Das Seinige getan zu haben" überstrahlt das Leid des Verlusts. Obgleich eine liebevolle, persönliche Verbundenheit als durchgängige Schwebung in der Elternbeziehung bemerkbar ist, wird diese Liebe geprägt von einem Pflichtgefühl, vielleicht auch von Anstand und Dank für die eigenen Erzeuger. Alle drei Begriffe – (moralische) Pflicht, Anstand und, seltener zwar, aber doch, Dankbarkeit – waren in Frankls Sprachschatz geläufig, und er hat sie in Gesprächen und Diskussionen gerne verwendet. Auch in der Elternbeziehung scheinen sie mir eine beträchtliche Rolle zu spielen. Dagegen ist die Nähe, die Emotionalität, die Lebendigkeit der Beziehung nicht richtig ausgesprochen, sondern scheint mehr aus dem Verborgenen durch.

Wenn man sich genau an seinen Bericht hält, so war es jedoch nicht allein die persönliche Liebe zu und Verbundenheit mit den Eltern oder speziell zum Vater, die Frankl während der Nazizeit in Wien zurückhielt. Es bedurfte eines besonderen *Winks vom Himmel*, wie er die Begebenheit stets nannte, der ihn auf die religiöse und menschliche Pflicht der Elternliebe aufmerksam machte. Wäre es allein die Liebe zu den Eltern gewesen, hätte es vielleicht keinen „Wink des Himmels" für die Entscheidung gebraucht. Natürlich kann man sich sehr leicht vorstellen, wie schwer eine solche Entscheidung einem jungen Menschen fallen musste: die Heimat verlassen, in ein fremdes Land ziehen, dessen Sprache Frankl damals noch nicht einmal beherrschte, eine Primararztstelle aufgeben, als Arzt wieder bei Null anfangen, niemanden in dem fremden Land kennen. Er hätte seine wissenschaftliche Karriere (er hatte ja bereits über Logotherapie zu publizieren begonnen) auf unbestimmte Zeit nicht weiterführen können, und er hätte – wo er doch so an seinem Elternhaus hing – seiner Familie den Deportationsschutz genommen und sie dadurch in Lebensgefahr gebracht. Wenn wir Frankls Bericht genau betrachten, so besagt er, dass die Entscheidung nicht nur aus Liebe zu den Eltern, sondern eher aus einer Mahnung an seine religiös-moralische Elternpflicht gefallen sein dürfte. Dazu kam, dass er schon damals ein Auge auf die hübsche Tilly Grosser geworfen hatte, die als Krankenschwester im selben Spital auf der internen Abteilung arbeitete und die er nach dem Verfall des Visums sehr bald heiratete (63). Doch darauf kommen wir erst noch zu sprechen.

Die Abschiedsszene vom Vater gibt einen wichtigen Hinweis auf die *Art der Beziehung* zu ihm. Das Verabreichen der Ampulle Morphium erinnert an die Erfüllung einer Arztpflicht. Das darauffolgende Gespräch unterstreicht den Charakter einer ärztlichen Hilfeleistung und ist in der Art eines typischen Arzt-Patienten-Gesprächs gehalten. Kein Wort von einem Händehalten, von Abschiedstränen, von Verweilenwollen, von Schmerz und Trauer, weder von seiner noch von des Vaters Seite. Kein Wort des Dankes, der Liebe, der Rührung. Keine Klagen, dass er die Nacht nicht bei ihm wachen durfte, weil er vielleicht rechtzeitig an seine Schlafstelle in seinem Zimmer (19) musste. Kein Wort des Schmerzes, als er am nächsten Morgen zum Lager des Vaters kam, um nachzuschauen, und es leer vorfand. Es fühlte sich aber noch warm an, wie er mir erzählt hat. – Frankl vermutete, dass der Vater vielleicht noch nicht ganz tot gewesen oder eben erst verstorben war, als ihn das Lagerkommando abtransportieren ließ.

Die Beziehung zum Vater hat einen ähnlichen Charakter, wie wir sie bei der Mutter gefunden haben. Dort erschien ihm das Angemessenste, ihr beim Wiedersehen den Saum des Kleides zu küssen. Hier erfüllt sich die emotionale Beziehung zum Vater im Erweisen eines letzten Dienstes für ihn, wiederum ohne nur das Geringste für sich und für das eigene Gefühlsleben zu beanspruchen. Frankl verwirklicht darin ein Ideal reiner Selbstlosigkeit, die von den eigenen Bedürfnissen absieht und sich ganz „in den Dienst der Sache“, der Aufgabe, des anderen stellt. – Worum ist es Frankl in dieser Situation gegangen? Worauf können wir aus seinem Bericht schließen? (Wobei sich die Frage erhebt, ob Frankl intimste, persönliche Regungen zurückgehalten hat, um „im Dienst an der Sache“ einen allgemeingültigeren, anthropologischen Topos herauszustreichen. Das würde durchaus zu seiner Art passen. Auf der anderen Seite kamen aber auch in den persönlichen Gesprächen, die ich mit ihm hatte, keine anderen Inhalte zum Vorschein). – Der Inhalt des Berichtes zeigt einen Menschen, der in erster Linie um ein reines persönliches Gewissen bemüht ist. Das war das Einzige, was er in der Situation *für sich* beansprucht hat – und *von sich* zu verlangen hatte. Nichts forderte er daher von anderen. Als ob es nicht auch um ihn gegangen wäre, als der Vater starb! Hatte Frankl hier einen emotionalen blinden Fleck? Oder handelt es sich um die abgeklärte Größe eines Menschen, der um den letzten Sinn der Existenz in einem Maße Bescheid weiß wie wenige sonst? – Statt des zu erwartenden Leids und der Trauer eines gewöhnlichen Menschen erfüllte es ihn mit dem „wunderbarsten Gefühl, das man sich vorstellen kann“: dass er seine Pflicht erfüllt hatte, dass er alles für den Vater getan hatte, was er hatte tun können. Er musste sich keine Vorwürfe machen oder „gefallen lassen“, wie er zu sagen pflegte, brauchte keine Schuldgefühle zu bekommen, konnte seinem Vater gegenüber ganz unbelastet und guten Gewissens bleiben.[5]

Ich sehe darin ein traditionelles *Pflichtverständnis*, das die Generation Frankls bestimmt hat. Vom Einzelnen wurde verlangt, sich zurückzunehmen und sich dem hinzugeben, was die Sache und Aufgabe war, was vielfach mit einem erschwerten Zugang zu sich selbst verbunden war. Das war um die Jahrhundertwende gang und gäbe und auch in den 1920er- und 1930er-Jahren der Tenor in Ost und West, im Kommunismus ebenso wie im bürgerlichen Westen. Hätte die NS-Ideologie sich so verbreiten können, wenn der Gehorsam und das Pflichtbewusstsein nicht so tief im Menschen verankert gewesen wären? Diese Haltung ist auch von den Religionsgemeinschaften gefördert und gefordert worden. Frankl war zu dieser spartanisch-asketischen Disziplin der zu Ende gehenden K.-und-k.-Zeit erzogen worden, die durch die Hungerjahre der 20er- und 30er-Jahre des 20. Jahrhunderts im verarmten Österreich als Ideal hochgehalten worden war. Der Gedanke der Pflichterfüllung war bis in die 1950er- und 1960er-Jahre hinein geläufig geblieben. Frankl hat den größten Teil seines Lebens in dieser Zeit verbracht. Solche soziokulturellen Einflüsse prägen die Denkweise und das Verhalten, stoßen mitunter auf Persönlichkeitseigenschaften und persönliche Vorlieben, die dadurch verstärkt werden. Es wäre interessant zu wissen, wie Frankl als Kind unserer Zeit zu seiner Emotionalität gestanden hätte und wie seine Elternbeziehung heute aussehen würde.

Da fällt mir noch eine kleine Geschichte ein, die von Frankls Liebe zu und Anhänglichkeit an seinem Vater erzählt. Es war etwa um das Jahr 1984, als in der Wohnung der Frankls in der Mariannengasse 1 eingebrochen wurde. Die Diebe hatten, soweit ich mich erinnere, kaum etwas Wertvolles gefunden und mitnehmen können, hatten die Wohnung aber teilweise verwüstet; Frankls Schreibtisch war auf den Kopf gestellt. Ich weiß nicht mehr, was die Diebe entwendet hatten. Aber eines bleibt mir unvergesslich: An einem der nächsten Tage schilderte mir Frankl, hinter seinem Schreibtisch stehend, wie er die Wohnung vorgefunden hatte. Er sei entsetzt gewesen, als er seinen Schreibtisch gesehen hatte. Beim Aufräumen hätte er zu seiner Erleichterung alle seine Schriftstücke wiedergefunden. Inmitten der aufkommenden Erleichterung bemerkte er aber, dass die Diebe eine Holzschatulle aus seinem Schreibtisch entwendet hatten. Dabei zeigte er auf eine mittlere Schublade links am Schreibtisch. Dort hatte die Schatulle gelegen, seit er in diese Wohnung eingezogen war. Er hatte sie hoch in Ehren und darum in nächster Nähe gehalten. Dass ausgerechnet sie nun fehlte, schmerzte ihn am meisten. Es war kein materieller Wert zu beklagen, es handelte sich ja nur um eine Holzschatulle mit einigen fein säuberlich gespitzten Stenobleistiften. Aber mit ihnen hatte der Vater seinerzeit als Parlamentsstenograf geschrieben – immer mehrere Bleistifte parat, weil es keine Zeit zum Zuspitzen gab. Und mit spürbarem Schmerz über den Verlust und einem Unterton von Verärgerung über die Rücksichtslosigkeit der Diebe meinte

Frankl, diese Bleistifte könnten den Dieben am Flohmarkt bestenfalls ein paar Schillinge einbringen, weil sie unlackiert waren (was 1984 Seltenheitswert hatte). Für ihn jedoch hätten sie einen unverhältnismäßig hohen Wert. So etwas empfand er als ausgesprochen sinnlos, wenn ein Wert kleinlicher Habgier zum Opfer fiel – nirgendwo waren diese Bleistifte so kostbar wie bei ihm![6]

Frankl verehrte seinen Vater auch wegen dessen *tiefer Religiosität*. Der Bericht über den Vater in der Autobiografie (4 f.) zeugt von großem Respekt für die Aufrichtigkeit und Selbsttreue, mit welcher der Vater seine Religion lebte. Frankl schildert darin, wie sich der Vater über Tage hinweg nur von Brot, Butter und Käse ernährte, weil es auf dem Gut des Herrn Minister kein koscheres Essen gegeben hatte. Er erzählt, dass der Vater eine Disziplinarstrafe riskierte und bekam, weil er den jüdischen Fasttag hochgehalten hatte. Viele religiöse Bezugspunkte wurden bereits erwähnt: etwa wie der Vater mit abgeklärtem Geiste die Mitgefangenen auf dem Weg ins Konzentrationslager aufmunterte. Respekt hatte der Sohn vor dem Manne, der so tief im Glauben stand, dass er aus dem Bruchstück eines Schriftzeichens das vierte Gebot erkannte. Und er scheute sich nicht, jenen Rabbiner zu zitieren, der ihn als Gerechten bezeichnet hatte. Dieser Vater war ein großer Gläubiger gewesen, der fest im Glauben an seinen Gott stand und doch für Neuerungen offen gewesen war. Wenn man bedenkt, welchen Weg Frankl selbst diesbezüglich gegangen ist – vom Vorlesen von hebräischen Gebeten über nihilistische Jahre bis hin zum Sich-Beugen vor einem Wink des Himmels, wodurch er schließlich im Sinne der väterlichen Religiosität handelte –, dann wird der Respekt vor der religiösen Haltung des Vaters verständlich. Er hatte Achtung vor jemandem, der so tief und so unerschütterlich glauben konnte. Nach der Feuerprobe des Konzentrationslagers schreibt Frankl am Ende seines KZ-Buches, dass er fortan nichts mehr zu fürchten habe „außer seinen Gott“ (Frankl, 1977, 148). Wenn man um dieses tiefe Suchen und Ringen eigener Religiosität weiß, kann man einen guten Teil des Respekts für den Vater wie auch für die Mutter und die religiös verwurzelte Verpflichtung, Vater und Mutter zu ehren, „auf daß du lange lebest im Lande“ (62), verstehen.

Ein Moment des Nachdenkens

In diesen ersten Kapiteln kamen bereits markante Eigenschaften der Persönlichkeit Frankls zur Darstellung. Bevor wir weitergehen, möchte ich kurz innehalten und unsere Vorgangsweise reflektieren.

Es geht hier nicht darum, eine Beurteilung von Frankls Persönlichkeit vorzunehmen oder ein Psychogramm zu entwerfen. Wir möchten reflektieren und nachfühlen, was möglicherweise eine Rolle gespielt hat bei seinen Entscheidungen, was sein Erleben und Verhalten prägte, um seine Person in ihren Tiefen und Höhen wie in ihrem Facettenreichtum ein Stück weit beleuchten und besser verstehen zu können. Er selbst soll uns dadurch näherkommen, soll spürbar und erlebbar werden (etwas, was er selbst zu Lebzeiten wegen der damit verbundenen Nähe wohl kaum „goutiert" hätte). Dafür tragen wir die einzelnen Bausteine dessen, was Frankl von sich gezeigt hat, zusammen und betrachten das Bild, um zu sehen, worum es ihm ging und weshalb er so gehandelt, gedacht und empfunden hat. Neben dem besseren Verständnis seiner Person und seines Werkes hoffe ich, wie einleitend bemerkt, dass uns die Lektüre auch zum Nachdenken über den eigenen Lebensverlauf und seine Gestaltung anregt. Was aber die Beschreibung der Person Frankls betrifft, so müssen wir uns bewusst bleiben, dass keine psychologische Analyse und keine Reflexion den Menschen auszuloten vermag. Wohl kann sie ihn uns näher bringen, verständlich machen, Zugänge schaffen. Doch sind allemal Einhalt und Respekt geboten vor der tiefsten Unergründlichkeit des Menschen. Immer wieder wird es in der Beschreibung von Frankls Leben um persönliche Tiefen gehen, denen wir menschlich mit Achtung begegnen können – sie als eben das Seinige nehmen, sie sehen, verstehen und als seine gelten lassen. Auch bei unterschiedlichen Denk- und Verhaltensweisen und kritischer Reflexion der Lebensumstände und Entscheidungsmöglichkeiten ist das eine Voraussetzung für eine begegnende – und somit die Person anpeilende – Vorgangsweise.

Ich möchte an dieser Stelle noch kurz über ein Phänomen sprechen, das bereits beschrieben worden ist und das vielleicht von Manchem als störend empfunden wurde: die Einseitigkeiten, Gegensätze und Widersprüchlichkeiten in der Persönlichkeit[7] Frankls. Einige sind wohl *meiner* einseitigen Sicht und Beschreibung anzulasten. Ein anderer Betrachter hätte andere Züge an Frankl erlebt und diese vorangestellt. Über gewisse Charakteristika würden wir uns einigen und sie ähnlich empfinden. Meine Subjektivität sowie die Unvollständigkeit des Berichts und meiner Kenntnis Frankls sind also in jedem Fall in Rechnung zu stellen.

Daneben bleiben gewisse Einseitigkeiten in der Persönlichkeit Frankls bestehen und sind zu bedenken. Dazu möchte ich gerne einen grundsätzlichen Gedanken äußern, der mir während des Schreibens zum Anliegen wurde:

Es gehört zur „conditio humana", zur menschlichen Bedingtheit, dass uns *Einseitigkeiten* anhaften, die in der Struktur unserer Persönlichkeit verankert sind. Sie gehören zu uns und wir müssen mit ihnen leben. Es handelt sich um Begabungen (z. B. Intellektualität, Witz) ebenso wie um Hindernisse (z. B. Distanziertheit, mangelnde Sensibilität). Alle Einseitigkeit erschwert den Zugang und das Verständnis für andere Formen von Erleben, Denken und Verhalten. Sie können einem das Verständnis sogar verschließen. Diese Partikularität bedingt und beengt uns auf der einen Seite. Andererseits drängt sie aber auch nach Ergänzung durch Freundschaften und Partnerschaften und macht uns dafür offen. Dadurch ist es uns möglich, trotz unserer Begrenztheit die Höhe des Menschseins zu erreichen. Denn diese kann nicht darin bestehen, dass wir alles aus uns selber können. Vielmehr geht es darum, dass wir das, was wir können, mit ganzem Herzen, aufrichtig und mit Engagement tun – und uns um dialogische Ergänzung und Erweiterung durch andere bemühen.

Viktor Frankl lebte die Eigenschaften seiner Persönlichkeit und er stand zu ihnen mit gutem Gewissen. Er hat sie zu seinem und anderer Menschen Vorteil eingesetzt, er hat sie in seine Lehre einfließen lassen und damit einen wertvollen Beitrag zur Psychotherapie geleistet. Er hat ihr aufgrund seiner Erfahrungen, aber vielleicht mehr noch dank seiner Persönlichkeitsstruktur eine Seite beigesteuert, die andere nicht in dem Maße wahrgenommen und gelebt haben: die Sinnfrage. Ihm aber lag sie nahe, *weil* er so war, wie er war. So ist bei Frankl das persönliche und berufliche Leben zu einer Einheit und Ganzheit verbunden, die seiner Person ihre Größe verleiht.

Dabei fehlte ihm mitunter die Offenheit für die Andersartigkeit der Menschen im Denken und Fühlen, für ihre Einseitigkeiten und Spezialisierungen. Aber auch wenn er diese Denk- und Erlebnisweisen selbst vielleicht nicht in dem Ausmaß hatte, sind sie deswegen nicht dem Spektrum humaner Lebensweisen abzusprechen. Dass es ihm nicht so ganz gelang, sich ihnen zu öffnen, macht seine Größe menschlich. Andererseits hat gerade die Einseitigkeit ihm erlaubt, sein Werk zu vollbringen und „das Seine" zu tun.

Der soziale Hintergrund

Die Familie der Frankls wohnte im 2. Wiener Gemeindebezirk, in der Leopoldstadt. Dieser Bezirk wurde zu jener Zeit hauptsächlich von ärmeren jüdischen Zuwanderern des 19. Jahrhunderts bewohnt und hatte den Beinamen „Mazzes-Insel". Nur durch den Donaukanal von der Wiener Innenstadt getrennt, hat der Bezirk eine gute, zentrale Lage. Die jüdischen Wohngegenden in Wien zogen sich in der damaligen Zeit wie ein Band vom 2. über den nordwestlichen Teil des 1. Bezirks (dem späteren Textilviertel) hinüber in den Alsergrund (9. Bezirk). Dort, in der Mariannengasse 1, neben dem Allgemeinen Krankenhaus der Stadt Wien, hat Frankl nach dem Krieg bis zu seinem Tod gewohnt. In diese Bezirke zogen die Kinder der Juden aus dem 2. Bezirk, die es zu einem materiellen oder intellektuellen Aufschwung gebracht hatten. Im 1. Bezirk lebten sie nahe der Kaufmannschaft, im 9. Bezirk wurde die Nachbarschaft zur Universität und zum Krankenhaus für die Aufstiegschancen maßgeblich (Spiel, 1994, 48).

Die Eltern Frankls wohnten immer im 2. Bezirk. Zwischen den Geburten der beiden Söhne zogen sie von der Rotensterngasse 14 ein paar Gassen weiter in die Czerningasse 6, wo sie im obersten Stockwerk die Wohnung mit der Nummer 25 bezogen. Diese hatte helle und geräumige Zimmer, die gegen Norden zur Straße hin und gegen Süden in den Innenhof gingen. Die schmale, eher dunkle Czerningasse mündet in leichtem Bogen in die Tempelgasse/Praterstraße und ist nicht weit von der Urania und dem Donaukanal entfernt.

Die *Verhältnisse der Familie Frankl waren bescheiden*. Der Vater hatte ein karges Salär als Staatsbeamter. Zehn Jahre lang arbeitete er als Parlamentsstenograf und brachte es dann im Ministerium für soziale Verwaltung bis zum Direktor (4). Zwischendurch war er Privatsekretär und gab, wenn ich mich an eine Erzählung Frankls recht erinnere, Privatunterricht im Haus einer Bankiersfamilie. Die Familie verbrachte regelmäßig „Sommerfrischen" außerhalb der Stadt (27), z. B. in Hainfeld (10). Alsbald lernte der junge Viktor auch Not kennen. Während des Ersten Weltkrieges ging es der Familie wirtschaftlich „miserabel" (27). Statt sich in eine „Sommerfrische" einzumieten, fuhr die Familie nun nur noch nach Pohrlitz, an den Geburtsort des Vaters in Südmähren. Die Kinder nutzten die Gelegenheit, um auf Bauernhöfen Brot erbetteln zu gehen und auf den Feldern Mais zu stehlen (ebd.). Während der Schulzeit, mitten im Winter, musste der zehnjährige Viktor um drei Uhr früh an der Markthalle im benachbarten 3. Gemeindebezirk um Kartoffeln anstehen. Seine Mutter löste ihn dann um halb acht ab, damit er rechtzeitig in die Schule kam (ebd.).

Während Viktor Frankl unter der *Not* nur zweimal zu leiden hatte, war *Hunger* schicksalhaft im Leben seines Vaters. Mittellos hat sich dieser durch das Medizinstudium „gehungert" (4), musste dieses aber aus finanziellen Gründen aufgeben und in den Staatsdienst treten, um zu überleben. Dann kam mit der Not des Ersten Weltkriegs die Sorge, seine Familie nicht ernähren zu können. Schließlich, am Ende seines Lebens, musste dieser Mann auch noch am Hunger sterben! Frankl schreibt dazu in einer Mischung aus Mitleid und Bitterkeit: „Bevor er (der Vater) im Lager Theresienstadt Hungers starb, wurde der Herr Direktor einmal dabei angetroffen, wie er aus einer leeren Tonne den Rest von Kartoffelschalen herauskratzte." (ebd.) Aber auch Frankl selbst kam in dieser Zeit auf grausame Weise mit dem Hunger in Berührung: „Als ich selbst später vom Konzentrationslager Theresienstadt über Auschwitz nach Kaufering gekommen war, wo wir schrecklich hungern mußten, konnte ich meinen Vater verstehen: Dort war ich es selbst, der einmal aus dem eisigen Erdboden ein winziges Stückchen Karotte herauskratzte – mit den Fingernägeln." (ebd.)

Der Lebensstil Frankls war durch die bescheidenen Verhältnisse seiner Familie geprägt. Er pflegte eine *schlichte Lebensführung*, mit der er sich wohl fühlte. Geld hatte für ihn keinen besonderen Reiz und einzig die Funktion, das Überleben zu gewährleisten (96). Sein Ideal war, gerade so viel Geld zu besitzen, dass er nicht daran denken musste: weder zum Unterhalt seiner Familie, noch um es gewinnbringend anlegen zu müssen. Obwohl nicht angewiesen auf Wohlstand, flößten ihm sehr reiche Menschen Respekt ein, wenn er ihnen begegnete, was später öfter geschah. Ebensolchen Respekt hatte er auch vor dem Großbürgertum. Er sprach mit spürbarer Distanz über die soziale Herkunft eines Bruno Kreisky oder Karl Jaspers. Hier empfand er eine soziale Schranke. Er fühlte sich den gehobenen sozialen Schichten nie zugehörig, war auch nie heimisch darin. Ich glaube, dass seine Frau Elli ihm darin ähnlich war und ihn in dieser Haltung eher noch bestärkte.

Hinter dem Respekt vor dem Großbürgertum und dem Reichtum war eine Unsicherheit spürbar. Zwar hatte Frankl keine Mühe, diese Unsicherheit für die Dauer eines kurzen Besuches zu überspielen. Dennoch konnte er besser und sicherer mit Menschen umgehen, die selber Not kannten und keine Ansprüche stellten. Mit ihnen verkehrte er wie mit Seinesgleichen. So, wie ich Frankl kennengelernt habe, hat diese Vorliebe für anspruchslose Menschen aber einen weiteren, einen geistigen Hintergrund, der auch in seine Theorie einfloss. Nicht nur soziale Prägung und Lebenserfahrung also, sondern auch die eigene, geistige Haltung prägten sein Gefühl.

Frankls Erfahrung war, dass bescheidene Menschen den Wert der Dinge unmittelbarer kannten als anspruchsvolle. Außerdem sei durch deren „unverbildete" Art (ein Lieblingsbegriff Frankls) und die unkomplizierte, nicht durch gesellschaftliche Konventionen und Rücksichtnahmen moderierte Direktheit mehr Offenheit in der Begegnung zu erwarten. Anspruchslosigkeit, Schlichtheit, Bescheidenheit, „unprätentiöses Verhalten", wie er sagte, schienen seiner existentiellen Grundhaltung besser zu entsprechen: nichts für sich zu fordern, sondern da zu sein für die Erfordernisse (den Anruf) der Situation und sich dabei hintan zu stellen und zu vergessen – so lautet, vereinfacht gesagt, die Grundhaltung der Logotherapie, durch die Sinn erkannt und wie über eine Antenne eingefangen werden kann. Nur so kann sich der Logotherapie zufolge der Mensch verwirklichen – indem er sich selbst „übersieht und vergisst" in der Hingabe an einen Wert oder an eine Aufgabe, was Frankl in seinem Werk als „Selbst-Transzendenz" bezeichnet. Je höher nun die soziale Stellung, desto gefährdeter die existentielle Verfügbarkeit („disponibilité" nach Gabriel Marcel – auch diesen Begriff schätzte Frankl), desto seltener die dienende Haltung – die Bereitschaft „zum Dienst an der Sache", zum Dienst am Leben. Denn nach Frankls Erfahrung waren Wohlstand und gehobene soziale Stellung oft mit einer Anspruchshaltung gekoppelt, die es den Menschen schwer machte, von sich selbst absehen zu können und zu geben, ohne zu fordern.

Ich sehe darin einen Grund, warum Frankl in jungen Jahren dem Sozialismus verbunden war. Wenn er auch diesen sozialkritischen Ansatz später nicht weiterverfolgt hat, so blieb ihm doch die persönliche Vorliebe für das Bescheidene, Karge, zeitweise sogar Spartanische. Dies ging so weit, dass Frankl noch im Alter den ersten Jahren nach dem Krieg nachtrauern konnte. Es ist aufs Erste kaum zu glauben, dass er mit einer gewissen Wehmut erzählen konnte, wie schön es damals gewesen war, als sie mit einem ungleichen Paar Schuhe und einem viel zu langen Mantel im Zimmer um einen Ofen gesessen hatten, auf das Wenige zum Überleben reduziert – aber die Gespräche und Begegnungen mit den Menschen, die Atmosphäre des Beieinanderseins hätten eine Erlebnistiefe gehabt, deren unverfälschte, lebensnahe Echtheit später kaum wieder erreicht worden sei. Ähnliches berichtet die Münchener Oberstudienrätin und Logotherapeutin Wasiliki Winklhofer in ihrem Nachruf auf Frankl: „Er ging sogar in einem späteren persönlichen Gespräch so weit zu sagen, er habe manchmal geradezu Sehnsucht nach dem KZ wegen dieser Menschlichkeit" (Winklhofer, 1997, 9), die in den Begegnungen unter diesen extremen Bedingungen anzutreffen war. Erschwerte äußere Lebensbedingungen scheinen das Echte des Menschen zugänglicher zu machen als Wohlstand und Überfluß.[8]

So waren die Verhältnisse seiner Herkunftsfamilie wohl prägend für seinen Lebensstil, aber sie waren es nicht (zumindest nicht nur) im Sinne einer Gewöhnung oder Konditionierung, sondern (auch) der *Entscheidung*. Diese Schlichtheit der Lebensführung hielt Frankl näher bei sich selbst und ermöglichte ihm somit Erfahrungen, die er sich für sein Leben erhalten wollte. Durch die Beibehaltung dieses Lebensstils schuf er sich insbesondere Verhältnisse, die ihn von seiner Arbeit und seiner Bestimmung nicht ablenkten, die ihn nicht irgendwelchen Eitelkeiten nachgehen ließen oder seine Kräfte absorbiert hätten, weil er aus einer sozialen Unzufriedenheit heraus seine Verhältnisse hätte bekämpfen müssen.

Natürlich können auch noch andere Umstände eine Rolle gespielt haben. Wahrscheinlich traute Frankl sich größere Geschäftstüchtigkeit gar nicht zu bzw. war sie ihm auch persönlich zuwider. Wahrscheinlich hätte er einen größeren Lebensstil nicht wirklich ausfüllen können, und er hatte Angst, den Menschen auf diesem Parkett begegnen zu müssen. Mit Sicherheit aber war er von Natur aus ein asketischer Mensch, dem Luxus und Überfluss keine Freude bereiteten. Ein sozial aufwändigeres Leben hätte er nicht wirklich führen mögen. Seine Leistung aber war es, dies gespürt und erkannt zu haben und sich ohne Bitterkeit und Unfrieden auch in Zeiten größerer Prosperität positiv zu sich gestellt zu haben. Obendrein – und das scheint mir in diesem Zusammenhang von besonderem Einfluss – hatte Frankl viel Sinn für Tradition, wie wir im Kapitel über die Religion noch zeigen werden. Und so konnte er durch die

Beibehaltung des Lebensstils seinen Eltern in der bereits beschriebenen Anhänglichkeit verbunden bleiben, weil er in ihrer Tradition und in ihrem Geiste weiterlebte, in Respekt und Wertschätzung für das, was sie geschaffen hatten.

Das ist eine Haltung, die ich als eine Art „geistigen Adels" einer Familie bezeichnen würde – und dieser ist unabhängig von der sozialen Schicht.

Kindheit und Jugend

Viktor Frankl war das zweite von drei Kindern. Sein Bruder Walter war drei Jahre älter, seine Schwester Stella vier Jahre jünger als er selbst. Zum Zeitpunkt seiner Geburt war der Vater bereits 44 Jahre alt, seine Mutter erst 26.

Viktor wuchs in einer behüteten und umsorgten Atmosphäre auf. Der Vater war, wie wir sahen, streng, pflichtbewusst, sparsam, spartanisch und sehr religiös. Er strömte eine im Glauben an Gott verwurzelte Liebe zu seinem Sohn aus, die es diesem warm ums Herz werden ließ (10).

Auch über die Mutter haben wir schon gesprochen. Sie war die Güte und Herzlichkeit in Person. Ebenso fromm wie der Vater, war sie stets nur für die Familie da. Tiefe Dankbarkeit und Liebe verband den Sohn zeitlebens mit ihr.

Näheres gibt Frankl über seine Beziehung zu den Eltern nicht an. Auffallend ist, dass er so gut wie nichts über seine *Geschwister* geschrieben oder erzählt hat. Von seinem älteren Bruder wissen wir nur, dass er „ungemein tüchtig war, was das Organisieren von Amateurtheateraufführungen anlangt" (26). Der italienische Salesianerpriester, Universitätsprofessor und Logotherapeut Fizzotti (Fizzotti, 1970, 5) weiß aus Erzählungen Frankls, dass sein Bruder während der Nazizeit versucht hatte, nach Italien zu fliehen. Dabei hat ihn die SS gefangengenommen und gemeinsam mit seiner Frau ins Konzentrationslager Auschwitz deportiert. Von dort ist er angeblich in ein Filiallager von Auschwitz gekommen, wo er in einem Bergwerk ums Leben gekommen sei (77). Dass er seinen Bruder nur so selten erwähnte, lässt durchblicken, was er mir auch sagte: dass sein Bruder ein anderes Temperament und andere Interessen gehabt und Viktor sich daher wenig mit ihm verbunden gefühlt habe. Ob es Rivalitäten gab, ob sich Viktor durch den älteren Bruder zurückgesetzt fühlte, ob eines der Kinder mehr Gunst der Eltern erhielt als ein anderes, ob die Kinder einander verbunden waren oder mehr mit Kindern außerhalb der Familie spielten, all das ist uns nicht bekannt.

Ähnlich verhält es sich mit seiner Schwester Stella. Von ihr ist nur bekannt, dass er ihr durch trickreiche „Mandeloperationen" im Spiel das Taschengeld abgeknöpft hatte (96). Immer, wenn sie einen Heller besaß, spielte Viktor mit ihr Arzt und Patient, schaute in ihren Rachen und befand, dass ihre Mandeln operiert werden müssten, weil sie so geschwollen wären. Dann nahm er heimlich eine kleine rote Kugel in die Hand, „operierte" ihr die Mandeln heraus und zeigte ihr danach die rote Kugel. Nun verlangte er als redlich verdientes Honorar einen Heller.

Stella wanderte rechtzeitig vor dem Krieg nach Mexiko aus und zog dann weiter nach Australien, wo sie etwa ein Jahr vor ihrem Bruder Viktor verstarb. Sie hatte eine Tochter und einen Sohn, Peter Bondy, der schon in den 70er-Jahren dahinschied. Ich hatte einmal Gelegenheit, Stella als Gast bei uns zu empfangen. Sie war eine sehr temperamentvolle, großgewachsene, humorvolle und heitere Person, die offenbar unter ihrem Bruder gelitten hatte, ohne ihm deswegen je böse gewesen zu sein. Sie schien das Leben leichter und weniger ernst zu nehmen als Viktor und hatte wenig Interesse an den vielen Überlegungen ihres Bruders „Viki". Ich könnte mir vorstellen, dass der Bruder mit ihrer humorvollen Art zeitweise recht gut umgehen konnte, weil auch er Sinn für Spaß und Witz hatte. Zu anderen Zeiten aber hat er mit ihrer für ihn zu oberflächlichen Art wenig anfangen können.

Dass Viktor schon von klein auf ein schwieriges, „sekkantes" Kind gewesen ist, geht aus seinem Eigenbericht hervor (1). Als Kind bekam Viktor den Spitznamen „Bocki" aufgrund seines „Bockens" und „Trotzens", wie er und seine Schwester mir erzählten. Es ist, nebenbei bemerkt, naheliegend, dass diese Eigenschaften seiner Persönlichkeit in Frankls Sichtweise der „Person" und in ihre theoretische Beschreibung miteingeflossen sind und bei der Prägung des Begriffes von der „*Trotz*macht des Geistes" (Frankl, 1982, 96) Pate gestanden hat.

Sehr früh hatte Viktor bereits den Wunsch, *Arzt* zu werden. Frankl selbst meinte sogar, dass er bereits im Alter von drei Jahren „entschlossen war", Arzt zu werden (9). Hat hier das abgebrochene Medizinstudium des Vaters einen Einfluss ausgeübt? Oder lag Viktor dies so im Blut, dass er sich allein vom Zusehen bei ärztlichen Tätigkeiten oder vielleicht auch nur vom Hörensagen davon so angesprochen fühlte?

So ausschließlich war der Berufswunsch aber nun doch nicht. Noch andere Tendenzen fühlte der kleine Viktor in sich: Fernweh, Reiselust und Neugier auf die Welt ließen in ihm den Wunsch aufkommen, Schiffsjunge zu werden. Ehre, Ansehen, Macht und Befehlsgewalt mochten ihn Offizier werden lassen (ebd.). Beides verband er dann wieder mit dem Arztberuf, sodass er einmal Schiffsarzt oder ein ander Mal Militärarzt werden wollte.

Früh und anscheinend intensiv beschäftigte den kleinen Viktor die *Tatsache der Sterblichkeit* des Menschen. Frankl berichtet (ebd.), dass er mit vier Jahren eines Abends vor dem Einschlafen plötzlich aufschreckte, weil ihm die Erkenntnis kam, dass auch er eines Tages sterben müsse. „Was mir aber zu schaffen machte, war eigentlich zu keiner Zeit meines Lebens die Furcht vor dem Sterben, vielmehr nur eines: die Frage, ob nicht die Vergänglichkeit des Lebens dessen Sinn zunichte mache." (ebd.) – Ist es denkbar, dass ein Vierjähriger zu solch differenzierten Gedanken fähig ist? Diese Frage wird oft gestellt, wenn es um diese Angaben Frankls geht. Für sein Werk ist es zwar nicht wesentlich, wann er sich zum ersten Mal mit dieser Frage beschäftigt hat, und man ist als Leser Frankls natürlich geneigt, diese Aussage, die auf die Genialität des Kindes anspielt, nicht infrage zu stellen. Wenn sich diese Begebenheit tatsächlich in so frühen Jahren mit dieser Klarheit zugetragen hätte, dann müsste man sagen, dass Frankl die Sinnfrage geradezu angeboren gewesen wäre. Diesen Eindruck könnte man bekommen. Wenn man den Satz jedoch genauer ansieht, bemerkt man, dass Frankl ja nicht sagt, dass er als Vierjähriger so gedacht habe. Er sagt nur: „Zu keiner Zeit seines Lebens" habe er Furcht vor dem Sterben gehabt, sondern ihm hätte immer nur das Problem der Vergänglichkeit zu schaffen gemacht.

Ich vermute, dass Frankl mit vier Jahren ein Erleben hatte, das der Schilderung zwar inhaltlich entsprach, das er aber erst in reiferen Jahren in Worte fassen konnte. Er dürfte plötzlich erkannt und gespürt haben, dass durch den Tod, dem Kinder ja oft unerschrocken in die Augen schauen können, ein natürliches Eingebettetsein in einen geborgenen Zusammenhang, wie er ihn in seiner Familie hatte, zerbrechen konnte. Eine solche Empfindung, die einem Vierjährigen durchaus zuzutrauen ist, kann die Frage aufwerfen, ob es denn nicht zu schmerzlich ist, auf der Welt zu sein, wenn etwas so Gravierendes und Erschütterndes passieren kann. Ob es unter solchen Bedingungen noch gut ist, da zu sein und zu leben? So kann durch den Gedanken an einen großen Verlust unvermittelt die Sinnfrage aufbrechen und gefühlsmäßig empfunden werden, auch wenn sie noch nicht einmal zu benennen ist.

So verstehe ich diese Episode nicht als Zeichen seines frühen Philosophierens, sondern als Ausdruck seiner innigen Verbundenheit mit dem Elternhaus. Dass Frankl in einer geschützten, liebevollen Atmosphäre herangewachsen ist und bis weit in das Erwachsenenalter hinein Anhänglichkeit und Heimweh nach dieser Geborgenheit behielt (10), ist uns ja bekannt. Der Verlust dieses Paradieses, die Aussicht, von ihm vielleicht einmal Abschied nehmen zu müssen, kam ihm erstmals in Form des Todes vor Augen. So sicher war er sich der Beziehung seiner Eltern, dass er mit keinem menschlichen Bruch rechnen musste. Der Tod aber konnte ihm seine Eltern entreißen und das Paradies zerstören. Das Bewusstwerden der Sterblichkeit führte ihm dies plötzlich mit Schrecken vor Augen. Die Angst, ohne den Schutz der Familie zu sein, die Wärme der Eltern zu verlieren, nackt in die Kälte des Seins geworfen zu sein, das Bewusstsein, dass dieser Himmel noch nicht der Himmel ist, beinhaltet per se die Frage nach dem

Wert des Lebens. Die Wahrnehmung der Brüchigkeit der Existenz bringt den Gedanken mit sich, ob dieser Mangel nicht den Sinn der Existenz selbst zunichte macht, weil ihr Wert und ihre Schönheit von nicht verlässlicher Dauer und nur vorübergehender Natur sind. Lohnt es sich dann noch, Freude am Leben zu finden, wenn es irgendwann sowieso vorüber ist? Täuscht uns dieses Leben nicht etwas vor, das es nicht halten kann? Der Schmerz, dieses wunderbare Gut des Lebens nicht festhalten zu können, kann die Freude an ihm so trüben, dass das Leben sogar seinen Sinn, sein Glück, seinen Wert, seinen großen Zusammenhang verliert.

So in etwa ist es Frankl ergangen. Ich konnte dieses Gefühl sehr gut verstehen, weil ich ähnliche Empfindungen kannte und an ihnen litt, bei Frankl in der *Ärztlichen Seelsorge* (Frankl, 1982, 47, 85, 95) eine hilfreiche Antwort gefunden habe und es dann auch ausführlich mit ihm besprach. Wir verspürten eine große Übereinstimmung in unserem Empfinden über den möglichen Verlust der warmen Geborgenheit im Leben. Es ist mir damals auch deutlich geworden, dass dieses Gefühl der unauslöschlichen Geborgenheit für Frankl in der Religiosität weiterhin erhalten blieb.

Frankl berichtet aus dieser Zeit auch über seine *sexuellen Erlebnisse* in der Kindheit (10 f.). Einmal fanden er und sein Bruder im Wienerwald ein Paket mit Ansichtskarten von „lauter pornographischen Fotos". Beide Kinder „waren weder überrascht noch entsetzt", nahmen die Darstellungen offenbar ganz natürlich auf. Die ersten sexuellen Erfahrungen hat Frankl bereits mit acht Jahren gemacht. Die Familie hatte ein „fesches, ja tolles Dienstmädchen", das sich ihm und seinem Bruder „teils gemeinsam, teils gesondert sexuell darbot – wir durften sie am Unterleib entblößen, entkleiden und mit ihren Genitalien spielen. Zu diesem Zweck stellte sie sich zum Beispiel auf dem Fußboden liegend schlafend, um uns zu solchem Spiel zu animieren". Die Buben fanden das interessant und haben es, wie mir Frankl noch im Alter mit sichtlicher Freude erzählte, genossen. Heute würde man von sexuellem Missbrauch der Kinder durch eine Erziehungsperson sprechen. Ob diese Erfahrung eine spezielle Auswirkung auf die psychosexuelle Entwicklung der beiden Kinder gehabt hat? Hat dies zu einer gewissen Lockerung und Versachlichung der Sexualität bei Frankl beigetragen, auf die wir im nächsten Abschnitt nochmals zurückkommen werden? Für ihn selbst jedenfalls war die Erinnerung nicht traumatisch, sondern blieb im Gegenteil lustvoll.

Beide Erlebnisse zeigen ein unerschrockenes, natürliches, eher frühreifes und durch kein Verbot moralisch eingeengtes Verhältnis zur Sexualität und eine offensichtliche Freude am Erleben von sexueller Lust. Das könnte im Übrigen auch mit dem Zeitgeist des Fin-de-Siècle-Wien zusammenhängen, das bei der gebildeten Bürgerschaft ab der Mitte des 19. Jahrhunderts zu einer ästhetischen Kultur führte. So entstand eine hohe Empfänglichkeit für Lebenskunst in dieser Gesellschaftsschicht, wie auch eine große Sensibilität für das psychische Befinden. Im Unterschied zu den „üblichen moralistischen Kulturen der europäischen Bourgeoisie" war die österreichische am Beginn dieses Jahrhunderts „überlagert und unterhöhlt von einer amoralischen *Gefühlskultur*" (Schorske 1985, 7). Der Dichter Arthur Schnitzler hat diese Zeit in seinen Stücken meisterhaft beschrieben.

Die *Sinnfrage* war auch für den jugendlichen Frankl ein zentrales Thema. Sie konnte ihn „in ihrer ganzen Radikalität (...) geradezu überwältigen" (Frankl, 1982, 40). War sie ihm mit vier Jahren schon mit Erschrecken ins Bewusstsein gekommen (9), so trat sie in der Pubertät erneut auf, „zur Zeit also, wo die wesenhafte Problematik des menschlichen Daseins dem geistig Reifenden und geistig ringenden jungen Menschen sich auftut" (Frankl, 1982, 40). Er schreibt, dass er im Untergymnasium einmal heftig reagiert hatte, als ein Naturgeschichtelehrer das Leben der Organismen und des Menschen als letzten Endes „nichts anderes als einen Oxydationsvorgang", als einen Verbrennungsprozess bezeichnet hatte. Frankl sprang auf „und warf ihm die leidenschaftliche Frage entgegen: ‚Ja, was hat denn das ganze Leben dann für einen Sinn?'" (ebd.). Im nächsten Lebensabschnitt werden wir sehen, wie ihm die Sinnfrage schließlich entgleitet.

Auf der geistigen Suche nach Sinn

Frankl war schon als Kind ein Suchender, ein ewig Fragender, der immer etwas wissen wollte, „immer mehr wissen" wollte (12), wie er sagte. Er sah seine Stärke nicht so sehr im schöpferischen Neufassen von Gedanken als vielmehr im „konsequenten Zu-Ende-Denken" (ebd.). Und er war ein guter Beobachter, ein spielerischer Experimentator und interessierter junger Wissenschaftler. Er machte vor der ganzen Klasse Versuche mit dem psychogalvanischen Reflex (28) und arbeitete später experimentierend unter Allers im sinnesphysiologischen Laboratorium (41). Er interessierte sich bereits als Jugendlicher für die Naturphilosophen und führt beispielhaft Wilhelm Ostwald[9] und Gustav Theodor Fechner[10] an (12). Er hat sehr scharfsinnige Beobachtungen an Patienten angestellt, entwickelte eine eigene Theorie (52) zum „Corrugatorphänomen", wie er es bezeichnete (das besagt, dass das unwillkürliche Zucken der Augenbrauen ein Erkennungszeichen von aktiver Schizophrenie sei [vgl. Frankl, 1935]) und „trachtete vom Patienten zu lernen" (52) und zu vergessen, was er „von Psychoanalyse und Individualpsychologie gelernt hatte" (ebd.). Frankl schlug sich damals auf die Seite der Phänomenologie und „wollte herausbekommen, wie er (der Patient) es anstellt, wenn sich sein Zustand bessert. Ich trachtete, vom Patienten zu lernen – dem Patienten zu lauschen" (ebd.).

Frankl ging es in diesen Jahren also vermehrt um eine Sachlichkeit, die er als die höchste Tugend des Menschen ansah. Denn sie könne jedem Ding und besonders jedem Menschen zu einem Maximum an Eigenwert verhelfen. Er sah in der Sachlichkeit die einzige Methode, die dem höchsten Ziel der Gerechtigkeit nahe kam. Es handelt sich hier also um jenen Abschnitt im Leben Frankls, in dem er sich geistig emanzipierte, von traditionellen Denkmustern löste und seinen eigenen Weg zu finden suchte. Dieser Weg war steinig, war mit vielen Verlusten, Unsicherheiten und persönlichen Schwierigkeiten verbunden. Doch zunächst begann er noch ganz harmlos.

Am Ende der Pubertät und noch im Gymnasium sehen wir einen wachen, aufgeweckten, sehr aktiven jungen Mann, einen ausgezeichneten Schüler, dessen Interessen sich aber nun von der Schule abzuwenden begannen. Er interessierte sich für Philosophie (27, 36), Psychologie (28) und Politik (39, 40, 51). Schon als Gymnasiast war er jahrelang Funktionär der sozialistischen Arbeiterjugend und 1924 „eine Zeitlang geschäftsführender Obmann der sozialistischen Mittelschüler von ganz Österreich" (39) gewesen. Die bevorzugten Diskussionsthemen drehten sich um Marx und Lenin bzw. um die Alternative Freud oder Adler (ebd.).

In dieser geistigen Aufbruchzeit, im Alter von fünfzehn, sechzehn Jahren, als Frankl zu philosophieren begonnen hat, wie er schreibt (38), löste er sich von den überkommenen elterlichen und religiösen Denkgewohnheiten und verfiel einem erkenntnistheoretischen, intellektualistischen Absolutheitsanspruch. Er konnte der *„psychologistischen Versuchung"* (ebd.) nicht widerstehen und geriet dann auch noch in die *„soziologistische Versuchung"* (39). Die beiden Wortungetüme „psychologistisch" und „soziologistisch" bezeichnen einen totalitären Erklärungsanspruch, den die jeweilige Disziplin vorgibt. Reduziert der Psychologismus alles menschliche Verhalten auf innerpsychische Vorgänge wie Konflikte und Triebstrebungen, so tut der Soziologismus desgleichen und reduziert den Menschen auf Reaktionsweisen auf soziale Verhältnisse, denen er nicht nur unentrinnbar, sondern auch wie ein Spielball ausgeliefert ist. Der Mensch ist dann „nichts als" das Produkt der psychischen Triebe und der sozialen Umwelt. Jedem dieser Reduktionismen zu eigen ist ein sogenanntes „deterministisches Menschenbild", das dem Menschen einen freien Willen abspricht. Innerpsychische Vorgänge und soziale Umstände werden nicht nur als Bedingungen des Lebens angesehen, sondern als Determinanten, die es dem Menschen gar nicht mehr gestatten, sich anders als zwangsläufig zu verhalten. Der Mensch „musste" dann eben das und das tun, er „konnte" gar nicht anders, selbst wenn er sich einbildete, frei zu sein. Frankls Lebenswerk beruht ganz wesentlich auf dieser Erfahrung und stellt einen einzigen Kampf gegen diese Auffassung vom Menschen dar (vgl. das Kapitel über sein Werk, S. 179 ff.).

In diesem Alter aber war Frankl noch „zu unreif" (38), um diesen intellektuellen und rationalistischen Versuchungen zu widerstehen. Er wurde *Nihilist*. Sein Glaube an Gott trat in den Hintergrund, ging ihm schließlich für einige Zeit gänzlich verloren. An seine Stelle traten eine Wissenschaftsgläubigkeit und eine politische Aktivität, die von einer revolutionären Zukunftsgläubigkeit genährt war. Die Welt war im Umbruch, und der geistig rege Obergymnasiast wollte an diesem Wandel aktiv teilnehmen. Wenige Jahre zuvor hatte die kommunistische Revolution in Russland stattgefunden, und der Sozialismus hatte sich in Österreich zu einer jungen Bewegung formiert. Eine Stimmung des Aufbruchs begann sich in den 1920er-Jahren insbesondere unter den Jugendlichen breit zu machen. Nachdem das alte Kaiserreich zerfallen war, wurde das „Rest-Österreich", dessen Überlebensfähigkeit die alte Generation jahrelang bezweifelte, demokratisch. Die sozialistische Strähne Frankls spannte sich von seiner Gymnasialaktivität in der sozialistischen Arbeiterjugend, in deren Rahmen er Hunderte Vorträge hielt (51), über die Funktionärstätigkeit bei den sozialistischen Gymnasiasten nahtlos bis hinüber zur Anhängerschaft des Psychotherapeuten Alfred Adler[11]. Adler war mit einer Russin verheiratet und stand durch sie dem Kreis der sozialistischen russischen Emigranten nahe. Er war ein Sympathisant der russischen Revolution und ein Anhänger von Trotzki[12] (Handlbauer 1984, 67), der von 1907 bis 1917 unter anderem in Wien lebte. In der Gruppe um Alfred Adler kam Frankl schließlich mit der humanistischen, existentiellen und religiösen Denkweise von Max Scheler[13] in Berührung. Erst nach weiteren schwierigen Jahren führte diese Denkweise dann zur Entwicklung seiner Logotherapie. Frankl war seinem Lehrer Allers[14] für diese geistige Befruchtung ein Leben lang dankbar und blieb ihm stets verbunden. Die Vermittlung Allers sollte ihrerseits dann nochmals eine Rolle spielen und Frankl zum Durchbruch in den Vereinigten Staaten von Amerika verhelfen.

Zunächst aber kamen noch die Sturm-und-Drang-Jahre. Immer mehr wandte Frankl sich im Eifer seiner aufbrechenden Intellektualität der *Psychoanalyse* zu. Seiner Neugier entsprechend versprach er sich von ihr, dass sie den Menschen vollends zu erklären vermochte. Schon als Gymnasiast besuchte er Vorlesungen der Freud-Schüler Hitschmann[15] und Schilder[16] (29) und brachte in Redeübungen und Schulaufsätzen sein Wissen über die Psychoanalyse unter die Mitschüler (28). Er las viel. Was immer von seiner „umfangreichen interdisziplinären Lektüre her anfiel" und das, wovon er annehmen konnte, dass es Sigmund Freud[17] interessieren könnte, schickte er ihm zu (30). Freud, ein gewissenhafter Arbeiter, beantwortete ihm jedes Schreiben postwendend und bedankte sich dafür.

Als Beispiel für Frankls psychologistische Denkweise dieser Jahre kann ein Aufsatz gelten, den er in schülerhafter, buchstabengetreuer psychoanalytischer Manier über die Entstehung der Mimik der Bejahung (sie entspricht der einverleibenden Kaubewegung und der Koitusbewegung) und der Verneinung (Schüttelbewegung bei Ekel in der Ernährung und der Sexualität) geschrieben hat. Auch diesen Aufsatz schickte er mit anderem Material an Freud, der ihn von sich aus an die *Internationale Zeitschrift für Psychoanalyse* weiterleitete, wo er 1924 auch erschien. Zu einer persönlichen Begegnung und Auseinandersetzung mit Freud kam es nie, abgesehen von einem zufälligen Treffen auf der Straße im Jahre 1924. Damals war Frankl jedoch schon „in die Einflußsphäre von Alfred Adler geraten" (31).

Wie kam es zu diesem überraschenden *Wechsel zur Individualpsychologie Adlers*, nachdem Frankl sich jahrelang so sehr mit der Psychoanalyse beschäftigt und zu ihrer Verbreitung beigetragen hatte? Sicherlich bestand eine größere politische Affinität zu Adler als zu Freud, der sich weder politisch noch ideologisch geäußert hat. Entscheidend aber war ein Erlebnis, das nur wenige Monate vor dem zufälligen Treffen mit Freud stattgefunden hatte. Frankl hat es mir in allen Details geschildert, weil er es selbst als sehr maßgeblich für seine berufliche Entwicklung ansah, ja es als „Schlüsselerlebnis" bezeichnete (Frankl, 1994, 246). Gelegentlich berichtete er auch in Ausbildungsgruppen der Gesellschaft für Logotherapie und Existenzanalyse (GLE) in Wien davon. Umso verwunderlicher ist es, dass Frankl diese Begebenheit in seiner Autobiografie nicht einmal erwähnt. Ich möchte dies aber nachholen und Frankls Erzählung wiedergeben, weil sie für die Entstehung der Logotherapie von grundlegender Bedeutung ist. Es handelt sich dabei zwar nicht um die Geburtsstunde der Logotherapie – diese würde ich 1926 mit dem Referat Frankls in Düsseldorf ansetzen, wo er sich von seinem Psychologismus endgültig löste. Darauf kommen wir noch zurück. Aber immerhin handelte es sich hier um die *„Zeugungsstunde der Logotherapie"*, wie ich sie ihm gegenüber immer bezeichnete. Nun die Geschichte:

In der Planung für die Zeit nach der Reifeprüfung (Abitur) dachte Frankl daran, eine Lehranalyse zu absolvieren, um später einmal als Psychoanalytiker tätig zu werden. Aus diesem Grunde fragte er in einem seiner Briefe Sigmund Freud, an wen er sich in Sachen eigener Lehranalyse und Aufnahme in die psychoanalytische Gesellschaft wenden könne. Freud antwortete ihm, dass er diesbezüglich bei seinem Schüler und derzeitigen Vereinssekretär Paul Federn für eine Lehranalyse vorsprechen solle.[18] Frankl vereinbarte einen Vorstellungstermin bei Federn und erschien pünktlich. Er wurde von einer Frau in das Arbeitszimmer geleitet. Federn saß hinter seinem Schreibtisch, ein großer, stattlicher Mann mit schwarzen Haaren und schwarzem Bart. Ohne aufzublicken wies er Frankl mit einer Handbewegung wortlos einen Stuhl zu, auf dem sich dieser niederließ. Nach einer geraumen Zeit – es dürften drei, vier oder auch mehr Minuten gewesen sein – blickte Federn auf, lehnte sich zurück und fragte mit einer hohen Stimme, die so gar nicht zu dem mächtigen Aussehen paßte: „Nun, Herr Frankl, was ist Ihre Neurose?“ – Frankl war auf diese Frage nicht ganz unvorbereitet, von ihrer Unmittelbarkeit aber doch überrascht und stammelte etwas über seinen „analen Charakter“ und seine „ängstlich-anankastischen Züge“. Federn beendete das Gespräch nach etwa einer viertel Stunde und empfahl ihm, für den Beginn der Lehranalyse das Ende des Studiums abzuwarten, weil Studium und Lehranalyse interferieren könnten. Dann erst sollte er „zur Aufnahme in die Psychoanalytische Gesellschaft antreten“ (Frankl/Kreuzer 1986, 9).

Frankl verließ den Raum und spazierte nachdenklich durch die Stadt zum Donaukanal. Und in dieser Stunde „fielen mir die Schuppen von den Augen“ (Frankl, 1994, 246). Je länger er über die Begegnung mit Federn nachdachte, desto deutlicher wurde ihm das Unbehagen, das ihn seit dieser Begegnung nicht mehr losließ. Es waren zwei Momente, die ihn gestört hatten: zum einen die Tatsache, dass Federn der psychoanalytischen Abstinenz zuliebe kein Wort des Grußes geäußert, ja, ihn beim Betreten des Zimmers nicht einmal angeblickt hatte. Es mochte sein, dass er in eine Arbeit versunken war, aber Federn gab weder eine Erklärung noch eine Entschuldigung ab. War es ein Test der Frustrationstoleranz bzw. des Realitätssinnes von Frankl? – Das andere störende Moment war die Tatsache, dass Federn Frankl kommentarlos und selbstverständlich eine Neurose unterschob und ihn einzig darauf hin ansprach. Erlaubt die Psychoanalyse kein persönliches Gespräch, keine Einleitung mit menschlichen Fragen nach Interesse und Motivation für die Psychoanalyse, nach Fähigkeiten und Neigungen? In diesem Rahmen eine Lehranalyse zu absolvieren, ging Frankl gegen den Strich, je länger er es bedachte. Die Skurrilität der Fistelstimme Federns, die aus dem dunklen Bart hervorkam, tat dann noch das Ihrige dazu. Frankl entschloss sich, die Lehranalyse nicht anzutreten, und wechselte in den nächsten Wochen hinüber zu der Gruppe um Alfred Adler.

Was Frankl in der Situation mit Federn empfunden hatte, war genau das, wogegen er später mit der Logotherapie angetreten ist. Er selbst interpretierte sein Erleben als eine persönliche Konfrontation mit dem Psychologismus. Und er fand erstmals, dass er mit einer solchen Sichtweise des Menschen persönlich nicht leben mochte. Diese Begegnung beinhaltete für ihn einen doppelten *Reduktionismus*: zum einen die Ausblendung der humanen Dimension, die der Methodik zuliebe die menschliche Begegnung verhindert bzw. außer Acht lässt: keine Begrüßung, keine Entschuldigung, keine Erklärung, keine einleitenden Worte, kein Verstehen und keinen Handschlag bei der Verabschiedung. Durch das Methodenkorsett fühlte sich Frankl zu einer Sache reduziert. Der zweite Reduktionismus könnte als „*Pathologismus*" bezeichnet werden. Er lag in dem Umstand, das Wesen des Menschen in seiner Neurose zu sehen, um deren Abwehr und Verdrängung sich alles menschliche Verhalten gruppiert. Frankl fühlte sich von Federn ausschließlich in seiner Neurose gesehen und nicht als Mensch, der mehr ist als psychische Einengung und Fixierung. Einem tiefen Gespür folgend, lehnte Frankl von da an die Psychoanalyse ab und entfernte sich immer mehr von ihr. Vielleicht wäre noch zu erwähnen, dass manchmal auch behauptet wird, es sei Federn gewesen, der Frankl abgelehnt habe, als er sich 1924 für eine Lehranalyse bewarb. Dies schreibt z. B. Pytell[19] (Pytell 1977, 118), gibt aber keine Quelle dazu an.

Noch unter dem Einfluss der Psychoanalyse entschloss Frankl sich als Gymnasiast, Psychiater zu werden (32). Nach der Trennung von der Psychoanalyse spielte er eine Zeitlang mit dem Gedanken, Dermatologe zu werden oder sich der Geburtshilfe zuzuwenden. Frankl war zu dieser Zeit wie führungslos und irrte herum. Hinsichtlich seines Berufswunsches brachte die „achtlos hingeworfene Bemerkung eines anderen Medizinstudenten eine entscheidende Wendung" in sein Leben. Dieser hatte gemeint, dass Søren Kierkegaards[20] Wort vom „verzweifelt nicht man selbst sein wollen" auf sein „Kokettieren mit nicht psychiatrischen Fächern passe" (32). Er meinte nämlich, dass Frankl für das Fach Psychiatrie eine ausgesprochene Begabung habe, zu der er sich auch bekennen solle. So kurz diese Begebenheit auch war, hatte sie Frankl doch dazu bringen können, sich seiner *Fähigkeit* für die Psychiatrie wieder sicher zu werden und sich fortan zu diesem Berufsziel zu bekennen. Trotzdem war er sich über seine *Motivation,* sich der Psychiatrie zuzuwenden, nicht im Klaren. Er bemerkte nämlich, dass dieser Berufswunsch eine sehr große Verlockung für ihn beinhaltete. Die Verlockung, die von der Psychiatrie ausging, lag in dem Versprechen, „Macht über andere zu gewinnen, sie zu beherrschen, sie zu manipulieren. Wissen ist Macht, und so verleiht uns unser Wissen über Mechanismen, die den anderen nicht, uns selbst aber eben sehr wohl bewußt sind, zunächst einmal eines: Macht über die anderen" (34). Dieselbe Faszination erlebte er mit der Hypnose. Aus diesem Grunde hatte er bereits „mit fünfzehn Jahren richtiggehend hypnotisieren" können (ebd.).

Nach der Beschäftigung mit den libidinösen Strebungen des Menschen während seiner psychoanalytischen Zeit erlebte Frankl nun seine starken Strebungen nach Mächtigkeit genau in jener Zeit, als er dem Lager von Alfred Adler angehörte. Dort waren die *Macht* und die Überwindung von Minderwertigkeitsgefühlen zentrale Themen. Wie Frankl mit dem Bedürfnis nach Macht zurechtgekommen ist und wie er diese unreife Haltung (ebd.) zur Reife gebracht hat, darüber schweigt er sich aus. In seiner Biografie springt er an dieser Stelle assoziativ auf die Anwendung der Hypnose und erzählt unterhaltsame Anekdoten. Danach kommt er noch einmal auf die Macht zu sprechen. Er schildert, wie er die Macht bei einem Vortrag und bei der Behandlung einer Patientin erlebt hatte. Er bekam das Gefühl, dass die Zuhörer „Ton waren in des Töpfers Hand" und dass die Patientin, die an einer schweren Zwangsneurose litt, auf sein eindringliches Reden hin immer ruhiger wurde „und jedes einzelne Wort (...) sichtlich auf fruchtbaren Boden (fiel). Und wieder spürte ich – Ton in des Töpfers Hand ..." (36). Beide Male hat er die Macht, die ihm einmal als Redner und ein anderes Mal als Arzt und Psychotherapeut an die Hand gegeben war, dazu verwendet, zu helfen, ja zu „retten", wie Frankl es hier bezeichnet. War Frankl die Macht ursprünglich für sein eigenes Selbstwertgefühl wichtig, so war sie ihm bald nicht mehr Selbstzweck, sondern erhielt eine dienende Funktion (35).

Frankls Entschluss, Psychiater zu werden, ist im Grunde durch die jahrelange interessengeleitete Beschäftigung mit Philosophie, Psychologie und Medizin herangereift (32). Der freundschaftliche Hinweis seines Kollegen auf seine psychiatrische Begabung und sein von ihm selbst erkanntes Bedürfnis nach Macht (ebd.) kamen als ausschlaggebende Impulse für die Entscheidung hinzu. Als Psychotherapeut hatte er der reduktionistischen Psychoanalyse der 1920er-Jahren inzwischen den Rücken gekehrt und sich für Adler entschieden, „den er in ‚weltanschaulicher Hinsicht' (Frankl 1938, 35) gegenüber Freud als weiterführend ansah" (Titze 1985, 36). Am 23. November 1925 hat Frankl in der „Wiener Sektion des Internationalen Vereins für Individualpsychologie" seine theoretische Prüfung abgelegt und das Diplom erhalten (Handlbauer 1984, 440). Dort fand er nun seine Lehrer, die ihn „nicht nur als Menschen beeindruckten, sondern auch sonst auf das Nachhaltigste beeinflußten, nämlich Rudolf Allers und Oswald Schwarz[21]" (41). Von einer späteren Warte aus betrachtet lässt sich sagen, dass der ungestüm suchende Geist des jungen Frankl hier nun endlich auf kongeniale Partner traf, die ihm jene Entwicklungsschiene bieten konnten, die den Suchenden heimführten und ihn zu seinen eigenen Fähigkeiten heranführen konnten. Doch es sollte noch ein beschwerlicher und langer Weg bis dahin werden.

Kaum hatte Frankl seine menschlichen Vorbilder und geistigen Herausforderer und in Allers auch einen Nestor und Begleiter gefunden, begann auch schon eine Zeit, in der *mehrere Wellen von Leid und Krisen* über ihn hereinbrachen. In die erste Krise geriet er ausgerechnet durch seine Lehrer. Das Glück, endlich Lehrer gefunden zu haben, brachte den Preis mit sich, in den Konflikt mit Adler hineingezogen zu werden. Der damit verbundene Ausschluss aus der individualpsychologischen Vereinigung stürzte Frankl in eine Leere und Orientierungslosigkeit, die etwa zehn Jahre anhielt. Ihr Ende fiel schon in die Zeit des Nationalsozialismus. Dann folgte eine dritte und besonders schlimme Leidensperiode in vier Konzentrationslagern. Die letzte große Krisenzeit begann mit der Befreiung, als Frankl vom Tod seiner Angehörigen erfuhr. Wenn man von der kurzen, glücklichen Zeit mit seiner ersten Frau Tilly absieht, so begann 1926 also eine Belastungs- und Prüfungszeit mit vier Wellen, die erst 1946/47 endete. Man könnte geneigt sein zu glauben, dass diese zwanzig Jahre Frankls Lebenseinstellung stark beeinflussten. Besonders von den Jahren im Konzentrationslager wird dies oft behauptet. Doch muss festgehalten werden, dass Frankl schon vorher sein Engagement gegen Leid, Not und Verzweiflung gelebt hat. In diesen Jahren jedoch konnte sein tiefes humanes Anliegen in besonderem Maße reifen. Er wuchs durch diese schicksalsschwere Zeit zum Anwalt des leidenden Menschen und zum Vorkämpfer gegen die Sinnlosigkeit heran. Beides, Leid und Sinnlosigkeit, musste er am eigenen Leib und an der eigenen Seele aufs Bitterste erfahren.

Doch kehren wir zurück zum Beginn dieser Krisenjahre. Kaum hatte Frankl also seine beiden Lehrer kennengelernt und kaum war er ihnen nahe gekommen, brach durch sie *die erste Krise* auf. Denn Allers und Schwarz wie auch Künkel wichen als Vertreter der anthropologischen Position schon einige Zeit von der Linie Adlers ab (Titze, 1985) und gaben 1926 in einer öffentlichen Sitzung ihren Austritt aus dem Verein für Individualpsychologie bekannt (42). Sie gehörten zu den religiös motivierten Mitarbeitern Adlers (Handlbauer 1984, 135), wobei die Diskrepanz nicht mit der weltanschaulichen Differenz zusammenhing. Der Austritt seiner Lehrer hatte nachhaltige Folgen für Frankl, denn er verstand sich als Schüler von Allers und Schwarz und weniger als Schüler von Adler selbst. Das wurde mir besonders deutlich, als ich Ende der 1980er-Jahre Frankl in einem Artikel einmal als „Schüler von A. Adler" bezeichnen wollte. Frankl, der die Korrekturlesung vornahm, strich diese Passage und sagte mir, dass er sich nie als Schüler Adlers verstanden hätte und auch nicht als solcher bezeichnet werden wolle (vgl. auch 43). Wohl hätte er sich Adler verbunden gefühlt, ihn geschätzt und keinen Grund gesehen, aus seinem Verein auszutreten. Aber Frankl war eigentlich nie in engeren Kontakt mit Adler getreten. Adler hatte eine Hierarchie gepflegt, in deren Rahmen es nicht üblich war, dass weniger Nahestehende direkt mit ihm kommunizierten. Sie mussten über die „Dienstleiter" der „Oberärzte" mit dem „Primar" sprechen. Auch diese hierarchische Distanz war ein Grund dafür, dass Allers und Schwarz Frankl näher standen als Adler.

Ich hatte auch öfter das Gefühl, dass – abgesehen von der konventionellen Distanziertheit Adlers – die Persönlichkeiten von Schwarz und Allers Frankl mehr beeindruckt hatten. Adler lag ihm nicht. Er dürfte ihm zu autoritär und zu wenig wissenschaftlich bzw. zu wenig philosophisch gewesen sein. Frankl sprach kaum je über seine Einschätzung Adlers als Person. Im kleinen Rahmen konnte er gelegentlich einmal bemerken – wie er es in einem Interview dem mexikanischen Logotherapeuten Pareja (Pareja, 1984, 25) gegenüber getan hatte –, dass Adler „ein Wahrnehmungsorgan für philosophische Probleme einfach fehlte". In seinem „ausgezeichneten Buch" über den Sinn des Lebens gebe Adler die Antwort, bevor er die Frage gestellt habe. Er gehe von Anfang an davon aus, dass das Leben einen Sinn habe und dass der Fehler darin liege, diese Frage zu stellen. So weit Frankl über Adler. Ansonsten kann nur aus kleinen Bemerkungen (31, 43) und aus der vergleichenden Betrachtung beider Persönlichkeiten auf seine Haltung zu Adler geschlossen werden. Auch darin begegnen wir wieder einem charakteristischen Zug Frankls, nämlich dass er über Menschen nie etwas Schlechtes sagen mochte. Er hat auch nur äußerst selten jemand anderem gegenüber eine kritische Äußerung getätigt. Dagegen hat er mit Lob nicht gespart, wenn es ihm nur einigermaßen angebracht schien. Das ließ seine Haltung oft unklar werden, denn nur wer ihn genau kannte, wusste, dass es als Kritik zu werten war, wenn er kein Lob äußerte. Nachgerade verschwommen wurde seine Haltung gelegentlich, wenn er trotz verhaltener Kritik auf Bitte von außen Anerkennung und Respekt zum Ausdruck brachte, wie er es bei Adler in einer „angeforderten ‚Huldigung' anläßlich der 100-Jahr-Feier von Adlers Geburtstag" (Frankl, 1984, 249) für das Journal f. Individual Psychology (Journal of Individual Psychology, 26 [1970], 12) getan hat. Auch das ist wieder jener Zug Frankls, der weniger aus einer beziehungsvollen Nähe als aus einer verehrenden Distanz kommt. Ihm sind wir in den Kapiteln über die Eltern bereits begegnet.

1982 hat Frankl seine Verbundenheit mit der Individualpsychologie anlässlich des 15. Weltkongresses der Individualpsychologie in Wien in seinem Vortrag betont. Er habe die „Nabelschnur, die mich – nach wie vor – mit der Individualpsychologie verbindet, nicht verleugnet" (Frankl, 1994, 249). Er betonte noch einmal, er hätte keinen Grund zum Austritt aus dem Verein gehabt, und er wäre vielleicht noch immer in der Individualpsychologie, wenn Adler es zugelassen hätte.

Trotz der persönlichen Distanz zu Adler und unbeschadet des späteren Ausschlusses hat Frankl von Adler sowohl für die Praxis als auch für die Theorie einiges übernommen. Er lernte von ihm handfeste, erfahrene psychotherapeutische Methoden. In ihm sah er einen „Vorläufer der existentiellen Psychiatrie" (ebd.). Noch als über Achtzigjähriger beliebte es ihm, Adler zu zitieren. Das Zitat, das er am häufigsten verwendete, war: „Der Mensch hat nicht Erfahrungen – Erfahrungen *macht* der Mensch". Dieser Gedanke entsprach natürlich Frankls Sichtweise: Der Mensch ist kein psychophysischer Automat. Das Entscheidende im Menschen ist die geistige Person. So bilden sich im Menschen Erfahrung nicht einfach ab wie auf einer fotografischen Platte. Erfahrungen werden auch nicht gesammelt wie Bücher in einer Bibliothek. Der Mensch als Lebendiger ist vielmehr aktiv und konstruktiv am Zustandekommen seiner Erfahrungen beteiligt, wobei seine Haltungen und Entscheidungen wesentlich in seine Erfahrungen einfließen. Der Mensch „hat" zwar Erlebnisse, aber er „verarbeitet" sie zu „Erfahrungen". Das Zitat Adlers mache deutlich, „daß es vom Menschen abhängt, ob und wie er sich von der Umwelt überhaupt beeinflussen läßt" (Frankl, 1971, 64).

Praktisch unbekannt ist, dass Frankl Adler sogar den zentralen Gedanken der Logotherapie verdankt! Frankl sah in diesem Gedanken eine „kopernikanische Wendung" und hat ihn unter dieser Bezeichnung der Logotherapie zugrundegelegt. Die kopernikanische oder, wie wir heute sagen, die „existentielle Wende" (Längle, 1994, 17) bezeichnet den Umstand, dass es im Leben im Grunde nicht darum geht, zu fragen, was man von eben diesem Leben zu erwarten habe. Diese Haltung führt am Sinn des Lebens vorbei. Es geht vielmehr darum, sich umgekehrt vom Leben befragen zu lassen und darauf zu achten, was das Leben von einem selber verlangt. Und es kommt darauf an, die Frage der Stunde, des Augenblicks, der Situation zu verstehen und darauf eine ganz persönliche Antwort zu geben (vgl. Frankl, 1982, 72). In einer handschriftlichen Notiz zu einem Artikel merkte Frankl an, dass dieser Gedanke eigentlich von Adler stamme, dass aber Adler nicht das Geschick gehabt habe, ihn gut zu formulieren und zu verbreiten.

Während der Zeit bei den Adlerianern lernte Frankl bei Allers im sinnesphysiologischen Labor auch experimentell arbeiten. Das größte Verdienst Allers aber war, dass er Frankl in die Philosophie von Max Scheler einführte. Die Bekanntschaft mit dem Schrifttum dieses Philosophen war sicherlich die grundlegendste und umwälzendste Veränderung in der „frühen Phase" von Frankls wissenschaftlicher Karriere. Schelers Philosophie und Anthropologie sollte später zur Grundlage der Logotherapie und Existenzanalyse werden.

Zu diesem Zeitpunkt war Frankl dann *unvorbereitet in den Konflikt seiner Lehrer geraten* und wurde vom Strudel der Auseinandersetzung mitgerissen. Es war für ihn nicht leicht, dass Adler nach dem Tag des Austrittes seiner Lehrer kein Wort mehr mit ihm wechselte und keinen Gruß mehr erwiderte, „wenn ich, wie es Abend für Abend üblich gewesen war, das Café Siller betrat und mich seinem Stammtisch näherte, an dem er Hof hielt. Er konnte es eben nicht verwinden, daß ich nicht bedingungslos für ihn eingetreten war" (43). Ein paar Monate später wurde er „schließlich in aller Form aus dem Verein für Individualpsychologie ausgeschlossen" (ebd.). „Der Ausschluß traf mich schwer." (Frankl, 1949, 249) Er verlor damit sein geistiges Tätigkeitsfeld und seine kollegialen Beziehungen. Nur wenige hielten ihm, „wenn schon nicht wissenschaftlich, so doch wenigstens menschlich die Treue"[22].

Frankl verlor jedoch noch mehr als seine wissenschaftliche Gemeinde. Der Kontakt mit seinen Lehrern wurde alsbald spärlich und brach ab. Er stand wieder allein auf sich gestellt da. Dazu kam, dass seine Projekte gestoppt wurden:

Ein Buch, das er mit seinen neuen Gedanken für den individualpsychologischen Verlag Hirzel verfasst hatte und für welches ihm sein Lehrer Schwarz ein begeistertes Vorwort geschrieben hatte, durfte nicht gedruckt werden. Eine Kurzfassung erschien dann erst 1939 (41) in der *Schweizerischen Medizinischen Wochenschrift* (wieder abgedruckt in Frankl, 1994, 37-46). Die individualpsychologische Zeitschrift mit dem Titel *Der Mensch im Alltag*, die Frankl herausgegeben hatte, musste ihr Erscheinen einstellen. Damit hatte Frankl sein wissenschaftliches Forum verloren, wie er selber schreibt (43). Er war tief verletzt und heimatlos geworden. Die Verletzung klang noch im Alter nach, wenn er in seiner Autobiografie schrieb, dass ihm „niemand mehr damit kommen (solle), die Logotherapie sei bloß ‚Adlarien psychology at its best'" und stelle keine „Forschungsrichtung *sui generis*" dar (ebd.). Denn niemand sei wohl berufener gewesen als Adler selbst, um festzustellen, „ob die Logotherapie nun wirklich noch Individualpsychologie ist oder aber längst nicht mehr". Es klingt wie ein knappes „Schluss damit", wenn Frankl unter das Kapitel von Alfred Adler den Satz setzt: „Roma locuta, causa finita" (ebd.).

Die Selbstherrlichkeit Alfred Adlers und die unwissenschaftliche Vorgangsweise, die zu Frankls Ausschluss aus der Individualpsychologie geführt hatte, blieben Frankl ein Leben lang ein warnendes Beispiel dafür, wie wissenschaftliche Zusammenarbeit in der Psychotherapie *nicht* stattfinden sollte. Seine Abneigung gegen logotherapeutische Gesellschaften und Schulengründungen wird dadurch ein Stück weit verständlich (vgl. das Kapitel „Frankls Verhältnis zur Politik", S. 157).

Durch den Schock des Ausschlusses verlor Frankl seinen biografischen Faden. Zwar hatte er schon ein Jahr zuvor (1926) erstmals in einem Vortrag über *Logotherapie* gesprochen (44) und 1927 erste Gedanken zu diesem Paradigmenwechsel in der Psychotherapie (nämlich der Überwindung des Psychologismus) in seinem Buch niedergeschrieben. Aber obwohl er sich damals mit den Inhalten der Logotherapie also schon befasst hatte, gelang es ihm nicht, an seinem begonnenen Projekt festzuhalten und daran mit allen Kräften weiterzuarbeiten. Das hing meiner Meinung nach vor allem mit dem Verlust des wissenschaftlichen Umfeldes zusammen. Denn Frankl hatte nicht daran gedacht, aus seinen Gedanken zur Psychotherapie eine eigene Schule zu gründen. Er sah sie als wichtiges Element der Individualpsychologie an, das dazu angetan wäre, „in die anthropologischen Grundlagen der Individualpsychologie einbezogen zu werden" (Frankl, 1994, 248). Er wollte den Psychologismus *innerhalb* der Individualpsychologie überwinden (ebd., 247). Nun war ihm diese Aufgabe verwehrt. Und er wusste darum, dass diese Gedanken zur Überwindung des Psychologismus für sich selbst keine eigene Richtung der Psychotherapie darstellten, sondern ihren Wert in der „Korrektur" bestehender Schulen hatten.

Ein Leben lang vertrat Frankl im Schrifttum daher die Ansicht, dass er „die Logotherapie immer nur als eine Ergänzung, nicht aber als einen Ersatz für die Psychotherapie ausgegeben" habe.[23] Vielleicht hat auch diese „nie getrennte Nabelschnur zur Individualpsychologie" dazu beigetragen, dass Frankl die Logotherapie immer als Ergänzung der Psychotherapie bezeichnet hat und sie nur nach innen hin gegenüber den eigenen Logotherapeuten als eigenständige Richtung verstanden wissen wollte. Ich glaube, dass Frankl bis ins Alter hinein sah, was der Logotherapie fehlte, um sie nach außen hin als eigenständige Psychotherapie deklarieren zu können. Neben sachlichen Gründen (vgl. das Kapitel über sein Werk, S. 179) könnte aber auch eine Vorsicht mitgespielt haben, um nicht überheblich zu wirken – und um dem stillen Wunsch doch nachzukommen, wandte er den Ausschluss durch Adler in eine positive Aussage um. Auch dies ist charakteristisch für Frankl. Der Ausschluss durch Adler bedeutete für ihn später nicht mehr nur, dass die Logotherapie *keine* Individualpsychologie sei, sondern dass sie eben längst etwas anderes geworden ist: *eine* eigenständige „Forschungsrichtung". Damit schrieb er es Alfred Adler zu, der Logotherapie als Erster ihre Eigenständigkeit zumindest in Sachen Forschung zuzusprechen – bloß durch den Umstand, weil er es abgelehnt hatte, sie als Individualpsychologie anzuerkennen.

Nach dem Ausschluss aus der Individualpsychologie sozusagen auf die Straße geworfen, trat Frankl seine „Lehr- und Wanderjahre" (47) an. Der logotherapeutische Keim wuchs im Schatten der Umstände nur langsam weiter. Frankl las zwar Scheler, aber es fehlte ihm der „Treibhauseffekt", den seine Lehrer und die therapeutische Gemeinschaft erzeugt hatten. Er wandte sich in den folgenden Jahren daher der Praxis zu und arbeitete hauptsächlich wissenschaftlich neurologisch.

Zunächst aber – und damit folgte er noch dem individualpsychologischen Engagement für sozial Schwache – organisierte er ab 1928 *Jugendberatungsstellen,* in denen Jugendliche in seelischer Not unentgeltlich beraten wurden (ebd.). Auf diese Tätigkeit war Frankl ein Leben lang sehr stolz. In ihr kommen zwei wesentliche Züge seiner Persönlichkeit zum Vorschein: seine *idealistische Aktivität* und sein *soziales Engagement*. Die Gründung von Jugendberatungsstellen stand ungebrochen in der Linie seiner psychologischen Interessen. Die Gründung der Zeitschrift *Der Mensch im Alltag* und die Hunderten öffentlichen Vorträge waren sichtlich beseelt von der Absicht, eine psychisch-geistige Betreuung der Bevölkerung bei der Bewältigung des Alltags zu entwickeln. Er wollte einen Geist vermitteln, der dem „einfachen Mann auf der Straße", wie er gerne sagte, eine Anleitung zur Gestaltung des Lebens bot, eine Hilfestellung und Orientierung zur Bewältigung seiner Probleme und Sinnlosigkeitsgefühle. Darin sah er einen Schutz vor seelischen Störungen und Krankheiten. Dieses

Uranliegen Frankls kam schon Jahre vor der Entwicklung der Logotherapie zum Tragen. Es war bereits „ärztliche Seelsorge", wie später auch sein erstes Buch über Logotherapie heißen sollte.

Wie Frankl dazu kam, Jugendberatungsstellen zu gründen, bleibt möglicherweise weiteren Nachforschungen überlassen. Nach seiner Aussage in der Autobiografie (ebd.) wäre anzunehmen, dass Idee, Programm, Initiative und Ausführung auf ihn zurückgingen. An anderer Stelle schreibt er, dass ihm „der Antrag zuteil (wurde), im Rahmen einer von der Wiener Arbeiterkammer lancierten Aktion ‚Jugend in Not' die jungen Arbeitslosen psychiatrisch zu betreuen" (Frankl, 1990, 85). Später verweist Frankl auf die Erfahrung aus der Zeit, die er als Mitarbeiter „im Rahmen der von Wilhelm Börner gegründeten und ein Jahrzehnt lang (bis 1938) geleiteten Wiener Lebensmüdenstelle – praktisch der ersten in ihrer Art" (ebd., 88) verbracht hatte. Wilhelm Börner war der Leiter der „Wiener Rettungsgesellschaft" gewesen, wie mir Frankl erzählte. Meines Wissens handelt es sich bei der Aktion der Arbeiterkammer und der von Börne gegründeten und dann von Frankl geleiteten „Lebensmüdenstelle" um dieselbe Institution.[24] Fizzotti (Fizzotti 1970, 3) streicht die Eigeninitiative Frankls heraus, der in seiner Zeitschrift *Der Mensch im Alltag* in mehreren Publikationen 1926 und 1927 auf die Notwendigkeit von Jugendberatungsstellen hingewiesen habe und durch „lange Listen von Episoden" die Verantwortlichen in der Individualpsychologie auf die Not aufmerksam gemacht hatte. Frankl sei es schließlich 1927 „trotz Widerstand" gelungen, ein erstes Zentrum zu eröffnen und in seiner Zeitschrift die Liste der Berater und ihre Konsultationszeiten zu veröffentlichen. 1931 konnte dann erstmals der Erfolg verbucht werden, dass es zum Schulschluss keinen Schülerselbstmordversuch gab.

In einer vom Österreichischen Rundfunk ausgestrahlten Sendung unmittelbar nach Frankls Tod gab der Kommentator von Frankls Biografie – vermutlich nach einer Vorlage des Viktor-Frankl-Instituts – eine Zusammenfassung, nach der Frankl „im Auftrag der Arbeiterkammer" die Stellen gegründet habe. Mir scheint diese Frage interessant in Bezug auf die Persönlichkeit Frankls. Gingen Initiative und Organisation dieser Stellen auf Frankl selbst zurück, so entstünde ein stärker ausgeprägtes Unternehmerprofil, als wir es haben. Denn Frankl hat nie von sich aus eine Organisation gegründet (die „Österreichische Gesellschaft für ärztliche Psychotherapie" hat er auf Bitten und Drängen des Tübinger Psychiaters Ernst Kretschmer[25] gegründet) oder ein selbstständiges wirtschaftliches Unternehmen begonnen. Frankl zog es vor, sich anderen anzuschließen. Dieser Mangel an organisatorischer Eigenständigkeit trug dann erheblich zur wissenschaftlichen Lähmung und Orientierungslosigkeit der folgenden Jahre bei, wie wir noch sehen werden.

Den ersten Vortrag über die Sinnfrage hielt Frankl schon mit 16 Jahren (36). Ab 1927 folgten regelmäßig solche Vorträge (50, 55). Dabei lag der Arbeitsschwerpunkt nicht so sehr auf der Behandlung seelischer Störungen, sondern auf der Prophylaxe, der Psychohygiene (35), auf der Vermittlung eines Menschenbildes und einer lebenstauglichen Philosophie. Es liegt auf der Hand, dass dieses Anliegen Frankl in die Beratung führte, wo es nicht um die Bearbeitung und Behandlung von Störungen ging, sondern mehr um ihre Verhütung und um eine Lebensermutigung. Jugendberatungsstellen eigneten sich besonders, diesem Ethos nachzukommen.

Diese idealistische Intention Frankls war dabei flankiert von einer anderen Begabung: der *Rednergabe*. Frankl wusste schon 1927 um diese besondere Fähigkeit. Er hatte bei seinen Vorträgen großen Erfolg (ebd.). Sie waren die am besten besuchten in der Volkshochschule (50). Er gefiel sich selbst als Redner und setzte die Wirkung seiner Vorträge auch unverhohlen ein, um bei den Mädchen und Frauen Eindruck zu machen (ebd.). Später, nach dem Krieg, hatte er unter seinen Mitarbeitern aufgrund seiner Rednergabe den Spitznamen „Nervengöbbels" (55) erhalten. Diese Begabung, angestachelt durch die Erfolge, drängte Frankl zu immer mehr öffentlichen Vorträgen. Gerade in der Leere nach dem Ausschluss aus der Individualpsychologie erwies sich dies als ein besonders erfüllendes und befriedigendes Tätigkeitsgebiet. Und es lag ihm näher, als in unzähligen Einzelsitzungen Psychotherapie zu praktizieren. Dazu hatte er schon früh Gelegenheit bekommen, nämlich als Medizinstudent an der Universitätsklinik und dann natürlich als angehender Psychiater während der ganzen Ausbildungszeit.

Auch Frankls *soziales Engagement* blieb ihm nach dem Ausschluss aus der individualpsychologischen Vereinigung erhalten. Er trat damit unbewusst in die Fußstapfen seines Vaters, der in der Jugendfürsorge gearbeitet hatte (50) und ihm darin wahrscheinlich ein Vorbild war. Frankl wollte Schülern und Jugendlichen eine Hilfe anbieten, um die sie selbst noch gar nicht gefragt hatten. Sie sollte zur Verbesserung ihres Lebens beitragen in einem Bereich, von dem sie nicht wussten, dass es hier überhaupt Beistand geben konnte. Und er wollte ihnen die Beratung unentgeltlich zukommen lassen. Zeit seines Lebens hat er dafür gekämpft, dass Menschen nicht aus Geldmangel notwendige Hilfe entbehren müssen. Er hatte Not selbst kennengelernt und aus den Erzählungen des Vaters mitfühlen können, was es bedeutete, arm zu sein. Wie können Jugendliche, wenn sie zu Hause auf wenig Verständnis stoßen, auch finanzielle Mittel aufbringen, um sich Fremdhilfe zu organisieren? Und um wie viel schwieriger war dies in der Zwischenkriegszeit, die von einer so massiven Arbeitslosigkeit geprägt war! Hier erfühlte Frankl den Auftrag, den die aktuelle wirtschaftliche

Situation ihm gab. Da musste er handeln. Er spürte den Druck der Not, und so wollte er alles daransetzen, dass die Armut die Not nicht noch größer mache.

So fand Frankl nach dem schmerzlichen Ausschluss aus der Individualpsychologie rasch wieder eine Aufgabe, die ihn alsbald sehr beschäftigte (48) und ihm erst gar nicht viel Zeit zum Trauern und Nachdenken ließ. Er hatte trotz des massiven Verlustes von Gemeinschaft und einem Teil seines Lebensziels wieder einen Sinn gefunden. Seine Aufgabe war es, anderen Menschen zu helfen, ihr Leben besser zu bewältigen. Sein soziales Engagement wurde getragen von seinem Idealismus und einer großen Lust an der Rhetorik. Obwohl von Adler getrennt, blieb Frankl in seiner Gesinnung und in seiner Handlung noch jahrelang ein Adlerianer, wenn auch ein verwaister. In der psychotherapeutischen Tätigkeit im Krankenhaus versuchte er fortan aber „zu vergessen, was ich von Psychoanalyse und Individualpsychologie gelernt hatte" (55). Frankl trachtete nun – auch notgedrungen –, vom Patienten zu lernen. Was ihn besonders interessierte, war, vom Patienten zu erfahren, was dieser getan hatte, als sich sein Zustand besserte. Frankl führte seine Ausbildung in Psychotherapie in der Praxis am Patienten fort und übte sich in phänomenologischer Offenheit in den Gesprächen mit den Patienten.

Neben seinem sozialen Engagement beendete Frankl 1930 sein Medizinstudium und war in den Jahren zwischen 1930 und 1936 mit der *Ausbildung zum Facharzt* für Neurologie und Psychiatrie beschäftigt. Nach seiner Tätigkeit in der psychiatrischen Universitätsklinik unter Pötzl bekam er noch 1930 eine Anstellung in der Nervenheilanstalt „Am Rosenhügel" (36), ging dann 1931 für zwei Jahre zu dem berühmten Neurologen Gerstmann[26] ins Maria-Theresien-Schlössel und danach vier Jahre lang (bis 1937) in das Psychiatrische Krankenhaus „Am Steinhof" (56). Dort hatte er Kontakt mit einer großen Zahl von selbstmordgefährdeten Patientinnen. Frankl selbst gibt die Zahl von dreitausend in vier Jahren an, was einer täglichen Aufnahmezahl von zwei bis drei Patientinnen entspricht. Dabei konnte nicht mehr viel Zeit für Gespräche bleiben. Frankl musste sich auf Kurzinterventionen beschränken, was ihm sowieso mehr lag.

Trotz der relativ starken Beanspruchung durch die Facharztausbildung (damals waren noch wenig Ärzte auf einer Station, Frankl hatte die Stationen zumeist allein zu betreuen) und trotz der vielen ehrenamtlichen Aktivitäten in den Jugendberatungsstellen und in den Vortragsreihen kam langsam ein *Gefühl der Leere* und einer anhaltenden inneren Orientierungslosigkeit auf. Dazu trug das langsame politische Abdanken des Sozialismus nach 1927[27] seinen Teil bei. Auch politisch war nun Frankl heimatlos und entwurzelt worden.

Frankl schreibt über seine Orientierungslosigkeit nicht explizit in seiner Autobiografie, aber er gibt einige Hinweise, denen zu entnehmen ist, dass er in einer menschlich schwierigen Lage war. „Als junger Arzt im Maria-Theresien-

Schlössel und auf dem Steinhof vertrieb ich mir sonntags die Zeit mit Varietébesuchen", heißt es in seiner Autobiografie (14). Das war in den Jahren 1931 bis 1936, also im Alter von 26 bis 31 Jahren. Im Rohmanuskript bezeichnete er die Varietébesuche noch als „Zeit totschlagen" (MS, 14). Dort schreibt er auch, dass er es sehr genossen habe, als er in jener Zeit „in den Betten der Frauen herumgekugelt" sei. Dabei habe er aber immer ein „ungutes Gefühl gehabt", weil er eigentlich die Zeit besser nutzen und seine „Gedanken zu Papier bringen sollte, um sie zu publizieren" (14). Erst später sei ihm so richtig bewusst geworden, dass er sich mit Frauen „irgendwie nur betäuben" hatte wollen (MS, 14). Bezüglich seines Fleißes sei es nach der Erfahrung des Konzentrationslagers anders geworden. Danach hat er die Wochenenden „dem Klettersport geopfert, um meine Bücher zu diktieren" (ebd.).

Doch damals wollte es nicht so recht vorangehen mit der Entwicklung seiner Gedanken. Die ersten Umrisse einer Logotherapie waren zwar schon geschaffen, und 1926 hatte er erstmals in einem Vortrag von „Logotherapie" gesprochen. Einzelne, aber wichtige Mosaiksteine gesellten sich nun dazu. In der Folge der Lektüre von Max Scheler fand er bereits 1929 das Grundgerüst der „Sinnlehre", die drei Wertekategorien. Sie bilden die grundsätzlichen Möglichkeiten des Menschen, Sinn im Leben zu finden: durch Schaffen, Erleben und durch eine konstruktive Einstellung im Leiden. Im selben Jahr entwickelte er in einem beinahe spielerischen Umgang mit einem Patienten, der an phobischen Ängsten gelitten hatte, die Technik der paradoxen Intention. Aber es sollte noch zehn Jahre dauern, bis Frankl diese Technik publizierte.

Was wollte er in diesen Jahren betäuben? Was hat ihm gefehlt? Warum wollte er „Zeit totschlagen"? War es die Stagnation in der Entwicklung der Logotherapie? War es die Ausgrenzung aus dem Verein der Adlerianer, die ihn auch Jahre später noch heimatlos sein ließ? War es eine Unfähigkeit zur (organisatorischen) Eigenständigkeit und selbstständigen Strukturierung des Lebens, vor die er erstmals gestellt war und die ihn nun lähmte? Oder hatte er einen seelischen Schmerz? Litt er unter Einsamkeit? Frankl hatte zu der Zeit keine feste Beziehung. War es das Herauswachsen aus dem Elternhaus, dem er sich kindlich-anhänglich verbunden fühlte, wo er als Erwachsener aber nicht mehr so recht hingehörte?

Er könnte in diesen Jahren aber auch erstmals gefühlt haben, dass die emotionale Seite in seinem Leben zu kurz gekommen war. Später hat ihm ein Psychologe anhand eines Rorschachtests bestätigt, was er schon lange wusste: dass er eine selten große „Spannweite zwischen extremer Rationalität und tiefgreifender Emotionalität" besaß (4).

Die Indizien sprechen eindeutig dafür, dass Frankl damals unter Leeregefühlen (Apathie) und Langeweile, verbunden mit Interesselosigkeit und Mangel an

Initiative gelitten hatte, was zu „abgründigen Sinnlosigkeitsgefühlen" führte – eben jenem Zustandsbild, das er später als *„existentielles Vakuum"* bezeichnete. Und in dieses existentielle Vakuum hinein „wuchert die sexuelle Libido" schrieb er dann 1946 in seiner *Ärztlichen Seelsorge* (Frankl 182, 161). Diese Leere und Langeweile wollte er betäuben. Er hatte dieses Symptom, das er später so oft beschwor, damals ein Stück weit selbst erfahren müssen. In ähnlicher Weise musste er den Nihilismus, gegen den er später ein Leben lang kämpfen sollte, in den Jahren um die Matura durchmachen. – Dies kann aus dem vorhandenen Material und aus den Erzählungen sowie der Vehemenz seines Kampfes gegen das existentielle Vakuum geschlossen werden. Denn auch im persönlichen Kontakt sprach Frankl wenig über diese Jahre.

Wenn wir *zusammenfassen*, was Frankl in diese langanhaltende Krise geführt hat, die über etwa zehn Jahre bis in den Beginn der nationalsozialistischen Zeit andauerte, so könnten wir dies am besten mit logotherapeutischen Termini beschreiben. Und es erscheint mir auch im Hinblick auf die spätere Darstellung der Logotherapie interessant, Frankls eigene Einteilungen zu verwenden, weil er die spätere Theorie damals als Defizit am eigenen Leib erfahren musste.

Unter einem Mangel an Aktivitäten litt Frankl in diesen Jahren nicht. Aber sowohl seine berufliche Beschäftigung als auch seine Freizeittätigkeit (Vorträge, rhetorische Erfolge, amouröse Abenteuer) verschafften ihm keine rechte Erfüllung. Es fehlte ihm ein tiefer Wert, eine *Aufgabe*, für die er sich bestimmt fühlte[28] und die er unter diesen äußeren Umständen nicht zu entwickeln vermochte. Zwar war er Arzt und war dies mit Leib und Seele. Dennoch war er auch noch für etwas anderes geboren, das damals aber noch im Dunkeln lag: nämlich für das, was später sein Lebenswerk werden sollte. Doch nach dem Ausschluss aus dem Verein für Individualpsychologie fehlte ihm jenes Milieu, das ihm geistige Anregung war und ihm für die Weiterarbeit an der Entwicklung der Logotherapie eine Führung durch seine Lehrer gegeben hätte. Frankl wirkt in jener Zeit bedrückt von dieser „psychotherapeutischen Schwangerschaft", in der er jahrelang stecken blieb. Er arbeitete als Arzt, aber sein Lebenswerk als Psychotherapeut blieb auf der Strecke. Er hatte Spaß an seinen Vorträgen, die seinem Selbstwert gut taten, aber er erlebte keine echte Erfüllung. Trotz der ausgiebigen Tätigkeit gerieten seine eigentlichen „schöpferischen Werte" letztlich ins Hintertreffen.

Ähnlich verhielt es sich mit der zweiten Kategorie, die der Erfüllung und Sinnfindung im Leben dient: den *Erlebniswerten*. Frankl zählte die Erlebniswerte immer an zweiter Stelle nach den schöpferischen Werten auf. Sein Aktivitätsdrang und das Suchen nach seiner Lebensaufgabe sowie seine reservierte Haltung der Emotionalität gegenüber haben das Erleben in den Schatten der Aktivität gestellt. Genau das war ihm in diesen Jahren zum Verhängnis geworden. Frankl tat sich mit dem Genießen von Schönem und Wertvollem schwerer als mit dem Schaffen.[29] So kam die emotionale Seite mehr und mehr zu kurz. Außerdem hatte er keine Liebesbeziehung zu einer Frau und war schon zu alt, um sich mit dem warmen Eingebettetsein in seiner Herkunftsfamilie begnügen zu können. Obendrein war er auch von der wissenschaftlichen Gemeinschaft isoliert worden, was mit erheblichen Beziehungsverlusten verbunden war. Kurz: Er war auf der Gefühls- und Beziehungsebene ins Abseits geraten und hatte seinen neuen Weg noch nicht gefunden.

Dabei ging es ihm in diesen Jahren äußerlich betrachtet gut. Er hatte Arbeit, Projekte, Ansehen und interessante Tätigkeiten. Er hätte somit nichts zu klagen gehabt. Genau dieses relative Wohlergehen verschloß ihm aber auch den dritten Weg zu einem sinnerfüllten Leben, den er als *Einstellungswerte* bezeichnet hat. Sein Leiden hatte keinen Namen, bezog sich auf keine andere Person, konnte nicht in eine „Leistung" verwandelt werden, wie er es bei den Einstellungswerten beschreibt. Er litt, hatte aber kein „Wofür" seines Leidens. Dies änderte sich schlagartig mit dem Einbruch des Nationalsozialismus, als er Patienten vor der Euthanasie retten und die Eltern vor der Deportation in die Konzentrationslager schützen konnte.

Der Nationalsozialismus und die Deportation ins KZ

Mit dem Einmarsch der Nationalsozialisten in Österreich im März 1938 brach über Frankl ein neuer Lebensabschnitt von Schwierigkeiten und Belastungen herein. Es war, als ob er vom Schicksal in die Zange genommen würde. Denn noch war er mit seiner inneren Krise nicht zu Ende gekommen, als die Probleme ihn auch von außen bedrängten. Es war weniger der Krieg als seine Abstammung, die ihn und seine Familie in Bedrängnis brachte. Er wurde als Jude diskreditiert und isoliert. Die politischen Mächte engten anfangs sein Leben „nur" ein, bedrohten es mit der Zeit aber immer mehr. In weiterer Folge führten sie ihn über unzählige Demütigungen, Entwürdigungen und Qualen zu den größten Verlusten, die ein Mensch erleiden kann, und brachten ihn mehrfach an die Schwelle eines grauenhaften Todes.

Für Frankl war die Ära des Nationalsozialismus eine Zeit, die sein Leben in vielerlei Hinsicht von Grund auf veränderte. Anfangs verlief der Übergang in die rechtlose Ära für ihn noch relativ glimpflich. Man kann es als eine Ironie des Schicksals deuten, dass Frankl am Abend von Hitlers Einmarsch „ahnungslos" für den Vortrag eines Kollegen eingesprungen war, den dieser zum Thema „Nervosität als Zeiterscheinung" hätte halten sollen. Es war während dieses Vortrags, dass Frankl seine erste Bekanntschaft mit dem neuen Regime machte. Ein Mann in voller SA-Uniform riss plötzlich die Tür des Vortragsraumes auf, postierte sich in ihr und wollte die Veranstaltung stören und ihn zum Abbruch des Vortrags zwingen (55). Frankl wusste noch nichts von einem erfolgten politischen Umsturz und war daher völlig überrascht, jemanden öffentlich in einer NS-Uniform und mit selbstbewusstem Imponiergehabe dastehen zu sehen. Trotz seiner Überraschung wollte er sich in seinem Vortrag nicht stören lassen. Mit festem Selbstbewusstsein schaute er dem SA-Mann ins Gesicht, fixierte seine Augen und sprach mit allen Registern seiner Rednergabe, um ihn in Bann zu ziehen und ihn sein Vorhaben vergessen zu lassen. Noch ohne zu wissen, dass er in diesen Minuten einer neuen Macht zu trotzen begann, erzielte er mit seinem willensstarken Geist und einer beinahe sportlich-kämpferischen Haltung einen vollen Erfolg. Der Mann „blieb wie angewurzelt in der Türe stehen, bis ich eine halbe Stunde später den Vortrag beendet hatte. Das war das rhetorische Bravourstück meines Lebens" (ebd.).

Frankl war sehr rasch klar, dass er unter dem neuen Regime keine freie Entfaltung würde finden können. Er wollte darum in die USA auswandern. Alle seine Bemühungen, ein Visum zu bekommen, blieben vorerst erfolglos. Er empfand seine Situation „wie verhext". Wenn Frankl einmal einen solchen Begriff verwendete, so wollte er damit zum Ausdruck bringen, dass er Gefühle der Ohnmacht und Verzweiflung empfand. Doch das Schicksal hatte zunächst anders für ihn entschieden und wurde ihm bald wieder hold. Er sollte in Wien bleiben. 1940 wurde ihm die Leitung der neurologischen Station am jüdischen Rothschild-Spital angeboten (Pareja, 1984, 27; Fizzotti, 1970, 4). Diese Position bot ihm nicht nur Arbeit und Lebensunterhalt, sondern auch für sich und seine engsten Angehörigen einen gewissen Schutz vor der Deportation ins Konzentrationslager. Hatte er schon befürchtet, dass er unter den Nationalsozialisten nicht mehr wissenschaftlich tätig sein würde können, so erhielt er nun freie Hand für ärztliche und wissenschaftliche Arbeiten mit jüdischen Patienten. Lediglich Vorträge und Publikationen blieben ihm verwehrt. Dennoch gelang es ihm mit Billigung „des Judenreferenten der nationalsozialistischen Ärztekammer" (57), zwei Publikationen in der Schweiz unterzubringen. Der unruhige, suchende Geist des jungen Facharztes war schon einigermaßen zufriedengestellt, wenn er seinem wissenschaftlichen Tatendrang nachgeben konnte.

In den Jahren am Rothschild-Spital fand Frankl eine Aufgabe, für die er sich mit aller Kraft einsetzte: menschliches Leben zu retten und zu retten zu versuchen, was es auch koste. Dazu dienten ihm neurologische Versuche ebenso wie sein starkes persönliches und soziales Engagement. Beginnen wir mit den *neurologischen Experimenten* und der ärztlichen Hilfestellung für Patienten, die einen Suizidversuch hinter sich hatten.

Beseelt von einem humanitären Ethos, aber auch getrieben von Ehrgeiz und von der Kraft brach liegender Fähigkeiten vor dem Hintergrund einer noch immer drohenden und spürbaren inneren Leere, interessierte sich Frankl auch für jene Selbstmordpatienten, die vom Internisten als aussichtslos aufgegeben worden waren. Täglich kamen bis zu zehn jüdische Patienten in das Krankenhaus, die unter den katastrophalen Verhältnissen des Nationalsozialismus Selbstmord versucht und ihn – vielleicht muss man sagen: unglücklicherweise? – überlebt hatten. Vielen war nicht mehr zu helfen. Frankl nahm sie trotzdem auf seine Station und versuchte sie mit verschiedenen Medikamenten wieder ins Leben zu holen. Er gab ihnen zunächst intravenös Stimulantien, wodurch die Nerventätigkeit im Gehirn angeregt werden sollte (er verwendete vor allem das Amphetamin „Pervitin" [Frankl, 1942]). Wenn diese Applikationsform nichts fruchtete, spritzte er sie am Hinterhaupt direkt an den Hirnstamm. Er entwickelte dabei eine bestimmte Technik der suboccipitalen Gehirnpunktion, durch die er eine ganz typische Gefahrenquelle dieser Punktationsmethode auszuschalten vermochte. Frankl schreibt, dass er auf diese Gefahrenquelle sogar als Erster hingewiesen hätte. Später wurde Frankls Technik noch invasiver. Wenn nämlich diese „intrazisternale Injektion" nicht zum gewünschten Erfolg führte, ging er dazu über, den Schädel zu öffnen, das Medikament in einen Seitenventrikel des Großhirns zu instillieren und durch eine Punktion am Hinterhaupt (suboccipital) gleichzeitig Hirnflüssigkeit abzusaugen, um das Medikament möglichst rasch an die lebenswichtigen Zentren des Hirnstamms heranzubringen. So konnte er erreichen, dass Patienten, die schon ohne Atmung und ohne Puls beinahe tot waren, „noch bis zu zwei Tage am Leben geblieben sind" (57). Es ist nicht bekannt, ob ein Patient nach diesen Eingriffen auch tatsächlich länger überlebt hat.

Frankl war auf seine pharmakologischen Versuche, neurologischen Techniken und hirnchirurgischen Ansätze recht stolz, wie man seiner Autobiografie entnehmen kann (57 f.). Er hatte sich diese Techniken im Selbststudium erarbeitet. Niemand hatte ihn bei Hirnoperationen auch nur zuschauen lassen. Er hatte sich in diesen Jahren in die Hirnchirurgie so eingearbeitet, dass er „ganze Hirnoperationen träumte" (57). Er erwähnt das ungläubige Staunen des Operationsdieners, der jahrelang beim führenden Neurochirurgen Wiens gearbeitet hatte und nicht glauben konnte, dass Frankl keine hirnchirurgische Ausbildung absolviert hatte – so gut hatte er sich die Hirnchirurgie angeeignet. Kein Wunder: Eine Hirnoperation zählte für ihn „zu den drei spannendsten Dingen, die es meiner Ansicht nach" gab (15) – neben einer Erstbegehung und einem Spiel im Spielkasino.

Natürlich stellte sich auch für Frankl die Frage, *wie ethisch sein Vorgehen* war. Die *Legitimität medizinischer Versuche an Patienten* stand für ihn außer

Zweifel (57). Es entsprach dem damaligen Zeitgeist medizinischer Ethik, im Dienste des medizinischen Fortschrittes relativ aggressive Versuche anzustellen (vgl. Pythell, 1997, 109), die man heute in unseren Ländern als allzu heroisch oder gar als zu bedenklich unterlassen würde. Aus heutiger Sicht muten solche Humanexperimente unethisch an – bedenklich waren sie trotz des experimentierfreudigen Zeitgeistes schon damals. Dass Frankl keine entsprechende chirurgische Ausbildung und klinische Erfahrung hatte, entschuldigte er mit der „Notsituation" (57) der Juden und der Kriegssituation. Es stellt sich tatsächlich die Frage, wo Frankl sich damals als Jude ein entsprechendes Fachwissen hätte aneignen können. An der Universitätsklinik, wo solche Hirnoperationen durchgeführt wurden (und wohin die Patienten mit Hirntumoren aus seiner Abteilung aus dem Rothschildspital transportiert wurden [vgl. 60]), war ihm als Jude die Assistenz verwehrt worden, und der Chirurg des Hauses „hatte es abgelehnt, welche zu unternehmen" (57). Es ist anzunehmen, dass ein Chirurg, der an Blinddarm, Magen, Darm, Extremitäten, vielleicht auch noch an der Lunge operiert, sich nicht in der Lage fühlt, neurochirurgische Spezialoperationen durchzuführen, und wahrscheinlich die erforderliche Spezialtechnik nicht kennt. Obwohl dies die plausibelste und jedem Arzt verständliche Erklärung ist, muss man sich dennoch fragen, ob er wegen der geringen Erfolgschancen bzw. wegen der speziellen Lage jüdischer Suizidanten vielleicht ethische Bedenken hatte. Oder lehnte der Chirurg einfach die enge interdisziplinäre Zusammenarbeit mit dem Neurologen ab? Abgesehen von diesen organisatorischen und ethischen Überlegungen gilt es auch zu bedenken, dass Frankl mit Vorliebe ein Autodidakt und vom Wesen her ein ehrgeiziger, experimentierfreudiger Intellektueller gewesen war, der Herausforderungen suchte und bereit war, bis an die Grenzen zu gehen. In meiner Kenntnis der Person Frankls erklärt dies – verbunden mit der weiter oben geschilderten biografischen Situation der Leere und Orientierungslosigkeit – Frankls Experimentierfreude.[30]

Es gab aber einen ethischen Diskurs, den Frankl damals schon führen musste und den er auch in seiner Biografie aufwirft. Er bezog sich auf den Umstand, dass er Menschen, die einer *politischen Gefahr* ausgesetzt waren und daher einen *Selbstmordversuch* begingen, retten wollte. Seine eigene Assistenzärztin beispielsweise hatte dagegen protestiert, handelte es sich bei diesen Selbstmordversuchen doch um Juden, die dem herrschenden politischen Druck, den sozialen Entwürdigungen oder einer grauenhaften Deportation und einem unmenschlichen Tod entkommen wollten. Es handelte sich daher in den meisten Fällen nicht um dieselbe Art von Verzweiflungstat, wie sie suizidale Menschen unter nicht bedrohlichen politischen Umständen durchführen. Wie viele Verzweiflungstäter (aus politischen und privaten Motiven) darunter waren, wird man nie wissen. Für die geretteten Patienten gab es mit hoher Wahrscheinlichkeit keine Zukunft. Als die Assistentin Frankls, die, wie erwähnt, gegen die Rettung jüdischer Suizidanten protestiert hatte, selbst den Befehl erhielt, sich zur Deportation einzufinden, unternahm auch sie einen Selbstmordversuch. Sie wurde auf Frankls Abteilung eingeliefert und von ihm ins Leben zurückgerufen – und später deportiert, wie Frankl selbst schreibt (58).

Frankl rechtfertigte sein Vorgehen mit dem ärztlichen Ethos. Er bestritt nicht, den Entschluss eines Menschen, sich das Leben zu nehmen, respektieren zu wollen. Aber er verlangte vom Patienten dasselbe Recht für seine eigene Haltung, die darin bestand, „zu retten, solange ich kann" (ebd.). Nur ein einziges Mal sei er von diesem Prinzip abgewichen, als ein altes Ehepaar Doppelselbstmord versucht hatte, die Frau daran verstorben und der Mann auf seine Abteilung gebracht worden war. In diesem Fall hätte er es nicht über sich gebracht, den Mann zu retten. „Denn ich fragte mich, ob ich es wirklich verantworten könnte, diesen Mann ins Leben zurückzurufen, nur damit er – zum Begräbnis seiner Frau gehen könnte ..." (ebd.). Von dieser Ausnahme abgesehen hielt sich Frankl *prinzipientreu* an das ärztliche Ethos, alles daran zu setzen, um Leben zu erhalten. Das Prinzip der Lebenserhaltung gilt auch „für Menschen, die wissen, daß sie unheilbar krank sind und nicht mehr lange zu leben, aber umso mehr zu leiden haben werden" (59). Denn „selbstverständlich ist auch dieses Leiden noch immer eine Chance, eine äußerste Möglichkeit, sich selbst zu verwirklichen" (ebd.) – so die grundsätzliche Haltung Frankls, die den Suizid ablehnt und ihn als Arzt zu lebensrettenden Maßnahmen verpflichtet. Ich würde anfügen: Er konnte von keinem Patienten wissen, ob er aus politischen Motiven einen Akt des Protests oder Widerstandes hatte setzen wollen oder ob er aus einem „präsuizidalen Syndrom" (Ringel[31]) heraus gehandelt hatte.

Frankl fährt dann fort und meint, dass man aber „diese grundsätzliche Möglichkeit in äußerster Behutsamkeit aufzeigen" müsse. Da meldet sich der erfahrene Psychiater zu Wort, der nicht mehr philosophische Positionen und anthropologische Implikate vertritt, sondern den Zugang zum Menschen sucht und Hilfestellung für die praktische Entscheidung geben will. Und als Logotherapeut ist er natürlich auch der Überzeugung und hat entsprechende Erfahrungen gemacht, dass es auch tatsächlich möglich ist, Menschen diese Möglichkeit, das Leben bis zum Ende zu tragen und es zu *voll*-enden, als Chance und letzten Sinn ihrer Existenz aufzuzeigen (vgl. Frankl, 1982, 85). Aus dieser Haltung spricht so recht der Geist der Logotherapie, der tiefe Frankl'sche Humanismus, der das Leben letztlich als unantastbar ansieht und die Würde der Person im Respekt vor ihrer Entscheidung hochhält. Vielleicht sieht es manchmal so aus, als ob Frankl Druck ausübte und von Patienten etwas einfordern wollte, dem sie nicht gewachsen waren. Doch eigentlich stellte er sie durch das Zurückholen ins Leben lediglich noch einmal vor ihre eigene Entscheidung.

Ich glaube, man könnte aus einer über die lebensbedrängende Situation hinausblickenden Perspektive sagen, dass Frankls Überzeugung der Unantastbarkeit des menschlichen Lebens ihn vehement die Position des leidenden Menschen vertreten ließ und diesen vor einem unbedachten „metaphysischen Leichtsinn“ (Scheler) bewahren wollte. Ihm als Arzt ging es um das seit Hippokrates vertretene Prinzip, alles in seiner Macht Stehende zu unternehmen, um menschliches Leben zu retten. Für die ärztliche Tradition galt dieses Prinzip unabhängig von jeder politischen oder religiösen Konstellation. Wie sich jedoch ein Mensch selbst entscheidet, ob er sich zum Leben oder gegen das Leben stellt, bleibt letztlich seiner Verantwortung überlassen und ist nicht mehr Angelegenheit des Arztes. Dieser hat mit seiner Hilfeleistung und dem Versuch, dem Patienten eine seelisch-geistige Hilfestellung zur Bewältigung seines Lebens zu geben, seine Schuldigkeit getan. Er darf auf keinen Fall vom Patienten verlangen, am Leben zu bleiben, wenn er es nicht will oder nicht kann. Ein vom Suizid Eretteter kann demnach und muss sich erneut für oder gegen das Leben stellen. Darum ist „äußerste Behutsamkeit“ angezeigt. Und den Mut, sich einer schweren Lebenssituation zu stellen, sich darin vielleicht selbst zu verwirklichen, solchen Mut oder gar solchen „Heroismus“ will Frankl von keinem Patienten verlangen, von niemandem – außer von sich selbst. Frankl sieht eine solche Aufforderung zum „Heroismus“ als genauso problematisch an „wie die Behauptung, jemand hätte lieber ins Konzentrationslager gehen sollen, als sich den Nazis zu beugen“ (59). Im Nachhinein, meint er, sei es leicht, über andere zu Gericht zu sitzen. Und vom sicheren Standort eines glücklichen Lebens aus betrachtet ist es leicht, über Menschen, die Selbstmord versuchen, ein Urteil zu fällen. Genau das soll aber nicht geschehen. Doch die Abstinenz von einem Urteil über die Person und von der Bewertung der Motive für ihren konkreten Suizidversuch bedeutet nicht, eigene Grundsätze und Einstellungen aufzugeben.

So viel zu Frankls Position, der eine „Prinzipientreue“ anhaftet, wie es seinem Charakter und seiner Erziehung entsprach. Andere Ärzte haben die Problematik der Rettung jüdischer Suizidanten unter dem NS-Regime anders beurteilt – nicht nur in seinem eigenen Spital, auch in anderen Städten.[32]

Viel Mühe verwandte Frankl darauf, jüdische Patienten vor der *Euthanasie* zu bewahren. Er ging dabei auch einiges Risiko ein, wenn er es darauf anlegte, Patienten, die wegen einer psychiatrischen Diagnose euthanasiert werden sollten, eine Fehldiagnose auszustellen und sie in ein Altersheim zu schicken. Diese humane Gesinnung hätte jedoch nicht zum Erfolg führen können, wenn nicht der Chef der Psychiatrischen Universitätsklinik, der von Frankl hoch geehrte Professor Pötzl, mitgespielt hätte. Pötzl lief zwar als Parteianwärter mit einem NSDAP-Abzeichen herum (60), war aber alles andere als ein Antisemit. Er hielt Frankl „mit viel Zivilcourage die Treue und half mir und meinen jüdischen Patienten – andere durften ja damals nicht zu mir kommen – wie er nur konnte" (ebd.). Er kam sogar eigens zu Frankl ins jüdische Spital, um die Transferierung von Patienten mit Hirntumor auf die Chirurgische Universitätsklinik durchzusetzen (ebd.). Außerdem überwies er Frankl immer wieder psychisch kranke jüdische Patienten zur rehabilitativen Betreuung. Ohne weitere Absprache schickte er sie direkt ins Altersheim, wo sie von Frankl aufgenommen, diagnostiziert und betreut wurden. Mit dieser mutigen humanitären Haltung hatte Frankl eine Gesinnung gezeigt, die seinem lebenslangen Einsatz für den Wert des menschlichen Lebens entsprach und ihn als Mensch auszeichnete.

Es war eine persönliche Devise in Frankls Leben, sich für andere hingeben zu wollen, zu sich selbst zu finden, indem man ganz für andere da ist. Dieser Leitgedanke sollte später unter dem Begriff „Selbst-Transzendenz" zu einem grundlegenden Bestandteil der Logotherapie werden. Frankl selbst lebte diese Devise nicht nur als Arzt. Sie war auch das Ideal, das über seinen Vorträgen stand. In der Gründung von Jugendberatungsstellen fand er für sie ein zusätzliches Betätigungsfeld. Er verwirklichte sie, wo immer er konnte: in den Lebensrettungsversuchen der Suizidpatienten oder in der Sabotage der Euthanasie.

Nun sollte er noch eine weitere Gelegenheit bekommen, diese Haltung in einem ganz außergewöhnlichen Maß leben zu können. Die Anforderung war so hoch, dass er selbst schwankte und sie sich zunächst nicht zutraute. Die Rede ist von jenem schicksalhaften Oktober- oder Novembertag im Jahre 1941, an dem Frankl nach jahrelangem Warten die Nachricht erhielt, er solle im Konsulat der Vereinigten Staaten von Amerika erscheinen und sich ein Visum ausfertigen lassen. Endlich hatte er Gelegenheit, der Bedrohung und der Schikane durch die nationalsozialistischen Machthaber zu entkommen! Endlich taten sich ihm wieder die Tore auf für ein wirklich freies, wissenschaftliches Arbeiten! Eine neue Zukunft kündigte sich an, in der er die Logotherapie würde entwickeln können.

Doch da stutze er schon: „Sollte ich meine Eltern allein zurücklassen? Ich wußte doch, welches Schicksal ihnen bevorstand: die Deportation in ein Konzentrationslager. Sollte ich ihnen also Adieu sagen und sie einfach diesem Schicksal überlassen? Das Visum galt ja ausschließlich für mich!" (61). Frankl konnte sich nicht entscheiden. Sollte er sein Leben, seine Zukunft und sein Werk riskieren für einen fraglichen Schutz und einen vielleicht ohnmächtigen Beistand der Eltern? Gab es hier eine Verantwortung? – „Oder sollte ich meine Familie opfern für die Entwicklung meines Werkes, dem ich mein Leben verschrieben habe?" (Pareja, 1984, 30). In jener Zeit hatte er einen eigenartigen Traum, der die Schwierigkeit seiner Entscheidung, vermischt mit dem beruflichen Hintergrund, sehr anschaulich macht:

„Ich träumte, daß Leute, psychotische Patienten, zusammengebracht wurden, um in die Gaskammer zu kommen. Ich empfand ein so tiefes Mitleid, daß ich beschloß, mich ihnen anzuschließen. Ich spürte aber, daß ich etwas anderes machen sollte, nämlich als Psychotherapeut in einem Konzentrationslager arbeiten, um den Insassen geistige Unterstützung zu gewähren, was unvergleichlich viel sinnvoller wäre als nur ein Psychiater in Manhattan zu sein."[33]

Frankl hatte das Gefühl, dass nun ein Wink des Himmels vonnöten wäre, da sich ihm der Horizont vernebelt hielt, der ihm eine gewissenhafte Entscheidung ermöglicht hätte. Um der Entscheidung näher zu kommen, suchte er die Ruhe. Einmal kam er auf einem solchen Spaziergang am Stephansdom vorbei. Er hörte darin Orgelspiel. Kurz entschlossen deckte er mit seiner Aktentasche den gelben Judenstern zu, den er wie alle Juden immer tragen musste, und betrat die Kathedrale. Er setzte sich in eine dunkle Ecke, geplagt von der Entscheidung, die bald zu treffen war. Er versuchte ruhig zu werden, der Musik zuzuhören, abzuschalten, zu meditieren. Er spürte, wie er, ja wie „man" bei einer solchen Größenordnung von Frage einen Wink des Himmels herbeisehnt (vgl. Pareja, 1984, 30 f.).

Mit dieser Offenheit für jedes metaphysische Zeichen kehrte Frankl nach diesem Spaziergang nach Hause zurück. Da fiel sein Blick auf ein kleines Marmorstück, das auf dem Tische lag. Er fragte den Vater, was das sei. Dieser antwortete, dass er dieses Stück heute auf einem Trümmerhaufen aufgelesen habe, dort wo früher die größte der sechs Synagogen Wiens (Pareja, 1984, 31) stand, die in der Reichskristallnacht[34] niedergebrannt worden ist.

„‚Das Marmorstück ist ein Stück von den Gesetzestafeln. Wenn es dich interessiert, kann ich dir auch sagen, auf *welches* der zehn Gebote sich der eingemeißelte hebräische Buchstabe da bezieht. Denn es gibt nur *ein* Gebot, dessen Initiale er ist.'
‚Und zwar?' dringe ich in meinen Vater.
Darauf gibt er mir zur Antwort: ‚Ehre deinen Vater und deine Mutter, auf daß du lange lebest im Lande ...'
Und so blieb ich ‚im Lande' bei meinen Eltern, und ließ das Visum verfallen." (61 f.)

Eine ungeheure Entscheidung: sich dem Risiko des eigenen Todes auszusetzen um anderer willen. Welch gewaltiger Schritt, auf die eigene Zukunft und Entfaltung zu verzichten, sich selbst so zu übersehen und zu vergessen, so zurückzustellen und dem Wohl der anderen den Vorzug zu geben. Sind ein solcher Selbstverzicht und eine solche Selbstlosigkeit noch zu verantworten? Darf ein

Mensch wirklich so über sein Leben verfügen? – Frankl hatte selbst Zweifel. Er rief den Himmel an. Er konnte eine solche Entscheidung über Leben und Tod nicht aus sich alleine heraus treffen. Er brauchte eine metaphysische Rechtfertigung, eine religiöse Fundierung, einen Auftrag Gottes. Ansonsten hätte es für den kritischen Geist, der er war, eine pathologische Elternbindung sein können, die ihn zum Bleiben bewog und dem eigenen Tod der Trennung von den Eltern den Vorzug gab. Oder er hätte dies vielleicht als latente Suizidalität einer verkannten depressiven Verstimmung interpretieren müssen, wenn er ohne Bezugnahme zu seinem letzten Wert „Gott" eine solche Entscheidung gefällt hätte. – Aber selbst wenn er anders entschieden hätte und in die USA ausgewandert wäre, wäre es ein Todesurteil gewesen, diesmal für seine Eltern. Wie hätte er das verantworten können? Und wäre dieser Entscheid nicht weniger in Gefahr gestanden, pathologisch ausgedeutet zu werden? Hätte er nicht vielleicht einen ödipalen Todeswunsch, eine latente Selbstbehauptung und eine verspätete Ablösereaktion von den Eltern in den Nächten des Zweifels und der Selbstvorwürfe darin sehen können, die vielleicht von uneingestandenem Hass gegen sie geleitet gewesen wäre?

Wie muss das für die Eltern gewesen sein? Wie konnten sie die Entscheidung des Sohnes annehmen? – Wie hätten sie sie annehmen können, wenn sie nicht einem göttlichen Zeichen entstammte? Seine Eltern waren über das Visum überglücklich und hatten sich mit ihm über die Möglichkeit der Ausreise gefreut. Sie drängten den Sohn, das Land zu verlassen und wollten ihn in Sicherheit wissen (Pareja, 1984, 30).

Auffallend ist, dass Frankl nie erwähnte und auch kein Wort darüber schreibt, ob er mit seinen Eltern gemeinsam um die Entscheidungsfindung gerungen hat. Er hat die Entscheidung offensichtlich für sich allein gefällt, obwohl sie auch die Eltern im höchsten Maße mitbetroffen hat. Dies hat mit einem Wesenszug Frankls zu tun, der seine Entscheidungen bevorzugt alleine fällte, ohne den Dialog und den Austausch mit anderen zu suchen, auch wenn sie Betroffene waren. Statt mit anderen zu sprechen, sprach er lieber mit sich, im Bewusstsein, durch die „intimen Selbstgespräche" eigentlich mit dem anwesenden „unbewußten Gott" zu sprechen (Frankl, 1990, 350; 1979, 55).

Der Aspekt, dass er sich vor dem Auswandern nach Amerika vielleicht „gedrückt" haben könnte, kam Frankl erst viel später im Zusammenhang mit dem Bild des Walfisches und dem Propheten Jonas. Wir bringen diese Gedanken im Kapitel über die Religion (S. 140). Wie ist es aber überhaupt zu verstehen, dass Frankl später an die Möglichkeit dachte, sich vor einer Pflicht – die Logotherapie in Sicherheit entwickeln zu können – gedrückt zu haben? Empfand er zu einem späteren Zeitpunkt, dass er vielleicht doch der Anhänglichkeit an seine Eltern nachgegeben hatte oder der Liebe zu Tilly oder der Angst vor der

Einsamkeit im fremdsprachigen Ausland – und damit seinem existentiellen Auftrag untreu wurde?

Bei allem, was wir soeben darlegten, müssen wir aber auch noch auf ein wichtiges Faktum zu sprechen kommen: auf die *Bekanntschaft mit Tilly*, seiner ersten Frau. Frankl gibt an, dass er danach, gleichsam zur Belohnung für seine Entscheidung, in Wien zu bleiben, Gelegenheit gehabt hatte, seine Frau kennenzulernen (so schreibt er es auf S. 63 seiner Autobiografie). Frankl hatte das Ausreisevisum „kurz vor dem Eintritt der Vereinigten Staaten in den Krieg" erhalten. Dies erfolgte am 11. Dezember 1941. Am 17. Dezember 1941 heiratete Frankl Tilly Grosser am Standesamt Leopoldstadt. Die Nähe der beiden Daten ist verwunderlich und lässt die Frage aufkommen, ob er die Krankenschwester Tilly nicht schon früher kennengelernt hatte – was auch naheliegt, da sie im selben Spital auf der Internen Abteilung arbeitete. Unklar ist, ob sich Frankl in der Datierung des Bescheides für das Ausreisevisum geirrt hat oder ob er die Entscheidung, für seine Eltern in Wien zu bleiben, von der Liebe zu Tilly getrennt halten wollen, sozusagen um dieser göttlich gefügten Entscheidung keinen irdischen Mantel umlegen zu müssen oder gar einen Eigenvorteil sichtbar werden zu lassen? Selbst wenn das der Fall sein sollte, hätte er jedenfalls keine Unwahrheit gesagt, sondern nur den Kriegseintritt der USA nicht mit dem Datum versehen, sodass die zeitliche Nähe zur Hochzeit nicht ins Auge springt.

Über den Beginn der Beziehung zu Tilly findet sich einiges in seiner Biografie. So wissen wir, dass Frankl seit Jahr und Tag mit der Internen Abteilung des Hauses zusammenarbeitete, weil er von dort die Suizidanten, die internistisch aufgegeben waren, für seine neurologischen Behandlungsversuche übernahm. Frankl schreibt, dass ihm die Stationsschwester der Internen Abteilung bald aufgefallen war, weil sie wie eine spanische Tänzerin aussah (63). Weiters wissen wir aus Frankls Autobiografie, dass er mit ihrer besten Freundin ein Verhältnis hatte, sie dann aber stehen ließ (ebd.). Das war schließlich der Grund, warum Tilly eine Beziehung zu ihm angefangen hatte: Sie wollte ihn verliebt machen mit der Absicht, ihn stehen zu lassen, um sich damit für ihre beste Freundin zu rächen (ebd.). Die Beziehung hatte also schon ein längeres Vorspiel, ehe eine ernsthafte Liebe daraus wurde. Als sie heirateten, war Tilly erst 21 Jahre alt. Es war die letzte Hochzeit eines jüdischen Paares in Wien, dem die nationalsozialistischen Behörden erlaubten zu heiraten. Danach wurde das jüdische Standesamt aufgelöst (69).

Schon bald nach der Heirat spitzten sich die politischen Umstände für die Frankls so zu, dass er „von einem Tag auf den anderen gewärtig sein mußte, mit meinen Eltern deportiert zu werden" (69). Unter diesem Druck setzte er sich endlich hin und schrieb das erste Buch über Logotherapie, die erste Fassung der „Ärztlichen Seelsorge". Sollte er schon nicht selbst überleben, so sollte wenigstens sein Werk ihn überleben. Kaum hatte er das Buch fertig, kam auch schon die Deportation. Das Rothschildspital war bereits aufgelöst, und so bestand für Frankl und seine Familie kein Deportationsschutz mehr. Alles musste er zurücklassen: seine Bücher, seine Artikel und Entwürfe, die Korrespondenz mit Freud, die von Freud verfasste, handgeschriebene Krankengeschichte eines Klinikpatienten usw. In der Hoffnung, wenigstens das Manuskript seines Buches retten zu können, nähte er eine Kopie in das Futter seines Mantels ein. Als er im Oktober 1944 von Theresienstadt nach Auschwitz kam, mussten sich die neuen Lagerinsassen aller Kleider entledigen und bekamen die des vorangegangenen Konvois. Das Manuskript war verloren. Wenn man bedenkt, wie viele Jahre Frankl leidvoll hat verstreichen lassen, stets mit schlechtem Gewissen behaftet, dass er doch endlich seine Gedanken zu Papier bringen sollte, und dass er es „sub specie aeternitatis" – im Hinblick auf einen möglichen baldigen Tod – endlich geschafft hatte, einen Entwurf niederzuschreiben und nun im Anblick des rauchenden Schlots des Krematoriums das Manuskript verlieren musste, so kann man Frankls Schmerz erahnen.

Neun Monate nach der Hochzeit, im September 1942, waren die Frankls – das junge Paar mit den Eltern Frankls – ins Konzentrationslager deportiert worden. Der Bruder war nach einem Fluchtversuch in Italien aufgegriffen worden und schon früher ins Konzentrationslager gekommen. Die Schwester konnte rechtzeitig nach Mexiko und später nach Australien ausreisen. Frankl und seine Familie aber kamen in das Lager Theresienstadt, etwa 70 km nördlich von Prag am Zusammenfluss von Eger und Elbe, wo Frankl mit Tilly 25 Monate – bis zum Oktober 1944 – blieb. Dort feierte er mit Tilly noch deren 23. Geburtstag. Dieses Lager war ein „Musterghetto" und daher das „freizügigste" und von allen Konzentrationslagern das am humansten ausgestattete. Im September 1942 waren dort 53.000 Häftlinge interniert, der Ort (tschechisch „Terezin") selbst zählte nur 3700 Einwohner, unter ihnen zehn jüdische Familien. In diesem „Vorzeigeghetto" lebten Kunst und Kultur, und die Häftlinge konnten sich relativ frei bewegen. Frankl hatte im Lager Theresienstadt Gelegenheit, eine gut bestückte Bibliothek zu besuchen. So konnte er über die Zeit von etwa ein bis eineinhalb Jahren oft in die Bücherei lesen gehen. Frankl erzählte mir, dass er sich damals besonders mit der scholastischen Philosophie des Thomas von Aquin, mit Augustinus und mit Kant auseinandergesetzt hatte. In dieser Zeit fand er Gelegenheit, sich einem Selbststudium zur Vertiefung der Philosophie zu widmen. Tilly arbeitete in einer Glimmerfabrik, die für die Munitionsbeschaffung wichtig war. Dadurch stand sie unter Deportationsschutz (68). In Theresienstadt hat Frankl auch seinen Vater verloren und in den Tod begleiten können.[35] Dort hat er eine „Grenzsituation" erlebt. Er hat darüber nie geschrieben, aber er hat sie mir einmal in einer späten Nachtstunde erzählt. Ich möchte sie hier niederschreiben und weitergeben. Für mich ist sie ein Juwel in der Begegnung mit Frankl und eine zutiefst empfundene Erfahrung des „Seinsgrundes", wie ich dieses Erleben bezeichne (Längle, 1984, 47–63). Sie vermittelt eine Haltung zum Leben, die gerade in den ausweglosesten Situationen eine äußerste Gelassenheit aufkommen lässt, und sie hat mir selbst und vielen anderen, denen ich sie erzählt habe, schon oft geholfen. Hier nun die Geschichte der voll bewussten, todesnahen Grenzsituation:

Eines Tages wurde Frankl beim Abendappell aus unerfindlichen Gründen zu einem Sondertransport bestimmt. Frankl wusste, dass dieser Transport regelmäßig ins Gas ging. Noch nie war jemand, der für diesen Transport ausgesucht worden war, wieder frei gekommen.

Was hätte er tun *sollen*? In den Draht laufen, um durch einen Selbstmord seinem Schicksal zu entgehen? Er, der ein Leben lang dagegen gekämpft hatte, dem Leben die letzte Chance der Gestaltung zu nehmen? Ihm kamen nun selbst solche Gedanken! Was hätte er sonst noch tun *können*? Er ging zunächst zu seiner Mutter, um sich zu verabschieden. Der Vater war schon tot. Dann ging er zu seiner Frau.

Als es Zeit war, sich zu trennen (es gab eine strikte Regelung, die das Zusammenleben der Familien verbot; Männer und Frauen mussten in getrennten Sektoren leben), spazierte er schweren Herzens langsam zur Festung hinan, um von dort noch einmal den Sonnenuntergang zu erleben. Und wie er so ging, wurde ihm bewusst, dass er nun eigentlich alles getan hatte, was er in diesem Leben hatte tun können. Zum ersten Mal gab es keine Verantwortung mehr, keine Verpflichtung, keinen Entscheidungsnotstand. Die Last des Lebens und die Pflicht seiner Besorgung fielen von ihm ab. Langsam begann sich die düstere Stimmung zu lösen und ein Gefühl von Leichtigkeit stellte sich ein. Es war ein bis dahin unbekanntes Lebensgefühl, das seine Existenz gleichsam schwebend über das Leben stellte. Es war wie ein Hauch aus dem Jenseits, von dem sich Frankl berührt fühlte. Es war, als ob das Leben von seiner Seite zu Ende gebracht wäre und er es nun aus den Zuschauerrängen betrachten durfte. Was das Leben jetzt noch bringt, ist nicht mehr von ihm zu beeinflussen, ist nicht mehr durch ihn zu gestalten. Es ist schwer zu beschreiben, welch tiefe Emotionen durch diese Gedanken, durch dieses Bewusstwerden in Frankl geweckt wurden. Es war ein Glücksgefühl, ein Dankbarkeitsgefühl, ein Gefühl der Freude und Zufriedenheit über das vollbrachte Leben, ein Gefühl der Verbundenheit und des All-eins-Seins mit sich und der Welt, der er zugleich auch schon ein wenig entrückt war. Frankls Stimme war an dieser Stelle unbeschreiblich weich geworden, warm, den Tränen nahe. Er sprach langsam, wurde wieder ergriffen von dem unvergesslichen Gefühl, für das die Worte fehlten. Er rang nach Ausdruck. Seine Stimme und seine Gestik, die Züge seines Gesichts sagten mehr, als Worte es vermögen. Ein Licht breitete sich über sein Gesicht aus, wie von ferne wurde es hell, und trotz der stammelnden, zögernden Sätze wurde es leicht in seiner Miene. Ich spürte, wie sich in meiner Ergriffenheit dieselbe Leichtigkeit breitmachte.

Als Ärzten war uns klar – und wir sprachen es auch aus –, dass es sich um ein euphorisches Gefühl gehandelt hatte, wie es in der terminalen Phase bei Patienten oder auch bei schwerkranken Tuberkulosepatienten zu beobachten ist. Demnach wussten und spürten wir beide, dass es sich dabei um mehr als eine psychophysische Reaktion gehandelt hat. – Vermag der Mensch in dieser gefühlsmäßig erfahrenen Todesnähe, die nicht einmal bewusst sein muss wie bei manchen Patienten, bereits etwas zu ahnen, was mit dieser Welt nichts mehr zu tun hat?

Frankl merkte, dass er auf diesem Spaziergang mit dem Leben abgeschlossen hatte. Es war ihm nun nicht mehr danach, sich zu töten. Ganz im Gegenteil, es kam ein Interesse auf für das, was „dieses Leben noch mit mir vorhat", wie er in einem Gespräch einmal so ähnlich sagte (Frankl, 1986, 48). Gleich dem Zuschauer im Kino interessierte ihn, wie der Schluss des Films sein und was das Schicksal an Unvorhergesehenem noch bringen würde. Er fand sich in jener Position wieder, die er in seinem Werk als „Selbst-Distanzierung" bezeichnete. Er erlebte sie in einer besonders intensiven Form, in einer Art Ekstase, die es dem Menschen ermöglicht, sich ein Stück weit aus dem Geschehen herauszunehmen, sich abseits zu stellen und die Unversehrbarkeit des Ichs zu fühlen. Denn als geistige Person steht der Mensch immer auch etwas über dem Leben, das er gerade durchzumachen hat.

Später hat Frankl dieses aufkommende Interesse für das, was das Leben noch mit einem vorhat, als eine Art „wissenschaftliche Grundhaltung zum Leben" reflektiert. Sie entstammt jener „Sachlichkeit", die er in Anlehnung an das Alte Testament als die höchste personale Tugend ansah (vgl. das Kapitel „Frankl und die Religion", S. 140) (vgl. auch Frankl, 1990, 363 f.). Denn so lange nicht bewiesen ist, dass der Transport auch tatsächlich stattfindet und ins Gas geht, so lange ist das Leben grundsätzlich offen für alles, auch für das Unwahrscheinlichste. Selbst wenn der Mensch nicht mehr hoffen kann, weil er nur noch die Ausweglosigkeit sieht, kann ihm diese sachbezogene Haltung zu einer „Hoffnung gegen alle Hoffnung" verhelfen. Es ist eine Art Gelassenheit im Wissen darum, dass auch das vermeintlich Unmögliche niemals ganz ausgeschlossen ist, auch wenn wir selbst nicht sehen können, wie das „Wunder" geschehen soll.

> „*Frankl:* ‚Sonst bin ich ja absolut dagegen, dass man gegen alle Hoffnung hofft – … es gibt wohl nichts Gräßlicheres, als einem unheilbar Kranken oder Sterbenden auf die Schulter zu klopfen und zu sagen: ‚… es wird schon besser, es wird schon besser'.

Aber in einem Fall wie dem erwähnten kann man wohl nur achselzuckend das Schicksal auf sich nehmen – statt mit ihm raufen zu wollen. Damit meine ich nicht ein Achselzucken, das sich abschneidet von allen weiteren Möglichkeiten, sondern das grundsätzlich jede Möglichkeit noch einschließt in sich und nicht aufhört zu glauben, dass *alles* möglich ist. Aber noch diesseits von jeder religiösen Explikation, verstehen Sie? Das sind Dinge, die man nicht mehr verbalisieren kann, das ist irgendetwas, das mitschwingen muss in einer guten Psychotherapie.

Einfach alles fahren lassen, sich nichts mehr vormachen, aber irgendwie, aus einer letzten Würde heraus, warten können; keine Möglichkeit ausschließen, jede Möglichkeit einschließen. Es fällt mir gerade ein, dass ich das im Konzentrationslager in den entscheidenden Augenblicken eigentlich genauso praktizierte. Während der Auschwitzperiode habe ich natürlich jeden Moment damit rechnen müssen, ins Gas zu gehen. Aber irgendwie habe ich niemals aufgehört, mir zuzugeben, in einem ernsten Zwiegespräch mit mir selbst: Wenn auch nur rein theoretisch, besteht noch immer die Möglichkeit, dass ich überlebe. Das meine ich mit ‚alle Möglichkeiten offen halten'. *Zu stolz* dazu sein, zu sagen, ich mache nimmer mit, ich mache Schluss. *Zu stolz* dazu sein! Wir werden ja sehen, was dieses Scheißleben mit mir vorhat. Wir werden ja sehen. Also gar nicht die Situation weiß Gott wie rosig sehen, sondern einfach: Wir werden jetzt sehen, was das Scheißleben mit mir vorhat.'

Längle: ‚... aber ich müsste mir noch immer zugeben: rein theoretisch besteht die Möglichkeit zu überleben. Ich *muss* mir dieses zugeben.'

Frankl: ‚Da fehlt noch ein ‚missing link' – und das ist die *Verantwortung*! Da kommt die Verantwortung herein. In dem Augenblick, wo ich mir zugebe, es besteht die Möglichkeit, dass ich mit dem Leben davonkomme, in dem Augenblick trage ich unausweichlich die Verantwortung, dass ich mir keine Gelegenheit entgehen lasse (z. B. in einen Transport hineinzurutschen, wenn ich merke, dieser Transport geht in ein gaskammer*freies* Lager).

Also, *es ist ein Pessimismus, aber kein Passivismus*. Das ist ja das Wichtige – heute überhaupt: Aktivismus kommt nur von Pessimismus heutzutage. Früher, im vorigen Jahrhundert, konnte man Optimist sein, *mußte man Optimist sein*, um aktiv am ‚Fortschritt' mitzuarbeiten. Heute muss man Pessimist sein, um das Ärgste zu verhüten.'" (Frankl, 1986, 47–49)

Frankl meinte, dass diese Haltung dem wissenschaftstheoretischen Ansatz Karl Poppers entspräche. Demzufolge weist sich eine wissenschaftliche Theorie dadurch aus, dass sie grundsätzlich falsifizierbar ist. Genauso offen soll die Haltung zum Leben sein, sodass wir uns vom Leben immer auch überraschen lassen können. Unsere „Theorie vom Leben", unsere Vorstellungen, wie das Leben verlaufen wird, sollen grundsätzlich „falsifizierbar" sein, also vom Leben selbst widerlegt werden können (vgl. ebd., 48).

Frankl hatte 1943 die Theorie von Sir Karl Popper „existentiell" praktiziert, ohne sie zu kennen. Er hat sich angesichts seines „heuristischen Optimismus" gefragt: „Wer kann mir hundertprozentig beweisen, daß ich *nicht* mit dem Leben davonkomme? Und solange dies niemand kann, ebenso lange handle ich so, als ob ich eine solche Chance *hätte*. Ich lasse mir also nichts entgehen, das diese Chance *erhöhen* könnte" (ebd.).

Und so kam es denn auch. Der Transport fand am nächsten Morgen einfach nicht statt. Frankl hat nie erfahren, warum er zum ersten und einzigen Mal abgesagt wurde. Es war ihm eine große Bestätigung für diese eben beschriebene Haltung der Offenheit und für den Realitätssinn: „Solange etwas noch nicht geschehen ist, kann es immer auch noch anders kommen."

Ich habe dieses Grenzerlebnis Frankls über die Jahre hindurch in den Psychotherapieseminaren erzählt, aber bisher nicht aufgezeichnet. Vielleicht sind ein paar Details in der Zwischenzeit etwas ungenau geworden, der Inhalt aber blieb mir unvergesslich. Ich halte ihn für ganz grundlegend für Frankls Leben. In seiner Autobiografie erwähnt er diese Erfahrung nur ganz kurz, bringt sie kondensiert als Gedanken der Offenheit gegenüber dem Leben, der ihm natürlich auch in Auschwitz und in der folgenden Zeit öfter durch den Kopf gegangen ist.

Von Theresienstadt kam Frankl im Oktober 1944 nach Auschwitz. Seine Frau schaffte es, mit ihm zu kommen. Wie erwähnt, hatte sie durch ihre Arbeit in einer Munitionsfabrik einen Transportschutz und hätte daher in Theresienstadt bleiben können, wo sie es am besten und sichersten gehabt hätte. Tilly gelang es, sich freiwillig zum Transport zu melden, ohne als Saboteurin zu gelten, was den sicheren und sofortigen Tod durch Gas bedeutet hätte. Frankl verließ Theresienstadt und musste seine Mutter allein zurücklassen. In Auschwitz wurde Frankl auch von seiner Frau für immer getrennt. Sie starb nach der Befreiung durch die Engländer im April 1945 im Konzentrationslager Bergen-Belsen (69). Die genaue Todesursache ist nicht bekannt. Sicher ist nur der späte Termin, bei dem ein Überleben und eine Heimkehr grundsätzlich bereits möglich gewesen wären. Das macht ihren Tod umso tragischer. Frankl hat mir erzählt, dass er von jemandem erfahren habe, dass seine Frau wahrscheinlich bei der Befreiung des Konzentrationslagers, vom Hunger aufs Äußerste geschwächt, durch die zum Tor drängende Menschenmasse niedergetrampelt worden und dadurch zu Tode gekommen sei.

Noch bevor Frankl erfuhr, dass sie gestorben war, erhielt er gleichsam ein letztes Lebenszeichen von Tilly. Er hatte ihr vor der Deportation in die Konzentrationslager in einem Wiener Geschäft einen Anhänger, der eine kleine

Weltkugel darstellte, gekauft. Darauf waren die Weltmeere in blauem Email eingelassen, und um den Äquator stand in goldener Schrift: „Die ganze Welt dreht sich um Liebe" (ebd.). Kurz nach der Befreiung in Türkheim in Bayern ging er über ein Feld und begegnete einem ebenfalls befreiten Insassen. Er kam mit ihm ins Gespräch. Währenddessen spielte dieser mit etwas Kleinem in der Hand. Frankl fragte, was er da habe. Und was hatte er? Genau diese kleine, goldene Weltkugel! Mit höchster Wahrscheinlichkeit war es sogar dasselbe Stück, das er Tilly geschenkt hatte. Denn es gab in ganz Wien, wie er später erfuhr, nur zwei Stück davon. In Bad Wörishofen bei Türkheim war soeben ein Magazin mit den Schmuckladungen von Auschwitz ausgehoben worden ...

Auschwitz war das einzige Konzentrationslager mit Gaskammern, in dem Frankl sich aufgehalten hatte. Er hatte das Glück, dass er schon im Oktober 1944 nach Kaufering III und im November 1944 in das „Schonungslager" (Frankl, 1977, 82–93) nach Türkheim (77) abtransportiert wurde. Dies waren zwei Außenlager von Dachau, die zumindest insofern sicher waren, als sie keine Gaskammern besaßen. In das Fleckfieberlager Türkheim meldete sich Frankl freiwillig als Arzt, um dem sicheren Tod als Erdarbeiter zu entgehen. „Das war für mich eine einfache Rechnung und bei weitem kein heroisches Opfer." (Frankl, 1977, 82) Es bestand nur eine geringe Chance, dass der Transport auch wirklich ins Fleckfieberlager ging und nicht „ins Gas", wie es hieß, oder wiederum bloß eine Schikane war, um „freiwillig" Leute für die tödliche Nachtschicht zu bekommen (ebd., 91f.). Der wohlmeinende Oberarzt riet Frankl im letzten Moment dringend davon ab, auf der Liste der freiwilligen Helfer zu bleiben. Er hätte ihm das Abmelden arrangiert. Frankl jedoch blieb dabei. Er wollte „den geraden Weg gehen oder – wenn man es so ausdrücken will – dem Schicksal seinen Lauf lassen" (ebd., 92). – Frankl hatte Glück. So kam es, dass er in diesem letzten Lager für ein paar Wochen als Arzt tätig werden konnte – und sich dadurch das Leben rettete. Dieses Glück hatte er, weil er über alles Hasardieren hinweg seiner Sinnspur treu blieb. Sich für diesen höchst zweifelhaften und riskanten Transport zu melden, war nämlich nicht nur eine „einfache Rechnung" für eine gewisse Chance zu überleben, sondern es war auch „zweifellos sinnvoller", als Arzt den kranken Kameraden halbwegs helfen zu können, statt „als höchst unproduktiver Erdarbeiter, der ich damals war", weiter zu „vegetieren" und schließlich zu „krepieren" (ebd., 82).

Dass Frankl die Konzentrationslager überlebte, verdankte er vielen „Zufällen", unter anderem einem Wiener Gangster, der als Kapo eingesetzt war, um in Auschwitz die Gefangenen zu überwachen, wie viele andere Kriminelle auch. In Auschwitz wurde Frankl nämlich einmal als Hundertster in eine Gruppe von hundert Männern berufen, die für einen Abtransport bestimmt waren, der wahrscheinlich ins Gas oder zumindest für eine lebensgefährliche Aktion bestimmt war. Plötzlich fing dieser Kapo an, irgendeinen anderen Häftling unflätig zu beschimpfen und so zu tun, als ob sich dieser aus der Gruppe hätte drücken wollen. Als die hundert Mann abmarschiert waren, bemerkte Frankl, was da gespielt worden war – der Gangster hatte ihn herausholen wollen und den anderen hineingedrückt (73).

Im nächsten Lager, in Kaufering III, hatte ihm ein Schauspieler, dem er im Austausch gegen eine Suppe eine Zigarette verkauft hatte, das Leben gerettet. „Während ich sie schlürfte, redete er auf mich ein und beschwor mich, meine zu dieser Zeit pessimistische Stimmung zu überwinden – eine Grundstimmung, die, wie ich bei anderen Häftlingen beobachten konnte, unweigerlich zur Selbstaufgabe und über kurz oder lang zum Tod geführt hätte." (Ebd.) Im letzten Lager, in Türkheim, hat sich Frankl durch seinen eigenen starken „Willen zum Sinn" selbst das Leben gerettet. Er war an Fleckfieber erkrankt und dem Tode nahe. Da dachte er immer nur daran, dass sein Buch nicht erscheinen würde (ebd.). Er rang sich zu einem paradoxen, eigentlich widersprüchlichen Verhalten durch: In Anlehnung an Abraham, der bereit war, sein einziges Kind zu opfern, hatte „ich mich dazu durchringen müssen, bereit zu sein, mein *geistiges* Kind zu opfern – anscheinend wurde ich erst dann für würdig befunden, das Buch – nämlich die ‚Ärztliche Seelsorge' – doch einmal herauszubringen" (ebd.). So versuchte er, von seinem Wunsch Abstand zu nehmen und auf die Herausgabe seines Buches zu verzichten. Er hatte eine vernünftige, rationale Begründung für seinen Verzicht: „Was wäre denn das auch für ein Leben, dachte ich mir, dessen Sinn damit steht und fällt, ob man nun ein Buch herausbringt oder nicht?" (Ebd.) Durch das Fleckfieber dem Gefäßkollaps nahe, stand er in Gefahr, in einen Dämmerzustand zu geraten. Dann wäre er entweder der Krankheit erlegen oder vorher noch als „Muselmann", wie man die Kranken und Schwachen im KZ-Jargon bezeichnete, aus der Baracke entfernt worden. So versuchte er sich mit letzter Willensanstrengung wachzuhalten. Wie konnte er seinen Geist dazu anregen, diese äußerste und letzte Kraft aufzubringen? – In sichtlichem Widerspruch zu seinem rationalen Verzicht, das Buch herauszugeben, begann er, stenografische Stichworte auf Papierzettelchen hinzukritzeln, mit denen er die *Ärztliche Seelsorge* für eine spätere Neufassung zu rekonstruieren versuchte (77). Hier bewahrheitete sich, was er später so oft sagte und was ihm zu einer Lebenshaltung wurde, die er offenbar als Schutz vor seiner Rationalität brauchte: „Am allervernünftigsten ist es, nicht allzu vernünftig sein zu wollen." (Frankl, 1959, 731). Seiner Vernünftigkeit des Verzichts auf das Buch stellte er die „Unvernünftigkeit" des Herzens entgegen, unter diesen aussichtslosen Umständen sein Buch wieder schreiben zu wollen ... Es war ein Sieg der emotionalen, scheinbaren Unvernunft über die Ratio. Dies hat ihm letztlich das Leben gerettet.

Eine eigenartige Episode spielte sich bei seiner ersten Selektion in Auschwitz ab. Er wurde Dr. Mengele gegenübergestellt, so wie alle anderen Neuankömmlinge. In einer Reihe mussten sie auf ihn zugehen. Mengele trennte durch einen kleinen Fingerzeig nach links oder rechts die gesunden und tüchtigen von den schwachen und kränklichen Häftlingen. Die einen kamen in die Baracken, die anderen direkt in die Gaskammer. Frankl hat sich auch hier möglicherweise selbst das Leben gerettet. Er erzählte mir, dass er als Arzt mit seinem diagnostischen Blick beim Näherkommen durchschaut habe, was hier gespielt wurde. Als er selbst an die Reihe kam, holte er tief Luft und richtete sich groß auf, um einen möglichst kraftvollen Eindruck zu erzeugen. Mengele hätte mit dem Finger etwas gezögert, dann aber doch auf die rettende Seite gezeigt. Frankl war sich dieser Begebenheit jedoch nicht mehr ganz sicher. Denn er hatte auch eine andere Version in sich, wonach der Fingerzeit Mengeles in die Richtung der Kranken und Schwachen wies. Da er jedoch auf der Seite der Schwachen keine Bekannten sah, auf der anderen Seite aber ein paar junge Kollegen bemerkt hatte, sei er möglicherweise hinter dem Rücken von Dr. Mengele auf die rettende Seite gegangen (72). Hier vermischen sich Vorstellung, Einstellung, Angsttraum und Wirklichkeit. Frankl wusste bis zuletzt nicht mehr, was sich in diesem – wahrscheinlich gefährlichsten Augenblick der ganzen KZ-Zeit – real abgespielt hat. Von den 1500 Personen seines Transports haben angeblich nur 150 die „erste Selektion“ überlebt (Pareja, 1984, 38).

Etwas war ihm im Konzentrationslager ein besonderes Anliegen: Er wollte, dass seine Frau Tilly um jeden Preis überlebte. Und da er dachte, dass sie sich als Frau vielleicht mithilfe einer sexuellen Nachgiebigkeit in mancher Situation das Leben retten könnte, wollte er nicht, dass sie durch Rücksicht auf ihn behindert würde (68). Er erteilte ihr eine „quasi a priorische Absolution“. Er wollte, dass sie in einem solchen Fall nicht durch die eheliche Bindung an ihn gehemmt sei und vielleicht das Leben verlöre. Er wollte an ihrem Tode nicht „mitschuldig“ werden, wie er schreibt (69). Dieses „um jeden Preis am Leben bleiben“ erinnert daran, dass er es sich in Theresienstadt „zum Prinzip gemacht“ hatte (1), der Mutter bei jedem Abschied einen Kuss zu geben, um die Garantie zu haben, dass ihre Bande nicht rissen. Alles war ihm recht, um diese beiden Beziehungen zu erhalten.

Das „Leben danach“

Am 27. April 1945 wurde Frankl aus dem Arbeitslager Türkheim, das dem Konzentrationslager Dachau angeschlossen war (Dachau verfügte über 125 Außenlager und Arbeitsstellen), von amerikanischen Truppen befreit. Kurz darauf setzten ihn die amerikanischen Truppen zunächst als Lagerarzt ein, soweit ich mich noch erinnere in Türkheim selbst oder in der näheren Umgebung. Erst im August 1945 kam er mit einem der ersten, noch illegalen Lastwagen, der bis Wien durchkam (Frankl, 1994, 298), über den Exelberg in seine Heimatstadt zurück. Die Welt, in die er nun zurückkehrte, war verändert. Auch er selbst kam aus einer anderen Welt, war einer Hölle entronnen. Und noch einmal sollte eine schwere Zeit über ihn hereinbrechen. Am ersten Tag in Wien erfuhr er vom Tod seiner Frau (69). Er erfuhr, dass sie erst nach der Befreiung des Konzentrationslagers Bergen-Belsen durch die Engländer unter den dazugekommenen Leichen gewesen war. Und man berichtete ihm auch, dass umherstreifende Zigeuner nachts Teile von Leichen auf ihren Lagerfeuern in Kesseln gekocht hätten, hauptsächlich die Lebern. „Wochen hindurch verfolgte mich die Zwangsvorstellung, Zigeuner essen die Leber von Tilly ..." (ebd.).

Ein paar Tage später hörte er vom Tod der Mutter und des Bruders. Die Mutter war in Auschwitz ins Gas gekommen, der Bruder in einem Filiallager von Auschwitz in einem Bergwerk gestorben (77). Unter der Wucht dieser Todesnachrichten, zu der natürlich auch die Nachricht vom Tode vieler Bekannter und Freunde gehörte, brach Frankl seelisch zusammen. Besonders die Nachricht vom Tod eines guten Freundes (es handelte sich um Hubert Gsur, dem Frankl 1947 das Buch „Die Existenzanalyse und die Probleme der Zeit" widmete), der am 5. Dezember 1944 mit dem Fallbeil hingerichtet worden war, erschütterte ihn sehr. Die Freunde hatten Angst um sein Leben, befürchteten, er würde Selbstmord begehen (81). Es war eine Situation, in der selbst ein willensstarker und ein von Glaube und Sinn durchdrungener Mensch wie Frankl es kaum schaffen konnte, sich alleine am Leben zu halten. Im Leben eines jeden Menschen kann es solche Umstände geben, in denen er ohne Mithilfe und Unterstützung von anderen nicht mehr auf die Beine kommt. Seine Freunde sind Frankl tatkräftig zur Seite gestanden. Er ist bei ihnen auf Verständnis gestoßen, konnte weinen und fand stummes Mitgefühl und menschlichen Trost. Sie schritten aber auch tatkräftig ein und nahmen ihm Entscheidungen ab. Der Rechtsanwalt und spätere Vizekanzler Österreichs Bruno Pittermann „zwang" ihn, seine Unterschrift unter ein Blankoformular zu setzen, das er nachträglich in ein Ansuchen für ein Primariat verwandelte (81 f.). So wurde Frankl schon 1945 Primararzt an der neurologischen Abteilung der Wiener Poliklinik, der er dann 25 Jahre bis zu seiner Pensionierung vorstand. Derselbe Pittermann organisierte ihm eine Schreibmaschine und drängte ihn, die KZ-Erfahrungen niederzuschreiben. Der neue Ordinarius für Psychiatrie, Otto Kauders, der Nachfolger von Frankls väterlichem Freund Pötzl, legte ihm nahe, die *Ärztliche Seelsorge* in einer dritten und letzten Fassung niederzuschreiben und sich mit ihr zu habilitieren. Das griff. Diese Tätigkeit „war das einzige, was mir etwas bedeuten konnte. Ich stürzte mich in die Arbeit" (83).

In einem Gespräch mit seinem besten Freund, dem Psychiater Paul Polak, gab Frankl unter Tränen seinem tiefsten Gefühl über das viele Leid und Unglück, das er erleben musste, Ausdruck: „Wenn man so sehr auf die Probe gestellt wird, das muß einen Sinn haben. Ich habe das Gefühl, ich kann es nicht anders sagen, als ob etwas auf mich warten würde, als ob etwas von mir verlangt würde, als ob ich für etwas bestimmt wäre" (82).

So kam Frankl dazu, dass er die Lähmung der Depression und Verzweiflung, seinen Lebensüberdruss und seine Schwäche überwinden konnte, und er begann zu schreiben. Was er in den nächsten zwei Jahren schuf, war das Fundament seines wissenschaftlichen Lebenswerkes. Er diktierte in neun Tagen das KZ-Buch, schrieb es sich förmlich von der Seele. Zwischendurch sank er erschöpft in einen Lehnstuhl und brach in Tränen aus. „So ergriffen war ich von meinen eigenen Gedanken, die mich oft mit schmerzlicher Klarheit überkamen. Die Schleusen waren geöffnet ..." (83). Und er diktierte den drei Stenotypistinnen, die einander ablösten, die *Ärztliche Seelsorge*, verwendete dazu als Gedächtnisstütze die Zettelchen, die er sich an der Grenze der Bewusstlosigkeit während des Fleckfiebers im Konzentrationslager abgerungen hatte (übrigens fand sich eine Kopie seines ursprünglichen Manuskripts wieder). Das Schreiben half ihm über die seelische Erstarrung hinweg und goss das Leid in eine Leistung um. In gewissem Sinne hat Frankl das Leiden gebraucht, um endlich schreiben zu können. Schon die *Ärztliche Seelsorge* hatte er nur unter dem Druck einer zu erwartenden Deportation ins Konzentrationslager erstmals niedergeschrieben, nachdem er die Arbeiten etwa zehn Jahre liegengelassen hatte. Auch jetzt wieder war es der Druck des Leides, der ihm den Sinn aufleuchten ließ wie ein Licht im Dunkel:

„Da kam mir aber zu Bewußtsein, daß – wenn schon nicht jemand, so doch – *etwas* auf mich wartete: In Auschwitz war ich um das druckreife Manuskript meines ersten Buches[36] gekommen, nachdem ich gehofft hatte, wenigstens dieses ‚Geisteskind' würde mich überleben. Und das war es: Ein Warum zu überleben! Nun galt es, das Manuskript zu rekonstruieren. Und ich stürzte mich in die Arbeit. Es wurde meine Habilitationsschrift." (Frankl, 1994, 288) Durch die Arbeit konnte er dem Leid den Druck nehmen. Der Druck floss nun in die Aufgabe, in das Ziel, in das „Gebraucht-Werden" und „Gefragt-Sein", wie es in seiner existentiellen Grundhaltung zum Leben heißt (Frankl, 1982, 72; Längle, 1988, 11 f.). Es war das Gefühl einer Berufung, das ihn aus seiner inneren Verpuppung herauslöste und der Welt wieder öffnete. Zugleich war das Schreiben auch heilsam und schützend. Durch die Schilderung des durchgemachten Leides im Konzentrationslager und durch die inhaltliche Beschäftigung mit der Logotherapie konnte er die Traumata bearbeiten, behandeln, „aufleiden", wie er einmal sagte.

Das Schreiben fiel Frankl nicht leicht. Um diese Mühe auf sich zu nehmen, genügte die Motivation des Aufarbeitens des Leides nicht. Es war für ihn ein Opfer, das auf Kosten seiner Leidenschaft, des Kletterns und Bergwanderns, ging (87). Ich glaube, dass es letztlich ein größerer Sinn war, der Frankl die Kraft zum Schreiben gab, eben dieses Gefühl der Berufung (82) und die Stimme seines Gewissens, eine Aufgabe erfüllen zu sollen. In späteren Jahren musste seine zweite Frau die Opfer mit ihm teilen, ja vielleicht noch größere Opfer als er selbst aufbringen, um nicht zu sagen: „Selbstverleugnung" zu üben, wie er meinte (87). Was die Tätigkeit des Schreibens anlangte, so litt Frankl unter seiner Genauigkeit und seinem Perfektionismus. Er quälte sich oft stundenlang mit einzelnen Formulierungen, schrieb Seiten seiner Bücher mitunter bis zu zehnmal um, bis die Formulierungen so klar waren „wie Kristalle geschliffen und transparent im Hinblick auf eine hinter ihnen aufleuchtende Wahrheit" (ebd.).

Beide Bücher, die *Ärztliche Seelsorge* sowie das KZ-Buch, erschienen 1946. Mit der *Ärztlichen Seelsorge* hat Frankl der Logotherapie ihr Fundament gegeben. Bewusst wählte er einen für die 1940er-Jahre provokanten Titel für das Buch, in dem er den Anspruch erhob, dass die Betreuung der Seele auch dem Arzt zustünde und menschliche Pflicht sei, unabhängig von seiner religiösen Einstellung. Das Buch wurde 1948 als Habilitationsschrift anerkannt, wie es Kauders bereits 1945 vorgeschlagen hatte.

Die *Ärztliche Seelsorge* war drei Tage nach ihrem Erscheinen ausverkauft. Es folgte eine weitere Auflage, die nach drei Wochen wieder ausverkauft war. Die Bücher konnten so schnell gar nicht nachgedruckt werden, weil damals noch erhebliche Papierknappheit herrschte. Doch erschien noch im selben Jahr, 1946, die dritte Auflage des Buches, die vierte 1947, die fünfte 1948. Von einer amerikanischen Kommission wurde die *Ärztliche Seelsorge* aus der deutschsprachigen Literatur der Nachkriegszeit als „übersetzenswert" ausgesucht. Sie ist bereits 1946 unter dem Titel „The Doctor and the Soul" bei Knopf in New York auf Englisch erschienen. Zwar verlangsamten sich die Auflagezahlen später, doch ist das Buch bis zum heutigen Tage sowohl in deutscher als auch in englischer Sprache greifbar und wurde überdies in mindestens sieben weitere Sprachen übersetzt.

Eine ganz andere Geschichte hatte das *KZ-Buch*. Frankl wollte es anonym erscheinen lassen, sozusagen als Dokument des Menschenmöglichen in Extremsituationen. Er knüpfte keinerlei Ehrgeiz daran, sich mit einem etwaigen Erfolg dieses Buches persönlich zu schmücken. Natürlich hätte es auch ein Misserfolg werden können, und das wäre dem ehrgeizigen Psychiater nicht so gut gestanden. Jedenfalls war er entschlossen, „es anonym erscheinen zu lassen, um mich umso freimütiger auslassen zu können" (84). Das Buch befand sich schon im Druck, als seine Freunde ihn überredeten, „für seinen Inhalt mit meinem Namen einzustehen" (ebd.). Da der Umschlag zu diesem Zeitpunkt aber schon fertig war, schien sein Name dort nicht auf. Das Buch kam erstmals in Wien im Verlag für Jugend & Volk unter dem Titel „Ein Psychologe erlebt das KZ" heraus. Der Verkauf ging schleppend. Immerhin kam es 1947 zu einer zweiten Auflage, deren Rest schließlich eingestampft wurde. Auf Empfehlung des Harvard-Psychologen Gordon Allport wurde es ins Englische übersetzt und erschien 1959 bei Beacon-Press in Boston unter dem Titel: „From Death Camp to Existentialism". Es hatte im Englischen von Anbeginn mehr Erfolg. 1961 erschien bereits die vierte Auflage, 1962 beim selben Verlag eine Neuausgabe mit dem Titel „Man's Search for Meaning". Es kam bis 1966 zu sechs Auflagen. Aber den wirklich großen Erfolg des Buches brachte die Paperbackausgabe, die 1963 bei der Washington-Square-Press in New York verlegt wurde. In nur sechs Jahren hatte das Buch vierzehn Auflagen, bis 1995 erschienen allein in den USA mehr als neun Millionen Exemplare (80). Das Buch ist bis heute ein „Longseller" in den Vereinigten Staaten – ein über Jahre anhaltender Bestseller. Es wurde in den USA fünfmal zum „Buch des Jahres" gewählt und gehört in vielen Colleges zur Pflichtlektüre. Die Library of Congress in Washington deklarierte es als „one of the ten most influential books in America" (99). Für die Erneuerung der Taschenbuchrechte Ende der 1980er-Jahre wurde an Bacon Press angeblich ein so hoher Betrag bezahlt wie nie zuvor für ein Sachbuch in den USA. Heute noch erlebt es im deutschsprachigen Raum ständig neue, große Auflagen unter dem Titel „... trotzdem Ja zum Leben sagen".

Trotz des schleppenden Beginns hatte das Buch ein enormes Echo auch im deutschen Sprachraum. Frankl schildert in seiner Biografie (85 ff.) mehrere Geschichten, die feuilletonistisch die Resonanz des Buches bei seinen Lesern wiedergeben. Karl Jaspers war von diesem Buch zutiefst berührt und bezeichnete es als ein „document humain", das „zu den wenigen großen Büchern der Menschheit" gehört" (92) – ein Dokument der Menschheit und des Menschlichen im Menschen, das Zeugnis ablegt für das, wozu der Mensch in Grenzsituationen fähig ist. Auch Martin Heidegger lobte Frankl für dieses Buch, das er als Frankls bestes bezeichnet hat, wie mir Frankl sagte. Gabriel Marcel schrieb für die französische Ausgabe sogar ein Vorwort.

Frankl beschreibt in diesem Buch weniger das Entsetzen und die Greuel des Lagerlebens. Diese bleiben im Hintergrund. Sein Interesse gilt dem einzelnen Menschen und dem, wie er es faktisch schaffte, mit den Belastungen einer solchen Extremsituation umzugehen. Das Buch beschuldigt nicht, richtet nicht, klagt nicht an. Es bleibt ganz beim Erleben und bei der Bewältigung des Untragbaren. Es zeigt auf und warnt zugleich davor, wozu der Mensch fähig ist – im Ungeheuerlichen, das wir einander antun können, ebenso wie im aufrechten und ungebrochenen Leiden, in dem, *wie* wir es tragen und letztlich sogar damit fertig werden können. Es ist ein Dokument der Kraft des menschlichen Geistes, sich mit sich selbst und dem Leben auseinanderzusetzen, sich über die momentane Lebenslage stellen und dadurch das eigene Leben gestalten zu können.

Diese Kraft des Geistes, für einen *Sinn* zu leben, seiner *Verantwortung* nachzukommen und seine *Freiheit* einzusetzen, kann in jeder Situation gelebt werden. Es muss nicht das Konzentrationslager sein. Für Frankl (1994, 72) sind diese drei Fähigkeiten die Hauptcharakteristika der *Existenz*. Die Kraft des Geistes kann dem Menschen angesichts einer unheilbaren Krankheit, eines unabwendbaren Leides oder Verlustes, einer Ungerechtigkeit oder was es auch immer sei, helfen, die Verzweiflung zu überwinden und sein Schicksal zu gestalten, mitzugestalten. Die Verzweiflung hingegen ist das Schlimmste. Verzweiflung ist ein größeres Übel als das Schicksal selber. In der Verzweiflung verliert der Mensch seinen Halt, seinen seelischen Schutz, seine innere Festigkeit und Haltung. Nicht dass es ohne Verzweiflung kein Leid gäbe. Der Schmerz bleibt. Aber die größte Gefahr ist es, zu resignieren. Und dieses Buch ist ein Zeugnis dafür, dass es dem Menschen möglich ist, sich über das Leid zu stellen, sich darin aufzurichten und einer Zukunft entgegenzugehen, mag sie auch noch so ungewiss sein. Die Fähigkeit dazu liegt in jedem Menschen. Es kommt darauf an, sie allenfalls zu wecken und zu stärken, wo sie schwach wird oder verloren geht. Das ist eines der tiefsten Anliegen der Frankl'schen Logotherapie: den Menschen in seinem Leid zu trösten und zu stärken, um das Leid überstehen zu können, um menschlich und persönlich durchhalten zu können, um sich selbst darin treu zu bleiben und dem Auftrag, den das Leben uns in die Hände gibt, nachkommen zu können. Dieses Buch ist ein großes Dokument für das, was Frankl als „Einstellungswerte" bezeichnet. Einstellungswerte sind die schwierigste Straße zur Sinnfindung. Aber sie sind es, die es ausmachen, dass der Mensch unter allen Umständen, sogar im Leid, noch Sinn finden kann.

Frankl half seiner Motivation zu schreiben nach, indem er nicht nur in der Arbeit selbst den Sinnauftrag sah, sondern indem er jede einzelne Arbeit einer Person widmete, für die er sie schrieb und derer er in Form einer Widmung gedachte (vgl. S. 130 f.).

In den Jahren nach dem Krieg kämpfte Frankl mit auffallendem Engagement gegen die These der *Kollektivschuld*. Er trat für ein humanes Ideal der Eigenverantwortlichkeit des Menschen ein, schrieb und publizierte darüber und setzte sich auch persönlich dafür ein, indem er Menschen in Schutz nahm. Es war nach dem Krieg keineswegs populär, sich gegen die Kollektivschuld zu stellen. Einmal tat er dies sogar in einem Vortrag, bei welchem der Kommandant der französischen Besatzungstruppen anwesend war.[37] Wiederholt brachte er, der Jude aus dem Konzentrationslager, Beispiele, in denen SS-Leute und

Nazis sich echter humanitärer Gesinnung befleißigten und Menschen in Not, Gefangenen und Kranken Hilfe zukommen ließen, die oft auch illegal war. Er berichtete beispielsweise von einem Lagerführer, einem SS-Mann, den er kennengelernt hatte und der von seinem eigenen Geld insgeheim Medikamente für die Lagerhäftlinge gekauft hatte. Nach der Befreiung des Lagers Türkheim hatten die Häftlinge diesen SS-Mann vor den amerikanischen Truppen versteckt und deren Kommandanten erklärt, „sie würden ihm den SS-Mann einzig und allein unter der Bedingung ausliefern, daß ihm kein Haar gekrümmt werde" (80). Der amerikanische Truppenkommandant hat ihn daraufhin wieder zum Lagerkommandanten ernannt und eingesetzt, und der ehemalige SS-Mann organisierte daraufhin nun nicht mehr Medikamente, sondern Lebensmittel- und Kleidersammlungen in den umliegenden Dörfern. Im gleichen Lager hatte Frankl den Lagerältesten kennengelernt. Selbst Häftling, verprügelte dieser seine Mithäftlinge, ja selbst Kranke (Frankl, 1981, 89). Frankl betonte immer wieder, dass die Grenze, an der sich Menschen ins Unrecht setzen, weder rassisch noch politisch gezogen werden könne, sondern dass sie einzig im Herzen und im Einsatz des Gewissens des Einzelnen zu suchen sei. Anständige und unanständige Menschen gab es auf beiden Seiten – wo soll hier die These einer Kollektivschuld greifen? Welcher Realität würde sie entsprechen? Allein die persönlichen Erfahrungen, die Frankl reichlich hatte, machen die Ablehnung der Kollektivschuld-These menschlich verständlich. Im Kapitel über die Politik sollen auch die theoretischen Erörterungen zur Sprache kommen, die Frankl zu dieser Haltung führten.

Frankl setzte sich nicht nur in seinen Vorträgen und Publikationen gegen das Unrecht ein, jeden Menschen bloß aufgrund seiner Zugehörigkeit zu einer Gruppe schuldig zu sprechen. Er zögerte auch nicht, konkreten Einzelpersonen Schutz und Hilfe zukommen zu lassen. Gerne hätte er seinem väterlichen Freund Pötzl geholfen, seinen Posten als Ordinarius für Psychiatrie nach dem Krieg nicht zu verlieren. Pötzl dürfte nach der Schilderung Frankls kein sehr politischer Mensch gewesen sein. Nach Aussagen Frankls war er die längste Zeit nur NSDAP-Anwärter und brachte es politisch nie weiter in der NS-Hierarchie. Er hatte dafür auch kein Interesse und bewarb sich für die Parteizugehörigkeit, um seinen Beruf in der seit vielen Jahren (zuerst schon in Prag) innegehabten Funktion und Position zu behalten. Das war für Frankl und für viele Juden ein Glück, weil Pötzl, wie schon berichtet, mit Frankl in der Sabotage von Euthanasiefällen aktiv kollaborierte. Doch bei Pötzl kam jede Hilfe zu spät. Am Tage des ersten Besuchs Frankls bei ihm wurde er nach einem Entnazifizierungsverfahren bereits des Amtes enthoben.[38]

In anderen Fällen als jenem Pötzls konnte Frankl mehr Hilfe geben und auch das Ärgste verhüten. So versteckte er einen Psychiaterkollegen in seiner Wohnung, als er erfuhr, dass jener von der Staatspolizei gesucht wurde. Er hätte einem Volksgerichtsprozeß vorgestellt werden sollen, weil er „irgendein Hitlerjugend-Ehrenabzeichen besaß" (81). Solche Prozesse waren äußerst gefährlich, weil es bei ihnen nur Freispruch oder Todesurteil gab, und dieses wurde sofort vollstreckt. Eine Fachkollegin bewahrte er vor dem Todesurteil, indem er als Zeuge über sie „alles nur erdenklich Positive zusammenkratzte" und zur Aussage brachte (MS, 93). Was Frankl aber erschütterte und ärgerte, war, dass er sich dadurch immer mehr Feinde schuf, insbesondere auch in der jüdischen Gemeinde. So wurde er wegen dieses Falles am nächsten Tag

> „zum KZ-Verband zitiert und gefragt, was ich zu diesem skandalösen Verhalten, mit dem ich einer Nationalsozialistin das Leben gerettet hatte, zu sagen hätte: Woraufhin ich bemerkte, ich wurde als Zeuge einvernommen und mußte als solcher die volle Wahrheit sagen; Sie werden verstehen, meine Herren, daß ich daher kein Wort *mehr* sagen kann; ich drehte mich auf dem Absatz herum und verließ die Räumlichkeiten des KZ-Verbandes und seiner verdutzten Funktionäre. Ich mag nur nicht, wenn man so tut, als ob das was Besonderes wäre; *daß* man aber so tut, spricht noch lange nicht für mich, aber ich muß zugeben, sehr gegen die anderen – sehr gegen eine Majorität, für die das selbstverständlich sein Sollende leider nichts weniger als selbstverständlich zu sein scheint" (ebd.).

Der internationale Durchbruch

Frankls Aktivitäten haben immer schon eine *Tendenz zum Internationalismus* gehabt. Bereits seine erste psychologische Arbeit erschien 1924 in einer internationalen Zeitschrift: Auf Betreiben von Sigmund Freud wurde die Arbeit des Siebzehn- oder Achtzehnjährigen in der „Internationalen Zeitschrift für Psychoanalyse" veröffentlicht. Die zweite wissenschaftliche Arbeit erschien abermals in einer internationalen Zeitschrift, nämlich auf Anregung Alfred Adlers in der „Internationalen Zeitschrift für Individualpsychologie". Und sein erstes großes Fachreferat hielt Frankl in Düsseldorf auf dem III. Internationalen Kongreß für Individualpsychologie 1926. Da er schon „international unterwegs" war, fuhr er auf Vermittlung der Sozialistischen Arbeiterjugend dann gleich weiter nach Frankfurt/M., um auch dort Vorträge zu halten (40 f.).

Wenn man Frankls Biografie betrachtet, gewinnt man den Eindruck, als ob seinen Aktivitäten von Anfang an eine Schubkraft in die internationale Gemeinschaft innewohnte. Kaum war er aus dem Verein für Individualpsychologie ausgeschlossen worden und hatte Jugendberatungsstellen gegründet, wurde auch schon das Ausland darauf aufmerksam und lud ihn zu Vorträgen nach Prag, Brünn, Berlin und Budapest ein. Danach war es einige Jahre ruhig. 1938 brachte er schließlich im deutschen „Zentralblatt für Psychotherapie und ihre Grenzgebiete“ den ersten größeren Artikel zur Publikation, den er „Zur geistigen Problematik der Psychotherapie“ verfasst hatte.[39] In diesem Artikel werden sowohl der Begriff der Logotherapie als auch jener der Existenzanalyse erstmals schriftlich erwähnt. Gleich im Jahr darauf publizierte er in zwei Schweizer medizinischen Fachzeitschriften zwei Artikel, einen „Zur medikamentösen Unterstützung der Psychotherapie bei Neurosen“ (Schweizer Archiv für Neurologie und Psychiatrie, 43 [1939], 26–31) und einen über „Philosophie und Psychotherapie. Zur Grundlegung einer Existenzanalyse“ (Schweizerische Medizinische Wochenschrift, 69 [1939], 707–709). Diese beiden Artikel konnten bereits nicht mehr im Deutschen Reich erscheinen, weil Frankl als Jude Publikationsverbot hatte. Aber er schaffte es, sie noch im Ausland unterzubringen.

Nach dem Zweiten Weltkrieg blieb Frankls Aktivität wiederum von Anfang an nicht auf Wien begrenzt. Bereits am 28. Dezember 1946 hielt er auf dem französisch-österreichischen Hochschultreffen in St. Christoph am Arlberg (in der französischen Besatzungszone) einen Vortrag. Bald darauf war er der erste Österreicher, dem es von den Besatzungsmächten erlaubt wurde, ins Ausland zu fahren, um auf einem Kongress in Zürich einen Vortrag zu halten (67).

Frankl hatte nicht nur im Ausland ein starkes Echo, sondern in der ersten Zeit nach dem Krieg auch in Österreich und Wien. Wie schon berichtet, stieß seine *Ärztliche Seelsorge* auf größtes Interesse. 1947 hielt er auf Einladung eines Kulturvereins im Wiener Konzerthaus einen Vortrag, der aufgrund der Nachfrage gleich zweimal wiederholt werden musste (99). Er war sofort nach dem Krieg Primararzt geworden, hatte sich ein paar Jahre später bereits habilitiert und hielt in der Wiener Poliklinik regelmäßig vielbesuchte und -beachtete Vorlesungen. Sie waren im Wien der Nachkriegszeit die einzigen, die sich mit Psychotherapie befassten. Zahlreiche namhafte spätere Psychotherapeuten und Psychiater haben sie als Studenten gehört. Nicht wenige von ihnen wurden durch sie zu ihrem Berufsweg angeregt. Dies ist Frankl oftmals mündlich oder schriftlich in Briefen zugetragen worden, besonders bei Kongressen und Feierlichkeiten, wie etwa anlässlich seines 80. Geburtstags.

1948 erwarb Frankl ein *zweites Doktorat in der Philosophie* mit dem Fachbereich Psychologie. Als Dissertation reichte er sein Buch *Der unbewußte Gott* ein. Seinen „Dr. phil.“ hat er zumeist „unterschlagen“. In einem Vortrag, bei dem er legitimieren wollte, dass er auch „philosophisch“ sprechen dürfe, verwies er einmal auf seinen „Dr. phil.“, meinte aber humorvoll: „Wissen Sie, meine Damen und Herren, ich besitze nicht nur ein medizinisches, sondern auch ein philosophisches Doktorat, aber für gewöhnlich unterschlage ich es. Denn wie ich meine Wiener Kollegen kenne, wird niemand sagen, der Frankl ist ein doppelter Doktor, sondern man würde sagen, er ist nur ein halber Arzt" (20).

Frankl hatte sich rasch wieder ins volle Leben integriert. 1946 lernte er bei einer Visite auf seiner neurologischen Abteilung an der Wiener Poliklinik eine junge Krankenschwester kennen, die aus einer anderen Abteilung mit dem Auftrag um ein Gastbett zu ihm geschickt worden war. Die Begegnung schlug bei ihm ein wie ein Blitz. „Haben Sie diese Augen gesehen ...?", fragte er noch ganz unter dem Eindruck ihrer Wirkung seinen Assistenten (107). Ein Jahr später wurde diese Krankenschwester seine Frau: Eleonore Katharina Schwindt (ebd.). Mit ihr zusammen hatte er eine Tochter. Sie bezogen eine Wohnung im 9. Wiener Gemeindebezirk, in der Mariannengasse 1, ein paar Schritte entfernt von der Poliklinik, Frankls Arbeitsplatz. Diese Wohnung blieb sein Zuhause bis an sein Lebensende.

Einen großen Erfolg bedeutete es für Frankl, wie schon berichtet, dass seine *Ärztliche Seelsorge* bereits 1946 aufgrund eines Expertenurteils ins Englische übersetzt worden war. Doch zum Durchbruch in den Vereinigten Staaten reichte die Übersetzung dieses Buches nicht aus. In der deutschen Ausgabe beschränkte sich die Verbreitung seines ersten Buches vor allem auf Österreich. Das KZ-Buch stieß, wie wir sahen, anfänglich auf wenig Interesse. Doch seine weiteren Hauptwerke, das Buch *Homo patiens* und *Der unbedingte Mensch*[40] sowie *Der unbewußte Gott* machten ihn im deutschen Sprachraum bekannt. Dazu kam, dass Frankl eine gute Präsenz bei wissenschaftlichen Tagungen pflegte. Da traf er mit den führenden Fachkollegen zusammen und konnte seine Logotherapie vorstellen. Bei einer solchen Gelegenheit, auf dem besagten Kongress in Zürich unmittelbar nach dem Krieg, kam es zu einer Begegnung mit dem berühmten Schweizer Psychiater und Psychotherapeuten Ludwig Binswanger.[41] Der Kongress hatte gerade begonnen, als sie einander im Vortragsaal sahen. Binswanger ging trotzdem auf ihn zu und fragte mit flüsternder Stimme: „Herr Frankl, darf ich nur das eine wissen: hat Ihre Frau überlebt?" – Frankl war sehr berührt von dieser Frage, von Binswangers menschlicher Anteilnahme, die vor jedem sachlichen Interesse stand. – Frankl verneinte wortlos. Da erstarrte Binswanger, blieb stehen, und während er ein „Mein Gott" stammelte, drückte er ihm in wortloser Ergriffenheit die Hand. Hierher passt ein Zitat Frankls, das die Sprachlosigkeit Binswangers am besten wiedergibt und das er wenige Jahre später verfasste: „Wo alle Worte zu wenig wären, dort ist jedes Wort zu viel." (Frankl, [1950], 1990, 386)[42] Später besuchte er Ludwig Binswanger, den Begründer der Daseinsanalyse, einmal in Kreuzlingen.

Sehr wichtig nahm Frankl die Begegnung mit den weltberühmten Philosophen Martin Heidegger[43] und Karl Jaspers[44]. Obwohl sich Frankl mit den Werken beider Philosophen nicht oder nur am Rande auseinandergesetzt hatte, schätzte er den persönlichen Kontakt (aus dem aber in beiden Fällen keine weiteren Begegnungen oder gar ein wissenschaftlicher Austausch resultierten). *Martin Heidegger* hat Frankl einmal in Wien besucht und Frankl stattete ihm in Meßkirch einen Besuch ab. Die Diskussion, die er mit Heidegger in Wien hatte, gehörte zu Frankls „kostbarsten Erlebnissen" (91). Er erzählte mir, dass hauptsächlich die Zeitlichkeit der Existenz und das In-der-Welt-Sein des Menschen zur Sprache gekommen seien. Am Ende hätte Heidegger gemeint: „Wenn ich Sie richtig versteh', Herr Frankl, meinen Sie mit dem Begriff ‚Selbst-Transzendenz' beiläufig dasselbe wie ich mit ‚In-der-Welt-Sein'". Dieser Satz Heideggers aus dem Munde Frankls, versehen mit typischer Frankl'scher Einfärbung („beiläufig" ist ein von Frankl häufig verwendetes Wort) ist mir gut in Erinnerung geblieben. Es half mir als Brückenschlag in der Lektüre der beiden Autoren.

Von Heideggers Besuch bei Frankl gibt es ein schönes Foto, das in einem Wiener Heurigenlokal aufgenommen wurde. Frankl klebte dieses Foto in sein Gästebuch ein. In dieses hatte Heidegger eine Widmung geschrieben, „mit der er eine Verwandtschaft zwischen unseren Ansichten hervorheben wollte" (ebd.). Heidegger schrieb den gehaltvollen und sehr philosophischen Satz: „Das Vergangene geht. Das Gewesene kommt" (ebd.). Heidegger spielte damit auf sein Seinsverständnis an. Das, was ins Dasein gehoben ist, „west an", ist da – so wie man ein Grundstück als ein „Anwesen" bezeichnet: Es ist seinsmächtig, ragt ins Dasein herein. Was „west", was also ein „Wesen" ist, ist aus dem Blickpunkt der Vergangenheit „ge-wesen". Was aber ein Wesen ist, hat Anteil am Sein und kommt daher wieder: „Das Gewesene kommt". Sein Wesen bleibt erhalten. In ihm gründet Zukunft. Mit ihm ist das eigene Wesen verbunden. – Was aber nicht „wesentlich" war, das geht an uns vorüber, ohne „anzuwesen", ohne uns zu berühren, ohne uns „wesentlich" zu machen, ohne zu unserem Wesen beigetragen oder uns zu unserem Wesen verholfen zu haben. Es vergeht, ohne Spuren zu hinterlassen; geht, wie es gekommen ist – ein bloßer Schatten von Möglichkeiten, der nie „Wirk-lichkeit" geworden ist, die „Gegenwart" war. Es vergeht, wie es gekommen ist. Es trat nicht in unser Dasein, war nicht „da", wo wir waren. Es traf uns nicht. Wir lebten es nicht, er-lebten es nicht.

So dachte auch Frankl (Frankl, 1982, 95). Vergänglich sind nach seiner Ansicht nur die Möglichkeiten. Was aber gelebt wurde, kann nie mehr aus dem Leben entfernt werden. Es bleibt. Es kann uns nicht genommen werden, weil wir es geworden sind. Was solcherart „vergangen" ist, ist eine Wirklichkeit, behält seine Wirkung auch in der Zukunft. „Gewesen-sein ist auch noch eine Art von Sein – vielleicht die sicherste" (ebd. 47). So wurde Frankl in unzähligen Vorträgen nicht müde zu gemahnen, dass die Menschen oft nur „das Stoppelfeld der Vergänglichkeit" sehen. Was sie übersehen,

„sind die vollen Scheunen der Vergangenheit. Im Vergangensein ist nämlich nichts unwiederbringlich verloren, vielmehr alles unverlierbar geworden. Nichts läßt sich aus der Welt schaffen, was einmal geschehen ist; kommt nicht alles nur umso mehr darauf an, daß es in die Welt geschaffen wird?" (Ebd., 95 f.)

Ist Heideggers Satz „Das Vergangene geht. Das Gewesene kommt" nicht auch eminent psychologisch? Tröstend für einen Menschen, der im Konzentrationslager seine Lieben verloren hat: „Was gewesen ist, was wesentlich war, das lebt in dir weiter, geht dir nicht verloren, kommt wieder! – Die Zeit aber mit ihren Gefahren, Bedrohungen, Ängsten, sie ist vergangen. Sie ist vorüber."

Von psychologischer Bedeutung scheint mir noch ein Aspekt dieses Satzes. Aus meiner Erfahrung mit Frankl glaube ich sagen zu können, dass Heidegger ihm auch „ins Stammbuch" schreiben wollte, die Bedeutung der biografischen Vergangenheit eines Menschen für seine Zukunft nicht zu unterschätzen. Wenn das Gewesene „wieder kommt", so gründet in ihm die Zukunft. Dann soll sich der Mensch nicht nur mit seiner Zukunft beschäftigen, wie es Frankl für die Logotherapie fordert, sondern auch mit seinem Gewordensein, mit dem, was wichtig war in seinem Leben und was noch immer wichtig ist bzw. was noch immer blutet, schmerzt, einem „nachgeht". Das soll dann auch Bedeutung haben in der existenzanalytischen Psychotherapie, weil es wesentlich ist und als „Gewesenes wiederkommt". Dieses Denken, dem der „mittlere Frankl" der 1950er-Jahre aufgeschlossen gegenüberstand, lehnte der „spätere Frankl" ab. Trotzdem kam es wieder.

In seinen Vorträgen wiederholte Frankl öfters, dass er eigentlich nur zwei Vorbilder in seinem Leben gehabt hätte: Freud und Heidegger. Freud wegen seiner Unbeirrbarkeit, mit der er trotz aller Anfeindungen an seiner Theorie festhielt – und Heidegger wegen seiner Gewissenhaftigkeit, die es ihm nicht erlaubt habe, ein unfertiges Buchmanuskript zu veröffentlichen (es handelt sich um den zweiten Teil von „Sein und Zeit"), und der sich vom Erfolg des ersten Buches nicht habe verführen lassen.

Zum Abschluss sei noch ein kritischer Gedanke angemerkt, der mir in den letzten Jahren kam, als Heideggers NS-Vergangenheit breit diskutiert wurde. Angeblich war Heidegger nach dem Krieg sehr um seine Rehabilitation bemüht. Könnte er aus diesem Grunde an einem Besuch Frankls interessiert gewesen sein? Wollte er sich durch den Kontakt mit einem Juden und KZ-Überlebenden, dessen Bericht er „besonders schätzte", vom Verdacht persistierender NS-Ideologie befreien? Es ist zu bedenken, dass der Besuch Heideggers für Frankl völlig überraschend kam. Er musste sich erst noch etwas „einlesen", um mit ihm diskutieren zu können, wie er mir erzählte. Andererseits bedeutete

Heideggers Besuch für Frankl eine große Ehre und einen wissenschaftlichen Prestigegewinn. – Beide hatten sie also etwas davon. Ich halte das für legitim, wenngleich der beiderseitige Prestigegewinn auf einer menschlichen, persönlichen Ebene zu liegen kommt. Er hatte keine sachliche Relevanz und darf daher nicht für die wissenschaftliche Untermauerung und Stichhaltigkeit von Frankls Theorie oder für die Freiheit von NS-verdächtigen Elementen in Heideggers Philosophie verwendet werden. Dass es nach den beiden Begegnungen zu keinem weiteren Gedankenaustausch kam, wie ihn Heidegger etwa mit dem Züricher Psychiater Boss[45] (Boss, 1987) über Jahre pflegte, könnte ein Hinweis darauf sein, dass das treibende Motiv für diese Begegnung weniger das wissenschaftliche als das persönliche Interesse war. Das gilt natürlich auch für die anderen Berühmtheiten, die Frankl aufzählt. Allerdings ist äußerste Zurückhaltung geboten, weil auch weitere Gründe infrage kommen. Zum Beispiel könnte Frankls Eigenschaft eine Rolle gespielt haben, dass er immer alles alleine machen musste und nie auf eine Teamarbeit oder auch nur auf eine Zusammenarbeit in theoretischen Belangen eingeging.

Obwohl *Karl Jaspers* ein Berufskollege von Frankl und ein ausgezeichneter Psychopathologe war (sein Buch über Psychopathologie ist heute noch ein Standardwerk), dürften sich die beiden Persönlichkeiten nicht sehr nahe gekommen sein. Dabei steht Jaspers' Philosophie dem Frankl'schen Denken besonders nahe (vgl. auch Fintz 2006). – Jaspers' Existenzverständnis und seine Verbindung zur Transzendenz spricht meiner Einschätzung nach noch deutlicher aus, was Frankl oft nur andeutungsweise sagt und natürlich nicht philosophisch entwickelt, sondern anthropologisch beleuchtet. Jaspers' Begriff der Kommunikation verweist auf Frankls Begriff der „Selbst-Transzendenz" und hätte darin seine Entsprechung, meinte Frankl mir gegenüber. Doch hatte sich Frankl mit Jaspers zu wenig auseinandergesetzt, um mehr über die Ähnlichkeit der Denkweisen sagen zu können. Dass das Jasper'sche und das Frankl'sche Menschenbild gut zusammenpassen, hat der argentinische Professor für Persönlichkeitspsychologie und Logotherapeut Oscar Ricardo Oro gezeigt und darüber ein Lehrbuch geschrieben (Oro, 1997).

Die Unterschiedlichkeit der Persönlichkeiten, ihrer Denkweise und ihres Arbeitens zeigt sich auch in einem Briefwechsel zwischen Frankl und Jaspers (2016). Frankl, der ja die „Allgemeine Ärztliche Gesellschaft für Psychotherapie in Wien" auf Bitten von Kretschmer gegründet und den Vorsitz innehatte, bot Jaspers in einem Brief im Feber 1953 die Ehrenmitgliedschaft in diesem Verein an. Frankl schrieb in sehr ehrerbietiger Weise über die psychiatrische und philosophische Leistung Jaspers und wie sehr er seine Psychoanalysekritik teile. Abschließend fragte er noch, ob die Schriften, die er ihm habe zukommen lassen, „...von Jaspers vielleicht gar nicht geschätzt würden ...?" (Fintz 2006, 210)

Jaspers schrieb wenige Tage später seinen einzigen, allerdings ausführlichen Brief an Frankl. Die Ehrenmitgliedschaft nahm Jaspers an, aber sie „... löse einen Zwiespalt bei ihm aus, da er damit keine prinzipielle Zustimmung zu inhaltlichen Belangen von Frankls Psychotherapieform verbinden wolle." (ebd.) Er habe sein Buch „... trotzdem Ja zum Leben sagen" „mit Interesse und mit größter Hochachtung gelesen." (ebd.) Über die anderen Werke aber könne er kein abschließendes Urteil geben. Es scheine ihm bei der Lektüre in einem Moment, dass Frankl eine „vollkommen richtige Richtung einschlage, um im anderen Moment begeistert einer unwissenschaftlichen und unphilosophischen Haltung zu verfallen." (ebd., 211) Da spüre er „...jäh ein Abgleiten in ein vorschnell positives Denken, das z.B. die Umdeutung der Tragischen Trias in einen Tragischen Optimismus ermöglicht. Allzu leicht würden Menschen, die in ihrer Krise eine Orientierung suchten, sich an religiösen Motiven oder eben von außen gegebenen Sinn-Angeboten festhalten." (Fintz 2004, 14) Durch die „populistische Art der Aufbereitung der Logotherapie [...] entstehe der Eindruck der Simplifizierung existentieller Sachverhalte" (ebd., 13). Jaspers zweifelt an einer eindeutigen Haltung Frankls in Bezug auf das therapeutische und philosophische Gebot einer Weltanschauungsfreiheit. Er vermisse bei Frankl eine „grundsätzlich nachdenkliche Distanz zu schnellen Antworten auf existentielle Fragen" (ebd., 14). Für philosophische Erkenntnisse bedürfe es einer ‚sokratischen Grundhaltung'. Eine solche Zurückhaltung könne er „bei Frankl nicht kontinuierlich wahrnehmen" (ebd.), doch könne er sich in dieser Einschätzung auch irren, da er sich nicht genügend mit den Schriften befasst habe. Außerdem fügte er an, dass therapeutische Schulen „sehr schnell den Charakter eines Sektierertums und der Huldigung einzelner Gründerfiguren" bekämen. Dieses Phänomen stelle eine Gefahr für jeden Vorreiter in der Psychotherapie dar. (ebd., 14)

Danach gibt es nur noch einen Brief Frankls vom März 1961, in welchem er sich wiederum sehr ehrerbietig für den kurzfristig angesetzten Besuch bei Jaspers in Basel bedankte, der für ihn trotz des „fragmentarischen Charakters" des Gesprächs „sehr bedeutsam" und „ein Geschenk" gewesen sei (ebd.).

Fintz (2004, 13) verweist auf eine von Jaspers immer wieder erhobene Kritik an Frankl, die sich auf den Sprachgebrauch bezieht. Durch Frankls Charisma bei Vorträgen und die Originalität der Begriffe und Wendungen blieben seine Inhalte wohl gut beim Hörer und Leser hängen, weil sie emotional auf den Leser einwirkten. Dies mache jedoch „kritische, selbst wohlwollende Denker zuweilen stutzig" (ebd., 13). Insbesondere verwies er dabei auf den Existenzbegriff, bei dem sich Frankl lediglich „auf die zeitgenössische Philosophie" beziehe, ohne eine eindeutige Definition zu geben (ebd.).

Frankl tat sich mit der großbürgerlichen, ja aristokratischen Art Jaspers' schwer, wie er mir sagte. Das hatte für ihn etwas Unnahbares und schüchterte ihn eher ein. Der Umgang mit dieser Welt war Frankl nicht vertraut. Ganz ähnlich ging es ihm übrigens auch mit dem Münsteraner Philosophen Josef Piper.[46] Wie wertvoll für die Existenzanalyse hätte auch hier eine Zusammenarbeit sein können! Doch Frankl bevorzugte den Alleingang. Außer von Max Scheler hat Frankl seinen eigenen Angaben zufolge von den Existenzphilosophen wenig gelesen. Von Heidegger hatte er, wie erwähnt, erst nach Ankündigung von dessen Besuch in Wien etwas gelesen, sozusagen aus Höflichkeit. Er wollte nicht ganz uninformiert sein und sich auf das Gespräch vorbereiten. Es fällt mir allerdings schwer, das zu glauben. Es mag schon sein, dass Frankl selber Gedanken hatte, die von Heidegger stammen könnten, und dass er, der Jüngere, den Anspruch auf die eigene Originalität aufrechterhalten wollte. Allerdings verwendet er Begriffe, die Heidegger geschaffen hat (wie z. B. „Existentialien"), verweist auf Heidegger schon in der ersten Ausgabe der Ärztlichen Seelsorge (1946) und schreibt in der typisch existenzphilosophischen Art mit Bindestrichen sowie dem häufigen Gebrauch von „je" und „Wesen".

Von den französischen Existenzphilosophen hat er am meisten Gabriel Marcel[47] geschätzt. Darum empfand er es als besonders große Anerkennung, dass der Philosoph Marcel es wert fand, für sein KZ-Buch ein Vorwort zu schreiben. Zu einem persönlichen Kontakt kam es allerdings nie. Das Verhältnis Frankls zu den französischen Existentialisten Albert Camus[48] und Jean-Paul Sartre[49] war immer distanziert. Von Camus hatte er meines Wissens kaum etwas gelesen, von Sartre kannte er „L'être et le néant". Ich erinnere mich, dass er einen Sonntag Nachmittag lang – zu meiner Überraschung – wieder darin gelesen hatte, weil er ein Zitat suchte. Das Buch lag noch auf dem Tisch, als ich Frankl am Abend besuchte. Er war Sartre nicht sehr zugetan, aber empfand doch Respekt vor seiner Abhandlung über die Verantwortlichkeit, die ein Logotherapeut geschrieben haben könnte, wie er meinte.

Generell kann man sagen, dass Frankl berufliche Beziehungen nicht sehr gepflegt hat. So war er auch mit seinen Kollegen, den Psychiatern und Neurologen in Österreich, wenig verbunden. 1950 wurde die neue Gesellschaft österreichischer Psychiater und Nervenärzte gegründet. Frankl war einer der beiden Hauptredner bei der Eröffnung. Er sprang für den Zürcher Analytiker Rudolf Brun, der verhindert war, ein und sprach über Psychotherapie (persönliche Mitteilung des Psychiatriehistorikers Eberhard Gabriel vom 17. 12. 2018). Dass die Anerkennung seiner Habilitation, am 13. November 1945 eingereicht, eineinhalb Jahre dauerte, war wohl nicht förderlich für seine Beziehung zur Universität. Die Bearbeitung des Habilitationsansuchens ging erst nach einer Urgenz durch den Dekan weiter (die ministerielle Bestätigung der Habilitation erfolgte schließlich am

7. Juli 1947). 1949 wurde Frankl in den Erwägungen der medizinischen Fakultät im Zusammenhang mit der Nachfolge Otto Kauders, der überraschend 1949 verstorben war, für die beiden Lehrstühle Psychiatrie und Neurologie genannt (Gabriel 2016, 44). Doch war er nicht im „Dreiervorschlag“ an das Ministerium, denn es gab nur eine Nennung: Hans Hoff (ebd. 46). 1950 gründete Frankl die „Allgemeine ärztliche Gesellschaft für Psychotherapie“ (ebd. 40). Inwieweit Hans Hoff für Frankls eher marginale Rolle in der Psychiatrie Österreichs eine Rolle spielte, bleibt offen. Die Beziehung zwischen beiden kann als eher gespannt bezeichnet werden, zumindest aus der Sicht Frankls.

Gabriel resümiert Frankls Position in Österreich so:

> „Er war vermutlich der international bekannteste Wiener Psychiater seiner Generation, allerdings ohne bedeutende Position in Wien: Er war von 1946 bis 1970 Primarius der kleinen Neurologischen Abteilung der Wiener Städtischen Poliklinik und Universitätsdozent, seit 1954 mit dem Titel eines a.o. Prof. Der von ihm 1950 gegründete ‚Verein für ärztliche Psychotherapie‘ hatte im Vergleich mit dem traditionsreichen ‚Verein für Psychiatrie und Neurologie‘, der in enger Verbindung zur Klinik stand, eine geringe Resonanz. In der österreichischen Gesellschaft hat er zahlreiche und hohe Ehrungen erfahren…“ (Gabriel 2016, 58)

Dennoch hatten seine Bücher in philosophischen, theologischen und medizinischen Kreisen Resonanz. Nun weitete sich der Leserkreis: immer mehr Personen schrieben Frankl, wie wichtig ihnen seine Bücher für ihr eigenes Leben geworden seien und wie sehr sie ihnen geholfen hätten. Ich selbst habe Dutzende solcher Briefe gelesen. Frankl hat jeden persönlich beantwortet. Von den unzähligen Reaktionen der Leser, die Frankl sehr viel bedeuteten, gibt er einen kleinen Einblick in seiner Biografie (90 f.).

1949 wurde Frankl zum ersten und einzigen Male Vater. Seine Frau Elly gebar ihm eine Tochter, die sie Gabriele tauften. Frankl widmete seinem Töchterchen noch im Jahr seiner Geburt das Buch „Der unbedingte Mensch. Metaklinische Vorlesungen“.

Schon 1954 wurde Frankl erstmals nach Argentinien zu einer Vortragsreihe über Logotherapie eingeladen. Dies war sein erster größerer Auslandsaufenthalt. Anlässlich dieser Konferenzen wurde in Buenos Aires die weltweit erste Gesellschaft für Logotherapie gegründet.

Der große Durchbruch auf internationaler Ebene kam aber erst mit seinem Bekanntwerden im englischsprachigen Raum, insbesondere in den USA. Daran war sein ehemaliger Lehrer Rudolf Allers maßgeblich beteiligt. Allers war vor den Nazis nach Amerika emigriert. Frankl schickte ihm nach dem Krieg aus Dankbarkeit und Verehrung alle seine Publikationen zu. Allers hatte sich nie für die Zusendungen bedankt oder Frankl gar einen Kommentar geschrieben. Doch allein aus Prinzip setzte Frankl seine Gepflogenheit fort und ließ nicht ab, seinem Lehrer die Ehre zu erweisen. Seine vom Vater übernommene oder geerbte Prinzipientreue und Unbeirrbarkeit wurde in diesem Falle reichlich belohnt. Ohne Wissen Frankls gab Allers die Publikationen nämlich an den Harvard-Professor Gordon Allport[50] weiter. Allport, der Anfang der 1950er-Jahre selbst Vorlesungen hielt, die die Psychologie und Psychotherapie in Richtung der Existenzphilosophie weiterdachten[51], zeigte ein waches und besonderes Interesse für die Arbeiten Frankls. Er veranlasste schließlich die Übersetzung des KZ-Buches ins Englische und schrieb selbst ein Vorwort. Und er tat noch ein Zweites: Er holte Frankl für eine Gastprofessur an die Harvard-Universität (1961).

Frankls Vorlesungen müssen sehr erfolgreich gewesen sein, und das KZ-Buch verkaufte sich in den Vereinigten Staaten inzwischen auch sehr gut. Und so wurde Frankl wieder und wieder in die USA eingeladen, und es begann eine ungeheure Vortragstätigkeit, die ihn noch in den 1960er-Jahren zu einem sehr begehrten Referenten machte, zunächst im englischsprachigen Ausland und schließlich weltweit. Er unternahm an die hundert Vortragsreisen allein nach Amerika; vier davon gingen rund um die Welt (94 f.). Es wurden schließlich mehr als 200 Universitäten außerhalb Europas, an denen Frankl Vorlesungen oder Vorträge gehalten hat. Immer häufiger luden ihn auch prominente Personen aus Politik und Wissenschaft zu sich ein. An erster Stelle steht ohne Zweifel eine Privataudienz bei Papst Paul VI. anlässlich einer Vortragsreise nach Rom, von welcher der Vatikan erfahren hatte (102 f.). Besonders gerührt erzählte Frankl immer von der Einladung in das Hause der Witwe Eisenhower (95). Auch andere Präsidenten oder namhafte Politiker verschiedener Staaten hatten ihn zu Gast (100). 1979 gab der Mobil-Oil-Konzern ein Buch mit dem bezeichnenden Titel heraus: „Österreicher, die der Welt gehören". Zu ihnen wurde auch Frankl gezählt.

Der publizistische Erfolg und die wissenschaftliche Karriere veranlassten Anfang der 1950er-Jahre den Verlag Urban & Schwarzenberg, mit dem Vorhaben an Frankl heranzutreten, ein mehrbändiges *Handbuch der Neurosenlehre und Psychotherapie* herauszugeben. Frankl willigte ein. Es wurden noch Viktor von Gebsattel, der Begründer der „Anthropologischen Psychotherapie", und Johannes H. Schultz, der Begründer des „Autogenen Trainings", von Frankl als Mitherausgeber beigezogen. Das fünfbändige Handbuch war bis in die 1970er-Jahre ein maßgebliches Fachbuch, von dem 1972 auch eine zweibändige Kurzausgabe erschienen ist.

Das Jahr 1970 war wieder ein Meilenstein. Die United States International University in San Diego, Kalifornien, erteilte Frankl die erste Professur für Logotherapie ad personam. Es war also kein Zufall, dass 1981 der erste Weltkongress für Logotherapie in San Diego in Kalifornien stattfand.

Es gab weltweit schon Dutzende Diplomarbeiten und Dissertationen über Logotherapie, als 1970 endlich auch in Wien von Elisabeth Lukas[52] die erste Dissertation zu diesem Thema verfasst wurde. Sie schrieb zum Thema „Logotherapie als Persönlichkeitstheorie“ (Lukas, 1971) auf der Basis einer umfangreichen empirischen Studie über die Sinnerfüllung der Bevölkerung.

Ende der 1970er-Jahre fand Frankl in Wien wieder erneutes großes Echo unter der Jugend. Bei einem Vortrag, der im Auditorium Maximum der Universität Wien angekündigt war, drängten 4000 Studenten in den Saal. Aber das Auditorium hatte nur eine Kapazität von etwas mehr als 800 Plätzen. Vor etwa 1500 Zuhörern hielt Frankl dann schließlich den Vortrag (MS, 123). Der Rektor hatte das „Audi Max“ ursprünglich nicht hergeben wollen, weil es Frankl ja doch nicht füllen würde können ... So wurde Frankl in Österreich in den 1970er- und -80er-Jahren jedoch meistens eingeschätzt. Ähnlich ging es ihm ein paar Jahre später in Graz. Wieder drängten 1500 Zuhörer in die Aula und in zwei weitere Hörsäle mit Monitoren. Im Ausland kannte Frankl einen solchen Zulauf schon längst.

Nach einem Vortrag in Washington schrieb einmal die Washington Post: „Herrn Frankl wurde die höchste Ehre zuteil, die Washington zu vergeben hat: der Ansturm zu seinem Vortrag verursachte eine Verkehrsstockung“ (ebd.). Wo immer er im Ausland und vor allem in den USA auftrat, die Vortragssäle waren übervoll. Die Zahl der Zuhörer überstieg mitunter mehrere Tausend, und es kam vor, dass Frankl Fußballstadien füllte.

Aber nicht nur die Popularität Frankls und das breite Interesse für seine Themen stiegen. Auch die wissenschaftliche Anerkennung führte zu neuen Formen des Zuspruchs. In Caracas wurde das Institut für philosophische Anthropologie zu Ehren Frankls auf seinen Namen umbenannt. Immer mehr Logotherapie-Gesellschaften und Institute entstanden: zunächst in Berkeley, Kalifornien, das Institute of Logotherapy, das Josef Fabry[53], ein gebürtiger Wiener, gegründet hatte und dann „Chapter“ über die Vereinigten Staaten verstreut erhielt. Danach entstanden Gesellschaften in Deutschland, Brasilien, Österreich, Südafrika, Kanada, Italien, Spanien, Ungarn, der Tschechoslowakei, Holland usw. Zunehmend begannen die Institute, sich als „Viktor-Frankl-Institute“ zu bezeichnen.

Besonders bewegende Vortragsreisen führten Frankl in das kommunistische Prag, in das kommunistische Polen und in das kommunistische Moskau. Die Armut der Menschen und der Druck der Politik minderten nicht die Begeisterungsfähigkeit der Zuhörer. Diese reisten zum Teil von weit her an, mitunter tagelang unter schwierigsten Bedingungen und praktisch ohne Geld in der Tasche. Viele der Zuhörer kannten Frankl bereits aus der Lektüre illegal übersetzter und publizierter Bücher und Artikel, die unter der Hand verbreitet worden waren.

Dass es zu diesem Interesse an seinem Werk kam, war für Frankl eine besondere Genugtuung.

In den Jahren nach dem Krieg vollbrachte er eine beträchtliche schriftstellerische Leistung. Er verfasste 31 Bücher und über 400 Artikel. Seine Werke wurden vielfach übersetzt, insgesamt in 24 Sprachen (110). Bis zum Jahre 1995 sind von anderen Autoren 131 Bücher zur Logotherapie erschienen; 151 Dissertationen und Diplomarbeiten entstanden und mehr als 1300 Aufsätze wurden publiziert (ebd.). Die meisten seiner Werke hat Frankl zwischen 1945 und 1946 geschrieben; nach 1970 ließ die publizistische Aktivität nach, während die Vortragstätigkeit ungebrochen anhielt, ja eher noch zunahm.

Dann kamen die Ehrendoktorate. Das erste erhielt er am 7. Jänner 1970 von der Rechtswissenschaftlichen Fakultät der Loyola-Universität in Kalifornien (Fizzotti, 1970, 11). Bis 1980 hatte Frankl drei Ehrendoktorate erhalten – eine Zahl, die nur wenige Akademiker erreichen. Ende der 1980er-Jahre begann eine wahre Flut von Ehrendoktoraten auf Frankl einzuströmen. In rund zehn Jahren erhielt er 25 weitere Ehrendoktorate, insgesamt also 28. Damit dürfte Frankl der mit den meisten Ehrendoktoraten dekorierte Psychiater und Psychotherapeut weltweit gewesen sein.

Das familiäre Leben der Frankls verlief sehr zufriedenstellend. Frankls Tochter Gabriele hatte Psychologie studiert und den Physiker Franz Vesely geheiratet. Franz Vesely war inzwischen habilitiert und Professor für Physik an der Wiener Universität geworden. Die beiden haben zwei Kinder, die Tochter Katja und den Sohn Alexander. Die Familie und die Enkel wohnen am Stadtrand von Wien im 14. Bezirk. Im Alter erwarb Frankl in der Nachbarschaft seiner Tochter eine kleine Wohnung, wo er einen Blick ins Grüne hatte. Immer mehr Zeit verbrachte er nach seinem 80. Geburtstag draußen in den Außenbezirken. Es war ihm in den letzten Jahren kaum mehr möglich, auf seine geliebte Rax zu fahren und dort zu wandern. Sein Herz hatte immer häufiger Vorhofflimmern und wurde schwächer. Auch das Augenlicht nahm infolge einer Makuladegeneration ab. Frankl sah gegen Ende seines Lebens so schlecht, dass er praktisch nicht mehr lesen konnte. So blieb er in Wien und suchte in seiner Zweitwohnung den Kontakt zur Natur. Dort hatte er auch die Nähe zu seiner Familie.

Im Wintersemester 1996/97 hielt Frankl seine letzte Vorlesung. Er selbst sprach nur noch circa 20 Minuten. Wenige Monate zuvor hatte er im Juli 1996 vor einem großen Publikum noch ein Interview gegeben. Aus Anlass des ersten Weltkongresses für Psychotherapie in Wien wurde Frankl als Festredner eingeladen. Sein Freund der letzten Jahre, der Wiener Ordinarius für Psychologie

Prof. Giselher Guttmann, interviewte ihn und Frankl vermochte es noch in diesem Alter, Funken seiner rhetorischen Begabung sprühen zu lassen. Er wurde auch diesmal, wie fast immer in den letzten 20 Jahren, mit einer „standing ovation" bedankt, diesmal nun auch in seiner Heimatstadt Wien – meines Wissens zum ersten und letzten Mal. Das Gespräch war sein letzter Auftritt.

In den letzten Monaten seines Lebens wurde sein Herz deutlich schlechter. Die Ärzte stellten ihn vor die Entscheidung, entweder einen operativen Versuch zu wagen, der mit einem hohen Risiko verbunden war, oder an der zunehmenden Herzschwäche wahrscheinlich rasch zu verdämmern. Frankl entschied sich für die Operation. Er sollte aus ihr nicht mehr aufwachen.

Am 2. September 1997 verstarb er.

Das Begräbnis fand nach jüdischem Brauch innerhalb von 24 Stunden statt. Frankl wurde im Beisein des engsten Familienkreises im Familiengrab am Wiener Zentralfriedhof beigesetzt. Er lehnte ein offizielles Begräbnis und ein Ehrengrab ab, das ihm als Ehrenbürger der Stadt Wien zugestanden hätte. Wie von einem letzten Heimweh beseelt, war es sein Wunsch, im Familiengrab zu liegen.

Sein Tod löste noch einmal eine Flut von Anerkennungen und Nachrufen aus. Über die internationalen Presseagenturen wurde eine Nachricht verbreitet, welche die Familie Frankl vorbereitet hatte und die sie über ihr Institut[54] den Agenturen zukommen ließ. In praktisch allen deutschsprachigen Zeitungen wurde von Frankls Tod berichtet. In Österreich brachte die Presse die Todesnachricht mit einem Foto auf der ersten Seite. Im Fernsehen wurde die Nachricht von Frankls Tod an der ersten Stelle der Abendnachrichten gebracht. Die Frankfurter Allgemeine Zeitung (FAZ) widmete ihm einen längeren Artikel und auch die New York Times eine dreiviertel Seite. Während die FAZ mehr auf das wissenschaftliche Werk Frankls einging, betonte die New York Times das Lebenswerk Frankls als Holocaust-Überlebender.

Frankl war eine Persönlichkeit von weltweitem Zuschnitt geworden. Sein Humanismus und sein unerschütterlicher Glaube an die Sinnhaftigkeit der Existenz ließen ihn zur Stütze und zum Vorbild für Menschen in Verzweiflung werden. Sein philosophisch-anthropologisches Werk und seine versöhnliche Haltung zur Vergangenheit und zu menschlichen Schwächen machten ihn zum Gewissen der Welt.

Die Person

Viktor Frankl als Person und Persönlichkeit

Im ersten Teil des Buches ist uns Viktor Frankl durch seine Lebensgeschichte lebendig geworden. Wir hatten an manchen Stellen Gelegenheit, ihm zu begegnen – „ihm“, das heißt so viel wie der *Person* Frankls. Da es in diesem Kapitel um Frankls Person und seine Persönlichkeit geht, sollen die beiden Begriffe kurz erklärt werden.

Die Person bedeutet die Fähigkeit des Menschen, durch die er sich selbst gegeben ist, durch die er sich und seine Welt erlebt, an ihr leidet oder sich an ihr freut. Wir sind der Person Frankls begegnet, sagten wir – das heißt, wir haben dasjenige in Frankl angetroffen, das erkennt, das in seiner Vernunft und Gewissenhaftigkeit entscheidet und sich zum Entschiedenen stellt oder sich von ihm löst und sich dadurch verantwortet. „Ihm“, das ist derjenige, der handelt und wirkt, der auf der Grundlage seiner Lebensgeschichte und seiner Persönlichkeit, seiner Anlagen, Fähigkeiten, Probleme, Defizite, Neigungen und Stärken handelnd in die Welt wirkt und an der Zukunft mitgestaltet. In der Begegnung treffen wir auf die *Person,* auf jene Offenheit des Menschen, die aus dem *Bezug zum anderen* lebt und zugleich in der *Intimität* in sich selbst begründet ist. Aus dieser Dynamik der Wechselbezüglichkeit zwischen sich und anderen ist sie jene Kraft, die den Menschen in einen *Umgang* mit sich und der Welt bringt. In diesem Personkonzept Frankls (vgl. Frankl, 1959, 1990, 1991, 108–118), das auch die Grundlage der Personalen Existenzanalyse bildet (Längle, 1993c), stellt die Person jene Fähigkeit des Menschen dar, die hinter allem Leiblichen und hinter allen psychischen Begleitgefühlen und Bedürfnissen dasjenige ist, das den Menschen befähigt, mit den seelisch-körperlichen Gegebenheiten und mit den Dingen der Welt umgehen zu können. Durch die Person ist der Mensch kein bloß reagierender, keine Resultante aus Bedürfnissen und Strebungen, sondern der Entscheidende, der Handelnde, der Verantwortende, der Gewissenhafte. Der Mensch ist als Person nicht reaktiv, sondern akthaft. Unter Persönlichkeit werden hingegen die Charakteristika verstanden, die sich vor allem in der konstanten Verhaltensweise zeigen, wie z. B. Neigung zu Aggressivität, spontanes Sozialverhalten, konstante Problemneigung und Stärken. In der Einleitung zum Kapitel über Frankl und die Emotionalität wird eine ausführlichere Erklärung gegeben (vgl. S. 112).

Dieser Abschnitt ist der Aufgabe gewidmet, die Mosaiksteinchen der einzelnen Begegnungen zum Porträt zusammenzusetzen. Er soll aus den Konturen der Person und den Schattierungen der Persönlichkeit ein Profil entstehen lassen. Ein solches Bild kann natürlich nur eine Annäherung sein, und vor allem kann es nie eine tatsächliche Begegnung ersetzen. Unendlich mehr ist der Mensch, als von ihm gesagt werden kann. Alles Sprechen über einen Menschen bleibt hinter der eigentlichen Person, die er ist oder war, zurück. Je nach der Art der Begegnung kann sie noch viele zusätzliche Schattierungen und andere Gewichtungen erhalten, die immer auch bestimmt sind von der Person und Persönlichkeit des Wahrnehmenden. Trotz aller Begrenztheit der Aussagen, die sich über eine Person machen lassen, lässt sich doch Charakteristisches finden und ihr Wesen umschreiben.

Beginnen wir damit, *wie Frankl in der breiten Öffentlichkeit gesehen* wurde und was seinen Ruhm begründete. Was begründete das hohe Ansehen und den großen Respekt, der ihm weltweit entgegengebracht wurde? – Die Wirkung Frankls beruhte nach meiner Beobachtung vor allem auf zwei Wesenszügen. Sie haben sich auch im Echo der Nachrufe widergespiegelt:

Zum einen war da die *versöhnende Haltung* eines KZ-Überlebenden, die darauf aus war, das, was trotz allem an Gutem, Menschlichem und Wertvollem gegeben war, sichtbar werden zu lassen. Frankl konzentrierte sich auf das *Gute*, weil am Ende nur das Gute zählen wird. Das hatte Leo Baeck, der Oberrabbiner aus Berlin – eine für Frankl zutiefst beeindruckende, große Persönlichkeit – in seinem „Gebet um Versöhnung und Völkerfrieden“ 1945 im Konzentrationslager gebetet: „… und nur das Gute soll gelten und nicht mehr das Böse“[1]. Nur das Positive hat Bestand, nur für das Positive lohnt es sich zu leben. Im Positiven liegt die Zukunft, das Echte, das Wahre, das Verantwortliche. Das Positive ist das Fundament, das „Positum“, das Gesetzte also, auf dem Existenz gründen kann. Dafür ist Frankl immer wieder eingetreten, damit hat er die Menschen angesprochen und erreicht. Im Kämpfen für das Positive war Frankl ganz er selbst. Er war der von der Philosophie und der Religion geprägte „ärztliche Seelsorger“ im Kampf gegen den Nihilismus.

Das andere Beeindruckende an Frankl war sein *unerschütterlicher Sinnglaube*, der ihn „trotz allem“ weiterleben ließ. Trotz aller Verluste und Schmerzen und über jede aufkommende Verzweiflung hinweg lebte Frankl ein Leben vor, das unerschütterlich zum Leben stand, das „trotzdem Ja zum Leben“ sagte. Er wurde zum bewegenden Symbol für den Widerstand des Menschen gegen die

Absurdität des Leides und für die Größe des menschlichen Geistes, dessen Anlagen jeder Mensch in sich trägt, die ihn ausmachen und die seine Würde als Mensch begründen.

Das waren die beiden Anliegen Frankls, die von einer großen Öffentlichkeit wahrgenommen und verstanden wurden. Für sie hat er gelebt und beide hat er in der Kategorie „Sinn“ zusammenführen können zu einem lebenspraktischen, auch im Alltag verständlichen Begriff. Viktor Frankls Leben steht für eine „Lebensschulung“. Die tragische Seite seiner Biografie erhielt dadurch einen ungeahnten nachträglichen Sinn. Es wurde zum Monument gegen die Sinnlosigkeit. Wenn ein ehemaliger KZ-Häftling so spricht, dann hat das ein schwerwiegendes Gewicht. Ihm glaubt man, ihm muss man glauben, was könnte man dagegen noch vorbringen? Und: Wer würde es wagen, bei dem kollektiven schlechten Gewissen gegen so jemanden aufzutreten? Auch dieser Aspekt muss mitbedacht werden.

Das alles führte dazu, dass Frankls Bekenntnis einen unantastbaren Charakter bekam. Was aber als unberührbar und unantastbar gilt, wird sakral. Das ist die Gefahr, die ich für Frankls Biografie sehe. Er wird manchmal als unantastbar hingestellt und zum Heiligen gemacht. Bei aller Verehrung, die ihm als Mensch gebührt, und bei allem Respekt vor seiner menschlichen und wissenschaftlichen Leistung soll Frankl der kritischen Auseinandersetzung nicht enthoben werden. Er soll für uns fassbar sein, verstehbar, „anfühlbar“, und er soll auch zum Stein des Anstoßes und des Widerspruches werden können. Dann bleiben sein Leben und sein Werk in uns lebendig und stehen nicht auf der Höhe eines Podests, abseits vom Alltag, unerreichbar, lediglich dem Staub der Geschichte ausgesetzt.

Wenn wir Viktor Frankl als Menschen näher betrachten, seine Werke lesen, seine Vorträge hören und seine Vorlesungen besucht haben, dann sehen wir einen Menschen, der durch einen *scharfsinnigen Geist*, klares Denken und prägnante Begriffe hervorsticht. Diese wache Geistigkeit wurde unterstrichen durch eine meisterhafte *Rhetorik*, die den Zuhörer schon bei den ersten Worten mitriss und in seinen Bann zog. Seine Sprache hatte ein Gewicht, das nachdenklich machte, seine Stimme eine Festigkeit, die überzeugend wirkte, und seine Gestik strahlte eine Vitalität aus, die entzünden konnte. Schon nach den ersten Worten konnte man in seinen Vorträgen und Vorlesungen das Gefühl haben: Hier spricht ein Großer, Überlegter, Überzeugter, Echter. Grammatikalisch waren die Sätze oft unvollständig und mit Fehlern behaftet. Mir ist das jahrelang nicht aufgefallen; ich bemerkte es erst, als ich einmal eine Passage eines Vortrages transkribierte. Das zählte nicht, wenn man ihn hörte, weil man *ihn* hörte. Und dass er so lebendig da war, hing auch damit zusammen, dass er stets frei gesprochen hat. Im Bewusstsein seiner rhetorischen Begabung wäre es auch ein bisschen unter seiner Ehre gewesen, vom Blatt zu lesen.

Die geschriebenen Texte zeigen Frankls Vorliebe für brillante *stilistische Formulierungen* und Wortspiele. Sie unterstreichen in einer manchmal humorvollen, manchmal ernsthaften, zumeist anregenden Art seine wache Geistigkeit. Wenn er die Logotherapie als „Sinnlehre gegen die Sinnleere" bezeichnet oder sagt, dass Sinn *ge*funden werden muss und nicht *er*funden werden darf, so sind solche Pointierungen dazu angetan, den Inhalt besser behalten zu können. Seine Sprachspiele waren daher nicht nur witzige Einfälle. Was da mitunter so leicht klingt, war oft Ergebnis eines stundenlangen Formulierungsprozesses, bei dem Frankl keine Mühe scheute. Gelegentlich überzog er seine Sprachspielerei. Dann wirkte sie distanzierend. Die Echtheit und das Gewicht des Gesagten werden durch die Freude am Formalismus untergraben. Mir schien manchmal, dass Frankl der damit verbundenen Verführung zum rhetorischen Effekt erlegen ist und dass er einen fast kindlich anmutenden, „spitzbübischen" Spaß daran hatte.

Mehr noch in seinen Vorträgen als in seinen Büchern kam eine weitere Seite Frankls zum Vorschein, die man wohl als *narzisstisch* bezeichnen muss. Das war eine sperrige, sehr von sich eingenommene Art, die mit einem Zug des Sich-in-den-Mittelpunkt-und–Vordergrund-Stellens einherging. Vom berühmten Maharal, dem Rabbi Löw in Prag abstammend, wie er gleich im ersten Absatz seiner Autobiografie hervorstreicht (1), trug Frankl offensichtlich das Gefühl in sich, jemand Besonderer und Großer zu sein. Nach meiner Wahrnehmung verwandte er viel Kraft, Aufmerksamkeit und Geschicklichkeit auf die Pflege seines Bildes in der Öffentlichkeit. Es wirkt leider nicht sehr sympathisch, wenn Frankl in seiner Autobiografie schon auf der ersten Seite, wo es um seine Mutter gehen soll, fast nur von sich spricht und von all dem „Berühmten", das seine Geburt begleitete. Ich erlaube mir an dieser Stelle darauf einzugehen und es als ein ihm Nahestehender anzusprechen, weil dies so oft – besonders von Fernstehenden – an Frankl bemängelt wurde. Es sind oft kleine Bemerkungen, die den Narzissmus aufblitzen lassen. Er war Obmann der sozialistischen Gymnasiasten von *ganz* Österreich (39), behandelte die Tochter eines *weltberühmten* Zoologen (36) und die *heute berühmte* Schriftstellerin Ilse Aichinger (46), in den Jugendberatungsstellen „stellten sich *mir* Männer" zur Verfügung (47). Die Wiedergabe von zwei Gedichten des Fünfzehnjährigen geben zwar Aufschluss über die Begabung, vermitteln aber auch den Eindruck seiner Selbstverliebtheit (17). So bezeichnet er sich selbst anhand der Gedichte als „geistreich" (ebd.), um gleich danach auch noch das Attribut der „Geistesgegenwärtigkeit" in einer Prüfungssituation zu belegen. Ohne Frankl diese Fähigkeit absprechen zu wollen, kommt einem doch die Frage, ob es nicht schon manchem Prüfling ähnlich ergangen sei, dass er sich eine Antwort aus Bruchstücken des Wissens, durch Raten und aus schwachen, dämmrigen Erinnerungsspuren kombiniert hat, weil er sie nicht konkret wusste. Frankl hält sich hier unumwunden zugute, während der Prüfungssituation aus dem Stegreif eine medizinische Theorie erfunden zu haben, die ein „berühmter" Arzt entwickelt habe (ebd.).

Es ist bisweilen störend, sehen zu müssen, wie er sich narzisstischen Gewinn aus allen möglichen Belangen holte. So berichtet er z. B., dass er gewissermaßen ein Prophet für zwei Künstler gewesen sei. Denn lange bevor sie in Mode kamen – schon in den frühen 1930er-Jahren nämlich –, habe er sich einen Rückenakt aus der Schiele-Mappe gekauft und sich als Fan von Gustav Mahler dessen Originalautogramm beschafft.

> „Daß meine Ideen früher oder später in Mode kommen, anscheinend weil sie zeitgemäß werden, zeigte sich auch daran, daß der amerikanische Präsidentschaftskandidat McGovern sie in den Wahlreden verwendet hat, ebenso wie ein österreichischer Präsidentschaftskandidat (Gleißner)." (MS, 11) Im Konzentrationslager habe es ihn traurig gemacht, dass „andere mit einem solchen Intelligenzquotienten etwas anfangen" könnten, „wogegen ich wohl keine Chance mehr hätte, aus dem Intelligenzquotienten etwas zu machen, sondern im Lager umkommen würde" (12). „Während mich also die Höhe meines Intelligenzquotienten paradoxerweise traurig gemacht hat, hat es mich immer lustig gestimmt, wenn ich draufgekommen bin, daß andere eine Idee, die ich gehabt habe, erst viel später gehabt haben, also wenn ich draufgekommen bin, daß ich eigentlich eine Priorität gegenüber den anderen gehabt habe." (MS, 10; vgl. auch 13) Das habe ihn wenig gestört, „weil ich mir dachte, die anderen mußten sich plagen und etwas publizieren, wogegen ich ohne mich plagen zu müssen das Bewußtsein hatte, daß ich das genauso herausgefunden hatte wie die anderen, (die Berühmten), die durch ihre Publikationen berühmt geworden sind …" (13; MS, 10). In der Bearbeitung von 1995 fügt er an dieser Stelle in der Autobiografie ein: „Eigentlich würde es mir nicht einmal etwas ausmachen, wenn jemand für meine Ideen den Nobelpreis bekommen sollte." (13)

Ich glaube, dass Frankl das geglaubt hat, aber ich kann es ihm nicht glauben. Denn ich habe ihn anders erlebt. Er war sehr darauf bedacht, bei Zitaten genannt zu werden. Es war für ihn nicht immer leicht, wenn andere bei Vorträgen, Vorlesungen und Publikationen Erfolge hatten, die seine eigenen vielleicht ein wenig überschattet und ihm den Nimbus des Unerreichbaren und Einzigartigen genommen haben.

Ich glaube nicht, dass Frankl der Logotherapie einen Dienst erwies, wenn er sagte, dass er diesen Namen nur geprägt habe, um nicht immer „ich denke, ich glaube, ich habe gefunden" sagen zu müssen (SP 155; Frankl 1997, 272). In der älteren Autobiografie (Frankl, 1981, 155) hieß es:

„Wenn ich von ‚Logotherapie' und ‚Existenzanalyse' spreche, kann ich es mir ersparen, immer wieder von mir zu sprechen – so heißt es eben einfach, nicht ich, sondern ‚die Existenzanalyse' habe etwas nachweisen können; sollte es aber einmal wirklich unumgänglich sein, in der ersten Person zu sprechen, dann kann ich ja noch immer in die Redewendung ausweichen: ‚wir Logotherapeuten' stehen auf dem Standpunkt, etwas müsse so und nicht anders getan werden."[2]

Als Abrundung des oben angeführten Zitats, dass er das Bewusstsein hatte, „genau so gescheit (zu sein) wie die anderen, die Berühmten, die durch ihre Publikationen berühmt Gewordenen", bringt Frankl einen Gedanken vor, den er mit dieser Klarheit sonst nie gesagt hat. Er legt ihn, in seiner typischen Manier, seinem Freund Pötzl in den Mund: „In diesem Sinne hat wohl mein großer väterlicher Freund Otto Pötzl recht gehabt, der mich einmal als einen Propheten bezeichnet hat." (MS, 10) Oft hat es auf mich so gewirkt, als habe Frankl sich wirklich so gefühlt.

An einer anderen Stelle im ursprünglichen Manuskript hat Frankl sein Streben nach Ruhm, Anerkennung und Größe auch wieder selbstkritisch gesehen und sich in humorvoller Weise durchaus als „größenwahnsinnig" apostrophieren können. Nach einer Auflistung von positiven Statements zu seiner Logotherapie (46) kommt Frankl zu dem Schluss: „Nach diesen Statements soll jetzt jemand noch kommen und angesichts von so viel Größenwahn zu behaupten wagen, ich leide an Adlerschen Minderwertigkeitsgefühlen." (MS, 45) In seiner Replik auf die Einladung der Gattin des US-Präsidenten Hilary Clinton in Wien 1996 bezeichnete sich Frankl scherzhaft noch einmal als in Gefahr von Größenwahn, diesmal durch die ehrenvolle Einladung der Präsidentengattin, die den Wunsch persönlich geäußert hat, in Wien Viktor Frankl zu begegnen (vgl. das Kapitel über Politik, S. 157).

Dieser narzisstische Zug Frankls wirkte sich im Ausland weniger aus, bewirkte in Wien aber doch eine gewisse Distanz und einen Verlust an Wertschätzung, unter dem er immer gelitten hat. Er schob diesen Umstand, der besonders in den Fachkreisen Wiens verbreitet war, immer dem Unverständnis und der Abwehr seiner Arbeiten zu. Mitunter empfand er ihn als Böswilligkeit und Konkurrenz. Die Tatsache, dass dieser narzisstische Zug viele Begegnungen verhinderte und Wertschätzung gekostet hat, hat er vielleicht nie so ganz realisiert. Dafür empfand er sich in der Psychotherapie viel zu sehr als eine Art „Prophet", der „im eigenen Lande" nichts galt, wie er manchmal sagte. Ich glaube, Frankl war von der Größe seiner Entdeckung so überzeugt, dass er insgeheim angenommen haben dürfte, dass erst die Geschichte sie ganz werde würdigen können. Ebenso wie sein Vorfahre, der Rabbi Löw von Prag, verehrt wurde und wie er selbst Freud verehrte[3], so empfand er es als natürlich, dass auch ihm als dem „Zu-Ende-Denker" (12) diese Wertschätzung zustehen würde. Aus Respekt vor Rabbi Löw hat sich niemand mehr auf dessen Sitz in der Synagoge gesetzt. Man stellte daneben einen zweiten auf, „denn keiner wagte es, sich gleich zu erachten dem *Rabbi Löw* und dessen Sitz einzunehmen" (Frankl, 1956, 203). Und Ähnliches empfand er für Freud, dessen „Beitrag zur Grundlegung der Psychotherapie unvergänglich (ist), und so ist denn auch seine Leistung unvergänglich" (Frankl, 1997, 60). Genauso wie der Sitz des Rabbi Löw jahrhundertelang unbesetzt blieb, gehe es auch mit Freud: „Niemand wird sich je mit ihm messen können." (ebd.)

Um seine Stellung zu Freud zu beschreiben, zitierte Frankl (Frankl/Kreuzer 1986, 13 f.) den Freud-Schüler Wilhelm Stekel, der in Bezug auf seine Stellung zu Freud meinte, dass ein Zwerg, der aber auf den Schultern eines Riesen stehe, weiter und mehr sehen könne als der Riese selbst (Frankl, 1982, 10). Und darum hat er der Freud'schen „kopernikanischen Wende" (Frankl, 1991, 127) noch eine vierte[4] „kopernikanische Wende" hinzugefügt und seine existentielle Grundhaltung mit diesem Begriff belegt. Dies sind einige Beispiele dafür, wie sich die narzisstische Tendenz Frankls zeigte und sein Werk beeinflusste.

Noch ein Zug Frankls fällt dem Zuhörer und Leser bald auf: sein Sinn für den *Witz*. Er konnte zwar auch *humorvoll* sein, aber im Vordergrund stand seine Freude an Wortwitzen und an geistreichen, überraschenden Wendungen, die eine Situation abbilden oder etwas beschreiben. Einen Einblick in diese Seite seines Wesens gibt Frankl in seiner Autobiografie (18-22). Es existiert kaum ein Vortrag, in dem er das Publikum nicht zum Lachen gebracht hätte. Seine Vorlesungen über die paradoxe Intention waren meistens wahre Schauspiele, in denen sich der Hörsaal vor Lachen bog. Selbst in seinen Büchern scheute sich Frankl nicht, Witze einzubauen. Zwei möchte ich hier gerne als Kostprobe wiedergeben, weil er sie nicht publiziert hat.

Den ersten Witz bezeichnete er als typische Charakterisierung jüdischen Denkens: Ein Jude geht durch den Central Park in New York. Da platscht etwas Weiches auf seinen Kopf. Er greift hin und hält ein Vogelexkrement in der Hand. Indigniert schaut er zum Himmel und sagt mit einem wehmütigen Achselzucken: „Für die Gojim (= Nichtjuden) singen sie!"

Sein Lieblingswitz im Zusammenhang mit mühsamen wissenschaftlichen Debatten war der folgende: Der kleine Max und sein Freund möchten von ihrer Großmutter noch einige Details zur Aufklärung wissen. Sie fassen sich ein Herz und fragen Oma vorsichtig: „Oma, kannst du uns sagen, wie die Kinder auf die Welt kommen?" Die Großmutter beginnt vom Storch zu erzählen. Da schauen sich die beiden an und Max fragt, seinen Freund beiseite nehmend: „Sag mal, sollen wir sie gleich aufklären oder lassen wir sie lieber dumm sterben?" –

Frankl liebte es und machte es sich geradezu zum Sport, für jede Situation und zu jedem Thema, das behandelt wurde, einen passenden Witz zu finden, der das Wesen der Situation oder des Themas in einer lustigen Form wiedergab. Das bedeutete für ihn zugleich Reflexion und Beschäftigung mit dem Thema sowie auch Distanzierung und Verlebendigung.

Im ursprünglichen Manuskript gibt Frankl noch weitere Beispiele für seinen Witz, die in der veröffentlichten Biografie nicht enthalten sind. Sie treffen meines Erachtens gut die Atmosphäre, die ich bei Frankl so oft erlebt habe.

> „Während ich unter Tandler Anatomie studierte, mußte ich im Seziersaal ein von mir präpariertes Becken abgeben; wie immer fragte auch diesmal der Demonstrator, wie das Promontorium tastbar sei. – Promontorium heißt der am meisten nach vorne vorspringende Teil der untersten Wirbelsäule. – Und wie immer antwortete ich so, wie es vorgeschrieben war, ich sagte per rectum oder per vaginam, d. h. durch den Mastdarm oder durch die Scheide. Er war zufrieden; ich stieß aber nach: Aber nicht immer. Er wurde stutzig, er wollte wissen, was heißt das, nicht immer? Und ich antwortete: Beim Mann *nur* durch den Mastdarm. Auf so etwas war noch nie jemand verfallen." (MS, 27)

> „Auch der Unterschied zwischen kausaler und bloßer Symptombehandlung läßt sich anhand eines Witzes erläutern: In der Sommerfrische wird ein Mann jeden Morgen von einem Hahn geweckt, der nur allzu zeitlich zu krähen beginnt. Woraufhin der Sommerfrischler in eine Apotheke geht und sich ein Schlafmittel geben läßt und es dann dem Hahn ins Futter mischt – kausale Therapie! Und ‚Cocko-Therapie' (statt Logo-Therapie) noch dazu. Kurios ist es, wenn ein Medikament dazu dient, jemanden gesund zu machen, der es gar nicht eingenommen hat." (Ebd.)

Ganz ähnlich ging es Frankl selbst. „Es hat sich mir immer wieder bestätigt, daß Aspirin bei schreckhaften Kettenträumen euphorisierend wirkt. Immer wieder träumte ich, daß mein Bruder – der längst schon tot ist – schwer krank sei und im Sterben liege. Immer wieder wache ich entsetzt auf, schließlich nehme ich ein Aspirin. Was soll ich Ihnen sagen? Im darauffolgenden Traum ist mein Bruder vollkommen gesund geworden.

Ein andermal träume ich, meine Frau betrügt mich; schließlich wird es mir zu bunt, und ich nehme ein Aspirin. Was soll ich Ihnen sagen? Im darauffolgenden Traum hab' *ich meine Frau* betrogen." (MS, 27)

Wenn man Frankl noch näher kannte und das Glück hatte, zu *persönlichen Begegnungen* oder ganz persönlichen Gesprächen mit ihm zu kommen, dann konnte man nach einigen humorvollen, witzigen und auch selbstironisch auf ihn bezogenen Bemerkungen wie durch das Dickicht eines Waldes auf die verborgene Lichtung seiner tiefen, inneren Person stoßen. Da war ein feines, hochsensibles, mitfühlendes Herz spürbar, das scheu und ängstlich zurückgehalten wurde. Es zeigte sich nur in wenigen Situationen, die durch Wohlwollen und Sicherheit geprägt waren. Über seine mitfühlende Seite hat Frankl selbst geschrieben und auch darüber, dass er im Grunde nicht nachtragend war (15). So hat er aus Mitgefühl einer Patientin mit Querschnittslähmung jedes Wochenende ein Edelweiß in den Krankensaal gebracht, das er bei seinen Klettertouren gepflückt hatte (MS, 15 f.). Hier war ein warmherziger Mensch, der aber in der Feinheit seines Gefühls sehr achtsam sein musste, um nicht allzu leicht verletzt zu werden. Ich bekam manchmal selbst Mitleid, wenn ich sah, wie sehr sich Schmerz oder Leid anderer Menschen in das Herz Frankls einbohren konnten. Dann musste er sofort etwas tun, um seiner Seele Linderung zu verschaffen. Dafür setzte er nicht bei der Tröstung seiner eigenen Seele an, sondern versuchte immer, dem anderen in seinem Leid zu helfen, zumindest menschlichen Beistand zu geben. Dieses starke Mitgefühl war die Seele seines Arztberufes. Der größte Schmerz für ihn war, wenn er sehen oder befürchten musste, dass jemand unter der Wucht eines Schicksals oder Problems die Hoffnung verlor, wenn der Glauben an den Sinn und Wert des Lebens zerbrach – kurz: wenn jemand aus dem Gefühl einer letzten Geborgenheit zu fallen drohte. Darum war es sein oberstes Ziel, auch als Arzt, den Menschen Trost zu spenden (vgl. z. B. Frankl, 1979, 80 f.), mitmenschlichen Trost, nicht fachärztlichen und nicht philosophischen, sondern von Mensch zu Mensch. Dieses Ansinnen war spürbar, selbst in Situationen, wo er recht hilflos, ja manchmal verletzend und ohne viel Feingefühl trösten wollte. Das Bedürfnis zu trösten war so stark, dass es Frankl fallweise bei bester Absicht blind und unsensibel machen konnte. Einmal habe ich von einer Frau gehört, die kurz nach ihrer Brustamputation mit Frankl telefonierte. Er soll ihr zu ihrem Schicksal, das sie nicht verwinden konnte, gesagt haben, sie solle es nicht so tragisch nehmen, sie habe ja noch eine zweite Brust. Zumindest hat sie es so verstanden und sich gemerkt. Dabei spürte sie wohl, dass er sie damit habe trösten wollen, aber sie habe sich in ihrer Auflehnung menschlich nicht verstanden gefühlt und sei durch diese gewollte Sicht eher verletzt worden.

Frankl hatte einen Hang zum Pragmatischen, welcher der tatkräftigen Hilfe einen hohen Stellenwert verlieh und der bewirkte, dass das „Reflektieren über sich selbst" ihm „zutiefst widerstrebte" (Frankl, 1975, 108). Er wollte sich übersehen, vergessen, aus den Augen verlieren, um ganz er selbst zu sein (ebd.). Darum besteht seine Autobiografie aus Beobachtungen, Erzählungen, Reflexionen, Beschreibungen; sie enthält aber kaum Gefühle, wenig subjektives Erleben oder Aussagen zu persönlichen Beziehungen. Er selbst hielt sich gerne hinter Reflexionen verborgen und ließ lieber andere über sich sprechen und sich einschätzen.[5]

Bei einem so stark ausgeprägten Mitgefühl wundert es nicht, dass es Frankl ein Leben lang um die menschliche Auseinandersetzung mit dem Leid ging. Die Logotherapie ist ein methodischer Versuch, aus allem Leid das Beste zu machen. Frankl sprach Negatives daher nur an, wenn bereits etwas Positives darin sichtbar war oder sichtbar gemacht werden konnte. Andernfalls überging er Probleme, Konflikte oder Schuld lieber. Er sprach beispielsweise[6] von Heideggers nationalsozialistischer Vergangenheit, aber um zu betonen, dass er sie bereut habe, und um anzufügen: „Darf ein Genie nicht auch Fehler machen und sie öffentlich bekennen?" Er sprach über Eichmann[7], aber nur um an ihm zu exemplifizieren, wie Schuldbewältigung in so einem Fall aussehen könnte. Er würde ihn Vorträge halten lassen zum Thema: „Wie wird man ein Eichmann?" So könne daraus für die Menschen (und für Eichmann) etwas Sinnvolles entstehen: indem er sich als abschreckendes Beispiel und als Warnung zu erkennen gebe. Und würde er mit dem KZ-Arzt Mengele noch einmal konfrontiert, so würde er versuchen, ihn so weit zu bringen, dass er seine Fehler einsehe und fragte: „Was würden Sie an meiner Stelle tun, um es wieder gut zu machen?"

So, wie ich Frankl kannte und mit ihm fühlen konnte, empfand ich als seine *tiefste Sehnsucht* jene nach Trost und Geborgenheit. Sinn und Werte waren für ihn die ständige Möglichkeit, Zugang zu dieser Geborgenheit zu erlangen. Und Trost zu spenden war für ihn das vornehmste Anliegen des Menschen.

Frankls Sehnsucht nach Geborgenheit war nicht zuletzt deswegen so stark, weil er sich durch seine Persönlichkeit nicht nur in den Mittelpunkt, sondern damit auch ständig in eine gewisse Einsamkeit brachte. Entscheidungen traf er mit Vorliebe alleine, selbst solche, die das Leben anderer Menschen nachhaltig betrafen. Den Verbleib in Wien im Jahre 1942 beispielsweise scheint er mit sich alleine ausgemacht zu haben, mit sich und seinem Gott. Überhaupt fiel ihm der Dialog schwer. Er war ein so hervorragender Redner, dass er auch in Zwiegesprächen ständig ins Vortragen verfiel und diese oft mehr Monologe mit Kommentaren des Gesprächspartners waren als Dialoge. Es ist klar, dass Frankl nie in einem Team hätte arbeiten können. Der Bruch mit der GLE und mir wurde in derselben nichtdialogischen Manier vollzogen. Nach Jahren der Freundschaft erhielt ich per Post einen eingeschriebenen Brief, in dem er den Ehrenvorsitz in der GLE zurücklegte. Es hatte vorher keinen Dialog gegeben, nicht einmal die Erwähnung einer solchen Absicht. Es war im Gegenteil bereits eine Aussprache über anstehende Probleme vereinbart, als der Brief drei Wochen vor diesem Termin eintraf.

Frankl zog es vor, die Dinge allein mit sich und seinem Gott auszumachen. Und so konnte er schon 1950 schreiben, dass für den Menschen zu diesem Dialog mit Gott, mit dem Partner der intimsten Selbstgespräche, die Erfahrung der Einsamkeit notwendig sei: „... Freilich: einsam muß der Mensch sein – erst dann kann er merken, daß er nicht allein ist, nie war." (Frankl, 1990, 370) So können wir annehmen, dass diese tiefe Einsamkeit die Tiefe seiner Religiosität nährte. Im persönlichen Glauben und in der Entwicklung der Logotherapie hat Frankl diese seine Sehnsucht fruchtbar gemacht. Die Logotherapie war für ihn eine Methode, die aus der verzweifelten Einsamkeit des Nihilismus herausführen und den Menschen über Trost und Sinnfindung zur Geborgenheit in einem größeren Ganzen, letztlich in Gott führen sollte. Frankl verwies darauf, nicht geringschätzig darüber zu sprechen, dass Not beten lehrt (ebd., 379).

Die Kombination aus dieser tiefen, sehr persönlichen Motivation und der psychischen Struktur seiner Persönlichkeit brachte beträchtliche Spannungen in Frankls Existenz. Seine Schwierigkeiten mit dem Dialog erschwerten ihm, der so sehr nach Geborgenheit und Tröstung der Seele suchte, die Beziehung zu anderen Menschen. Im Kapitel über die Eltern ist schon viel darüber gesagt worden. Die unmittelbare Folge dieser narzisstischen Struktur war die Schwierigkeit, Nähe auch zu engen Angehörigen aufzubauen und zu halten. Der gefühlsmäßige Bezug wurde dadurch in eine mehr geistige Haltung von Verehrung verschoben, worin er einen Ausgleich fand. Umgekehrt erwartete Frankl ebenso Verehrung für sich, als Ausgleich für die Emotionalität, mit der er nicht so gut umgehen konnte (nach der er sich im Grunde aber noch mehr sehnte). Auf einer Ebene damit scheinen mir die Neigung zur Pflicht, sein traditionalistischer Zug in der Religiosität und die idealistischen Züge in seiner Philosophie zu liegen. Wir werden darauf im Kapitel über Frankls Verhältnis zur Religion eingehen.

Ein eigenes Kapitel wird sich mit der *Distanz zur Emotionalität* befassen, die Frankls Leben und Werk geprägt hat. Im Zusammenhang damit sind auch die eben geschilderte Vorliebe Frankls für Humor und vor allem sein Witz anzusehen – schafft er doch im Lachen eine Verfremdung und eine Distanz zwischen dem Objekt und seinem Betrachter. Seine Selbsteingenommenheit und die Freude über seine eigene wache Intelligenz sowie seine geistreiche Art konnten ihn bisweilen unsensibel direkt sein lassen. Er konnte Menschen im privaten Rahmen Peinliches auf den Kopf zusagen und seine geheime Freude daran haben. Er berichtete, wie er ein Mädchen, mit dem er eine Affäre gehabt hatte, zufällig auf der Straße traf und gleich fragte, ob sie eine Gonorrhoe habe und damit die richtige Diagnose getroffen hatte. Oder wie er einer Kollegin, einer Baronesse, die er gerade kennengelernt hatte, während des Tanzes auf den Kopf zusagte, dass sie in ihrem Sexualleben Fellatio bevorzuge, und dabei ebenfalls richtig lag. Oder dass er sich „den Spaß nicht nehmen ließ", Tilly „zu zwingen", nach der Hochzeit mit ihm und dem Brautkleid in eine Buchhandlung zu gehen, in der das Buch mit dem Titel „Wir wollen heiraten" ausgestellt war. Als der Verkäufer fragte, was sie wünsche, sagte Tilly errötend: „Wir wollen heiraten" (67).

Wir haben schon in dem Kapitel über Alfred Adler gesehen, dass es Frankl schwer fiel, *über andere Menschen etwas zu sagen*. Vor allem konnte er nichts Schlechtes über andere sagen, was es ihm auch verwehrte, Kritik zu äußern. Sein Missfallen brachte er durch das Fehlen von Lob zum Ausdruck. Das hat natürlich viele Konflikte verdeckt und seine Position in Beziehungen unscharf werden lassen. Ich habe das auch selbst erleben müssen. Seine Scheu und Angst, einem Menschen durch Kritik zu nahe zu treten, begründete er positiv mit der Haltung, dass ja nur das Gute zähle. Aber selbst ein positives Gefühl zu bezeichnen, stellte für Frankl eine Schwierigkeit dar. Wenn er sein emotionales Urerlebenis der Geborgenheit schilderte[8], mochte er dies nicht als das Strömen der väterlichen Liebe bezeichnen. Frankl hatte eine Scheu, über Gefühle zu sprechen. Er sprach darum umso mehr von seinen Leistungen und Taten. Er hatte in einem damit auch eine Scheu, von sich zu sprechen. Am liebsten ließ er andere über sich sprechen – Alfred Adler etwa darüber, dass Logotherapie eine eigenständige Richtung sei (43), den Innsbrucker Psychiater Soucek, dass Logotherapie die „dritte Richtung der Wiener psychotherapeutischen Schule" sei, den Wiener Psychiater und katholischen Priester Torello, dass die Logotherapie das letzte umfassende System in der Geschichte der Psychotherapie sei (87), und einem Studenten aus Berkeley legte er in den Mund, was er selbst geschrieben hatte: dass er es als den Sinn seines Lebens angesehen habe, anderen Menschen dabei zu helfen, einen Sinn zu sehen (106). Auch die von ihm als letztes Buch herausgegebene Autobiografie war ursprünglich für einen „Ghostwriter" vorgesehen, der sie auf der Grundlage seines Manuskripts hätte schreiben sollen (MS, 1).

Frankls *Verhältnis zum Geld* war gespalten. Es war für ihn einerseits nur Mittel zum Zweck, andererseits doch mit Prestige verbunden. Es war charakteristisch für ihn, dass er seine Bücher möglichst preisgünstig als Taschenbücher veröffentlichen und seine Vorträge möglichst ohne Eintrittsgeld halten wollte. Niemand sollte sich durch Geld abgehalten fühlen, ihn zu lesen oder zu hören. Bei seinen privaten Therapien hat er nach dem Krieg, wie er mir sagte, nie Geld verlangt, sondern allenfalls ein freiwilliges Honorar entgegengenommen. Dass eine Ausbildung in Logotherapie Geld kostet, war ihm zuwider. Alles, was mit Hilfe an Menschen zu tun hatte, sollte ehrenamtlich, zumindest aber kostenlos für den Empfänger sein. Geld sollte im Leben keine Rolle spielen. „An sich interessiert es (das Geld) mich herzlich wenig, höchstens insofern, als ich der Ansicht bin, man solle zwar Geld besitzen, aber der wahre Sinn von Geldbesitz liegt darin, daß man es sich leisten kann, an Geld – nicht denken zu müssen ..." (96).

Frankl war deswegen aber kein Verschwender, sondern sparsam. Für mich klangen manche abschätzigen Bemerkungen über Therapeuten oder Vortragende, die „den Leuten das Geld aus der Tasche ziehen", auch neidisch. Dieser Anflug von Missgunst war für mich deshalb verständlich, weil ich bemerkte, dass er es nicht übers Herz brachte, von jemandem Geld zu verlangen, dass andere dies aber „ohne Skrupel und Hemmungen" konnten. Wegen des Kommerziellen (und des wissenschaftlich Unsauberen) nannte er die Psychotherapie sogar eine „miese Branche" (46). Aber bei seinen Vertragsreisen scheute er sich nicht, einer logotherapeutischen Organisation trotz Geldknappheit durchaus substanzielle Mehrkosten durch teurere Reisetermine aufzubürden. Auf diese indirekte Art nahm Frankl Geld und nahm es doch nicht selber. Vielleicht herrschte hier doch eine gewisse „kognitive Dissonanz" vor, wie die Psychologie sagt: Geld einerseits nicht wichtig zu nehmen (idealistische Lebenshaltung) und sich andererseits durch Geld und reiche Leute geehrt zu fühlen (narzisstische Komponente).

Es gäbe natürlich eine Reihe von Erlebnissen und *Alltäglichkeiten* zu berichten, die Frankls Leben illustrieren könnten. Beispielsweise war er bei jeder Vortragsreise darauf bedacht, ein Hotelzimmer zu bekommen, in dessen Nähe keine Kirchen waren. Denn Kirchenglocken konnten ihn in große Erregung versetzen. Sie erinnerten ihn an das Konzentrationslager Theresienstadt. – Da er auch sonst geräuschempfindlich war, war er geradezu ängstlich darauf bedacht, „Ohrstöpsel" zu haben, und zwar eine bestimmte Sorte amerikanischer Ohrstöpsel, die es beispielsweise in Österreich nur in einem einzigen Geschäft in Graz gab. So bat er mich, bei meinen Graz-Aufenthalten Ohrstöpsel zu besorgen und mitzubringen, wenn er selbst in Amerika keine aufgetrieben hatte. Diese Beispiele sollen genügen, um uns bewusst zu halten, dass Frankl auch mit kleinen und belastenden Alltäglichkeiten beschäftigt war. Er besorgte sie mit einer fast zwänglichen Genauigkeit, getreu seinem Grundsatz, „die kleinsten Dinge mit derselben Gründlichkeit wie die größten und dafür die größten mit derselben Ruhe wie die kleinsten" (13 f.) zu machen. Doch dieser Grundsatz war kein Rezept für ständiges Wohlergehen. Frankl konnte unter seinem Arbeitsstil sehr leiden und sich auch maßlos ärgern. Als ich an einem solchen Abend bei ihm vorbeikam, machte er sich mir gegenüber Luft und sagte: „Solche Tage mit meinem Arbeitsstil sind nicht zum Aushalten. Ich sage Ihnen, wenn ich könnte, dann würde ich bei mir kündigen!"

Frankl war ein *ängstlicher Mensch,* was besonders mit seiner Persönlichkeitsstruktur und mit der emotionalen Distanziertheit zusammenhängen dürfte. Seine Ängstlichkeit ließ ihn zwanghaft genau sein, brachte einen leicht hypochondrischen Zug mit sich und machte ihn bisweilen skrupulös. Besondere Angst hatte er, schuldig zu werden, etwa mitschuldig am Tod seiner ersten Frau Tilly (69) oder auch Gott gegenüber durch das, was er „hätte tun müssen und *können*, aber nicht getan" habe, nachdem ihm die Gnade geschenkt worden war, Auschwitz 50 Jahre zu überleben (102). Dies äußerte er Papst Paul VI. gegenüber bei einer Sonderaudienz. Die Angst, schuldig geworden zu sein, hatte er auch im Zusammenhang mit dem Tod seines Vaters. Ihm hatte er Morphium gespritzt und das Sterben dadurch möglicherweise um einige Stunden verkürzt. Vierzig Jahre später fragte er mich als jungen Arzt – und es war ihm eine echte, besorgte, ängstlich-schuldige Frage –, wie dies in der heutigen Medizin gesehen würde und ob er da vielleicht ein Art Euthanasie betrieben hätte? Wie ich das sähe? – Ich konnte ihn sichtlich beruhigen mit der Information, dass Morphium bei beginnendem Lungenödem von den Internisten heute als kausale Therapie angesehen wird und er seinen Vater damit lege artis behandelt und nach menschlichem Ermessen den Todeskampf erleichtert habe. Bekannt ist auch, dass Frankl aus Angst zum Klettersport gekommen ist, um – in einer paradoxen Haltung – an den Felsen zu üben, seine Angst zu überwinden (Frankl, 1991, 277).

In seiner typischen, humorvollen Art schrieb Frankl im ursprünglichen Manuskript von seiner hypochondrischen Angst, mit der er sich arrangierte, indem er sie zum Positiven zu wenden verstand:

> „Wie man gesehen hat, komme ich im Allgemeinen über Kränkungen hinweg bzw. über Versagungen – vielleicht Dank einer Ader von Lebenskunst. Immer wieder empfehle ich auch anderen zu tun, was ich mir zu einem Prinzip gemacht habe: Wenn mir etwas zustößt, sinke ich in die Knie, natürlich nur in der Phantasie, und wünsche mir, daß mir nichts Ärgeres passieren soll in der Zukunft. Es gibt ja eine Hierarchie nicht nur der Werte, sondern auch der Unwerte, die man sich in solchen Fällen in Erinnerung rufen sollte. In einem WC im Lager Theresienstadt habe ich einmal einen Wandspruch gelesen – er hat gelautet: Setz dich über alles hinweg und freue dich über jeden Dreck. Man muß also auch das Positive sehen, zumindest muß das jemand, der Lebenskünstler sein will.
>
> Ich muß gestehen, daß ich seit Jahrzehnten, seitdem ich als Mediziner gelernt habe, daß sich ein Bronchuskarzinom in sogenanntem himbeergeleeartigen Auswurf äußert, wann immer ich etwas aushuste, es im Taschentuch mir anschaue, und mit Freude und Dankbarkeit zur Kenntnis nehme, daß es eben nicht *himbeergeleeartig* ist, und was den „Dreck" anlangt, über den man sich jedesmal freuen soll, kenne ich auch diese Freude von mir selbst: Wenn dem Stuhl kein Blut beigemischt ist, ist einem wieder ein Tag geschenkt, den man ohne Rectumkarzinom verbringen darf." (MS, 18)

Dieses Gefühl des Aufgehobenseins und damit des Relativierens von allem Unglück hat Friedrich Torberg als „zwei unter Juden tief verwurzelte Gewohnheiten" bezeichnet. Da Frankl diese Passage sehr mochte und sie als für ihn zutreffend ansah, soll Torberg hier selbst zu Wort kommen. Er schreibt über diese beiden Gewohnheiten:

> „Die eine besteht in der Anrufung des göttlichen Wohlwollens für einen demnächst auszuführenden Plan, etwa für eine Reise, die man ‚so Gott will' morgen antreten und von der man nächste Woche ‚mit Gottes Hilfe' zurückkehren wird, außer es käme ‚Gott behüte' etwas dazwischen, vielleicht gar ein Unglück und ‚Gott soll einen davor schützen', daß dies geschehe. Nicht minder tief sitzt, wenngleich ohne religiöse Verankerung, das jüdische Bedürfnis, einem schon geschehenen Mißgeschick hinterher eine gute Seite abzugewinnen. Die hier zur Anwendung gelangende Floskel lautet: ‚Noch ein Glück, daß ...' und kann sich beispielsweise auf eine plötzliche Erkrankung beziehen, die nur dank rascher ärztlicher Hilfe zu keiner Katastrophe geführt hat: ‚Noch ein Glück, daß der Arzt sofort gekommen ist'; oder es kann ‚noch ein Glück' sein, daß bei dieser Gelegenheit ein andrer gefährlicher Krankheitskeim entdeckt und entschärft wurde." (Torberg 1980, 13 f.)

Torberg schreibt weiter: als Tante Joleschs Neffe Franz von einem Autounfall berichtete, schloss er seinen Bericht ab mit der Bemerkung: „Noch ein Glück, daß ich mit dem Wagen nicht auf die Gegenfahrbahn gerutscht bin, sondern ans Brückengeländer." Was Tante Jolesch dann zur mahnenden Bemerkung veranlasst hat: „Gott soll einen hüten vor allem, was noch ein Glück ist." Dies war ein Lieblingszitat Frankls.

Meistens konnte Frankl seinen Ängsten positive Wendungen abgewinnen oder sie mithilfe der „Trotzmacht des Geistes" überwinden. Sie nährten aber auch seinen *Hang zum Aberglauben*. Jahrelang hatte er den Aberglauben, „daß eine Zeitschrift, die von mir einen Artikel übernimmt, von der Einstellung ihres Erscheinens bedroht ist; das war eine zeitlang tatsächlich der Fall" (MS, 12). Ein Aberglaube aber zog sich durch sein Leben, nämlich jener des „Verschreiens":

> „Ich bin natürlich nicht wirklich abergläubisch, aber eines weiß ich: Wenn ich die pünktliche Gangweise einer Uhr lobe und preise, dann bleibt sie stehen; wenn ich erkläre, sie sei nichts mehr wert und ich würde sie in den Mistkübel hauen, fängt sie prächtig und regelmäßig zu gehen an. Niemals würde mir einfallen, mich an einer schwierigen Kletterstelle fotografieren zu lassen, wenn ich sie nicht schon vorher mit Erfolg passiert habe; denn sooft ich es wirklich getan habe, konnte ich sie nicht schaffen und mußte zurück. Und wann immer ich eine Lumbalpunktion oder Gehirnpunktion, also Cysternenpunktion habe in die Krankengeschichte eintragen lassen, bevor ich sie noch gemacht habe, ist sie mißglückt und mißlungen – da gab's einen Knochensporn oder eine Knochenbrücke oder weiß der Teufel was. Mein Gott, ich würde nicht schwören, daß es so sein muß, aber wenn's so

ist, dann überrascht es mich nicht. Eigentlich hätte ich ein Anrecht darauf, vielmehr so richtiggehend abergläubisch zu sein, denn ich habe sicher anankastische Charakterzüge – ich bin Rationalist und Perfektionist und dazu erzogen worden." (MS, 12 f.)

Wenn Frankl durch die Stadt ging und jeweils eine Ampel nach der anderen vor dem Überqueren der Straße rot wurde, dann bekam er das Gefühl, dass ihm das Schicksal an diesem Tag nicht wohl wollte. Und oft sagte er bei Äußerungen dazu, dass er es ja nicht „verschreien" wolle. Wenn er beispielsweise mit über 80 Jahren Vorträge angenommen hatte, die erst in einem oder eineinhalb Jahren stattfinden sollten, so sagte er, dass es ja Naivität oder Überheblichkeit sei, ja fast schon eine Herausforderung des Schicksals, solche Vorträge anzunehmen. „Ich habe Ihnen mal zugesagt, unter der Voraussetzung, dass ich dann noch lebe – aber ich will es ja nicht verschreien."

War zuletzt von der Ängstlichkeit die Rede, die Frankls Leben durchzogen hatte, so ist auch noch ein tiefer, resignativer Zug zu nennen, der mit dem Tod zusammenhängt. Er sah es als Glück an, wenn jemand das Seinige in seinem Leben tun konnte und dann „als Belohnung sterben darf", wie er irgendwann schrieb. Den Tod aber sah Frankl als das Schlimmste an, das einem bevorsteht und das die Freude am Leben zu dämpfen vermag. Zwar hat er den Tod zuvor in seiner Theorie als Motor der Sinnfindung angesehen (Frankl, 1982, 83), doch blieb ihm persönlich das Bangen. Auch bei diesem letzten Akt, der einem bevorsteht, versuchte Frankl dem unentrinnbar Resignativen eine positive Wendung abzugewinnen: „Es ist eigentlich schade, daß das Leben nicht mit dem Tod beginnt, denn dann würde das Ärgste einem nicht immer noch bevorstehen; andererseits ist ja der Tod gar nicht etwas gar so Arges, denn dann ist ja endlich einmal ein Stadium erreicht, in dem wenigstens nichts mehr schief gehen kann." (MS, 8)

Frankls Verhältnis zur Emotionalität

Dem Verhältnis Frankls zur Emotionalität gehen wir in einem eigenen Kapitel nach, weil dies gerade für die Psychotherapie wichtig ist. Vorweg möchte ich in einer kurzen Einleitung eine Erklärung dafür geben.

Ein bestimmender Faktor für die Persönlichkeit des Menschen ist das Verhältnis zu seiner Emotionalität. Der Umgang mit der Gefühlswelt, der Stellenwert, den ihr ein Mensch im Leben einräumt, verleiht der Persönlichkeit Wärme und Beziehungsfähigkeit. Anders ist es um die Kognition bestellt. Intelligenz, Denken und Gedächtnis kennzeichnen die Persönlichkeit hinsichtlich ihres instrumentalen Zugangs zur Welt, im Erfassen von Strukturen und Zusammenhängen, in der Weite des Horizonts durch das Schaffen logischer Zusammenhänge und disponibler Gedächtnisrepräsentanzen. Das Verhältnis der Person zur Gefühlswelt stellt ihren Bezug zur eigenen Vitalität dar. Sie spiegelt ihr Eingebettetsein ins Leben und ihre Erlebnistiefe.

Neben der Emotionalität zählen zur Persönlichkeit auch die Einstellungen und Haltungen zu den Werten sowie die Fähigkeit und Bereitschaft zum Handeln. Die alles verbindende Klammer über diesen Einzelfähigkeiten der Persönlichkeit ist die *Person*. Die Persönlichkeit ist durch relativ statische und überdauernde Eigenschaften gekennzeichnet, die zum Teil angeboren (ererbt) sind und zum Teil im Laufe des Lebens erworben oder überformt wurden. Die Person im engeren Sinne hingegen ist jene Kraft und Fähigkeit des Menschen, jenes „Ich" des Menschen, das zur Vernunft im Sinne des „Vernehmens" und Verstehens sowie zur Entscheidung befähigt ist.

Die Beziehung zur eigenen Emotionalität ist für uns Psychotherapeuten besonders wichtig. Sehr viel psychotherapeutische Arbeit wird deshalb den Problemen und dem Umgang mit den Gefühlen gewidmet. Das Gefühlsleben der Menschen hat in unserer Zeit zu wenig Bildung erfahren. Die Menschen haben nicht gelernt, auf ihre Gefühle zu achten, sie zu verstehen und mit ihnen sorgsam und klar umzugehen. Die Folge sind Schwierigkeiten, Ängste, Unsicherheiten, Einsamkeiten, Depressionen. Man fühlt sich in seiner eigenen Haut nicht mehr wohl und entwickelt funktionelle und psychosomatische Störungen. Durch den Verlust an Emotionalität wird das Leben flach und erlebnisarm. Sein Wert wird nicht mehr empfunden und geht verloren. Es ist bemerkenswert, wie sich die Beziehung der Person zur eigenen Emotionalität in ihrem Umfeld niederschlägt, im Gesprächsklima etwa und in der Atmosphäre, die sie verbreitet. Die Emotionalität hat vor allem direkten Einfluss auf die Beziehungen der Menschen untereinander und verleiht auch dem Schaffen und dem Werk Schwerpunkte.

Im Folgenden wollen wir Frankls Beziehung zur Emotionalität beleuchten. In dem Kapitel über die Eltern war die Rede davon, dass Frankl mehr nach seinem Vater geraten sei und weniger von der Güte und Herzlichkeit seiner Mutter geerbt habe. Frankl selbst hält dies für einen charakteristischen Zug seines Wesens (4, 14). Wir wollen dem anhand seines Vortragsstils und der Tagesstruktur, die er sich gegeben hat, nachgehen.

In seinen Vorträgen und Büchern erweckte Frankl den Eindruck eines rationalen, kognitiv betonten Menschen. Er bezeichnete sich selber als Rationalisten (14). Er zeigte wenig emotionale Bewegtheit, imponierte durch Verstandesschärfe, klarsichtige Beobachtungen und Reflexionen und brachte treffsichere Erfahrungen und beeindruckende Beispiele aus dem Leben. Trotz seines distanzierten Verhältnisses zu Gefühlen verstand er es, seine Reden mitreißend zu gestalten und die Gefühle der Zuhörer zu wecken. Er erzählte beispielsweise eine Geschichte (Frankl, 1994, 270; auch Frankl, 1981, 62 – Frankl hat diese Geschichte aus dem Buch von Georg Moser, 1978, übernommen) von einem Arzt, der wenige Jahre nach dem Zweiten Weltkrieg eine jüdische Frau traf, die ein Armband mit neun goldgefassten Zähnen trug. „Ein schönes Armband", bemerkte der Arzt. „Ja", antwortete sie. „Dieses Zähnchen ist von Miriam und das von Esther und das von Samuel …", und der Reihe nach führte sie die Namen ihrer Töchter und Söhne an. „Neun Kinder, und alle sind in die Gaskammer geschleppt worden." Auf die Frage, wie sie mit so einem Schicksal leben könne, antwortete sie, dass sie nun in Israel ein Waisenhaus leite … Frankl war ganz offensichtlich von solchen Beispielen selbst angesprochen und tief berührt. Ohne darüber auch nur ein Wort zu verlieren, schaffte er es bei seinen Zuhörern damit auf blendende Weise, Emotionen anzusprechen. Sein Stil war ein betrachtender, in einer gewissen reflektierenden Distanz gehalten. Wenn es zu nahe und zu bewegend hätte werden können, stellte er die Distanz durch einen passenden Witz wieder her – wobei ihm der Witz meistens nicht (nur) zur Gewinnung von Distanz diente, sondern mehr noch als Mittel zur Pointierung des geistigen Inhalts, von dem die Rede war.

Bei einer solchen, im Prinzip distanzierenden und durch Erzählungen und Witze aufgelockerten Sprache ist es zu verstehen, dass sich Frankl über seinen Vortragsstil nicht selten selbst ironisch-kritisch äußerte. Zwar war er sich seiner rhetorischen Fähigkeiten bewusst, doch blieb ihm ein Gefühl von Unsicherheit über das Gewicht und die Eindringlichkeit seiner Reden. Er dürfte nach meiner Einschätzung selbst empfunden haben, dass bisweilen etwas Wesentliches, das dem Ernst seiner Themen angemessen gewesen wäre, trotz aller rhetorischen Brillanz fehlte: nämlich der anhaltende Tiefgang, der durch emotionales Betroffensein und Sich-Einlassen auf die innere Bewegung entsteht. Als Zuhörer war man in der Regel fasziniert, geistig angesprochen, gefesselt von seinen Gedankengängen. Man war intellektuell beschäftigt, ja ich würde auch sagen: emotional berührt, man konnte ihm Recht geben und ihn fortwährend bestätigen oder kritisch diskutieren. Ein tieferes, emotionales Bewegtsein, eine Ergriffenheit ließ er jedoch nicht bestehen, nicht länger schwingen oder langsam ausklingen. Frankl arbeitete nicht mit den Emotionen, sondern mit der Ratio, dem Intellekt und der Vernunft. Dazu dienten ihm vor allem „Argumente", wie er gerne sagte (vgl. z. B. seinen Vortragstitel: „Argumente für einen tragischen Optimismus", 1990, 79 ff.). Mit ihnen wollte er primär überzeugen, genauer gesagt: den Zuhörer von der Sinnhaftigkeit des Lebens überzeugen. Er wollte ihn von möglichen depressiven oder verzweifelten Gefühlen abbringen, einen Suizidalen, der sich vielleicht unter den Zuhörern befinden könnte, vom Selbstmord abhalten. Frankl hat mir einige Male anvertraut, dass er jeden

Vortrag so anlegte, dass ein suizidaler Mensch, der mit einer nicht geringen Wahrscheinlichkeit unter den tausend Zuhörern sitze, durch den Vortrag zumindest keine zusätzliche Veranlassung für den Selbstmord erhielte, sondern durch ein paar Argumente womöglich von seinem Vorhaben abgehalten würde. Die Argumente sollten ihn so weit auf Distanz zu sich selber bringen, dass er dem Gefühlsdruck nicht nachgeben würde, sondern ihm ein geistiges Rüstzeug entgegenstellen könnte. Das macht deutlich, dass es bisweilen auch wichtig sein kann, zu seinen Emotionen und Affekten auf Distanz zu kommen.

Frankl verfolgte in seinen Vorträgen konsequent die Ethik seiner *Ärztlichen Seelsorge* (so nannte er sein erstes Hauptwerk; vgl. Frankl, 1946/1982), also der menschlichen Mitverantwortung für das geistige Heilsein, das vor allem Trost, Hoffnung und Sinn vermittelt. Seiner Stilmittel bewusst, sagte Frankl oft genug, dass er vom Sinn „predige“. In der Praxis der Logotherapie ging es ihm nicht um „Übertragungsarbeit“, sondern um „Überzeugungsarbeit“ – darum, dass der Mensch Argumente genug habe, die ihn gegen die Verzweiflung immunisieren und von einem möglichen Suizid abhalten (wo doch jeder Mensch unversehens vor diese Frage gestellt sein kann!), indem sie ihm die Sinnhaftigkeit des Lebens untermauern und bestätigen und ihn in seiner lebensbejahenden Haltung bestärken (vgl. Frankl, 1990, 87; Lukas, 1981).

Ein solches Vorgehen *hält eine gewisse Distanz aufrecht*, da diese zur Betrachtung einlädt. Die Betrachterposition führt weniger zum emotionalen Verweilen bei sich selbst, sondern eher von sich weg zur Welt und ihrer Sinnhaftigkeit. Sie bildet das Argument, das vom Suizid abhalten soll. – Aus derselben Distanz betrachtete Frankl seinen „Predigerstil“ mit einem selbstironischen Lächeln, ebenso wie die Wirkung seiner Worte. In Nachgesprächen über seine Vorträge erzählte Frankl eine Anekdote in Bezug auf sich selbst. Es ging um einen Wunderrabbi, „dem gelegentlich seines Besuchs in Wien seine Jünger und Anhänger eine Opernkarte kauften. Der Zufall wollte es, daß man Parzival gab. Am nächsten Tag fragte man den Rabbi: ‚Nun, Rabbi, wie war's?‘ Und er gab zur Antwort: ‚Mein Gott, man lacht halt.‘ So komme ich mir vor. Wie ist der Frankl, wie war sein Vortrag, wie sind seine Vorlesungen? Mein Gott, man lacht halt, er bringt nette Witze und lockert alles mit Anekdoten auf, von der Aussage kann man quasi schweigen.“ (MS, 55)

Selbst mit dieser Anekdote kann man wieder über Frankl lachen – und ihm gelingt es damit, von ihm und dem, was ihn im Innersten bewegt, abzulenken und doch darüber gesprochen zu haben. Ein leiser Hauch von Schmerz ist da doch spürbar, dass seine Bemühungen vielleicht ohne Wirkung geblieben sein könnten und sich in einem unterhaltsamen Spektakel erschöpften. Indem er sein Empfinden durch den Mund des Wunderrabbi kundtut, entfremdet er sich selbst, bringt er Distanz ein, die etwas von seinem Schmerz und seiner

Unsicherheit aufdeckt, durch die Verfremdung aber zugleich wieder verdeckt. Dieser Kunstgriff einer „synchronen Distanzierung“ vom Persönlichen und Intimen hat zwei Wirkungen. Der Sprecher lässt uns nicht bei sich sein, er lädt uns gleichsam zu sich nach Hause ein, geht aber selber weg, kaum dass die Gäste eingetroffen sind. Es ist für den mitfühlenden Zuhörer, der seine Nähe sucht, schmerzlich zu sehen, wie er sich entzieht, das Angebot der persönlichen Begegnung zurücknimmt, die von ihm selbst angeregte Annäherung an ihn abweist.

Zugleich ist diese Distanz aber auch raumgebend, erleichternd, erregt Lachen: Da klebt endlich einer nicht so auf sich selbst! Wie wohltuend zu spüren, dass er mit seinem Problem nicht auf mich angewiesen ist, sondern selbst mit ihm fertig wird und immerhin so weit ist, dass er frei darüber sprechen kann. So beinhaltet diese Anekdote für mich auch die Fähigkeit zur selbstdistanten Betrachtung als eine Art Ausgleich zu allzu großer Selbstgefälligkeit. Frankl war in der Lage, seine feine Wahrnehmung auf sich selbst anzuwenden. Er registrierte, dass sein brillantes rhetorisches Talent und seine Begabung zur Unterhaltung erheblich dazu beitrugen, dass die Säle meistens mehr als gefüllt waren. Er erkannte, dass es vielleicht nicht nur die Inhalte waren, um die es ihm selbst ging, deretwegen die Leute kamen, sondern auch das Vergnügen an seiner Vortragskunst. Und er war nicht wenig stolz auf diese Begabung.

Wenn auch Frankl selbst meinte, dass es ihm in seinen Vorträgen nur um die Zuhörer und die „akkurate“ Darstellung der Inhalte gegangen sei, so zögere ich, dies so stehen zu lassen. Denn es ging ihm *auch* um die vollen Säle. Es ging ihm auch darum, die Lacher *auf seiner Seite* zu haben (vgl. 20). Es ging ihm also *auch um sich*, auch darum, gefragt zu sein, bewundert zu werden. Sonst hätte er es gewiss geschafft, die unterhaltsamen Elemente in seinen Vorträgen wegzulassen, um sich zu vergewissern, dass die Leute wegen der Inhalte und nicht wegen der Unterhaltung kamen. – Ich kann mir vorstellen, was er darauf sagen würde: „Herr Längle, glauben Sie denn, die Leute würden mir zuhören, wenn die Inhalte nicht so verpackt wären? Ich würde der Sache einen schlechten Dienst erweisen, wenn ich sie nicht so brächte, dass die Leute sie mir auch abkaufen!“ – Womit er auch wieder recht hat. Und die Geschichte bestätigt es.

Viel von seiner Beziehung zur Emotionalität zeigt sich im Vortragsstil. Durch seine Art konnte er den Zuhörern Wichtiges und Wertvolles vermitteln; insbesondere hat er das Bewusstsein von der Macht des Geistes wachgehalten. Er konnte Optimismus, Hoffnung, Trost, Vertrauen, Zuversicht und Sinn vermitteln. Aber er war etwas unsicher darin, ob durch die eingebrachte Distanz nicht zeitweilig der Unterhaltungswert überwog und dem Vortrag sein existentielles Gewicht nahm. Er wusste, dass er im Grunde „predigte“, also „von oben herab“, „vom Geiste her“ sprach, geistigen Zuspruch gab. Er spürte (und war sich dessen voll bewusst), dass die Erkenntnis, die Einsicht, die Überzeugung nur dann gefestigt ist und Wirkung hat, wenn sie auf eigenen Emotionen ruht. Sie muss tief empfunden, durchfühlt und durchlitten sein. Zu früh eingebrachte Distanz bricht diesen Trauer- und Schmerzensweg ab, weil der Entwicklungs- und Reifungsprozess nur in der fühlenden Nähe stattfinden kann. Er wusste es, spürte es – doch er konnte die dafür notwendige emotionale Nähe zu den Themen nicht durchhalten. Dennoch bleiben Frankls Vorträge glänzende Zeugnisse seiner Überzeugungskraft, seiner Authentizität und rhetorischen Begabung.

Betrachten wir nun Frankls Verhältnis zur Emotionalität im *Alltag*. Auch da zeigte er sich als Verstandesmensch und ließ sich vor allem von rationalen Überlegungen leiten.

Seine Tageseinteilung war kalkuliert, äußerst genau geplant und strukturiert. Soweit mir Frankl in seine Tagesplanung Einblick gegeben und darüber gesprochen hat, lässt sich sagen, dass er in erster Linie dem Prinzip der Zeitökonomie und der Arbeitseffizienz folgte. Ihr war alles andere untergeordnet. Nach Möglichkeit ließ er sich bei der Arbeit nicht stören, bevor sie zu Ende war. Nach diesem Prinzip richtete er auch die Termine mit anderen Menschen aus. Es kostete ihn mitunter lange Überlegungszeit, um eine Terminplanung vorzunehmen, bis er alle „Wenn“ und „Aber“ berücksichtigt hatte. Wenn man ihn am Telefon beispielsweise fragte, wann es recht wäre, bei ihm vorbeizukommen, überlegte er und sagte: „So gegen sieben ... warten Sie: vielleicht besser viertel acht, weil ich vielleicht mit der einen Arbeit noch nicht fertig bin, wenn noch etwas Unvorhergesehenes auftaucht. Oder nein, kommen Sie um zehn nach sieben, weil um halb acht dann die Fernsehnachrichten beginnen und wir vielleicht mehr Zeit brauchen, und dann müssten Sie bis zum Ende der Nachrichten warten.“

Ein solches Gespräch konnte dann auch so enden, dass Frankl den Kampf um die Bedachtnahme aller Eventualitäten aufgab. Nachdem er sich zuerst Klarheit über seine Situation verschafft und mit großer Genauigkeit und Gewissenhaftigkeit auch Sicherheitszonen für Überraschungen und Unerwartetes eingebaut hatte, stürzte ihm das Kartenhaus in dem Moment zusammen, wo er auch noch die Rücksicht auf den anderen bedachte, dem er auf keinen Fall Unannehmlichkeiten bereiten wollte. Dann streckte er die Waffen und sagte kurzerhand: „Ach was, kommen Sie, wann Sie wollen.“ Nicht ohne dann (beinahe jedesmal) eine Anekdote von seinem früheren Chef und Lehrer, dem Neurologen Prof. Gerstmann zu erzählen, der diese penible Art der Zeiteinteilung „auf die Spitze getrieben hatte“, wie Frankl meinte. Bei Gerstmann sei es ihm regelmäßig so gegangen, dass dieser um Minuten gefeilscht hätte, dabei fünf bis zehn Minuten Zeit mit seinen Überlegungen verlor, um dann schließlich regelmäßig auf dasselbe Ergebnis zu kommen wie er.

Dieses Bemühen um Vernünftigkeit und Perfektion führte Frankl nicht selten in die Enge. Ein Gefühl der Ausweglosigkeit entstand, das ihn auch ärgerlich machen konnte, weil er das eben beschriebene Scheitern erleben musste. Das Schöne an Frankls Verhaltensweise aber war, dass es ihm meistens gelang, sein Scheitern mit Humor zu nehmen. Gerade an diesem Punkt wurzelte sein Witz in der tiefen Überzeugung, dass es „am allervernünftigsten ist (…), nicht allzu vernünftig sein zu wollen“ (Frankl, 1956, 114). Welch geistiger Schutz für einen perfektionistisch veranlagten Menschen! Frankl ist diesem Gedanken in den Psalmen[9] begegnet. Er hat das Motto bei der Behandlung von Zwangsneurosen regelmäßig therapeutisch eingesetzt und in der Psychopathologie der Zwangsneurose auch theoretisch behandelt (ebd.).

Frankl machte sich die Überwindung und Beherrschung des Gefühls zum Prinzip. Er achtete nicht nur darauf, alle Arbeit zum frühestmöglichen Zeitpunkt zu erledigen, um nicht unter den Druck von noch Unerledigtem zu geraten, sondern er pflegte auch „das Unangenehme immer früher zu machen als das Angenehme“ (14). Er ließ sich in seiner Arbeitsweise nicht von Stimmungen oder vom Genuss beherrschen. Er folgte nicht dem Prinzip der Freude, die durchaus auch kreativ sein kann und Wesentliches hervorzubringen vermag, sondern er ließ sich von der angenehmen Erwartung leiten, das Unangenehme „hinter sich“ gebracht zu haben. Frankl lebte weniger gegenwartsbezogen, was erlauben würde, Nähe zu erleben und die Angebote der Stunde zu genießen, sondern zukunftsbezogen, sozusagen „verheißungsbezogen“. Er überwand die Gegenwart im Planen auf Zukunft. Hier liegt ein Motiv vor, das für das Frankl'sche Sinnverständnis charakteristisch ist: dass der Mensch im Grunde auf die Zukunft ausgerichtet ist. Dort liegt der Sinn, der ja in der Gegenwart noch reine Potenzialität, bloße Möglichkeit ist, die darauf wartet, durch die betreffende Person realisiert zu werden.

Die Beherrschung des Menschen durch den Verstand macht sich Frankl auch in einem anderen Lebensprinzip zu eigen. Für ihn war das oberste Gesetz, an das er sich bei der Arbeit hielt, „die kleinsten Dinge mit derselben Gründlichkeit wie die größten und dafür die größten mit derselben wie die kleinsten“ zu machen (13 f.). Bisweilen las er Texte anderer Autoren und korrigierte deren Satzfehler mit derselben Gründlichkeit wie die Fahnen seiner eigenen Bücher. Er musste sich manchmal überwinden, dem Reiz, Korrekturen an Texten anzubringen, nicht mehr nachzugehen. Denn oft war dies sinnlos, weil die Texte schon gedruckt waren oder weil sie nicht mehr an den Autor zurückgingen. Wenn er aber ein Manuskript wieder an den Autor zurücksandte, so fühlte er sich beinahe verpflichtet, alle Fehler, die ihm auffielen (Tippfehler, Grammatikfehler, Denkfehler usw.) anzustreichen oder auszubessern. Dazu bemerkte er, dass es sich dabei nur um jene Fehler handle, die ihm beim Durchlesen spontan aufgefallen seien (was so viel bedeutete wie: er könne keine Verantwortung übernehmen, alle Fehler gefunden zu haben). Da die Zahl der Manuskripte, die er in dem von mir überblickbaren Zeitraum von 1984 bis 1990 zugesandt bekam, zu groß wurde, nahm er sich vor, Korrekturen nur bei guten Texten durchzuführen. War ein Text zu schlecht oder missfiel er ihm, dann nahm er sich bewusst vor, sich zurückzuhalten und keine Verbesserungen zu machen. Dies war bereits ein Zeichen innerer Distanzierung.

Wann immer es ging, verbrachte Frankl die Wochenenden auf der Rax (24), einem Gebirgsrücken etwa 70 km südlich von Wien an der Grenze zwischen Niederösterreich und Steiermark. Man konnte auf ca. 2000 m Höhe bequem mit der Seilbahn fahren. In der Schutzhütte bei der Bergstation war für ihn und seine Frau immer ein Zimmer reserviert, von dem er jede Woche einmal Gebrauch machte, sofern er in Wien war und das Wetter es nur einigermaßen erlaubte. Bergwandern und Klettern waren seine Passion (23). Aber selbst da findet sich die Gestaltung dieser Leidenschaft nach rationalen und zweckdienlichen Gesichtspunkten. Frankl fuhr nämlich bis ins hohe Alter, als er längst nicht mehr klettern konnte, auf die Rax, um sich ein Maximum an Erholung zu verschaffen. Da er mit der Zeit geizte (14), teilte er sich die beiden Tage in den Bergen so ein, dass er zwischen den Korrekturen und schriftlichen Arbeiten, die er mitgenommen hatte, eine ausgiebige Wanderung machen konnte. Wichtig war ihm, dass er bei seinen Bergtouren stets „bis an den Rand der Erschöpfung" kam. Diese körperliche Anforderung war ihm für die Ertüchtigung und zur Erholung wichtig. Danach legte er eine kurze Schlafpause ein, um sich dann, nach genauer Zeiteinteilung, mit frischem und klarem Kopf seinen Manuskripten widmen zu können. Wichtig war ihm auch eine Übernachtung auf der Höhe, weil ihn diese besonders erfrischte und einen Energieschub für das Tal brachte. Er erklärte sich diesen Effekt mit einer Anregung des Knochenmarks zu vermehrter Produktion von roten Blutkörperchen.

Die Erholung beim Wandern bestand für Frankl nicht einfach in der Bewegung in der frischen Luft. Er brauchte eine Anforderung und Herausforderung, das Erleben, dass er jetzt alles geben musste, um der Situation gewachsen zu sein und dabei an seine Grenzen zu kommen. Geistig abschalten konnte er nur beim Klettern (23). Die Zeit des Wanderns war ihm willkommen, um seinen Gedanken freien Lauf zu lassen. Viele Ideen, Erinnerungen und Verknüpfungen, die in seine Vorträge und Bücher einflossen, kamen ihm beim Durchqueren des Rax-Schneeberg-Gebietes, und viele Erlebnisse konnte er im Zuge des gleichförmigen Trotts, bei dem er in sich versunken war, verarbeiten (24). Obwohl seine Frau ihn auf den Wanderungen begleitete, liebte er es, stundenlang schweigend zu „marschieren", wie er zu sagen pflegte, um seinen Gedanken nachzugehen.

Das Erleben von Natur und Körperlichkeit war der strengen, auf Arbeitseffizienz bedachten Lebensführung untergeordnet und in einem Stundenplan mehr oder weniger festgelegt. Abends gönnte Frankl sich dann gerne ein paar gesellige Stunden mit den Bergführern und dem Hüttenwirt, den „einfachen und unverbildeten" Menschen. Er hörte ihren Erzählungen und Ansichten zu und erzählte seine Anekdoten und Erlebnisse. Ich erlebte einmal, wie er versuchte, mit diesen Menschen ins Gespräch zu kommen. Mir schlich sich dabei ein befremdliches Gefühl ein. Da bemühte sich der Herr Professor, weltbekannt und welterfahren, vielgereist und sich ständig mit hochgeistigen, intellektuellen Fragen beschäftigend, im Dialekt der „Bergler" auf deren Ebene zu kommen, sich auf sie einzustellen, als einer der ihren zu gelten und von ihnen als dazugehörig anerkannt zu werden. Es war ein kindlich anmutendes Bemühen, das die Kluft nicht zu überwinden vermochte – die Bergführer nahmen es gelassen hin, aber ich war mir nicht sicher, ob er das bemerkt hat. Frankl wirkte in dieser Runde bärtiger, braungebrannter, langsam und schwerfällig sprechender Menschen auf mich wie ein Junge, der „mit von der Partie" sein wollte. – Seiner Vorliebe für einfache Menschen sind wir schon im Kapitel über den sozialen Hintergrund begegnet.

So viel zum Wandern. Ein Wort noch zum Klettern: Das Klettern war Frankls größte Leidenschaft (vgl. MS, 14; 23). Er hat es aber offenbar nicht aus Neigung begonnen, sondern aus Vernunftgründen, nämlich weil er ursprünglich Angst davor hatte. Rein rationale Überlegungen brachten ihn dazu, durch das Klettern seiner Angst zu trotzen und sie überwinden zu lernen (Frankl, 1991, 277).

Ich erinnere mich in diesem Zusammenhang, wo es um Rationalismus und Rationalität im Alltagsleben geht, an eine Situation, in der Frankl seit Wochen unter einem hartnäckigen, trockenen Reizhusten litt. Er hatte bereits alles versucht, was ihm selbst als Arzt eingefallen war und was seiner Frau als Hausmittel zur Verfügung stand. Wiederholt kamen wir dabei auf weitere Medikamente zu sprechen. Eines Tages meinte ich, ob er nach all den Misserfolgen nicht eine homöopathische Medizin versuchen mochte? Es folgte eine lange Diskussion, in der Frankl als echter Adept rein naturwissenschaftlich fundierter Heilmethoden seine Abneigung und Unsicherheit bzw. seinen Unglauben der Homöopathie gegenüber zum Ausdruck brachte. Dennoch war er wegen der Hartnäckigkeit des Hustens und des Versagens aller Therapie schließlich bereit, ein Mittel zu nehmen. Ich besorgte es und brachte es ihm beim nächsten Besuch mit. Er nahm das Fläschchen mit den Kügelchen in die Hand, betrachtete es, fragte noch einmal nach der Potenz und dem Grad der Verdünnung des Mittels, gab es dann ungeöffnet zurück und meinte, dass so etwas chemisch ja nicht mehr zu verstehen sei und er nicht einem Placebo aufsitzen wolle. Auch der

Hinweis, dass es ja gänzlich ungefährlich sei, wenn sich die Verdünnung jenseits der Loschmidt'schen Zahl bewege, überzeugte ihn nicht. Schließlich kam ich noch mit dem Argument, dass auch ein Placebo eine Besserung bewirken könne, Hauptsache sei doch, er werde den hartnäckigen Husten los. Auch dies wies er von sich. Sein wissenschaftlicher Stolz ließ nicht zu, eine Besserung durch eine unwissenschaftliche Methode, die vielleicht auf Täuschung beruhte, zu erfahren. Der Rationalismus wurde in solchen Situationen irrational. Er verwandelte sich in eine Furcht vor dem Unbekannten und Unerklärlichen. Das Irrationale an der Angst war, durch eine „unwirksame Verdünnung" vergiftet zu werden. Wahrscheinlich ist Ängstlichkeit ein Hauptgrund aller einseitigen Rationalität. Sie soll mit ihrer Hilfe überwunden werden. Die Ängstlichkeit zieht sich bei Frankl jedenfalls durch sein ganzes Leben, wie wir schon im letzten Kapitel gesehen haben.

Der rationalistische Zug im Wesen Frankls hat sein Werk geprägt. Aus diesem Grunde ist es nicht nur menschlich interessant, sondern auch für die Wissenschaft wichtig, die biografischen Einflüsse zu kennen. Wir können daraus entnehmen, woher manche Sichtweisen, Haltungen und Tendenzen in der Logotherapie Frankls stammen und können sie besser verstehen. Im dritten Kapitel gehen wir ab S. 193 dem Einfluss von Frankls Persönlichkeit auf die Logotherapie nach.

Obwohl diese rationalistische Einstellung bei Frankl deutlich vorherrschte und er in seinem Leben und in seinem Werk der Vernunft den Vorrang gab, bezeichnete er sich als *Gefühlsmensch* (14) und *Gemütsmensch* (MS, 15). In seiner letzten Autobiografie widmete er seiner Gefühlswelt daher ein eigenes Kapitel (14–17). Darin gibt er eine Reihe von Beispielen für seine Emotionalität. Zunächst beschreibt er den bereits erwähnten Traum, in dem ihn sein Mitleiden mit den Geisteskranken dazu geführt habe, freiwillig mit ihnen in die Gaskammer zu gehen. Im Buch wird dieser Traum als „bewegender Traum" (15) beschrieben; im Urtext spricht Frankl von einem „wunderschönen Traum". Eine solche Tat gehört für Frankl zum Schönsten, was er sich im Leben vorstellen konnte. „Wunderschön" wäre für ihn natürlich nicht das entsetzliche Leid gewesen, sondern die menschliche Haltung und die tiefe Verbundenheit, die in einer solchen Tat steckte.

Als stärkste emotionale Züge streicht Frankl das *Mitleiden* und die *Dankbarkeit* heraus (15; MS, 15 f.). Er fühlte sich nicht nur betroffen, sondern auch dankbar dafür, dass er „for the grace of God" von solchem Unglück verschont blieb. Er habe es sich dabei zum Prinzip gemacht und empfehle es auch anderen, immer dann, wenn ihm etwas zustoße, in der Fantasie in die Knie zu sinken und sich zu wünschen, „daß mir in der Zukunft nichts *Ärgeres* passieren soll" (15). Für ihn ist das eine „Ader von Lebenskunst", aber nicht, um sich von

Leidenden fernzuhalten. Im Gegenteil: Die Dankbarkeit für sein Glück und für ein relativ besseres Los empfand er als Verpflichtung, sich mit den leidenden Menschen auf eine Stufe zu stellen, ihr Leid mitzutragen und zu teilen, sich mit ihnen zu solidarisieren auf einer gemeinsamen menschlichen Ebene, wie er gerne sagte. Mitgefühl für kranke Menschen und Dankbarkeit für das eigene, relative Glück gehörten für Frankl zusammen. Er pflegte seine Dankbarkeit und erinnerte sich an eigens dafür eingeführten „privaten Gedenktagen" der großen Ereignisse und feierte an diesen seine Glücksgefühle (16).

Als weiteres Beispiel für seine Emotionalität gesteht Frankl ein, dass er „nur wenige wirklich gute Eigenschaften an sich kenne". Er meint, dass „die vielleicht einzige" darin bestehe, „daß ich etwas Gutes, das mir jemand getan hat, nicht vergesse und etwas Böses nicht nachtrage" (15). Im ursprünglichen Manuskript (MS, 15) sah Frankl das Mitleiden-Können als einen „der wenigen wertvollen Züge an mir" an. Er lasse sich oft vom Gemüt leiten, hauptsächlich in der Therapie. Zugleich bezeichnete er sich auch als „einerseits gemütskalt und andererseits sentimental" (MS, 15). Aber wenn er das so sage, meinte er, dann entwerte er einen der wenigen wertvollen Zügen an sich, nämlich die Fähigkeit, mitzuleiden:

> „Ich bilde mir nichts darauf ein, aber ich erinnere mich, daß ich in der Nervenheilanstalt Maria-Theresien-Schlössel in den frühen 30er Jahren ein querschnittgelähmtes Mädchen auf meiner Abteilung liegen hatte und sie wußte, daß ich passionierter Kletterer bin, und wann immer ich an einem Sonntag spätabends von der Rax oder vom Schneeberg ins Schlössel zurückkam, schlich ich mich in den finsteren Krankensaal und überreichte ihr ein frischgebrocktes Edelweiß; daß ich an sie gedacht hatte, nicht als Mann zum Mädchen, sondern als Mensch zu Mensch, muß ihr viel bedeutet haben. Es hatte eben nur mit Menschlichkeit etwas zu tun und nichts mit Verliebtheit, weder auf der einen noch auf der anderen Seite. Die Amerikaner pflegen zu sagen *for the grace of God here I go*[10] wenn sie einem Blinden begegnen, das heißt, es ist reine Gnade, wenn nicht sie selbst blind sind. Für den Theisten reine Gnade, für den Atheisten purer Zufall. Dankbar müssen beide sein, und man kann ja dankbar sein, ohne zu wissen, wem man dankbar ist. Es genügt zu wissen, wofür man dankbar zu sein hat." (MS 15/16).

Diese schöne und tiefe Passage ist in seiner gedruckten Biografie weggelassen, darum sei sie hier wiedergegeben.

Zur Beschreibung seines Gefühlslebens kommt Frankl dann auf *Wünsche* zu sprechen, die er in seinem Leben hatte. Als Student hätte er sich einen Wagen gewünscht, ein eigenes Haus und eine Privatdozentur. Später hätte er gerne auch noch eine alpinistische Erstbegehung mitgemacht (15). Die spannendsten

Dinge, die es seiner Ansicht nach gäbe, wären eine Erstbegehung, ein Spiel in einem Spielkasino und eine Hirnoperation (ebd.).

Als Beleg für die frühe Entwicklung seiner Gefühlsstärke bringt Frankl zwei Gedichte, die er als 15-Jähriger geschrieben hat, eine Kurzgeschichte, die er mit 13 oder 14 Jahren ersann, und ein Beispiel für seine Geistesgegenwart während einer medizinischen Prüfung, in der er blitzschnell eine Theorie erfand (17).

Im ursprünglichen Manuskript stellt Frankl seine Gefühlsseite etwas anders dar. Als Beispiel bringt er an erster Stelle seine *starke Intuition*. Von ihr wird gleich die Rede sein. Außerdem erwähnt er eine tiefe Verletzung, die er nicht vergessen konnte, „auch dann nicht, wenn ich jemals vergessen sollte, sie dem Betreffenden nachzutragen" (MS, 16). Er hatte einem Kollegen und SS-Offizier, der nach dem Krieg in Einzelhaft einsaß, eines seiner drei Vorausexemplare der *Ärztlichen Seelsorge* in die Zelle geschickt. Der aber hat nie mit einem Wort reagiert, auch nicht, als sie sich wieder trafen. Gekränkt fühle er sich außer durch diese Begebenheit auch vom Schicksal, das ihm zwei Herzenswünsche nicht erfüllt habe: Pfadfinder zu werden und ein Fahrrad zu besitzen. Soweit Frankl im Originalton.

Am Ende dieses Kapitels über das Gefühlsleben stellt sich die Frage, wie viel hier wirklich von Gefühl die Rede ist. Frankls Beschreibung seiner eigenen Gefühlswelt wirkt etwas hilflos und distanziert auf mich. Man fragt sich unwillkürlich, was Frankl unter Emotionalität verstand, was Gefühlswelt und Gemüt für ihn bedeuteten. Er zählt dazu vor allem die Fähigkeit zur Intuition, das Betroffensein vom Leid anderer Menschen und Dankbarkeit für Gott. Kindlich, etwas hilflos und eigentlich verfehlt wirkt auf mich die dann folgende Aufzählung von Wünschen, mit denen er Freude gehabt hatte oder hätte, wenn sie in Erfüllung gegangen wären. Dagegen sind das Berührtsein vom Leid und das religiöse Gefühl der Dankbarkeit tiefe Gefühle. Sie sind *die beiden Leitgefühle*, die Frankls Leben geprägt haben. Seine Berufswahl, sein Lebensthema „Sinn", seine Haltung in seinem Wirken zeugen von einer „Ethik des Mitgefühls", wie sie Schopenhauer, ein Lieblingsphilosoph Frankls, beschrieben hat. Sie sind Ausdruck von Frankls hoher Sensibilität für Leid und seiner warmen und zugleich ängstlich-beschwörenden Dankbarkeit. Diese Dankbarkeit war Freude am Leben und zugleich Trost und magischer Schutz vor noch größerem Unglück.

Von besonderem Interesse scheint mir zu sein, dass Frankl in der unveröffentlichten Biografie seine gefühlshafte Anlage in einer besonderen, intuitiven Fähigkeit zur Diagnostik verwirklicht sah. Diagnosen seien bei ihm „oft vom Gefühl geleitet" gewesen. Er brachte Beispiele, wie er seine gefühlshafte, diagnostische Fähigkeit im Privatleben eingesetzt hat.[11] Ob das allerdings mit Gefühl zu tun hat oder nicht eher eine Gefühllosigkeit den Menschen gegenüber darstellte, sei dahingestellt. Für Frankl zählte die Intuition jedenfalls zum Gefühl. Das ist auch verständlich, wenn man bedenkt, dass er eine starke intuitive Gabe hatte und zur Überraschung vieler Menschen sehr schnell spüren konnte, was sie beschäftigte, was sie fühlten und dachten (vgl. z. B. Ascher, 1997). Seine Intuition dominierte sein Gefühlsleben.[12]

Frankl hatte in Bezug auf diese letztlich von sich selbst absehende („selbsttranszendente") Fähigkeit zur Intuition eine fast hellseherische Begabung. Er war in seinem Gefühl gewissermaßen „selbst-transzendent veranlagt". Aber die Intuition ersetzt nicht die „primären Emotionen" (Fühlen und Affekt) (vgl. Längle, 1993b) mit ihrem Reichtum und ihrer Vielfalt. Vor dieser das eigene Leben betreffenden Emotionalität hat sich der Rationalist Frankl eher gefürchtet. Er hatte in seinem emotionalen Leben mehr mit Ängsten, Heimweh und Leid zu kämpfen, wohl auch mit Einsamkeit und Verlassenheit. Er hielt nach den Jahren im Konzentrationslager noch weniger von der Triebdynamik als zuvor und wertete die Psychodynamik zumeist ab. Sie wuchere in das „existentielle Vakuum" hinein, erhalte ihre Macht erst in der Sinnleere, wie er selbst erfahren habe. Das macht verständlich, dass er der (selbstdistanten) Intuition einen solchen Stellenwert im Gefühlsleben zuschrieb.

So kommt es, dass wichtige Bereiche des Gefühls- und Gemütslebens in Frankls Autobiografie fehlen. Er spricht darin z. B. nicht über Beziehungen, er spricht nicht davon, was ihm das Leben wärmte, woran er Freude hatte, was ihn seelisch nährte und stärkte. Er führt uns nicht in sein Erleben von Freude und Leid, von Schwerem und Beglückendem, von Verbundenheit und Trennung. Wir erfahren nichts von seinen Stimmungen, von seinem humorvollen, aber auch gereizten Wesen, von seinem Ehrgeiz, von seinen Einsamkeitserlebnissen, Bedrängnissen, Sorgen und den vielen Ängsten. Obwohl er im KZ-Buch, das unter einem Pseudonym erscheinen sollte, Schuld und Skrupellosigkeit der Überlebenden mit Bekennermut anspricht (Frankl, 1977, 18, 23), kommt er dennoch nicht auf sein Gefühl, auf die innere Beschäftigung und Bewältigung seiner Schuld zu sprechen. Durchgängiger Zug ist indes die Auseinandersetzung mit dem Leid und dessen Überwindung, die er in einem religiösen Geiste angeht.

Dabei hätte er so viel zu berichten gehabt, was in dieses Kapitel gehört! Er lebte ja aus einer sehr starken Elternbeziehung und empfand zeitlebens eine große Verbundenheit mit ihnen. Eine tief religiöse Gottesbeziehung durchzog sein Leben, ebenso wie seine Passion für das Bergsteigen. Seine emotionale Seite verbarg er schamvoll und lebte sie nur in der Intimität. Und er hat sie stiefmütterlich behandelt.

Wie kommt es, dass sich der pflichtbewusste, rationalistische Frankl selbst als „sentimental" bezeichnete? – Ich kann dieses Urteil nur so verstehen, dass

Frankl seine Gefühle zu wenig gelebt hat, das Klettern z. B. zu oft dem Schreiben geopfert hat, die Emotionalität in den Beziehungen zu schamhaft-ängstlich zurückgehalten hat, wodurch sie in großen Zügen zu kurz gekommen ist. Stattdessen hat er sich in Schwärmereien über kleine Dinge Luft gemacht. Dieses Schwärmen hob sich von seiner rationalistischen, argumentativen, scharfsinnigen und humorvollen Art kontrastreich ab. Obwohl ich diesen Zug als sehr menschlich und keineswegs als störend oder gar kitschig empfunden habe, ist es mir wegen Frankls schwieriger Beziehung zur Emotionalität und wegen des Ersatzcharakters dieser Gefühle verständlich, dass er selbst ihn „sentimental" fand – kontrastierte diese Schwärmerei doch so sehr mit seiner sonstigen Art, wenn es um seine Lieblingsblume (Kohlröschen), um sein Lieblingsgetränk (Soda mit Waldmeister), um sein Lieblingsbuch („Lost horizon" von James Hilton), um seine Vorliebe für Egon Schiele (von dem er gerne ein Ölgemälde besessen hätte) oder um seine Lieblingsmusik (Gustav Mahlers Lieder, insbesondere die Kindertotenlieder) ging (Frankl, 1988).

Eine kleine Begebenheit vermag Einblick zu geben in die spartanische Strenge, mit der Frankl sein emotionales Leben streckenweise hielt. In einer Zeit, als es bereits Tonbänder und Schallplatten gab, besaß er keine Aufzeichnung von Gustav Mahlers Liedern. War es ihm nicht genug wert, sich diese Lieder gelegentlich anzuhören, sich Zeit für sie zu nehmen, sich an ihnen zu freuen, sich das Herz zu wärmen, sich der Trauer hinzugeben? Wäre dies für ihn Sentimentalität gewesen? – Einmal gestand er mir, dass er diese Lieder, die man praktisch nie im Radio zu hören bekäme, gerne wieder hören würde. Ich brachte ihm beim nächsten Treffen eine Tonbandkassette mit. Er hörte sie mit einem kleinen Kassettengerät unverzüglich an – und gab mir die Kassette gleich wieder zurück. – Zur selben Zeit kaufte er sich ein ausgefallenes, teures Videogerät, in das die europäischen und amerikanischen Videosysteme integriert waren. Dies entsprach seiner Vorliebe für technische (unsentimentale) Spielereien. Er begründete sie rational damit, dass er auf diese Weise die Videos, die man ihm aus der ganzen Welt (über ihn und andere) zuschickte, ansehen könne.

Vielleicht gehören Dinge wie Hobbys, Lieblingsfilme und -schauspieler bereits zur Trivialität, doch geben sie auch Einblick in die Art, wie ein Mensch fühlt. Als liebstes Hobby gibt Frankl (1988) an, Designs von Brillenfassungen und Krawatten zu beurteilen. Sein Lieblingsfilm war „Shop on Mainstreet", der Lieblingsschauspieler Albert Bassermann. Er sammelte Zeitungsfotos von Leuten, die er verehrte und hätte noch gerne Fallschirmspringen gelernt (ebd.). Ihm gefielen Frauen mit hervorstehenden Backenknochen, wie z. B. Uschi Glas. Über all das schreibt er in diesem Kapitel nicht. War das für ihn mehr Schwärmerei als echte Emotionalität? Wertete er das Eingebettetsein in eine Gefühlswelt ab, weil es ihm nicht so viel Sinn gab wie die Welt der Vernunft? Gesehen hat er sie wohl, und gewusst hat er um sie. Zeit hat er sich für sie wenig genommen. Er wollte die Dinge nicht zu nahe an sich herankommen lassen, von ihnen nicht allzu sehr berührt und bewegt werden – dem Leiden anderer Menschen aber *konnte* er sich nicht verschließen.

Wie kam es zur *Entwicklung einer solchen Persönlichkeitsstruktur*, die einerseits starke Gefühle kannte, sie aber so sehr zurückhielt? Diese Frage ist auch theoretisch sehr interessant. Wir wollen eine Antwort hier jedoch anhand der Introspektion (Selbstwahrnehmung) eines wachen, genialen Menschen und mithilfe der Außenbeobachtung so weit zusammentragen, wie unser Wissen reicht. Die grundsätzliche Frage erhält dadurch eine Illustration.

Ich teile die Meinung Frankls, dass seine Persönlichkeitszüge in hohem Maße auf *Vererbung* zurückzuführen sind. Frankl kannte von klein auf sein eigensinniges, oft widerspenstiges und trotzig-bockiges Verhalten. Da sich solche Züge schon nach der Geburt gezeigt und sich durch Kindheit und Jugend konstant durchgezogen haben, legen seine Selbstwahrnehmung und die von der Mutter und von der Schwester Stella gespiegelte Fremdwahrnehmung eine Anlage nahe. Die seelische Ähnlichkeit mit Vater und Mutter lassen an einer direkten Vererbung kaum zweifeln.

Wenn auch von einer Anlage der Persönlichkeitszüge Frankls ausgegangen werden muss, so haben darüber hinaus *Erlebnisse diese Anlagen verstärkt* und gefördert. Es stellt sich etwa die Frage, warum die mütterliche Seite so unterdrückt war? Ist dies ebenfalls *nur* auf Vererbung zurückzuführen? Oder liegen hier Verarbeitungen von Erlebnissen vor, die biologischen Vererbungsmechanismen enthoben sind und dem Bereich des Psychischen oder Persönlichen angehören? Von besonderer Wichtigkeit ist dabei, in welchem Maße Frankl die Elternbeziehung internalisiert hat. Wie stark war die innere Repräsentanz des starken und dominanten Vaters, der zu Wutausbrüchen neigte und sehr pflichtbewusst war? Wie sehr hat er sich auf der anderen Seite von der weichen, gütigen und nachgiebigen, wesentlich jüngeren Mutter als Verkörperung der Emotionalität beeindrucken lassen? Wohl lagen ihm die strengen Züge des Vaters im Blut, aber sie haben ihn offensichtlich nicht von vornherein und immer beherrscht, sondern standen zeitweilig im Widerstreit mit der mütterlichen Gefühlsseite. Wir haben schon im biografischen Teil berichtet, dass er sich als junger Arzt sonntags die Zeit mit Varietébesuchen vertrieb, die er sehr genoss (14). In dieser Zeit hat Frankl seiner emotionalen Seite mehr Spielraum gelassen. Doch im selben Satz fügt er hinzu, dass er „dabei immer ein ungutes Gefühl gehabt habe“, weil er eigentlich die Zeit besser hätte nutzen und seine „Gedanken zu Papier bringen sollen, um sie zu publizieren“.

Wir haben die Frage, wie es zu diesem *Gefühl des Unerfülltseins* gekommen sein könnte, bereits aufgeworfen (vgl. S. 58 f.). Hier stellt sie sich noch einmal. Sie scheint mir für die weitere Entwicklung seiner emotionalen Persönlichkeitsanteile entscheidend zu sein. War es schlechtes Gewissen oder war es Ungeschicklichkeit, die ihn damals nicht die richtige Form finden ließ, seine Gefühlsseite befriedigend zu leben? Waren die Erfahrungen und Kontakte menschlich frustrierend? Oder waren ihm das Erleben seiner „weichen Seite" und das Genießen der Lebensfreude und der Gefühle „zu wenig" erfüllend? War sein Schaffensdrang so dominierend, dass er sich der Emotionalität nicht länger hingeben konnte, ohne einer Unerfülltheit in Form eines „schlechten Gefühls" anheimzufallen?

Dieser Lebensabschnitt, in dem Frankl sehr freizügig eine eher triebhaft eingefärbte emotionale Seite lebte, hinterließ in ihm das „ungute Gefühl" der Zeitvergeudung (14), so viel steht fest. In Kenntnis seiner Person und seiner Lehre ist anzunehmen, dass dieses „ungute Gefühl" nicht allein auf den Eindruck von Zeitvergeudung und Versäumnis der *Verpflichtung für den Lebenssinn* zurückzuführen war. Hatte er seinen großen Lebenssinn damals vielleicht erst ahnend in sich getragen, so fand er ihn im Konzentrationslager eindeutig im Verfassen seiner Bücher und in der Entwicklung der Logotherapie (14). Dieses ungute Gefühl könnte auch mit einem *schlechten Gewissen* zusammenhängen. Frankl gibt diesen naheliegenden Grund hier nicht an. Auch im persönlichen Gespräch kam er nie darauf. Gleichlautend zum Text sprach er davon, dass er diese Zeit genossen habe, betonte aber, dass er sie sinnlos vertan hätte, ja mehr noch, dass es ihm um diese Zeit heute leid tue. Die Verbindung des unguten Gefühls mit einem möglicherweise schlechten Gewissen kommt daher allein durch den Vergleich mit seinem Menschenbild zustande. In seinen Schriften verweist er darauf, dass die Liebe erst in der Begegnung von Du zu Du ihre personale Höhe erreicht und darin zur Erfüllung gelangt (z. B. Frankl, 1982, 161). Ich glaube nicht, dass Frankl damals im Grunde seines Herzens anders empfand als später, denn dieses personale Verständnis des Menschen und der sexuellen Beziehung ist zu zentral und zu durchgängig in seinem Werk (vgl. Frankl, 1987), als dass es nicht seinem Wesen und seiner persönlichen Erfahrung entsprochen hätte. Wahrscheinlich war er damals noch nicht reif genug, nach diesem Ideal leben zu können. In dem Artikel über Liebe von 1987 (es handelt sich um eine seiner letzten Überarbeitungen) bezeichnete er das personale Stadium in der Liebe als viertes und letztes in der psychosexuellen Entwicklung. Dieser Umstand der Unreife tut aber dem Faktum keinen Abbruch, dass das Fehlen einer wesentlichen Komponente in der Sexualität, nämlich die Begegnung mit einer einmaligen, nicht beliebig austauschbaren Person, zumindest als Unrecht verspürt und als Manko in Form eines „unguten Gefühls" empfunden werden kann.

Wir sprachen davon, dass Frankl in der Zeit von etwa 1931 bis 1938 in einer länger dauernden persönlichen Krise steckte. Er hatte kein wissenschaftliches Projekt, keine übergeordnete berufliche Aufgabe, kein Schaffensziel vor Augen. Außerdem verlor er seine politische Beheimatung im aufkommenden Nationalsozialismus (vgl. das Kapitel über Politik, S. 157). Und er hatte keine feste Beziehung, sondern nur kurz dauernde Verhältnisse. Darin vermute ich das Hauptproblem jener Jahre. Frankl war Frauen gegenüber unsicher (ich glaube zeitlebens ein wenig). Es war, als ob er sich nicht zutraute, als Mensch gewinnend, für Frauen gewinnend zu sein, denn er hielt sich für wenig attraktiv (5). Wegen dieser Unsicherheit und vielleicht auch in seiner Art dürfte er sich schwer getan haben, Beziehungen aufzubauen und zu halten. Er verlegte sich aufs Imponieren (50). Seine beiden langfristigen Beziehungen mit Tilly vor dem Krieg und Elly nach dem Krieg hat er in der Arbeit geknüpft. Vielleicht gab die Arbeit einen Rahmen für eine Annäherung vor und erleichterte dadurch die Kontaktaufnahme.

Frankl durchlitt in den 1930er-Jahren, wie wir gesehen haben, ein „existentielles Vakuum“. Das existentielle Vakuum ist keine Krankheit, sondern ein Boden, auf dem psychische Krankheiten entstehen können. Typischerweise sind es Aggression, Depression und Sucht (Frankl, 1990, 87 ff.) sowie noogene Neurosen[13]. Ich habe mich oft gewundert, dass Frankl keine Ursache für die Entstehung dieses intermediären, instabilen geistigen Zustandes angibt. Er nennt Mangel an Initiative und Interesselosigkeit als Ursachen – aber wie kann es zu einem so starken Verlust an Interessen und zu einem so großen Mangel an Initiative kommen, dass sich daraus in weiterer Folge sogar Krankheiten entwickeln können?[14]

Ich glaube, dass diese *biografische Situation Licht in das fachliche Problem* bringen kann. Und zwar scheint mir die Entwicklung dieses indifferenten, grauen, gleichmäßig von Lust und Unlust geprägten und dadurch gehemmten Gefühlszustandes bei Frankl mit zwei Problembereichen zusammenzuhängen: mit der Schwierigkeit des an sich aktiven, initiativen und aufgeweckten jungen Mannes, seine Gefühlswelt zu leben und in eine Beziehung zu treten, und zweitens mit dem uneingestandenen schlechten Gewissen Frauen und sich selbst gegenüber. Das erste ließ ihn leiden, brachte einen diffusen Schmerz mit sich, einen ständigen, zumeist unmerklich kleinen Verlust an Lebensfreude, dann wieder starke Sehnsüchte und Verlangen, denen er nachgehen musste und deren Befriedigung ihm ohne Zweifel auch unmittelbare und große Lust bedeutete. Die Lust war so stark, dass er nicht auf sie verzichten mochte. Darum bestätigte er sich immer wieder, wie sehr er dieses Verhalten genieße. Doch ist ein Genuss noch lange keine Rechtfertigung, und so meldete sich das schlechte Gewissen. Die Unfähigkeit, seine Emotionalität und Triebhaftigkeit adäquat und durchlaufend zu leben, führte in ein ständiges Defizit, das nach Ausgleich drängte und daher das schlechte Gewissen verdrängen musste. Das Gewissen erzeugte

„das ungute Gefühl“, dass es nicht richtig sei, was er tue – aber was tun mit einem Gefühl, wenn man keinen anderen Weg weiß? Was tun mit einem Bewusstsein, dass er eigentlich mehr arbeiten sollte – was ihm aber das nehmen würde, was ihm in der Not gerade hilft: die Lust als Weg, Freude im Leben zu finden?

Zum „existentiellen Vakuum“ konnte es kommen, weil sich Frankl damals seinem „Sinn-Organ Gewissen“ (Frankl) wahrscheinlich nicht wirklich stellte oder stellen konnte. Es hätte ihn auf das Gefühl, den schmerzlichen Mangel aufmerksam gemacht und ihn spüren lassen, dass er den Mangel nicht durch Arbeit, Vorträge und soziales Engagement übertünchen konnte. Es hätte ihn genötigt, entweder freimütig und im Bewusstsein der Not seine amourösen Abenteuer fortzuführen oder seine emotionale Seite zu pflegen, dem Leid und der Einsamkeit nachzutrauern, sich der Kunst und der Natur und den Freundschaften zu widmen, sich Zeit für sich und für Gott zu nehmen. Als Frankl dann unter den Nazis das Visum verfallen ließ und in Wien blieb, um seine Eltern vor der Deportation zu schützen, und als eine Beziehung zu Tilly Grosser entstand, da bekam er wieder Boden unter die Füße: Er hatte einen Lebenssinn, eine wirklich große Aufgabe, und er hatte Gefühle für eine liebenswerte und hübsche Frau, die erwidert wurden.

Nach den bitteren Jahren im Konzentrationslager gab er sich mit großem Eifer fast ausschließlich der Arbeit hin. Er hatte gelernt, mit seiner Zeit sparsam umzugehen, ja mit ihr zu geizen (14). Sein Pflichtbewusstsein ließ ihn nicht mehr los. Wir berichteten, wie er im Gegensatz zu früher nun „innerliche Schuldgefühle“ bekam, wenn er in einer fremden Stadt „Sightseeing“ machte, „ohne zuvor einen Vortrag gehalten, mir also den Genuß auch verdient zu haben“ (MS, 53). Er begann die Wochenenden zu opfern, um seine Bücher zu diktieren, und stellte sogar seine Neigung zum Klettern hintan, worunter bisweilen auch Frau und Tochter zu leiden hatten. Es kam vor, dass die Familie Frankl noch am Nachmittag des schönsten Badesonntags hinter abgedunkelten Fenstern in der Wohnung saß, um die Sommerhitze draußen zu halten, und die kleine Tochter über das Unrecht auf der Welt zu klagen begann, da sie noch immer nicht beim Schwimmen waren, weil ihr Vater arbeiten musste (vgl. 87, 89). Frankl hat sich mit der gewonnenen Disziplin und Zügelung der Emotionalität nicht nur selbst sehr viel abverlangt, sondern auch seiner engeren Umgebung einiges an Erleben und Lebensfreude versagt (89). Seine Familie hatte oft unter seiner Arbeit zu leiden und war daher nicht immer gut auf die Logotherapie zu sprechen.

Es herrschten ambivalente Gefühle vor. Frau und Tochter empfanden einerseits wohl Freude, Stolz und Genugtuung in Bezug auf die Leistungen des Gatten und Vaters und freuten sich über die zahlreichen Veröffentlichungen, die

Vorträge, die große Resonanz und das immer größer werdende internationale Echo der Logotherapie. Zugleich hatten sie aber auch Angst um ihn, bangten wegen Angriffen und Kritik, empfanden manche Diskutanten als Feinde, die den Gatten und Vater oft genug aus Unverständnis und nicht selten aus Böswilligkeit angriffen. Darin zeigt sich die liebevolle und mitfühlende Beziehung der beiden Frauen zu Frankl als Person. Aber zur Logotherapie selbst war die Beziehung zumindest zeitweise – ich kann es vor allem für die Jahre 1983 bis 1990 sagen, in denen ich in engerem Kontakt mit der Familie stand – gespalten. Frau Elly und Tochter Gabriele sahen in der Logotherapie so etwas wie eine Rivalin, die ihnen gemeinsame Zeit mit dem Gatten und Vater nahm, ihn in seiner Aufmerksamkeit besetzt hielt, seine Zuwendung abzweigte. Manchmal war ihnen die Logotherapie auch ein Ungeheuer, das ständig größer wurde und dem sie nicht entkommen konnten: Das begonnene Werk hatte zu dieser Zeit längst eine Eigendynamik bekommen, die alles Familiäre in ihren Sog zog und im Banne hielt. Sie möchte endlich einen Tag lang nichts über Logotherapie hören, stöhnte Frau Frankl mitunter sichtlich gequält. Am Beginn unserer gemeinsamen Arbeit warnte sie mich einige Male: „Tun Sie sich doch das nicht an! Lassen Sie die Finger von der Logotherapie, das frißt sie auf. Sie haben eine junge Familie, die braucht Sie dringend. Ich weiß, wovon ich rede."

Ich möchte noch auf einen anderen Bereich zu sprechen kommen, in dem sich die Emotionalität widerspiegelt, nämlich auf die Beziehungen. Einen Einblick können wir über die *Widmungen* der Bücher erhalten. Frankl hat jedes seiner Bücher – bis auf das letzte – mit einer Widmung versehen. Er gab damit ein sichtbares Zeichen seiner emotionalen Verbundenheit zu Personen, die ihm persönlich viel bedeuteten. Aus diesem Grunde seien hier einmal alle Personen aufgeführt, denen er ein Werk widmete.

In den ersten Büchern gedachte er seiner verstorbenen Angehörigen. Sein erstes Buch, die *Ärztliche Seelsorge*, noch vor der Deportation ins Konzentrationslager begonnen, sprach er „der toten Tilly", seiner ersten Frau zu. Das Buch über die Konzentrationslager-Erfahrung, das 1946 unter dem Titel *Ein Psychologe erlebt das Konzentrationslager* erschienen ist und später unter dem Titel *... trotzdem Ja zum Leben sagen* bzw. *Man's Search for Meaning* Millionenauflagen erfuhr, widmete er „der toten Mutter". Frankls drittes Buch, das drei Vorträge von 1946 (an der Volkshochschule Wien-Ottakring) unter dem Titel *... trotzdem Ja zum Leben sagen* (1946) zusammenfasste, widmete er „dem toten Vater". Das vierte Buch, *Die Existenzanalyse und die Probleme der Zeit* (1947) war „dem Freunde Hubert Gsur, hingerichtet am 5. Dezember 1944" gewidmet. Das nächste Buch *Zeit und Verantwortung* (1947) hat er „dem toten Bruder", die *Psychotherapie in der Praxis* (1947) „der toten Emmy Grosser", seiner Schwiegermutter, zugeeignet.

1948 widmete Frankl sein siebentes Buch (*Der unbewußte Gott*) erstmals einem lebenden Menschen, nämlich „meiner Schwester". 1949 gebar ihm Elly das einzige Kind, die Tochter Gaby. Ihr widmete er im selben Jahr das Buch *Der unbedingte Mensch. Metaklinische Vorlesungen*. Das nächste Buch *Homo patiens. Versuch einer Pathodizee* (1950) gedachte er seiner Frau Elly zu. Als Frankl 1975 diese beiden Bücher gemeinsam mit einigen anderen publizierten Schriften zu einer neuen Veröffentlichung zusammenfasste (*Der leidende Mensch*), widmete er dieses Buch seinem Enkel Alexander. *Logos und Existenz* (1951) hat er seinem Freund Paul Polak gewidmet. Es bildet gemeinsam mit *Zeit und Verantwortung* (1947) den Kern des 1972 erschienenen Buches *Der Wille zum Sinn. Ausgewählte Vorträge über Logotherapie*, das er seiner Enkelin Katja zugedachte.

Die nächsten Werke waren wieder Verstorbenen gewidmet: etwa dem Rabbiner Leo Baeck (1873–1956), den er im Konzentrationslager Theresienstadt kennengelernt hatte. *Das Menschenbild der Seelenheilkunde* von 1959 stellt den Hauptteil der späteren Bücher *Der Mensch auf der Suche nach Sinn* (1972) und *Das Leiden am sinnlosen Leben* (1977) dar. Des verstorbenen Lehrers Oswald Schwarz gedachte er mit der Widmung des Buches *Theorie und Therapie der Neurosen* (1956) und Rudolf Allers mit der Widmung des Buches *Psychotherapy and Existentialism* (1967). Dem Tode seines großen Förderers Gordon Allport setzte er in der Widmung in *The Will to Meaning* (1969) ein Gedenken. 1978 erschien *The Unheard Cry for Meaning*, das die Widmung trägt: „To Harry or Marion, an unborn child". Über diese kryptische Widmung ist viel gerätselt worden. Wessen Kind ist da gemeint? Warum wurde es nicht geboren? Ist es eine Metapher für nicht geborene, abgetriebene oder intrauterin verstorbene Kinder? – Tatsächlich handelt es sich um ein Kind Frankls. Es kam nie zur Welt, weil es abgetrieben wurde. Es war ihm und seiner Frau Tilly ein furchtbarer Schmerz, ihr Kind als gesunden Fötus verlieren zu müssen. Es hätte Harry geheißen, wäre es ein Bub, oder Marion, wäre es ein Mädchen gewesen. Das war im Jahre 1942. Die Nazis hatten zu dem Zeitpunkt den Juden de facto „verboten, Kinder zu bekommen, selbst wenn sie offiziell verheiratet waren" (66).

> „Es wurde einfach ein Ukas herumgereicht, aus dem hervorging, daß von nun an jüdische Frauen, bei denen eine Schwangerschaft festgestellt würde, schnurstracks in ein Konzentrationslager verschickt würden. Die Ärztekammer wurde gleichzeitig angewiesen, Schwangerschaftsunterbrechungen bei jüdischen Frauen gesetzlich nichts in den Weg zu legen. Tilly mußte unser ungeborenes Kind opfern." (66)

Die Frankls zogen den Tod des Kindes der wahrscheinlichen Tötung von Kind *und* Mutter vor. Das Opfer blieb dennoch in mancher Hinsicht nur ein

Aufschub, kamen die beiden Frankls doch im selben Jahr noch ins Konzentrationslager, wo Tilly dann trotzdem starb.

Einen weiteren Schicksalsschlag erlebte die Familie, als seine in Australien verheiratete Schwester Stella ihren Sohn verlor (sie hatte noch ein weiteres, lebendes Kind, eine Tochter). „Dem toten Neffen Peter Bondy" widmete Frankl 1979 das „Lesebuch" der Logotherapie: *Der Mensch vor der Frage nach Sinn. Eine Auswahl aus dem Gesamtwerk.* Seines verstorbenen Freundes Otto Pötzl gedachte er in dem Sammelband *Logotherapie und Existenzanalyse – Texte aus fünf Jahrzehnten*, 1987 (Neuausgabe 1994). Einzig sein letztes Buch, das in enger Zusammenarbeit mit dem Verlag entstanden ist, trägt keine Widmung mehr (*Was nicht in meinen Büchern steht*, 1995). Im Entwurf hatte Frankl das Buch den „Urenkeln, die postum erscheinen mögen", zugedacht. Noch zwei Bücher widmete er Lebenden: 1971 das Büchlein *Psychotherapie für den Laien. Rundfunkvorträge über Seelenheilkunde* Gertrud Paukner und 1981 das Buch *Die Sinnfrage in der Psychotherapie* seinem Schwiegersohn Franz Vesely.

Die meisten Widmungen gedenken der Toten. Er setzte ihnen Denkmäler, Erinnerungsspuren, so wie er besonderen Ereignissen seines Lebens mit Fasttagen gedachte oder die „besonderen Glücksfälle" zu „Privatfeiertagen" ernannt hat (10). Das Gedenken Verstorbener überwiegt mit dreizehn Widmungen das Gedenken der Lebenden (sieben Widmungen). Drei Widmungen sind ohne erkenntliche biografische Daten: die an seinen Freund Paul Polak, der ihm in der bitteren Not 1945 freundschaftlich verstehend (82) ebenso zur Seite stand wie in der Aufbauarbeit der Logotherapie und ihrer ersten Publikationsserie, die an Gertrud Paukner (ich weiß von ihr nichts zu berichten) und die an seinen loyalen Schwiegersohn Franz Vesely, mit dem er viele geistreiche Diskussionen führen konnte.

So wie ich Frankl kennenlernte, zeigt sich in dieser Geste des Widmens nicht nur seine Emotionalität in Form einer beziehungsmäßigen Verbundenheit, sondern auch seine durch und durch logotherapeutische Denk- und Lebenshaltung. Der *Sinn*, ein Buch zu schreiben, kann dadurch noch erweitert werden, dass das Buch *für jemanden* geschrieben wird. „Dass" etwas Sinnvolles getan wird, erhält sozusagen noch eine Überhöhung durch ein intentionales, greifbares und fühlbares Objekt im „für wen" – und dadurch einen höheren Wert. „Für wen" ist intendierte Beziehung (auch zu jemandem in der Ferne oder zu jemand Verstorbenem), „mit wem" gelebte Beziehung *bei* jemandem.

Dass dies allerdings von der Person, der die Widmung galt, nicht immer ganz und sogleich so gesehen wurde, hat Frankl in einer amüsanten kurzen Episode erzählt. Als er seiner kleinen Tochter Gaby mit etwa zwei, drei Jahren voller Freude einmal die Widmung in seinem Buch *Der unbedingte Mensch. Metaklinische Vorlesungen* (1949) zeigen wollte, schlug er es auf und präsentierte ihr die

Lettern: Meiner Tochter Gaby. Vielleicht würde sie schon ein wenig verstehen können, dass dieses Buch etwas mit ihr zu tun hatte? Der Vater wollte das Töchterlein an seiner Freude teilhaben lassen. „Schau, was da steht! Da steht Gaby, das ist für dich!", sagte er ihr. – „Nein", antwortete sie. „Eisenbahn! Das da (sie zeigte auf das erste Wort) ist Lokomotive und das Anhänger."

Ich verstehe die Widmungen in Frankls Büchern als einen im Grunde intimen Ausdruck seiner inneren Beziehung zu den Menschen, die ihm wichtig waren. Mit ihnen hat er schamhaft-distanziert in der Öffentlichkeit und zumeist nach dem Tode der betreffenden Menschen seine Verbundenheit zeigen können. Es war ein Mittel, das zu sagen, was ihm im persönlichen Kontakt schwer fiel oder bei den Verstorbenen auch nicht mehr möglich war. Die Widmung stellt eine Form des Gedenkens dar, in der öffentliche Ehrerbietung, Anerkennung und persönliche Beziehung zum Ausdruck kommen.

Frankl hatte nicht viele Beziehungen. Sein bester Freund und Mitstreiter der frühen Jahre, der Wiener Psychiater Paul Polak, verstarb 1981. Außer einzelnen Besuchen von Interessierten der Logotherapie aus der ganzen Welt ist mir nur eine lose, aber durchaus freundschaftliche Beziehung mit Juan Battista Torello aufgefallen, mit dem er sich alle paar Jahre getroffen hat. Torello war ursprünglich Psychiater, ist später katholischer Priester geworden und wirkte in leitender Funktion im Opus Dei in Wien. Innig verbunden fühlte sich Frankl dem Frankfurter Rabbiner Pinchas Lapide. Es kam meines Wissens zu zwei oder drei Begegnungen und einigen Telefonaten. Frankl sagte mir einmal, dass er sich wünschte, einst von ihm begraben zu werden, wenn das möglich sein sollte. Lapide war selbst schon ein kranker Mann und verstarb kurz nach Frankl, am 24. Oktober 1997.

Eine besonders tiefe, verehrende Beziehung hatte er zu seinem Lehrer Otto Pötzl (1877–1962), der von 1928 bis 1945 Vorstand der Psychiatrischen Klinik in Wien und zuvor in Prag gewesen war. Mit ihm hat Frankl während der Nazizeit zusammengearbeitet. Für Frankl war Pötzl ein väterlicher Freund (48), dem er nach dem Krieg seinen Schutz zukommen lassen wollte und den er daher gleich nach der Heimkehr aus dem Konzentrationslager als ersten besuchte (81). Ihm widmete er sein letztes wissenschaftliches Buch, die Textesammlung aus fünf Jahrzehnten (1987/1994).

Frankl hat seine Freundschaften nicht sehr gepflegt. Sie hatten neben seinem strikten täglichen Arbeitspensum und seinem Eifer für die Logotherapie wenig Platz. Oft bezeichnete er mich als Freund. Für mich war er wegen des Altersunterschiedes von 46 Jahren (bei nur um einen Tag verschobenen Geburtstagen) mein *väterlicher* Freund. Bei einem Gespräch über seinen verstorbenen Freund Paul Polak sagte mir Frankl sinngemäß: „Eigentlich habe ich in meinem Leben nur zwei Freunde gehabt, Paul und Sie. Paul hat mich länger gekannt, aber ich glaube, Sie kennen mich besser. Mit Paul habe ich stundenlang philosophieren können. Aber mit Ihnen ist es persönlicher. Sein Tod war mir ein großer Verlust. Dafür hat mir der Himmel Sie geschenkt und den Verlust wieder wettgemacht. Ich danke Ihnen." Ich weiß noch, wie sprachlos ich war ...

Wir waren in den Jahren 1982 bis 1991 in Kontakt und hatten zwischen 1983 und 1990 praktisch täglich miteinander zu tun, sprachen manchmal bis zu drei, vier Mal am Tag per Telefon miteinander. Wir besprachen alle Belange der Logotherapie, der Korrespondenz, der Entscheidungen, der Ausbildung und der Publikationen miteinander, er mit mir und ich mit ihm. Wir sprachen über Fälle, Methoden und Techniken, über Therapien von Problemfällen. Ich lernte viel von seinen praktischen Erfahrungen, und er gab mir Anregungen für die Behandlung von Patienten, für die Publikationen und führte mich in seine Denkweise und Denkstrukturen ein. Wir sprachen oft über uns, über unsere persönlichen Empfindungen, Haltungen, Gedanken und Gefühle. Ich würde unsere Beziehung als persönlich offen, aber nicht sehr ins Private gehend bezeichnen. Obwohl ich oft in seinen beiden Wohnungen gewesen bin und umgekehrt das Ehepaar Frankl auch dreimal bei uns zu Gast war, haben wir uns nie gegenseitig zum Essen eingeladen. Abends gab es bei Frankls Imbisse, an denen ich gelegentlich teilnahm. Zweimal besuchte ich mit meiner Familie die Frankls auf der Rax, wir gingen ein paar Mal mit ihnen aus und so weiter.

Die Art unserer Beziehung spiegelt sich meines Erachtens am deutlichsten in zwei Umständen wider. Der eine war, dass wir einander immer in der Höflichkeitsform angesprochen haben, der andere war die Einseitigkeit der Beziehung. Zu beidem möchte ich etwas sagen: Die distanzierte Kommunikationsform steht in Kontrast zum Inhalt der Gespräche sowie zur Häufigkeit und zu den Anlassfällen der Kontakte. Wir sprachen über sehr persönliche Belange. Frankl erzählte mir intimste Erlebnisse, Gedanken, Erfahrungen und Gefühle. Wir blieben dabei in einer Form von Distanz, in der wir miteinander kommuniziert, aber uns nie zu nahe gekommen noch zu nahe getreten sind in dem Sinne, dass wir einander verletzt hätten. Einmal, bei einer Fahrt hinaus zum Stadtrand, wo seine Tochter wohnte, sagte er: „Es ist schon eigenartig, dass wir trotz unserer Freundschaft und nach den vielen Jahren immer noch per Sie sind. Ich finde, das zeichnet unsere Freundschaft aus: dass wir es nicht nötig haben, uns aneinander ranzuschmeißen, sondern in respektvollem Ton miteinander verkehren können. Und wir können uns trotzdem so persönlich austauschen und freundschaftlich verstehen. Vielleicht ist das gerade dadurch möglich." Ich verstand, dass dies für Frankl die Form war, eine tiefere Beziehung zu mir (und vermutlich auch zu anderen) einzugehen. Ich wusste, dass ich das zu respektieren hatte, weil er mit einer näheren Form, die damit auch mehr Emotionalität gezeigt hätte, nicht zurechtgekommen wäre. Ich spürte, dass er diese Distanz brauchte, um ohne Gefühl des Bedrohtseins durch zu große Nähe freimütiger sprechen zu können.

Für mich war diese Form der Beziehung wohl stimmig für den Anfang, aber sie passte nicht mehr zu den späteren Jahren. Ich war weder sein Angestellter noch sein Therapeut. Ich war sein Vertrauter, sein jüngerer Kollege und Mitarbeiter, sein Freund, ein wenig sein erwachsener Sohn, sein Verehrer und fühlte mich manchmal auch als sein Beschützer. Doch trotz der Verehrung, die ich Frankl entgegenbrachte, und bei aller Wertschätzung, die er umgekehrt für mich empfand, stimmte diese Form der Beziehung für mich nicht mit ihren Inhalten überein. Verehrung und Wertschätzung implizieren Distanz und bringen für das heutige Empfinden eine alsbald als steif empfundene Note herein. Auf mich wirkte diese Form der Beziehung wie aus einer anderen Zeit, in der es zum guten Ton und zur Bildung gehörte, respektvolle Distanz auch in engsten Beziehungen zu leben. Das Sie-Wort galt als Kultur der Ehrerbietung sogar in der Ehe und in der Familie.

Die zweite Charakteristik unserer Beziehung war ihre Einseitigkeit. Obwohl ich viel aus Frankls Leben wusste, obwohl er mir schon im Oktober 1985 das Manuskript seiner erweiterten Autobiografie in einer handschriftlich korrigierten Fassung überreicht hatte, hat er seinerseits kaum je nach meiner Biografie gefragt. Nur weniges wusste er davon, weil ich es ihm aus eigenem Antrieb erzählt hatte. Es ging bei unserem Beisammensein – nachdem er zuerst immer nach meinem Befinden und dem der Familie gefragt hatte – vorwiegend um ihn und die gemeinsame Arbeit. Das war meistens interessant und informativ. Aber mitunter waren Monologe und Selbstbetrachtungen anzuhören, bevor wir zum eigentlichen Gespräch kommen konnten. Das gehörte wie ein Ritual zu den Begegnungen mit ihm. Noch nach Jahren konnte es vorkommen, dass er mir im Ärger über jemanden, der ihn nicht gebührend respektierte, aufzählte, wie viele Bücher er in wie vielen Sprachen geschrieben hatte ... Er war da manchmal nicht zu bremsen. Doch die Geduld lohnte sich. Wenn sich Frankl erst einmal in dieser Form wieder angenommen erlebte und man diese mühsame Phase mit ihm durchgestanden hatte, wurde das Gespräch sehr offen und fließend und gerade nach solchen Phasen sehr persönlich.

Was interessierte Frankl üblicherweise am meisten an mir? Er wollte in erster Linie mein Erleben und meine Wahrnehmung in Bezug auf seine Arbeit, meine Meinung, meine Pläne und Gedanken für die gemeinsame Arbeit erfahren. Grundsätzlich und immer war Frankl dem persönlichen Leid gegenüber aufgeschlossen. Wenn so etwas zur Sprache kam, war er immer mitfühlend und warm. Ebenso habe ich ihn in unseren Gesprächen über persönliche religiöse Überzeugungen und Haltungen erlebt. Auch da zeigte er große Offenheit für mein Erleben und meine Haltungen.

Obwohl Frankl mit seiner Zeit geizte, hatte er immer Zeit, wenn ich ihn anrief oder traf, und er hatte typischerweise immer *mehr* Zeit, als er ursprünglich angegeben hatte. Oft sagte er mir, dass ich ihn „ungeniert jederzeit anrufen" könne und dass ein Anruf von mir ihn nie stören würde. Er bat mich wiederholt, öfter zu Besuch zu kommen, wenn es meine Zeit erlaubte. Einmal meinte er im Beisein seiner Frau bei der Verabschiedung im Vorraum seiner Wohnung (diese Szenen konnten leicht eine Stunde dauern): „Und kommen Sie bald wieder! Sie sind für uns praktisch die einzige Verbindung zur Welt, die wir haben. Mit wem sonst haben wir Kontakt in Wien?"

Es besteht für mich kein Zweifel, dass Frankl unter der Schwierigkeit, Beziehungen zu knüpfen, gelitten hat. Dies ist mir in einem Gespräch bald nach seinem 80. Geburtstag (1985) besonders deutlich geworden. Er erzählte, dass er mit seinem Freund, dem Schriftsteller Hans Weigel, telefoniert hätte, der zu dieser Zeit ebenfalls seinen 80. Geburtstag feierte. Und mit einer gewissen Bitterkeit und wie zurückgesetzt durch einen Bruder merkte er an, dass Hans Weigel die nächsten Tage mit dem Öffnen und Auspacken von Geschenken beschäftigt sei! Er habe ihm gesagt, dass die ganze Wohnung voll sei mit Geschenken und dass Bürgermeister Zilk ihn angerufen habe, was er sich zum Geburtstag von ihm wünsche! Daraufhin hätte er gesagt, dass er mit ihm einen Tag im Prater verbringen wolle. Was sie dann auch tatsächlich gemacht hätten. Und er, Frankl, habe vom Bürgermeister nur ein schönes Telegramm bekommen, aber keinen Anruf und keine Frage, was er sich zum Geburtstag wünsche.

Überhaupt hat Frankl nur wenige Geschenke zum Geburtstag erhalten, aber sehr viel Glückwunschtelegramme und verehrende Post aus der ganzen Welt. Frankl litt darunter, dass er sich nicht so gemocht fühlte, wenngleich aus einer Distanz verehrt – ein schmerzliches Gefühl für einen Menschen, der schon auf der dritten Seite seiner *Ärztlichen Seelsorge* im Jahre 1946 schrieb: „Alles Sein ist Bezogen-sein." Aber bei näherem Betrachten wird hier deutlich, dass keine emotionale Verbundenheit damit gemeint ist, sondern im Grunde eine Differenz, die *Unterscheidung* von anderen. Frankl schreibt an der Stelle: „Sein = Anders-sein, d. h. ‚Anders-sein als' – also Relation; eigentlich ‚ist' nur die Relation. Wir können daher auch folgendermaßen formulieren: alles Sein ist Bezogen-sein." Damit meint Frankl, dass das ihm so wesentlich erscheinende „Anders-sein" der Person ja nur in Bezug auf einen anderen Menschen feststellbar ist – eine Beziehung wird also verstanden als unterscheidender Vergleich.

Aber Frankl hatte nicht nur Angst vor Gefühlen, weil sie den Menschen in depressiver Stimmung bis in den Selbstmord treiben oder verunsichert vom Leben abhalten können. Er empfand auch *Scham* bei Gefühlen, weil sie einen entblößen und verletzlich machen. Um dem zu entgehen, liebte es Frankl in der Psychotherapie, Geschichten von anderen Patienten zu erzählen, aus denen in indirekter Weise hervorging, wie *sie* dasselbe Problem gelöst hatten. Er wollte seinen Patienten gefühlsmäßig nicht zu nahe treten. Er sprach sie nie auf ihre Gefühle an und trachtete danach, ihre Selbstständigkeit nicht zu verletzen. Darum wollte er sich selbst nicht als den wissenden Therapeuten in den Vordergrund stellen. Das Arbeiten mit Analogien und Beispielen anderer Patienten schafft eine sachliche Distanz, in welcher der andere und man selbst nicht unmittelbar berührt werden. Es war nicht zuletzt das Schamgefühl für die eigenen Gefühle wie für die Gefühle anderer, das Frankl sensibel machte für das Intime, das die Person in ihrer Tiefe kennzeichnet und ein besonders schützenswertes Gut darstellt. So zählten für ihn *lieben, beten* und *sterben* zu den persönlichsten Akten des Menschen, die in ihrer Intimität vor jeder Zurschaustellung zu schützen seien (vgl. S. 141 f.). Er forderte daher in Diskussionen und Vorträgen wiederholt, dass diese Akte nie vor eine Fernsehkamera gezerrt werden dürften (Frankl/Kreuzer, 1986, 58 f.). Ein Mensch beim Liebesakt, im Gebet mit Gott und in seinem Sterben gehört nur sich allein. Jedes Zuschauen nimmt ihm die Würde. Ich halte das für einen sehr wahren Gedanken. Spontan senken wir den Blick oder schauen weg, wenn wir Menschen in einem dieser Akte antreffen.

Die Beherrschung der Gefühle war für Frankl natürlich ein wichtiges Thema in seiner Theorie. Von den Gefühlen auf Distanz zu kommen, sich von ihnen nicht diktieren zu lassen, sondern die Freiheit der Vernunft und des Geistes über die Gefühle zu stellen, ist ein großes Kapitel in seiner Anthropologie, das er mit dem Namen *Selbst-Distanzierung* belegte (Frankl, 1982; 1990). Skepsis den Gefühlen gegenüber spricht aus seinen Worten, wenn er sagt, dass sich der Mensch nicht alles gefallen lassen müsse, auch nicht von sich selbst (1959, 685). Zu Recht wies er Gefühligkeit und Sentimentalität von sich, weil sie den Menschen blind machten für das, was sein Auftrag in der Welt sein könnte. Denn Sentimentalitäten halten den Menschen in sich selbst gefangen und verstricken ihn mit sich, sodass er den freien Zugang zur Welt verliert, den Sinn, die Aufgaben und die Schönheiten in der Welt nicht mehr sieht. Die Welt der Gefühle, die auch das Triebhafte beinhaltet, nahm für Frankl zeitweise bedrohlichen Charakter an, wenn er in seinen Vorträgen von ihnen gelegentlich entwertend als dem „inneren Schweinehund" sprach, von dem man sich eben distanzieren müsse (1991, 277). Diese Angst vor der triebhaften Seite der Gefühle könnte mit seinen Erfahrungen als junger Arzt zu tun haben. Als er sich jahrelang nicht zum Schreiben aufraffen konnte und daneben viele Bekanntschaften hatte, war er dabei unglücklich und unzufrieden. Die Erfahrung, von lebensbehindernden Gefühlen überschwemmt zu werden, wie er es vom Ringen mit seiner eigenen Ängstlichkeit und von der Behandlung depressiver Patienten kannte, nährte seine Skepsis den Gefühlen gegenüber und ließ ihn eine selbstdistante Haltung üben.

Mit seiner Lebenshaltung kam er durchaus auch in *Widerspruch zu seiner Theorie*, wenn er etwa Pascal zitierte mit dem Satz „Das Herz hat Gründe, die der Verstand nicht kennt“ (Frankl, 1959, 695). Frei übersetzt hat es Frankl einmal mit: „das Gefühl kann viel feinfühliger sein als der Verstand scharfsinnig“ (Frankl, 1979, 33). Er spricht damit die „Weisheit des Herzens“ (Psalm 89) an, welche die Wissenschaft übersteigt. Sie allein ist imstande, sich dem umfassenden Sinn („Übersinn“) – Gott – zu nähern (1979, 89). Das Geistige ist bei Frankl und Scheler nicht identisch mit dem Intellektuellen und mit dem Verstand, ist eben nicht Ratio, sondern Eros, Pathos und intuitiv empfundener, unbewusster Ethos (Frankl, 1979, 30). So ist der *Nous*, die geistige Dimension des Menschen, in ihrem vernehmenden Akt eine zuvorderst liebende Fähigkeit. Er hat im Grunde eine emotionale Dimension. Diese theoretische Position Frankls (und Schelers) ist in der Praxis der Logotherapie aber unter dem Einfluss seiner Persönlichkeit (und dem des Zeitgeistes) mehr in den Bereich des Verstandes und des Bewusstseins verschoben worden. Der Nous sollte durch Argumente und Überzeugung angesprochen werden, Gefühle spielten keine wirkliche Rolle. An dieser Stelle haben wir in der Weiterentwicklung der Existenzanalyse daher eine Korrektur entsprechend der ursprünglichen theoretischen Anlage der Existenzanalyse vorgenommen (siehe die Kapitel über den Einfluss von Frankls Persönlichkeitsstruktur auf die Logotherapie und über die Weiterentwicklung).

Das Herz hat für Frankl nicht die geläufige, symbolische Bedeutung der Liebe, der Beziehung zu Menschen und der gefühlsmäßigen Verbundenheit. Für ihn steht das Herz als Bild für die Liebe zu Gott. Als Symbol für die Gottesliebe steht es für das Gewissen. Als solches ist es feinfühliger, als der Verstand scharfsinnig ist, wie oben erwähnt, und reicht daher über alle „Rationalität und Intellektualität“ hinaus. Die Gewissenhaftigkeit des Menschen wurzelt in seiner Intimität, der „wahren Tiefenperson“ (Frankl, 1990, 361). Tritt er ins Gespräch mit ihr, so steht er vor Gott, dem Partner seiner intimsten Selbstgespräche (Frankl, 1990, 350). Darum hat der Mensch die Aufgabe, das Herz an nichts zu hängen außer an Gott. Da das liebende Gefühl auch keinen anderen Sitz als das Herz hat, gehört es konsequenterweise auch nur Gott. „Das Herz soll, wie es im Alten Testament heißt, nur an Gott hängen, ihn ‚lieben mit ganzem Herzen, ganzer Seele und ganzem Vermögen‘“ (Frankl, 1990, 361).

Damit hat Frankl ein geistigeres, eigentlich spirituelleres Verständnis vom Herz als Buber. Für ihn sind Werte das, woran das Herz hängt. Buber erzählt in einer chassidischen Weisheit, dass der Weg zu Gott nicht über Normen geht, sondern wohin das „Herz zieht“ (Buber, 1990, 473), also über eine emotionale Verbundenheit.

Ebenfalls in Bezug zum Alten Testament begründet Frankl seine emotional distante Lebenshaltung. Er greift den alttestamentarischen Gedanken auf, dass die höchste Tugend die Gerechtigkeit, die Sachlichkeit, sei (Frankl, 1990, 363 f.). „Einer Sache gerecht werden und insofern sachlich sein meint nichts weiter als: sie ihrem höchstmöglichen Wert zuzuführen" (ebd., 364). Dabei geht es nicht darum, welche Gefühle man selbst dabei hat, wie es einem mit der Sache geht und was man durch sie erlebt. Es ist nicht wichtig, wie nahe man sich der Sache oder dem Menschen fühlt. Es ist wichtig, was man als seinen höchstmöglichen Wert ansieht und dass man dazu – selbstlos – das Seinige tut. Wie es Frankl bei seinem sterbenden Vater auch selber getan hat – ihn fragend, was er noch brauche, ihm eine Spritze gebend, ihn ganz mit sich und bei sich lassend.

Zur Illustration der Sachgerechtigkeit bringt Frankl ein Beispiel, das die Maximierung des Eigenwerts der Dinge zeigen soll:

„Nehmen wir ein möglichst alltägliches Beispiel: Ich halte einen Schilling in der Hand. Ist dieser Schilling wirklich einen Schilling wert? Oder hat er nicht vielmehr einen anderen Wert, je nachdem, ob ich ihn behalte oder etwa einem Bettler schenke? Hat er nicht für den Bettler einen höheren Wert, wäre es nicht gar denkbar, daß er jemandem gegeben werde, für den er den höchstmöglichen, seinen vollen Wert hätte? Und heißt nicht erst dies, dem Schilling zu seinem Eigenwert verhelfen? – So zeigt sich denn, daß ich, indem ich den Schilling dem Bettler gebe, dem Schilling einen Mehrwert gebe; daß ich dann nicht nur dem Bettler zu einem Schilling verhelfe, sondern auch dem Schilling zur Sinnerfüllung, zur Erfüllung seines Eigen-sinns.

So sehen wir, daß die im Alten Testament so viel gerühmte, als höchster Personwert hingestellte Tugend der Gerechtigkeit nichts anderes sein dürfte, als Sachgerechtigkeit – Sachlichkeit." (Frankl, 1990, 363)

Natürlich, so merkt Frankl an, bedeutet „Sachlichkeit gegenüber der Person" Liebe, Eros.

Es bedürfte einer eigenen Untersuchung, um festzustellen, ob diese Haltung zum Triebhaften und Emotionalen, wie wir sie bei Frankl kennengelernt haben, nicht auch ein Phänomen des Zeitgeistes war, in dem Frankl stand. Als solches ist es nicht einmal an die christliche Religion gebunden. So hat Sigmund Freud beispielsweise die sexuelle Triebhaftigkeit des Menschen als Triebfeder des Emotionalen und Unbewussten angesehen. Die Auswirkung des triebhaften Geschehens fand er im griechischen Mythos des Ödipus abgebildet, dessen Schicksal das Triebschicksal des einzelnen Menschen widerspiegle und den naturgegebenen Eigenanteil an der Tragik der menschlichen Existenz deutlich mache. Freud als hervorragender Kenner der antiken Geisteswelt wusste, dass es sich im „Ödipus" um einen Fluch handelte, den sein Vater Laios in Delphi erfuhr, ohne dass ein Grund dafür vorgelegen hätte. Freud sah in der natürlichen Triebhaftigkeit des Menschen – in seiner „ödipalen" Natur – somit einen tragischen Fluch. Er haftet der menschlichen Psyche an, sofern er nicht durch die analytische Kur und die korrigierende Kraft der Bewusstmachung gelöst wird. – Und worin sieht Frankl die Befreiung von den Fesseln der unbewussten Triebhaftigkeit? Frankl, der zwar Rationalist, aber kein Aufklärer war, macht nicht das Bewusstsein und somit nicht den Verstand geltend für die Eindämmung der destruierenden Kraft des Psychischen. Bei ihm ist es die Vernunft, der vernehmende Geist, der „Nous", der den Menschen in die Lage versetzt, in Opposition zu treten, auch gegen sich selbst. Für Frankl ist es also die „Trotzmacht des Geistes" (Frankl, 1982, 96, 186), die vom Gewissen geleitet ist (und die mehr ist als nur eine Anpassung an die Realität, ein „Realitätsprinzip"), mit welcher der Triebhaftigkeit begegnet werden kann.

Frankl und die Religion

Frankl sprach nie gerne über seine Religiosität und seinen Glauben. Charakteristisch dafür ist das Kapitel „Glaube" in seiner erweiterten Autobiografie (Frankl, 1995, 37–40). Es beginnt damit, dass er in leicht abschätzigem Ton sagt: „Was nun den Glauben anbelangt, habe ich mich zu diesem Thema zur Genüge ausgelassen." (37) Eher schroff und abweisend werden Erklärungen, von denen man nicht weiß, warum sie hier gegeben werden, aufgezählt. Aufschlussreicher ist das ursprüngliche Manuskript. In ihm befinden sich einige Zeilen, die später weggelassen wurden und die m. E. interessante Informationen beinhalten. Frankl meint dort, er habe sich, was seinen persönlichen Glauben anlange, „in der persönlichsten Art und Weise in einem Interview geäußert, das in dem Buch *Am Fenster der Welt* erschienen ist. In der persönlichsten und verhältnismäßig offensten Art und Weise, möchte ich sagen." (MS, 38) Anschließend gibt er zu bedenken, dass seine Stellungnahmen zum Thema Glauben widersprüchlich sind. Dann erklärt er, von welchen Faktoren es abhänge, wie er über den Glauben spreche, wodurch es auch zu Widersprüchen komme. Diese Aufzählung ist in der Autobiografie abgedruckt (37), allerdings ohne die erklärende Einleitung.

In dem von Frankl genannten Kapitel aus dem Buch *Am Fenster der Welt* (Fleckenstein, 1975, 100–117) zeigt er deutlich, dass er über das Intimste und Persönlichste eigentlich nicht sprechen mag.[15]

> „Sie wollen den Menschen Frankl kennenlernen? Das sind Dinge, die nur gelebt werden können! (...) Ich weiß nicht, wer ich bin, ich weiß nicht, was ich bin, was an mir ist. Aber eines weiß ich: wenn etwas an mir ist, so muß es zu Tage treten dadurch, daß ich es für ‚die Forderung der Stunde' erachte,

> das zu sagen, was ich für wahr halte. Da fällt mir das schöne Wort von Hillel ein, einem der beiden Begründer des Talmud: ‚Wenn nicht ich – wer denn? Wenn nicht jetzt – wann denn? Aber wenn nur für mich – was bin ich?‘ (...) Denn Mensch bin ich ja in dem Maße, als ich mich vergesse und mich aus den Augen verliere, mich übersehe. Deshalb widerstrebt mir zutiefst jedes Reflektieren über mich selbst.“ (ebd., 107 f.)

Hier zeigt sich wieder jene Scheu Frankls, den Blick auf sich selbst zu lenken und offen von sich zu sprechen. Wir haben früher schon einmal festgestellt, dass Frankl gerade darum auch so viel *über* sich und seine Leistungen sprach, weil er wenig *von* sich sprach. Nicht anders ist es bei seinem Verhältnis zur Religion. In seinen Büchern ist viel von Religiosität, Glaube und Gott die Rede, programmatisch sogar als Buchtitel wie *Ärztliche Seelsorge* und *Der unbewußte Gott*. Aber über seine eigene Religiosität zu sprechen, widerstrebte ihm. Frankl gab dafür zwei Gründe an, die auch tiefe Wahrheiten beinhalten: zum einen sein religiöses Schamgefühl (ebd., 108), das ihn daran hinderte, die religiöse Intimität preiszugeben. Für ihn war, wie bereits erwähnt, beten als Vollzug der Religiosität ebenso intim wie lieben und sterben. Diese drei Dinge gehörten seiner Meinung nach

> „unter den Schutz der absoluten Intimität gestellt. Denn sie werden in dem Augenblick verfälscht, wo sie beschaut werden. Ich kann nicht als Betender ganz Gott hingegeben sein, wenn ein Scheinwerferlicht auf mich fällt und ich weiß, das wird gefilmt. In dem Moment wird der Akt objektiviert – und verliert sein eigenes Objekt, seine Intentionalität; denn das Gebet ist ein Aufglühenlassen der Personalität bzw. der Überpersonalität dessen, zu dem ich bete.“ (Ebd., 108 f.)

Für Frankl ist Gott „der Partner unserer intimsten Selbstgespräche“ (Frankl, 1979, 119; 1990, 350). Damit gibt er auch eine „operationale Definition“ von Gott, die von jedem akzeptiert werden könnte unabhängig davon, ob er gläubig ist oder nicht. Denn für den Gläubigen ist es so, dass er alles, was er „in letzter Ehrlichkeit sich selbst gegenüber bedenkt und in ‚innerer Sprache‘ bespricht“, eigentlich mit Gott bespricht (Frankl, 1990, 350), während der Atheist von der Hypothese ausgeht, dieser Partner sei nur er selbst, und niemand weiterer, mit dem er nicht identisch ist, sei anwesend. Frankl bringt auch ein anderes, treffliches Bild. Dem Menschen gehe es auf der Bühne des Lebens, „geblendet vom ‚Schein‘ der Alltäglichkeit“, wie dem Schauspieler, der, geblendet vom Rampenlicht, „nichts“ sieht und doch „vor offenem Vorhang“ spielt (Frankl, 1991, 107).

Als zweiten Grund gibt Frankl an, dass das Sprechen über den Glauben diesen gerinnen lässt. „Ich empfinde das als eine Verobjektivierung eines Glaubensaktes: sobald er deklariert wird! Indirekt, implizit muß das durchleuchten, woran ich glaube, oder es ist nicht echt. Wenn es reflektiert wird oder wenn es publiziert wird, – in dem Augenblick gerinnt es und ist auch schon verfälscht." (Frankl, 1975, 109) Er spricht dem Interviewer nicht das Recht ab, solche Fragen zu stellen. „Aber es ist auch legitim, wenn ich solchen Fragen – ausweiche." (Ebd.)

Der Glaube lebt im Verständnis Frankls aus seiner unmittelbaren Beziehung zu Gott und ist ausschließlich im Vollzug, im Beten existent und sonst in der Latenz. Diese dynamische Sichtweise geistiger Akte durchzieht das Frankl'sche Gedankengut und prägt auch seinen Personbegriff. So, wie man eigentlich *über* eine Person nicht sprechen kann, sondern nur *zu ihr*, so kann man umso mehr nicht über die „absolute Person" sprechen, sondern nur zu ihr – und zu Gott kann man eigentlich nur beten (Frankl, 1990, 231).[16] Darum ist es nicht möglich, über den Glauben zu sprechen, ohne dass er zur Sache gerinnt. Er lässt sich ebensowenig festhalten wie die Person, wie das Gewissen, wie die Freiheit. Frankl bleibt seinem Denken und seiner Anthropologie treu, wenn er sagt: „Aber wer kann sagen, er ‚glaubt'? Ich glaube nicht, es sagen zu können, daß ich glaube!" (Frankl, 1975, 114) Religiöse Bekenntnisse haben für ihn eine „relative Bedeutungslosigkeit" (ebd.), weil sie nicht helfen, zu Gott vorzustoßen. Dennoch hat Frankl einen großen, „unerhörten Respekt vor der echten Religiosität echter Menschen", und es tue „alles weh, was die Religion in den Dreck zieht, wie das so modisch ist" (ebd., 109).

Es begegnet uns hier eine Beziehung zur Religiosität, die ungewöhnlich ist. Die meisten Menschen können angeben, ob sie gläubig sind oder nicht. Frankl gibt vor, dies nicht zu wissen. Auch in den persönlichen Gesprächen mit mir, ja auch in unseren intimen religiösen Gesprächen hat er es nie anders gesagt. Aber nicht nur, dass er es nicht wusste, und nicht nur, dass er es, wenn er es gewusst hätte, aus der Intimität mit Gott nicht preisgeben mochte, sondern: ob seine „Religiosität Religiosität ist, überhaupt, und wenn, wie echt sie ist: das interessiert mich nicht" (ebd., 109). Diese Frage gehört zu dem Thema Selbstreflexion und Selbsterfahrung, die er bekanntermaßen entschieden ablehnte, und wie wir sehen auch konsequent bei seinem Lieblingsthema Glaube. Was Frankl von sich selbst forderte, nämlich das Absehen von sich und den eigenen geistigen Akten, das sah er auch allgemein als den besten Weg an. Er meinte, dass die „anonymen Christen", wie Karl Rahner jene bezeichnet hat, die in einer christlichen Gesinnung außerhalb der Kirche leben, eigentlich die richtigen Christen wären. „Ein Christentum, das diese ‚unsichtbare Kirche' repräsentiert, wäre ja wahrscheinlich Christentum ‚at its best' – weil es existentiell ist, weil es nichts davon hat! Deshalb glaube ich, würde man richtig liegen, wenn man einer unsichtbaren Gemeinschaft angehört, bei der man nichts im Knopfloch hat, kein Parteibüchel in der Sakkotasche." (Ebd., 112) Anonymer, nicht durch Bekenntnis publik gemachter Glaube war für Frankl der lebendigste – und gleichzeitig der echteste. Dieser Glaube kann nicht so leicht verwendet und zum eigenen Vorteil funktionalisiert werden, weil kein persönlicher Profit durch die Zugehörigkeit zu einer Religionsgemeinschaft entsteht. Am liebsten hätte er, wie wir sehen werden, auch die Logotherapie als eine Art „anonyme Psychotherapie", eben als „Geheimtip" (MS, 121) gesehen.

Dass Frankl ein sehr religiöser und gläubiger Mensch war, steht für mich außer Zweifel. Warum er darüber nicht sprechen wollte, haben wir nun gesehen. In seiner tiefen religiösen Haltung ist *sein Blick einzig auf Gott gerichtet*, ist er mit seiner größten Intimität hingegeben an Gott. Diese Intimität gehört nur Gott, ist göttlich, gehört nicht in anderer Menschen Hand, ist letztlich ein Geschenk auch für ihn selbst, der an dieser Begegnung partizipieren darf. Diese Gottversunkenheit sehnt sich nur nach dem Hinsehen auf Gott. Das Eigene, das, was an einem selbst ist, davon ist leicht abzusehen, weil es neben dem Dialog mit Gott verblasst, ja weil es als leidvoll und hinderlich für die Beziehung zu Gott erlebt wird. Frankls Gottesbeziehung ist eine *Annäherung an die absolute Selbst-Transzendenz*, an die absolute Hingabe an das Du.

Damit haben wir, wie ich glaube, das tiefste Erleben und die tiefste Lebenshaltung Frankls beschrieben. Genau das erlebte ich in unseren persönlichen Begegnungen, dann nämlich, wenn Frankl als Person spürbar und antreffbar war. Wer ihn nur aus der Distanz kannte, konnte dieses tiefste, intimste Berührt- und Bewegtsein Frankls leicht übersehen hinter den narzisstischen und mitunter heroischen Äußerungen. Im Grunde aber war Frankl beseelt von einer innigen Gottesliebe und er fühlte sein Leben als tiefste Verpflichtung, Werkzeug und Vermittler dieser göttlichen Botschaft zu sein. Nach dem Gesagten wird verständlich, dass Frankl sich nie dazu bekannt hat, ja dass er auch nicht wollte, dass dies an das Licht des Bewusstseins und der Öffentlichkeit gezerrt würde. Er wollte im Geheimen wirken, als „Anonymer", als einer, der sein Buch nur unter der KZ-Nummer in die Hand der Öffentlichkeit geben wollte. Er wirkte im Verborgenen, um nicht vor sich selbst und vor anderen in Verdacht zu geraten, einen Vorteil daraus schlagen zu wollen, und sei es auch nur einen narzisstischen. Aber es ist unübersehbar, dass dieser Wesenszug Frankls Werk und Wirken, ja ihn als Person kennzeichnet. Diese ärztliche Seelsorge, dieses Bemühtsein um die unbewusste Religiosität (Frankl, 1979, 54 ff.; 1990, 345–371), die es gilt, nicht einmal unbedingt bewusst zu machen, aber lebbar und lebendig werden zu lassen, durchstrahlt sein Werk. „Nicht am Bekenntnis, sondern an ihren Taten werdet ihr sie erkennen", sagte er einmal in einer Vorlesung. Und so, wie er es gefordert hat, lebte Frankl seine Religiosität für sich: Religiosität ist nur dann echt, wenn sie für sich spricht, ohne dass sie einen Anwalt haben muss – wenn sie hindurchschimmert in dem, was ein Mensch tut, und trotzdem schamhaft im unablässigen, intimen Akt mit Gott verbleibt. Aus diesem Urgrund schöpfte Frankl seine geistige Kraft. Sie ließ ihn dem Konzentrationslager und dem wiederholten Lebensüberdruss trotzen. Sie ließ ihn fast missionarisch eine so gigantische Vortragstätigkeit in aller Welt bewältigen und ließ ihn mit Kampfgeist und Überzeugung ein solches Werk schaffen. Letztlich hat Frankl diese Leistung – bei allem Stolz und bei aller menschlichen Selbstwertsteigerung, die damit verbunden war und die er sicherlich gepflegt und genossen hat – nicht als seine eigene Leistung ausgegeben. Im Letzten war hier für ihn etwas anderes am Werk, wie er mir in einem nachmitternächtlichen Gespräch einmal in großer Ruhe, Besinnlichkeit und religiöser Bescheidenheit sagte. Und ähnlich, meinte er weiter, gehe es uns Psychotherapeuten in der Idealisierung durch die Patienten. Diese „Übertragungsliebe" gelte ja nicht uns Menschen, sondern sei in der unbewussten Tiefe längst auf jemanden gerichtet, der hinter uns stünde und durch dessen Kraft wir als Psychotherapeuten – im Letzten auch aus einer unbewussten Tiefe – tätig würden. Die idealisierte Liebe und Dankbarkeit, die Patienten für ihre Therapeuten empfänden, seien zwar auf den sichtbaren Therapeuten projiziert, meinten aber letztlich (unbewusst) das Urbild allen Heils, nämlich Gott. Und darum solle ein Therapeut niemals in den Irrtum verfallen, diese Liebe auf sich zu beziehen.

Von dieser Beziehung zu Gott war Frankl so sehr beseelt, dass er im Grunde gar nicht von ihr absehen konnte. Wenn er in seiner Anthropologie den Nihilismus zu überwinden versuchte, indem er gegen die Reduktion des Menschen auf vitale und soziale Kräfte aufstand und den Beweis der Existentialität menschlichen Daseins erbrachte, so war ihm in der Folge daran gelegen, den gefundenen Humanismus auch noch zu „überhöhen", indem er auf die „Transzendentalität menschlichen Daseins" verwies (Frankl, 1990, 366 f.). Als ein Beispiel, wie Frankls tiefer Gottesbezug zur Denkkategorie in seinem Werk wurde, diene das folgende Zitat. Es beschreibt die transzendentale Abrundung der Anthropologie:

> „Nunmehr geht es darum, durch Einbeziehung der Transzendenz in die Wesenslehre vom Menschen ein Menschenbild wiederherzustellen, das dem Wesen Mensch insofern gerecht wird, als in diesem Bilde der Wesenszug seiner Transzendentalität miteingezeichnet ist. Ein wesensgerechtes Menschenbild sprengt nämlich nicht nur den Rahmen der Faktizität, sondern auch der Immanenz. Das Bild vom Menschen ist im Rahmen der Immanenz nicht vollendbar. Entweder der Mensch versteht sich als Ebenbild Gottes – oder er mißrät zum Zerrbild seiner selbst." (Frankl, 1990, 367)

Hier setzt Frankls Kritik an der Existenzphilosophie an: Der Mensch kann sich nicht selbst entwerfen. Der Mensch kann sich nur entwerfen an einem

Vorbild. „Die ‚Erfindung' des Menschen, die inventio hominis geschieht in der imitatio Dei" (Frankl, 1990, 365). Die Transzendenz erlaube dem Menschen nicht nur, sich zu gestalten, sondern lasse ihn auch den letzten Sinn des Leidens finden (ebd., 372). Existenzanalyse und Logotherapie hätten „nicht nur das Recht, sondern auch die Pflicht" (ebd.), sich mit der religiösen Problematik, die im Rahmen der Psychotherapie notwendigerweise auftauchte, auseinanderzusetzen. Der Existenzanalyse schrieb Frankl die Aufgabe zu, die Verdrängung der unbewussten Religiosität aufzuheben, während die Logotherapie „gezwungen sei", den Widerstand gegen die nun einmal bewusst gewordene Religiosität zu beseitigen (ebd., 372). Dieser könne nicht durch Übertragung, sondern nur durch Widerlegung beseitigt werden, indem die Logotherapie „die Scheintriftigkeit aller Argumentation gegen die Religiosität aufzuzeigen" habe (ebd., 372 f.).

Diese Charakterisierung der Logotherapie mutet bereits kämpferisch an. Aber auch bei sachlicheren Formulierungen ist nicht zu übersehen, dass die *geheime Botschaft* der Frankl'schen Logotherapie[17], die besonders religiöse Menschen bzw. die religiöse Seite der Menschen anspricht, darin liegt: im Bewusstsein der Ebenbildlichkeit Gottes den Sinn des Lebens zu finden – so zu *werden* wie Gott (imitatio Dei). Der Sündenfall war der Versuch, so zu *sein* wie Gott, und das brachte dem Menschen nur das „Wissen um die Zweiheit von Göttlichem und Menschlichem, die ‚Erkenntnis von gut und böse'", wie er Martin Buber über den Sündenfallmythos sagen ließ (ebd., 367). In diesem lebenslangen, nie einholbaren Streben auf Gott zu, in dem Bemühen, im Sinne Gottes zu leben und zu werden wie Gott, könne „der Mensch unmöglich sein eigener Maßstab sein, er kann (...) vielmehr nur am Absoluten, an einem absoluten Wert, an Gott" sich messen (ebd.). Dieser Gott ist für Frankl „alles *und* nichts" (ebd., 369). Er wird zum Nichts, wenn man ihn fassen will, ihn zum Begriff gerinnen lässt.

> „Und wann ist er ‚alles'? Wenn man unter dem Nichts das Unfaßliche versteht, das Unsagbare; dann sagt einem dieses Nichts alles.
> Dieses Unsagbare, Unnennbare ist der Angelpunkt jeder Weltrangordnung: in seinem Namen erfließen alle Gebote – im Namen dessen, wofür es keinen Namen mehr gibt.
> Und in dieses Unsagbare, Unnennbare: in dieses ‚Nichts' hinein – spricht der Mensch als Du." (Frankl, 1990, 369 f.)

Die Lösung der Frage, woran der Mensch zu werten sei, sei nicht durch Thesen oder Wissenschaften, auch nicht durch Theologie zu erreichen. Es bedürfe der *dialogischen Wendung* im Sinne von Martin Buber[18] und Ferdinand Ebner[19]. „Ihnen zufolge ist der geistige Vollzug immer ein gegenseitiger, ist der Mensch immer schon hingeordnet auf ein Du; weiß doch schon die Entwicklungs- und Kinderpsychologie darum, daß Du-Sagen allem Ich-Sagen vorgängig ist.

So ist denn das Selbstgespräch nur ein Grenz- und Sonderfall – das Eigentliche und Ursprüngliche ist die Zwiesprache. Und gerade dann, wenn es niemanden gibt, mit dem der Mensch sie hält, just dann, wenn er das Du scheinbar ins Leere, ins Nichts hinein spricht, – eben dann spricht er es zum ewigen Du: ewig darum, weil er es – wenn auch noch so unbewußt – immer schon angesprochen hat – und von ihm her auch immer schon angesprochen ist. Denn das erste Wort, das wir zu diesem Du sprechen, ist immer schon eine Ant-wort.

... Freilich, einsam muß der Mensch gewesen sein – erst dann kann er merken, daß er nicht allein ist, nie allein war; einsam muß er sein: nur dann kann er merken, daß seine Selbstgespräche Zwiegespräche sind und immer schon waren." (Ebd., 370)

Diese Einsamkeit kannte Frankl nicht nur aus dem Konzentrationslager, unter ihr litt er auch schon in den Jahren vor dem Krieg. Im Grunde war er vielleicht überhaupt ein „großer Einsamer", so wie Kierkegaard.

In einer schönen Formulierung schließt Frankl diese Gedankengänge ab: „‚Ahnungslos', ‚nichts ahnend': das Nichts ahnend – setzt der Mensch Gott voraus." (Ebd., 371)

Wie dieser innere Dialog mit Gott aussieht und wie diese Zwiesprache mit sich vonstatten geht, ahnungslos Gott meinend, machte Frankl anhand einer persönlichen Erfahrung deutlich. Er sprach davon am Ende des Interviews mit Fleckenstein, sichtlich angeregt von dem Gespräch. Es ist der tiefste Einblick in Frankls Religiosität, von dem ich weiß. Wegen seiner Bedeutung werden hier die wichtigsten Passagen wörtlich wiedergegeben. In dem Interview erzählte Frankl folgende Begebenheit:

Zu Gott könne man nur vorstoßen, beginnt Frankl, wenn man ganz Mensch war. Nicht Bekenntnisse führen zu ihm, sondern die Menschwerdung. Vielleicht habe der Gott der Christen deshalb zunächst einmal ganz Mensch werden müssen. Zu diesem „ganz Menschsein" fiel Frankl eine Erinnerung ein: das hilflose Aufblicken von Menschen zum SS-Aufseher. Frankl berichtet, wie er sie heute noch vor der Baracke stehen sieht und sich dabei tief in seinem Innersten denkt: „Hast Du das gesehen, Gott, na, schau' dir das an!" (Frankl, 1975, 114) Auf diese Erfahrung verwies ihn die Berliner Pastoralpsychologin Lilly Zarncke, als sie seinen Heroismus im Leiden kritisierte. Sie machte ihn darauf aufmerksam, dass er geschrieben hätte, dass das rechte, aufrechte Leiden echten Schicksals die höchste Leistung des Menschen sei. Nun müsse er auch zugestehen – gerade im Bewusstsein seiner eigenen Erfahrung im Konzentrationslager –, dass das Reifen nicht darin bestehe, „daß der Mensch heldisch wird im Tragen. Er ist möglicherweise, wie die Erfahrung zeigt, ‚überhaupt nicht aufrecht', sondern kläglich, zerbrochen, wie ein Wurm, der sich auf der Erde windet. Trotzdem aber kann er seinem Ziel näher kommen. Selbst in der äußersten Entmachtung und Entwürdigung hat er immer noch die Möglichkeit, sich in der Nachfolge Christi zu wissen" (ebd., 115). Frankl quittierte diese berechtigte Kritik Zarnckes mit der Bemerkung, dass er da nicht mehr ganz mitkomme. Aber er war erschüttert, durch Zarnckes Kritik auf seine eigenen Grenzen gestoßen worden zu sein. Er sei auch nicht tapfer, gar nicht würdevoll, er sei wie ein Wurm im Leiden gewesen. Zarncke vertrat sogar die Ansicht, dass man selbst in diesem Zustand Christus näher kommen könne. Statt Christus wolle er, Frankl, lieber den Begriff „letzte Menschlichkeit" einsetzen, den Namen Christus in diesen Begriff „übersetzen". Und dieser „letzten Menschlichkeit" könne man „in seinem erbärmlichen Leidenszustand" näher kommen „als in den Tagen der Gesundheit", weil man dann „den Stolz und die Selbstgerechtigkeit hinter sich lasse" (ebd., 115). Und dann setzt Frankl mit einer ganz persönlichen Schilderung an:

„Das hat mir imponiert, das habe ich ihr da abgekauft; sie hat recht! Und das habe ich im Konzentrationslager so empfunden – wenn ich daran denke, wie meine Mutter ungefähr dreizehn Minuten mit dem Tod ringen mußte, bis sie vollends erstickt war mit 999 anderen, die pro Gaskammerladung hineingekommen waren ... Ich weiß es von einem, der das Zyklon-B in die Gaskammern hineingehaut hat. Meine Mutter, dieser herzensfrömmste Mensch, den ich je in meine Leben gekannt habe, – daß er so enden mußte ... Und dieses absolut machtlose, hilflose Aufblicken: ‚Warum das?' Und vielleicht noch im letzten Moment einen Gedanken beim Zipfel packend: ‚Vielleicht erspart das meinem Viktor den Tod.' Diese Hilflosigkeit ... Wie können Sie in einem Konzentrationslager ein Held sein, wenn Sie in einer Gaskammer ersticken – möchten Sie mir das nicht sagen?

Aber dieses letzte Aufblicken im Sichaufgeben, in Ergebenheit – aber jetzt nicht: wem Sie sich ergeben – dem Herrn Christus oder dem Herrn Jesus oder dem Herrn Jehova oder einfach schlucken und die Mundwinkel resigniert verziehen: wie immer dem sei – da sind Sie auf dem absoluten Nullpunkt, am Boden aller Menschlichkeit angelangt. Dort ist der Mensch hundertprozentig Mensch geworden, gerade in seiner Hilflosigkeit und Machtlosigkeit, in seiner Entsagung, in seiner Jämmerlichkeit, in seinem Wurmsein ist er Mensch geworden! Je ‚wurmer' er ist, umso menschlicher ist er. Verstehen Sie, was ich meine – ich improvisiere, ich ringe selbst um Ausdruck." (Frankl, 1975, 115 f.)

Der Interviewer meinte daraufhin, dass Christus dieses „Wurmerlebnis" in seinem fürchterlichen Schrei am Kreuze erfahren habe, wo er das Menschsein bis in seine letzten Tiefen ausgekostet habe. In diesem „Warum hast du mich verlassen?“ habe er sein Menschsein realisiert.

Frankl antwortete darauf: „Man könnte sagen, in diesem Augenblick ist er vollends Mensch geworden und so sehr Mensch geworden, daß er seine Gottheit bestätigt hat. Also, wo man sagen könnte: so hundertprozentig, so tausendpromillig Mensch, daß es legitim ist, ihn als Gott zu bezeichnen – was immer Sie Gott nennen ...“ (ebd., 116 f.)

Und nur diesem Gott gehörte sein Herz – die Intimität der Person, die Tiefenperson, eben das, was der Mensch zutiefst ist und was das Alte Testament als das „Herz“ in Rede stellt. An nichts anderes solle man sein Herz hängen als an Gott, den der Mensch lieben soll

> „‚mit ganzem Herzen, ganzer Seele und ganzem Vermögen‘. Das heißt soviel, wie daß der Mensch Gott lieben soll unter allen Bedingungen, unter allen Umständen – auch wenn dem Menschen alle relativen Wertmöglichkeiten entzogen sind, (...) ja auch noch dann, wenn ihm der vorletzte, der vorhöchste Wert entzogen zu werden droht, und das ist wohl das Leben selbst. Was ihm hier somit abverlangt ist, das ist: die Bereitschaft, alles herzugeben, hinzugeben, aufzugeben, aufzuopfern – das ist also: die bedingungslose Opferbereitschaft“ (Frankl, 1990, 361).

Gott also bleibt dem Menschen erhalten, auf ihn hat er sich auszurichten, und verlöre er darob das Leben. Analog sieht Frankl den *Sinn*. Das Leben könne „auch dann sinnvoll bleiben, wenn alle Traditionen der Welt dahinschwänden und kein einziger allgemeiner Wert übrig bliebe“ (Frankl, 1990, 22). Für Frankl ist Sinn die innerweltliche Repräsentanz Gottes. Darum hat der Mensch nach Frankl „Verantwortung *gegenüber* einem Sinn“ (Frankl, 1982, 39) und nicht *für* einen Sinn, weil er letztlich personal gedacht ist. „Der Sinn ist eine Mauer, hinter die wir nicht zurücktreten können, die wir vielmehr hinnehmen müssen“ (ebd., 221). Er kann daher sagen: „Sofern ich existiere, existiere ich auf Sinn und Werte hin; sofern ich auf Sinn und Werte hin existiere, existiere ich auf etwas hin, das mich selbst notwendig an Wert überragt (...), mit einem Wort: sofern ich existiere, existiere ich immer schon auf Gott hin.“ (Frankl, 1990, 371) In einem Analogieschluss sieht Frankl den Sinn des Ganzen, den „Über-Sinn“, an eine „Über-Person“ geknüpft (ebd.).

Das Organ, mit dem der Mensch den Sinn in seiner Lebenswirklichkeit ausfindig machen kann, ist das „Sinn-Organ Gewissen“ (Frankl, 1979, 83 ff.). Sich dem *Gewissen* unterzuordnen, sein Knecht zu sein (Maria von Ebner-Eschenbach: „Sei deines Willens Herr und deines Gewissens Knecht!“), kann aber nur dann vertretbar sein, wenn es in seiner „wesentlichen Transzendentalität“ begriffen wird. Nur wenn die Zwiesprache mit dem Gewissen „echtes

Zwiegespräch ist, also mehr als bloßes Selbstgespräch – wenn mein Gewissen also mehr ist als mein Ich: wenn es Sprachrohr ist von etwas anderem“ (ebd., 46), hat es Sinn, sich dem Gewissen unterzuordnen. Das Gewissen hat keine Stimme,

> „weil es ja selber Stimme ‚ist‘ – Stimme der Transzendenz. Diese Stimme hört der Mensch nur ab – aber sie stammt nicht vom Menschen ab; im Gegenteil: erst der transzendente Charakter des Gewissens läßt uns den Menschen und läßt uns im besonderen seine Personalität überhaupt erst in einem tieferen Sinne verstehen. Der Ausdruck ‚Person‘ würde in diesem Lichte nämlich eine neue Bedeutung gewinnen; denn wir können jetzt sagen: durch das Gewissen der menschlichen Person per-sonat eine außermenschliche Instanz“ (ebd., 46). „Diese außermenschliche Instanz kann psychologisch nicht erschlossen werden. Von ihr könne nur soviel gesagt werden, daß sie ihrerseits notwendig von personaler Seinsart sein muß – wobei sich von diesem ontologischen Schluß dann freilich auch zurückschließen lassen müßte auf das, was man die Ebenbildlichkeit der menschlichen Person nennt.“ (ebd., 46 f.)

Als immanent-psychologisches Faktum verweist das Gewissen daher schon von sich aus auf Transzendenz, so wie der Nabel des Menschen hinausweist über seinen Körper, auf seine Herkunft vom mütterlichen Organismus (ebd., 47). Nur vor dieser Transzendenz kann der Mensch verantwortlich sein – zum Freisein genügt die Existentialität, zum Verantwortlichsein muss jedoch auf die Transzendentalität des Gewissen-Habens zurückgegriffen werden.

Dieses *Verwiesensein auf Gott* im Gewissen kann natürlich nicht nur theoretisch abgeleitet werden, sondern ist auch als ein metaphysisches Bedürfnis *emotional fassbar*. Die Sehnsucht nach Gott, dieser Durst, ist dermaßen unstillbar, dass er gar nichts anderes meinen kann als Gott. So empfindet und spricht Frankl, ganz im Sinne von Augustinus, und schließt ein Zitat von Franz Werfel an: „Der Durst beweist die sichere Existenz von Wasser“ (Frankl, 1990, 373). So wie die Sehnsucht einen Weg zu Gott weist, weist auch die Liebe den Weg. Wenn jemand liebt, so hat er ein Objekt. Wenn jemand Gott liebt, so beweist das seine Existenz ebensogut wie die These von Descartes, die sagt: „Ich denke, also bin ich.“ Das cartesianische „Cogito ergo sum“ übersetzt Frankl in ein religiöses „Amo ergo est“ (Frankl, 1980, 373). Der Hannoveraner Logotherapeut und Existenzanalytiker Christoph Kolbe (1986, 233 f.) zeigt auf, dass im Frankl'schen Verständnis dem Menschen zwei Zugänge zu Gott gegeben sind: aus der eben gesagten Emotionalität heraus, also aus einem Sehnen, das von metaphysischer Relevanz ist, sofern dieses metaphysische Bedürfnis nicht verdrängt ist; das ist der eine Zugang. „Ein anderer Weg zu Gott hat existentiellen Charakter. Er dokumentiert sich in der freien Glaubensentscheidung des einzelnen Menschen" (ebd.). Glauben ist aber für Frankl mehr als Denken, ja kann durch Denken überhaupt nicht eingeholt werden, denn „je umfassender der Sinn ist, umso weniger faßlich ist er" sagt Frankl (1979, 118) in Abwandlung eines Gedankens von Karl Jaspers. Und wo es um den letzten Sinn geht, entzieht er sich dem bloß intellektuellen Zugang völlig.

> „Was un-wiß-bar ist, braucht aber nicht un-glaub-lich zu sein. Angesichts der Frage, ob alles einen, wenn auch verborgenen, Sinn hat, oder aber die Welt ein einziger großer Unsinn ist, muß das Wissen das Feld räumen – es ist der Glaube, der da zu einer Entscheidung aufgerufen ist. Wo die Argumente, die für oder gegen einen letzten Sinn sprechen, einander die Waage halten, wirft der sinn-gläubige Mensch das ganze Gewicht seines Mensch-Seins, seiner Existenz, in die Waagschale und spricht sein ‚fiat', sein ‚Amen': ‚So sei es – ich entscheide mich dafür, so zu handeln, ‚als ob' das Leben einen unendlichen, einen über unser endliches Fassungsvermögen hinausgehenden – einen ‚Über-Sinn' hätte" (ebd., 118).

Daran schließt Frankl seine Definition des Glaubens an: „Der Glaube ist nicht ein Denken, vermindert um die Realität des jeweils Gedachten, sondern ein Denken, vermehrt um die Existentialität des jeweils Denkenden." (Ebd.) Darin, in dieser Entscheidung, ist der Mensch aber auf Symbole angewiesen, die die einzelnen Religionen bzw. Konfessionen bereitstellen. Religionen sieht Frankl als ein „System von Symbolen" an, sie sind Symbolsprachen.

Gott selbst jedoch ist für Frankl nur in einer Paradoxie beschreibbar, nämlich in der Paradoxie „der gleichzeitigen absoluten Transzendenz und absoluten Intimität Gottes, seiner gleichzeitigen unendlichen Ferne und unendlichen Nähe" (Frankl, 1990, 374).

In welchem Verhältnis steht Frankl zu den großen Religionsgemeinschaften? – Zur *christlichen Religion* fühlte er sich hingezogen, „weil sie wie keine andere – wenn ich jetzt vom Buddhismus absehe – den positiven Wert des Leidens sieht" (Frankl, 1975, 111). Denn er habe sich mit dem Problem der Sinngebung des Leidens bzw. der Sinnfindung trotz dem Leiden ein Leben lang abgerackert. Es sei deshalb nicht verwunderlich, dass er eine Affinität zu dieser Religion habe. Er würde aber die christliche Vorstellung nicht teilen, dass das Leiden mit dem Kreuzestod des Herrn für den Menschen sinnvoll geworden sei. „Denn in dem Moment, wo Sie dann nicht an Jesus Christus glauben – in dem Moment wäre dann das Leiden sinnlos! Also so weit kann ich nicht mittun" (ebd.). Ihn wundere es nicht, dass eine Religion,

> „die seit 2000 Jahren mit den besten Köpfen des Abendlandes an einer Verfeinerung des Menschenbildes arbeitet, nicht ein Menschenbild hervorgebracht hätte, das in vieler Hinsicht noch unüberholt ist. Deshalb kann ich

auch zu großen Teilen die Anthropologie des Christentums glatt unterschreiben – auch wenn ich nicht ein Jota von seiner Theologie zu unterschreiben vermöchte" (ebd.).

Frankl hatte eine Christin zur zweiten Frau und seine Tochter wurde christlich getauft. Dies mag orthodox gesinnten Juden vielleicht ein Stein des Anstoßes sein; für Frankl fand es seine Logik darin, dass es ihm nicht um einen bekennenden Glauben, sondern um einen existentiellen Glauben ging. Frankl war kein Christ, das hat er sogar in den Vorlesungen oder auch im Interview mit Fleckenstein gesagt. Frankl war Jude und blieb dem mosaischen Glauben treu. Er ging zwar nicht oft in die Synagoge, in der Zeit meiner Bekanntschaft vielleicht ein-, zweimal pro Jahr, soweit ich das mitbekommen habe. Aber er hielt sich an die großen Feiertage, aus Respekt und Dankbarkeit seinen Eltern gegenüber, wie er sagte. Über den Glauben konnte er die tiefe Verbundenheit mit seinen Eltern weiter leben, auch über ihren Tod hinaus. Die Tradition der Eltern weiterzuleben war ihm ein Bedürfnis. Es hielt in ihm das Gefühl von Vertrautheit und Geborgenheit, aber auch von Dankbarkeit ihnen gegenüber wach. Seine Zugehörigkeit zur jüdischen Konfession war nicht bekennend, sondern traditionsbewusst. Sein persönlicher Glaube hingegen war sehr tief. Alle großen Gedenktage seines Lebens beging er mit Fasttagen, wie z. B. den 27. April, den Tag seiner Befreiung aus dem Konzentrationslager. Von der Religion erwartete er sich ein Wachsen und Reifen, ein Über-sich-Hinauswachsen, wie er es beim Vater sehen konnte. Und in der Religion fand er auch die größte Sicherheit, was ihm in so manch ängstlicher Stunde (und davon hatte er nicht wenige) Hoffnung und Erlösung brachte. Wenn der, den er liebt, tatsächlich ist („Amo ergo est"), wenn Durst der sicherste Beweis für Wasser ist, dann darf sich der unsichere, nach Geborgenheit sehnende Geist Frankls aufgehoben fühlen in einer größeren Ordnung und Weisheit. Dann ist auch der Sinn des Alltags aufgehoben in einem Übersinn und der einzelne Gläubige in einer Familie von Gläubigen.

In der Religiosität hat sich Frankl ein Gefühl unauslöschlicher Geborgenheit aus seiner Kindheit ins Erwachsenenleben gerettet. Psychologisch betrachtet erhielt die Religiosität Frankls ihren (hohen) Stellenwert aus den tiefen Kindheitserlebnissen. Der Schrecken der Sterblichkeit, der ihm als Kind einfuhr, ging ihm durch Mark und Bein. Die Sehnsucht nach der paradiesischen Geborgenheit ging Frankl, im Nachhinein betrachtet, nie verloren. Die Anhänglichkeit an die Eltern verlagerte sich in eine Anhänglichkeit an Gott. Dass Frankl die Beziehung zu Gott in einer Relation zur psychologischen Elternerfahrung sah, geht aus dem Vergleich hervor, den er zwischen den Eltern und Gott zog. Er wehrte sich nämlich gegen die tiefenpsychologische Deutung, Gott als Projektion der Vater-Imago zu sehen (Frankl, 1979, 52 f.; 1990, 37 f.). Er deutete es vielmehr umgekehrt: In der Elternbeziehung spiegelt sich das Verhältnis Gottes zu den Menschen. „In Wirklichkeit ist nicht Gott eine Vater-Imago, sondern der Vater eine Imago Gottes. Für uns ist nicht der Vater das Urbild aller Göttlichkeit, vielmehr ist genau das Gegenteil richtig: Gott ist das Urbild aller Vaterhaftigkeit." (Frankl, 1979, 52 f.)

Gerne las Frankl in den Psalmen. Er konnte viele auswendig und gelegentlich sagte er mir einen, wie z. B. im Dezember 1986, den ich mir aufgeschrieben habe:

Tibi loquitur cor meum
te quaerit facies mea.

Es ist die Sehnsucht des betenden Herzens: „Zu Dir spricht mein Herz, Dich sucht mein Gesicht." Und Frankl fügte im Gespräch dann einen Satz von Pascal an: „Ich suchte Dich nicht, hätte ich Dich nicht schon gefunden."

Frankl verglich sich auch gerne mit Personen aus dem *Alten Testament*. Er kämpfte wie einst *Jakob* mit dem Engel gegen den Nihilismus (Frankl, 1997, 278). Er nahm sich ein Vorbild an *Abraham*, der bereit gewesen war, sein einziges Kind zu opfern, um sich über die Trauer hinwegzuhelfen. Dies trifft auf seine Erkrankung im Konzentrationslager Türkheim zu. Wie wir bereits hörten (S. 76), musste er seinen Lebenswunsch, die *Ärztliche Seelsorge* herauszugeben, aufgeben, weil er an Fleckfieber erkrankt war. Als er später einmal ein Mosaik von einem Walfisch sah, zog er eine Analogie zwischen sich und *Jonas*. Er hätte ja rechtzeitig nach Amerika emigrieren können, die „wahre Reifeprüfung" – das Konzentrationslager – „nicht antreten müssen" und hatte es nicht getan,

> „ich hatte es nicht tun wollen. Ich hatte das Schicksal herausgefordert. Ich hätte ja in Amerika die Logotherapie entwickeln können, ich hätte dort mein Lebenswerk vollenden, meine Lebensaufgabe erfüllen können; aber ich tat es eben nicht, und so kam ich denn nach Ausschwitz: wie Jonas, der seine Aufgabe in Ninive erfüllen sollte, sich aber davor drückte und dafür nicht gerade in Ausschwitz, aber immerhin im Magen eines Walfischs eine Zeitlang gefangen gehalten wurde. Das dachte ich mir zumindest, als ich mir in Tel Aviv ein Mosaik kaufte, das einen Walfisch darstellt." (MS, 90)

Diese späte Reflexion der Lagerzeit weckte durch die Geschichte von Jonas in ihm den Gedanken, dass er sich vielleicht vor dem Auswandern nach Amerika auch gedrückt haben könnte und daher zur Strafe eine „Reifeprüfung" machen musste. – Einen weiteren Bezug zum Alten Testament nimmt Frankl in einem wichtigen theoretischen Gedanken, wenn er als den höchsten Wert der Person die Tugend der Gerechtigkeit hinstellt, die „nichts anderes sein dürfte als Sachgerechtigkeit – Sachlichkeit. Einer Sache gerecht werden aber und insofern sachlich sein meint nichts weiter als: sie ihrem höchstmöglichen Wert zuzuführen" (Frankl, 1990, 363 f.). Darauf kommen wir gleich noch zurück.

Trotz seiner jüdischen Geisteshaltung konnte sich Frankl ärgern, wenn seine Gedanken für die jüdische Religion vereinnahmt wurden. Im April 1987 gab er mir einen Artikel zu lesen, den er handschriftlich kommentiert hatte. Ein „Reverend John H. Morgan" von der Universität „Notre Dame" (Indiana) (1983) versuchte den Wurzeln und Verzweigungen von Frankls Psychologie nachzugehen. Morgan fand bei Frankl starke Elemente der chassidischen Lehre. Frankl schrieb an den Rand: „Woher soll ich die kennen?". Die ihm unterstellten „starken Übernahmen aus der chassidischen Tradition innerhalb der jüdischen Philosophie", wie sie vor allem in der jüngsten Zeit von Abraham Josua Heschel extrapoliert worden seien (Morgan, 1983, 189 f.), hat Frankl in Abrede gestellt. Religiöse Vereinnahmungen gab es immer wieder, auch in anderen Artikeln und auch von christlicher Seite. Bei diesem schrieb Frankl dazu: „Was immer ich jemals gelesen habe betreffend Judentum und für relevant gehalten habe, habe ich als Zitat meinen Büchern einverleibt! Chassidismus hat in der einwöchentlichen Religionsstunde im Gymnasium nicht existiert!" Und zu Heschel: „Habe mit ihm genachtmahlt, aber keine Zeile von ihm gelesen!"

Das Verhältnis von *Glaube und Persönlichkeit* ist meistens ein korrelatives, gegenseitig bedingendes. War es die *Persönlichkeit* Frankls, die ihn zu dieser Glaubenshaltung führte oder war es umgekehrt die *Erziehung* und Glaubenserfahrung, die seine Persönlichkeit geprägt hatten? Hatte die alttestamentarische Denkweise, die nach der Sachlichkeit als dem größten Dienst an Gott verlangte, Frankl ein so starkes Pflichtbewusstsein eingepflanzt und genährt? Oder war es umgekehrt seine Persönlichkeitsstruktur, die unter Zurückhaltung der Emotionalität weniger am Werterleben als an der Sinnfindung interessiert war? Mochte er sich deshalb weniger zum Gefühl als vielmehr in den Dienst des Gewissen stellen? Ich glaube, dass sich beides, Anlage und Erfahrung bzw. Überzeugung, verschränken. So fand denn Frankl auf dem alttestamentarischen Hintergrund zu seiner (von ihm mir gegenüber) so genannten „Sinnethik", die eine lebenspraktische Ausformung der alttestamentarischen Tugend der Gerechtigkeit und Sachlichkeit ist (Frankl, 1990, 363 f.), wie auf S. 144 ff. beschrieben. „Einer Sache gerecht werden meint nichts weiter als: sie ihrem höchstmöglichen Wert zuzuführen. Das gilt ja schließlich auch nicht nur von Sachen, sondern auch von Menschen, von Personen (...). Nicht zufällig definierte Max Scheler das ‚Heil' als den höchstmöglichen Wert einer Person." (Ebd., 364)

Diese alttestamentarische Haltung der Sachlichkeit verlangt eine *Perfektion in der selbst-distanten Lebenshaltung.* Nicht um einen selbst soll es primär gehen, sondern um die Obsorge dafür, wie jedes einzelne Gut zu seinem besten

Wert gelangen kann. Man selbst als Person erhält den höchsten Wert, indem man dem Anruf der Transzendenz im Gewissen folgt. Einer anderen Person kann zu ihrem Höchstwert verholfen werden, indem wir ihr respektvoll und vor allem in Liebe begegnen. Diese „Sachlichkeit" hat Frankl auch zu seiner Art von „wissenschaftlicher Grundhaltung zum Leben" geführt. Sie ließ ihn in selbstdistanter Weise in den Extremsituationen des Konzentrationslagers sein Leben betrachten. Er schaute zu wie ein kaum beteiligter Beobachter, der nüchtern und interessiert dem Verlauf und der Entwicklung einer Sache folgt. Wir erwähnten bereits an anderer Stelle die Geschichte im Lager Theresienstadt, wo er in der Annahme des unausweichlich bevorstehenden Todes „seinem Scheiß-Leben" zugeschaut hat, um zu sehen, „was es mit ihm vorhat" (vgl. S. 72 ff.).

In dieser Sachlichkeit geht es nicht um die eigenen Gefühle, geht es nicht um Selbsterfahrung, Selbstfindung und Selbsterleben. Dieser Sachlichkeit geht es nur um Hingabe, Dienstbereitschaft und *Pflichterfüllung*. Denn sie hat einen Sinn, der, vom Gewissen her entdeckt, bereits metaphysische Dimensionen hat. Der Dienst am Sinn ist die Pflicht des Menschen. Der Sinn überstrahlt alle Emotion. Ein sehr deutliches Beispiel dafür hat Frankl in der Beschreibung der Sterbensszene seines Vaters gegeben, die wir am Beginn der Biografie wiedergegeben haben (vgl. S. 28 ff.). Frankl beschreibt es als ein „wunderbares Gefühl", das Seinige getan zu haben. Vieles hätte er vielleicht noch machen können, er hätte noch Fähigkeiten zu weit mehr gehabt. Das Seinige bestand jedoch lediglich darin, nach seinem Gewissen gelebt zu haben. Das wiederum heißt, im Sinne Gottes zu handeln, so weit wir Menschen ihn wahrnehmen können. Ganz analog fiel seine Entscheidung aus, das Ausreisevisum verfallen zu lassen und bei seinen Eltern im nationalsozialistischen Wien zu bleiben. Da hier sein Gewissen versagte, ihn zu keiner eindeutigen Antwort führte, da ihm das Ausreisen und das Zurückbleiben von gleicher unabwägbarer Wichtigkeit schienen, erhoffte er sich einen direkten Wink des Himmels. Die Aufgabe des Gewissens war es nur, den Wink als solchen zu erkennen.

Das Frankl'sche Pflichtverständnis ist eine Form des *Idealismus* im Sinne Kants und der Neokantianer. Es verbindet sich mit einer Idee vom Guten, wie sie am ehesten bei Plato und im Neuplatonismus anzutreffen ist. Der Pflichtgedanke war so stark, dass Frankl ihn sogar dem emotionalen Erleben voranstellte, z. B. davon sprechen konnte, dass man etwa angesichts eines schönen Sonnenuntergangs geradezu die „Pflicht" hätte (Frankl, 1982, 62), seine Zeitung sinken zu lassen, um sich ein paar Minuten dem Wunder des Naturschauspiels hinzugeben. Glück ist für Frankl aufs Engste mit Pflichterfüllung verbunden. Darum ist ein Glücksgefühl sogar in der Sterbestunde des eigenen Vaters möglich, wenn man seine Pflicht erfüllt hat. „Die Tür zum Glück geht nach außen auf", beliebte Frankl Kierkegaard zu zitieren. Oder er ließ Tagore sagen: „Ich schlief und träumte, das Leben wäre Freude. Ich erwachte und sah, das Leben war Pflicht. Ich arbeitete – und siehe, die Pflicht war Freude“ (Frankl/Kreuzer, 1986, 53).

Woher stammte Frankls idealistische Denkweise? Ich glaube, es war wieder die Verbindung von Frankls religiöser Grundhaltung (das Leben über die Sinn-Straßen als Weg zu Gott zu führen) mit seiner Persönlichkeitsstruktur. Sein Kampf gegen den Psychologismus und gegen den Nihilismus, sein Einsatz für die Geistigkeit des Menschen und für die Sinnhaftigkeit des Lebens, seine Anthropologie, die von der Unvergänglichkeit der geistigen Person über den Tod hinaus kündet, sind einige wesentliche Beispiele für diesen Idealismus. Er hing einer „Idee des Menschen“ an, und eine solche Idee zu haben, beflügelte ihn bis zu einem fast schon missionarisch anmutenden Eifer. „Die ‚Idee‘ eines Menschen – die eben der ihn Liebende schaut – gehört einem überzeitlichen Reich an.“ (Frankl, 1982, 136 f.)

Ganz stark kommt der neuplatonische Idealismus als Verwirklichung der Idee des Guten in der Türkheim-Rede zum Ausdruck, wo Frankl den Satz aus dem Gebet des Rabbi Leo Baeck zitiert: „Nur das Gute soll zählen“ (vgl. S. 98). Dies war die Haltung Frankls zur Bewältigung von Vergangenheit und Vergänglichkeit. Im selben Sinne gemahnte er, dass man in der Trauer über die Vergänglichkeit des Lebens nicht „nur das Stoppelfeld der Vergänglichkeit“ sehen, sondern auf „die vollen Scheunen der Vergangenheit“ blicken solle. „Im Vergangensein ist nämlich nichts unwiderbringlich verloren, vielmehr alles unverlierbar geborgen. Nichts läßt sich aus der Welt schaffen, was einmal geschehen ist; kommt nicht alles nur umso mehr darauf an, daß es in die Welt geschaffen wird?“ (Frankl, 1982, 95 f.) Ein praktisches Beispiel dieser Haltung gab Frankl selber. Wenn er angesprochen wurde auf die Gründe, die ihn nach dem Krieg nach Wien hatten zurückkehren lassen, oder ob er nicht genügend Leid und Kränkung durch die nationalsozialistische Zeit erlitten hätte, antwortete er auf derlei Fragen mit positiven Beispielen, die er in dieser Zeit in Wien erlebt hatte. „Nur das Gute soll zählen“ steht hinter dieser gelebten Haltung. Sie lässt ihn erzählen, dass er im Wien des Nationalsozialismus eine katholische Baronin kannte, „die unter Lebensgefahr eine Kusine von mir als ‚U-Boot‘ versteckt gehalten und ihr so das Leben gerettet hat. Und dann gab es in Wien einen sozialistischen Rechtsanwalt – der hat mir – ebenfalls sich selbst gefährdend – Lebensmittel zugesteckt, wann immer er nur konnte“ (Frankl, 1994, 298).

Dieser Idealismus hatte nun nicht nur selbst-distanzierende Züge, sondern auch einen weltfremden Charakter. Diese Haltung erlaubte Frankl zu sagen, dass er die Schuldigen, die Täter der NS-Zeit nicht kannte, sondern nur die Opfer. Wem sollte er also böse sein, „was hat mir wer angetan?“ (80)

Wir sagten weiter oben, dass Frankls Idealismus nicht nur religiös begründet, sondern auch von seiner Persönlichkeit eingefärbt war. Die psychische Komponente, die sich in dieser Haltung findet, weist auf eine Ängstlichkeit hin, speziell auf jene, schuldig zu werden und dadurch der Liebe und der Geborgenheit Gottes verlustig zu gehen. Dazu kommt die Angst vor Kritik, vor Konflikten und vor Gefühlen. So war Frankls Denken beseelt von einem Glauben wie „von oben herab". Er „hing" förmlich an Gott und der „Idee des Guten" und des Sinns, aber „ruhte" nicht so sehr auf einem gefühlsmäßig empfundenen Fundament, das trägt. So verstehe ich auch den „Auftrag" an seine Frau Tilly im Konzentrationslager, alles zu tun und vor nichts zurückzuscheuen, um auf jeden Fall am Leben zu bleiben (vgl. S. 77). Es war für Frankl nicht die Frage, ob er überhaupt ein Recht hätte, so in die Intimsphäre seiner jungen Frau einzugreifen. Es war für ihn vor allem die Angst vor dem eigenen Schuldigwerden, wie er sagte (69; vgl. S. 77). Liegt hier aber nicht auch ein mangelndes Vertrauen in ihr eigenes Gewissen, in ihre Eigenständigkeit vor? Dies hätte sie doch wohl selbst zu entscheiden, denkt man sich. Er aber könnte sich gedacht haben: Ich möchte nicht, dass sie meinetwegen etwas tut, wodurch sie Schaden erleiden könnte, denn dann würde ich mich schuldig fühlen. Ihm war an seinem reinen Gewissen vor allem gelegen, wie wir auch beim Tod des Vaters schon gesehen haben.

Diese Ängstlichkeit ließ Frankl nicht gelassen sein. Er war ein Mensch, der immer etwas tun musste, der einen „Willen" zum Sinn und nie ein „Lassen" zum Sinn leben konnte. Frankl verstand und empfand sein Leben als Pflicht, aktiv und tatkräftig mitzuhelfen, damit der Sinn zum Durchbruch komme. Er vermittelte nur ganz selten das Gefühl, dass der Sinn sich auch selbst durchsetzen könne oder dass der Sinn in seiner Faszination und Größe, in seiner Schönheit und Wichtigkeit den Menschen einlade und abhole.

Wer sich mehr für das Frankl'sche Verhältnis zur Religion interessiert, der sei über die hier bereits zitierten Werke hinaus auf Frankls letzte Zusammenfassung seiner religiösen Haltung verwiesen, die er als Dankesrede nach der Verleihung des „Oskar-Pfister-Award" durch die amerikanische psychiatrische Gesellschaft in Dallas 1985 gehalten hat. Oskar Pfister war ein Schweizer Pastor, der mit Sigmund Freud engen Kontakt hatte. In seinem Gedenken vergibt die amerikanische psychiatrische Gesellschaft diese Auszeichnung. Frankl erhielt sie als erster Nicht-Psychoanalytiker. In Würdigung des Theologen Pfister sprach er in seiner Rede über das Verhältnis von Religion und Psychotherapie: „Der Mensch auf der Suche nach einem letzten Sinn" (Frankl, 1984, 265–284).

Lassen wir zum Abschluss unserer Ausführungen Frankl selbst noch einmal zu Wort kommen. In seinem Kapitel „Existenzanalyse des homo religiosus" (Frankl, 1991, 63–75) spricht er davon, dass die Werte der Welt auf einen einheitlichen Punkt hin zu konvergieren scheinen. Wenn man diese „Wertlinien“ innerhalb des Daseins konsequent genug verfolgt, dann muss man jenen Punkt in der Transzendenz erreichen, in dem diese Wertlinien zusammenlaufen und der diese Werte begründet.

„Es wäre dieser Punkt jenes Eine, das alle Werte eint. Und vielleicht läßt sich auch das jüdische Hauptgebet, das aus sechs hebräischen Worten besteht und das besagt, daß Gott der Eine – ein Einer ist, vielleicht läßt sich auch dieses Gebet in seinem tiefsten und letzten Sinngehalt in diesem Sinne deuten. Jedenfalls ist es eine Möglichkeit, sich alles Werthafte so vorzustellen, daß es in einem höchsten Wert, in einer ‚Wertperson‘ (Max Scheler) konvergiert; so daß vielleicht jede Wahrheit, zu Ende gedacht, Gott meint; und alle Schönheit, zu Ende geliebt, schaut Gott; und jeder Gruß, richtig verstanden, grüßt Gott.“ (Frankl, 1991, 67 f.)

Frankls Verhältnis zur Politik

Viktor Frankls Verhältnis zur Politik ist nicht leicht zu bestimmen und eher wechselhaft. Meine Aussagen beziehen sich auf einige Zitate, auf die eine und andere Auseinandersetzung mit dem politischen Menschen Frankl und auf die persönlichen Äußerungen, die Frankl mir gegenüber machte.

Frankl hatte in der Theorie ein klares Verständnis von Politik, das er sein ganzes Leben hindurch unverändert beibehielt. Er kategorisierte Politik nicht nach Mächtigkeit und Unterdrückung, nicht nach Transparenz, historischem Bewusstsein oder Verdrängung, nicht anhand sozialer Fragen, Gerechtigkeit oder Ausbeutung. Getreu seinem Werk und seiner Lehre beurteilte er Politik nach der Ethik. Genauer gesagt wertete er sie daran, wie sehr der einzelne Politiker oder eine politische Gruppierung ihr Gewissen zum Einsatz bringt oder nicht. In dieser generellen und pauschalisierenden Kategorisierung gibt es für Frankl nur *zwei Arten von Politik*: für die eine heiligt der Zweck jedes Mittel, für die andere gibt es jedoch Mittel, die den geheiligtesten Zweck entweihen (z. B. Frankl, 1990, 310; 1994, 300; Frankl/Kreuzer, 1986, 51). Frankl steht im Sinne Kants dafür ein, dass der Mensch von der Politik nicht als Mittel zum Zweck benutzt werden darf. Es gibt keinen politischen Zweck, welcher der Würde des Menschen übergeordnet wäre (Weltrevolution, Rassismus, wirtschaftliche oder ideologische oder religiöse Motive) und seine Instrumentalisierung (Versachlichung) rechtfertigen würde. Dies war für ihn das oberste Gebot in der Politik. Oft genug musste Frankl in seinem langen Leben erleben, was es bedeutete, wenn gegen dieses Gebot verstoßen wurde.

Frankl war kein Politiker (Vesely-Frankl, 1996) und kein politisch handelnder oder denkender Mensch.[20] Er hat sich meines Wissens nie zu aktuellen politischen Fragen öffentlich geäußert, sieht man von einem Detail ab: Er kämpfte eine Zeitlang mit kritischen Bemerkungen in seinen Vorträgen gegen die Einführung von Raucherzimmern in den Schulen, als dies in Österreich Diskussionsthema war. Frankl war Ethiker und Humanist. Als solcher hat er sich zu Fragen geäußert, die eine durchaus auch politische Relevanz haben. Aber er verfolgte dabei kein politisches Interesse. Ihm ging es um die Vertretung seiner humanitären Gesinnung, um die Anwendung seiner Logotheorie und seiner Anthropologie in einem größeren politischen Kontext. Dies taten natürlich auch andere namhafte Psychotherapeuten. Am bekanntesten ist wohl Carl Rogers'[21] Versuch, mit seiner Gesprächspsychotherapie in der Konfliktlösung Südafrikas Hilfestellung zu geben. In Österreich war es vor allem Erwin Ringel, der als Adlerianer dezidiert parteipolitische Stellung bezog und sich zu vielen politischen Themen äußerte. Frankl distanzierte sich von einem solchen Vorgehen im privaten Rahmen öfter und abschätzig. Dazu ist freilich zu bemerken, dass Frankl und Ringel fachliche Kontrahenten waren. Ringel hat Frankl in Vorlesungen und Vorträgen öfter angegriffen, ihn als „Oberflächenpsychologen" bezeichnet, der den Patienten mit der Logik beikommen wolle. Meines Wissens hat Frankl in der Öffentlichkeit nie gegen Ringel gesprochen. Sie waren nicht nur Vertreter unterschiedlicher Psychotherapierichtungen, sondern dürften sich auch menschlich nicht allzu gut verstanden haben.

Frankl selbst hat sich nie für oder gegen eine Partei, für oder gegen ein politisches Programm, für oder gegen einen Politiker und ein in der Öffentlichkeit behandeltes politisches Thema geäußert. Für ihn wäre es eine Vermischung von Fachbereichen gewesen, wenn er sich als Psychiater auch noch der „Heilung der Politik" gewidmet hätte. Er wollte grenzüberschreitende Äußerungen vermeiden und seine Autorität als Psychiater und Psychotherapeut nicht dazu verwenden, sie zugunsten eines politischen Kandidaten oder einer politischen Idee zu funktionalisieren.

Frankls Verhältnis zur Politik möchte ich an fünf Abschnitten näher beleuchten. Wir werden von der Jugend über die NS-Zeit zur Vergangenheitsbewältigung kommen und uns bei seinem großen Thema, dem Kampf gegen die Kollektivschuld, länger aufhalten. Dann wenden wir uns seiner politischen Einstellung im Alter (1986 bis 1996) zu. Abschließend gehen wir auf sein Verhältnis zur Vereinspolitik ein.

In der Jugend war Frankl aktiver Sozialist (Frankl/Kreuzer, 1986, 51). In der Oberstufe des Gymnasiums wurde er Funktionär der Sozialistischen Arbeiterjugend und 1924 „eine zeitlang geschäftsführender Obmann der Sozialistischen Mittelschüler von ganz Österreich" (39). Später betrachtete Frankl diese sozialistische Phase seines Lebens eher als eine „Jugendsünde" und bewertete sie negativ als „soziologistische Versuchung" (39). Dennoch hat er sie nie verheimlicht, sondern sich stets offen zu ihr bekannt. Ich hatte sogar den Eindruck, dass er seine sozialistische Aktivität als Jugendlicher in der Kreisky-Ära und auch später noch gerne herausstrich – war er damit doch auch für die Sozialisten „akzeptabler", weil er ja (zumindest einmal) zu ihnen gehört hatte. Mein Eindruck war auch, dass er sich durch die Betonung seiner sozialistischen Funktionärstätigkeit später des Verdachts erwehren wollte, er könnte doch rechts oder zu sehr im konservativen Lager angesiedelt sein. Mir kam es jedenfalls wiederholt unmotiviert vor, dass er so sehr auf seine sozialistische Jugend hinwies.

Wie Frankl zum Sozialismus gelangte, ist mir nicht bekannt. Wir sind auf Rückschlüsse angewiesen. Von seinem Vater wissen wir, dass er ein „liberaler Jude" (5) war. In der zweiten Hälfte des 19. Jahrhunderts, insbesondere nach 1848, triumphierte der Liberalismus in Österreich. Freuds Vater feierte mit Enthusiasmus den neuen liberalen Minister von 1867 (Schorske, 1985, 188). Auch Sigmund Freud war, wie Frankls Vater, vom Liberalismus begeistert. Dieser wurde besonders von Juden getragen (Spiel, 1994, 44). Die Juden erhielten seit 1848 auch Zugang zu den akademischen Berufen, und wer genügend Wohlstand besaß, konnte sich „mit Eifer und Leidenschaft (den) intellektuellen Neigungen hingeben" (ebd., 45). Das Medizinstudium von Frankls Vater scheiterte ja bekanntlich am Geldproblem.

Ab 1880 bildeten sich politische Massenbewegungen heraus, welche die liberale Hegemonie herausforderten: die antisemitischen Christlich-Sozialen und Pan-Germanen, die Sozialisten und die Slawische Nationale (Schorske, 1985, 5). Schon 1895 war Wien bereits von der christlich-sozialen Welle überschwemmt. „Die liberalen Juden brauchten lange, bis sie erkannten, daß sich ihre Bewunderung für das ‚Deutschtum' gegen sie selbst gewandt hatte und daß es für sie nur von Vorteil wäre, sich gleich den Sozialdemokraten für ein multinationales Österreich einzusetzen." (Spiel, 1994, 48) Den ärmeren, zugereisten Juden in der Leopoldstadt blieb als politische Bewegung in den 1920er-Jahren de facto nur die neue sozialistische Massenbewegung offen, da die anderen Parteien entweder antisemitisch oder slawisch-nationalistisch waren.

Wir haben schon im Kapitel über den sozialen Hintergrund Frankls von den bescheidenen Verhältnissen berichtet, in denen er herangewachsen ist und die ihn geprägt haben. Den schlichten Lebensstil und die große Sympathie für „den einfachen Mann auf der Straße" behielt er sich ein Leben lang bei. Geschäftstüchtigkeit ist mir bei ihm nie aufgefallen. Es ist also anzunehmen, dass diese persönlichen Umstände Frankl dem Sozialismus nahebrachten. Wahrscheinlich übten die lebhaften Diskussionen, die er mit den Genossen und Genossinnen führen konnte, eine große Attraktivität auf Frankl aus. Halbe Nächte lang, so berichtete er, seien sie durch den Prater „gestrolcht" und hätten „nicht nur die Alternativen Marx oder Lenin, sondern auch die Alternativen Freud oder Adler" diskutiert (39). Noch als Student verkehrte Frankl in sozialistischen Kreisen. Ich erinnere mich, wie er mir erzählte, dass sie in einer Gruppe in einem „offenen Wagen" einen Ausflug in die Berge machten. Dieser Ausflug ist ihm in besonderer Erinnerung geblieben, weil sich dabei eine Liebschaft mit einer Genossin angebahnt hatte.

In der Zeit zwischen 1927 und 1930 verlor die sozialistische Bewegung in Österreich immer mehr Kraft und ging langsam im Nationalsozialismus unter (vgl. Pytell, 1997, 106). Für Frankl dürfte das persönlich ziemlich schwierig gewesen sein, weil er sich in der sozialistischen Bewegung beheimatet gefühlt hatte. Ein Gefühl des Beheimatetseins war für ihn stets wichtig. Sein Verlust und die ideologische Desorientierung spielten eine Rolle in der aufkommenden Leere, in der sich der junge Arzt befand. Wir haben darüber im Kapitel „Auf der geistigen Suche nach Sinn" berichtet.

Vor diesem Hintergrund brach der Nationalsozialismus über Österreich herein. Frankl hat sich als Jude an der nationalsozialistischen Bewegung natürlich nicht aktiv beteiligt, obwohl das vor dem Anschluss Österreichs vielleicht bis zu einem gewissen Grad doch möglich gewesen wäre. Aber eigentlich interessierte Frankl die Politik nicht weiter. Er versuchte im Rahmen seiner psychiatrischen und psychotherapeutischen Tätigkeit Anschluss zu bekommen und einen persönlichen Aktionsraum zu erhalten. Das politische Couleur schien ihn nach dem Ende der sozialistischen Ära nicht von Belang. Auch später gehörte er meines Wissens nie mehr einer Partei an. Vorträge machte er beispielsweise nicht davon abhängig, ob die einladende Organisation politisch war oder nicht. Er hatte nur Interesse für seine Psychotherapie und Anthropologie, von Bedeutung war nur, dass sie nicht zu politischen Zwecken missbraucht würde.

So war es ihm offenbar auch kein Hindernis, noch vor dem Anschluss Österreichs an Seminaren teilzunehmen, welche von der österreichischen Landesgruppe der deutschen Psychotherapiebewegung durchgeführt wurden. Sie wurde von Matthias Heinrich Göring geleitet. In den Jahren 1936 und 1937 nahm Frankl als Kommentator an allen vier Seminaren teil (Pytell, 1997, 106[22]). Zwar durften Juden bei diesen Seminaren keine Referate mehr halten, konnten aber bis 1938 noch als Kommentatoren teilnehmen. Frankl stand dieser Psychotherapiebewegung angeblich aufgeschlossen gegenüber und scheint ihr das Wort gesprochen zu haben (ebd.). Ich halte es allerdings für fraglich, ob Frankl mit dieser Bewegung ein politisches Interesse verband.

Vielmehr war Frankls Lage zu diesem Zeitpunkt ja eine äußerst verzweifelte: Er hatte in der Psychotherapie keinen Anschluss mehr, die politische Bewegung und Kameradschaft war zusammengebrochen, er suchte Gesprächspartner und fachliche Ansprache. Die einzige Möglichkeit, die sich damals bot, war zu jener Zeit nationalsozialistisch organisiert. In ihr konnte er sich von vornherein politisch nicht entwickeln, war zum „Kommentator" verurteilt – konnte als solcher jedoch immerhin an Veranstaltungen teilnehmen und Anregungen aufnehmen bzw. weitergeben. Für manche Menschen ist die bloße Teilnahme an einem von (illegalen) Nationalsozialisten organisierten Seminar schon eine Form von Kollaboration. Im Wissen um das Grauen und das Unrecht, das durch den Nationalsozialismus später angerichtet wurde, erhält sie ein besonderes moralisches Gewicht. Doch scheint es mir in Kenntnis von Frankls persönlicher Lebenssituation und seiner Interessen unzutreffend, ihm deshalb eine Tendenz zur politischen Kollaboration mit den Nationalsozialisten zuzuschreiben. Wahrscheinlich wusste Frankl von der politischen Ausrichtung der Organisation, weil er ja keine Vorträge halten durfte. Er dürfte daher damals, vor dem Anschluss, keine sonderliche Abneigung gegen den Nationalsozialismus gehabt haben, die ihm an der Teilnahme der Psychotherapieseminare ein Hindernis gewesen wäre.[23]

Nach dem Anschluss Österreichs im März 1938 war für Frankl eine offene politische Aktivität mit Sicherheit nicht mehr möglich. Er war den Nationalsozialisten nicht als Feind bekannt oder als solcher eingestuft worden. Ansonsten hätte er nicht die Leitung der Neurologischen Abteilung des Rothschild-Spitals bekommen. Es ist anzunehmen, dass diese Stelle – wie viele andere auch – durch die Emigration des Vorgängers frei geworden war. Das Rothschild-Spital wurde 1939 in nationalsozialistische Verwaltung übernommen (Bentwich, 1978, 475 f.). Außerdem hat die SS dort regelmäßig „Razzien" durchgeführt (Stern, 1974). Die schon im früheren Abschnitt erwähnten hirnchirurgischen Experimente wurden von den Nationalsozialisten zumindest toleriert, als „Judenbehandlung" wahrscheinlich wenig beachtet, vielleicht sogar gutgeheißen. Einen Hinweis darauf gibt der Umstand, dass Frankl die Ergebnisse noch während des Krieges mit Erlaubnis des Judenreferenten der Ärztekammer (57) in der Schweiz publizieren durfte. Einer eigenen Aussage in einer Vorlesung an der San Diego National University in Kalifornien vom 20. Februar 1972 zufolge sei er von den Nationalsozialisten sogar dazu ermutigt worden (als Jude durfte er im Reich ja nicht publizieren), damit sie darüber (wenigstens) in einer Schweizer Zeitschrift lesen konnten. „Die Nationalsozialisten hofften, daß sie im Krieg, in den Kampfhandlungen an ihren Soldaten erprobt und genutzt werden könnten." (Frankl, zitiert nach Pytell, 1997, 114) „Nur diesem Umstand verdanke ich diese Möglichkeit, sie zu veröffentlichen." (ebd.)

Diese Angabe lässt für die Interpretation der politischen Gesinnung Frankls natürlich einen Spielraum zu, weil Frankl sich nicht explizit dazu äußerte. Je nach politischer Gesinnung und Absicht, nach gesellschaftlicher Sensibilisierung, nach Einstellung zu oder gegen Frankl und insbesondere auch in Kenntnis seiner Persönlichkeit wird die Beurteilung unterschiedlich ausfallen. Da ich im Lauf der Jahre immer wieder kritische Gerüchte über Frankls angebliche Rolle in der NS-Zeit gehört habe und da auch feindselige Stimmen Frankl zu diffamieren versuchen, möchte ich hier ausführlich auf diese Behauptungen eingehen.

Eine gute Zusammenfassung der stillen Anschuldigungen gibt Pytell in der schon mehrfach zitierten Arbeit, die in Österreich 1998 in Fachkreisen ein gewisses Aufsehen erregt hat und Frankl in Misskredit bringen könnte. Ich gehe daher anhand der Anschuldigungen Pytells exemplarisch auf die Kritik an Frankl ein. Der Nachteil dieser griffigen Vorgangsweise ist, dass hier einem Dissertanten, der zwar gut informiert zu sein scheint, ein Stellenwert zukommt, der ihm aufgrund seiner wissenschaftlich unsauberen Nachforschungen und tendenziellen Schlüsse nicht zusteht.

Pytell, der dieses Zitat gefunden und veröffentlicht hat, nimmt es als Beleg dafür, dass Frankl „offenbar in Abstimmung mit dem nationalsozialistischen Establishment agierte und er bereit war, für sie zu arbeiten" (ebd., 114). Seine „ehrliche Beurteilung" führe ihn „zur Einsicht", dass die Untersuchungen Frankl die Möglichkeit gaben, „‚nützlich' für die nationalsozialistischen Kriegsanstrengungen zu erscheinen" (ebd.). Die Formulierung Frankls, dass er es „nur diesem Umstand verdanke", dass seine Tätigkeiten publiziert wurden, legt Pytell als Dankbarkeit gegenüber den Nationalsozialisten aus, weil sie „seine Bemühungen anerkannten" (ebd.). Pytell kommt zu dem Schluss: „Letzten Endes war Frankl bereit, mit dem nationalsozialistischen Regime zusammenzuarbeiten, und trat offenbar nie in aktiven Widerstand." (Ebd.) Kritik an seinem Handeln hätte Frankl stets mit der Behauptung quittiert, man könne von niemandem verlangen, dass er lieber ins Konzentrationslager gehen solle als sich den Nazis zu beugen. So spricht Pytell von einer „vielschichtigen Schuld Frankls", die in Beziehung stehe „zwischen den Ursprüngen der Logotherapie (...) und seinem intellektuellen und politischen Engagement nach dem Krieg" (ebd., 115). Dies erkläre, warum er nach dem Krieg „die Rolle eines Aussöhners wählte und warum die Verleihung der Ehrenbürgerschaft an ihn das österreichische Unbehagen so beispielhaft illustriert" (ebd.). Er hätte den Patienten ihren letzten Willen verweigert, die Solidarität mit anderen jüdischen Ärzten gebrochen und sich erst im Jahre 1995 „sicher genug" gefühlt,

> „seine fragwürdigen ärztlichen Handlungen (...) als heroische Bemühungen darzustellen, um Leben zu retten. In Wahrheit diente Frankls medizinische Forschung aber der Absicht eines unterwürfigen Entgegenkommens, das einen gewissen beruflichen Opportunismus zum Ausdruck brachte, aber auch auf einen verzweifelten Versuch hinauslief, der Deportation zu entgehen.

Dieser Einblick in Frankls kompromittierendes Handeln im Vorfeld zu Beginn des Krieges liefert uns Hinweise, um seine Affinität sowohl für Waldheim als auch für Haider zu verstehen." (Ebd., 115)

Pytell räumt dann zwar noch ein, dass es ein wenig überrasche, „daß sich Frankl überhaupt dazu entschloß, diese auf den neuesten Stand gebrachte Version seiner Kurzbiographie zu veröffentlichen" (ebd.). In der Fußnote verweist Pytell auf das Vorwort der Lektorin, wo es heißt, „daß das Buch ‚ursprünglich nicht für eine Veröffentlichung bestimmt' gewesen sei" (ebd., 121).

Zu solchen Schlüssen kann man nur kommen, wenn man Frankl nicht kennt und keinen Überblick über sein Gesamtwerk besitzt. So enthüllt die Arbeit Pytells eine tendenziöse Absicht. Zwar bemerkt er selbst, dass die Tatsache einer von Frankl selbst veröffentlichten erweiterten Autobiografie eigentlich seinen Behauptungen der Verschleierung widerspricht. Doch versucht er, ein Argument zu finden, um diesen Widerspruch zu erklären; er findet ihn in dem Nebensatz der Lektorin, dass Frankl dieses Buch ursprünglich ja nicht veröffentlichen wollte. Er übergeht, dass die Lektorin im selben Vorwort schreibt, dass Frankl sich entschlossen habe, „als 31. Buch ein persönliches Werk herauszugeben (... und dass er) trotz seines hohen Alters und ungeachtet gesundheitlicher Probleme mit unverminderter Kraft und Engagement an diesem Buch gearbeitet" hat (V).

Pytell konnte aber auch nicht wissen, worauf sich der Passus („ursprünglich nicht für eine Veröffentlichung bestimmt") bezieht. Da mir das Manuskript zugänglich ist, fühle ich mich verpflichtet, dies hier mitzuteilen, um weiteren Unterstellungen vorzubeugen. Frankl beginnt seine Aufzeichnungen unter der Überschrift *Bericht und Bekenntnis* mit den Worten: „Also dieses Buch von mir, meine Autobiographie, die schreibe ich nicht selbst, sondern die werden Sie schreiben, mein Herr, verstanden? As told by Viktor Frankl, wie es in Amerika heißen würde. – Sie schreiben also, wie Viktor Frankl Ihnen alles erzählt und geschildert hat. So fange ich denn hier und heute an, Ihnen zu diktieren, Mr. Ghostwriter – hier und heute, nämlich nicht auf der Rax und gestern, wie ich es ursprünglich geplant hatte. Ich bin nicht dazugekommen, ich muß mit dem Reichenpfader Fritz durch die Preinerwand klettern ..." (MS 1). Frankl erlaubt sich also einen Plauderton, richtet sich an einen imaginären Ghostwriter, dem er in unzensuriertem Stil frei von der Seele seine Lebensgeschichte erzählen möchte. Dies war vermutlich im Jahr 1985, denn im Oktober 1985 habe ich bereits eine Kopie dieses Manuskriptes bekommen. Da er es mir mit den Worten überreichte, dass dieses Exemplar ausschließlich mir gehöre und es mir freistehe, es nach seinem Tod zu verwenden, habe ich implizit daraus geschlossen, dass er bei dem möglichen Ghostwriter seiner Biografie damals an mich gedacht hatte. Im

August 1987 überreichte er mir spontan noch einen Ergänzungsteil. Jedenfalls war es die erklärte Absicht Frankls, dass seine *Berichte und Bekenntnisse* veröffentlicht werden. Da Frankl wusste, dass er sich schwer tat, über sich selbst zu sprechen (er war ja ein erklärter Gegner der Selbsterfahrung), und dass sein Reden über sich selbst automatisch narzisstische Züge bekam, wollte er seine Biografie durch die Sicht- und Schreibweise einer anderen Person gefiltert und etwas sachlicher dargestellt weitergeben.

Pytells Aussage, Frankl habe sich erst im Jahre 1995 für die Publikation seiner fragwürdigen ärztlichen Handlungen sicher genug gefühlt, steht im Widerspruch zu den Fakten, die Pytell selbst aufzählt. Frankl hat nie einen Hehl aus seinen Tätigkeiten gemacht, er hat die Publikationen der Kriegszeit stets angegeben und er hat in Vorlesungen darüber gesprochen, beispielsweise in jener von Pytell zitierten aus dem Jahre 1972. In Ausbildungsgruppen der GLE griff er auch in einer Diskussion darauf zurück.

Dass Frankl durch seine Position im Rothschild-Spital einen gewissen Deportationsschutz für sich und seine Angehörigen erhielt, gab er ja stets als Begründung dafür an, dass er das amerikanische Visum (Ende 1941) nicht in Anspruch genommen hatte. 1940, als Frankl ins Rothschild-Spital kam (Fizzotti, 1970, 4), sprach noch niemand von Deportationsschutz. Die Wannsee-Konferenz, in der die Endlösung der Juden erst beschlossen wurde und nach der die großen Deportationen einsetzten, fand am 20. Jänner 1942 statt. 1940 wurden hauptsächlich politische Widerständler, nicht nur Juden, sondern auch Sozialisten, Christen sowie Roma und Sinti deportiert. Es mutet schon wie eine tendenziöse Verbiegung der Tatsachen an, wenn Frankls Äußerungen so aus dem historischen Rahmen genommen werden und als Beleg für etwas dienen sollten, das geschichtlich nicht haltbar ist. Frankl ein unterwürfiges Entgegenkommen dem nationalsozialistischen Establishment gegenüber und einen politischen Opportunismus vorzuwerfen, ist nicht belegbar. Wenn Pytell nach einer Erklärung für Frankls Verhalten sucht, so ist diese nicht aus einer politischen Ideologie abzuleiten, weil Frankl kein politischer Mensch war. Sie ergibt sich aus der persönlichen Situation und aus seiner religiösen Überzeugung. Vielleicht ist sie auch noch aus seiner Persönlichkeitsstruktur erklärbar und verstehbar. Allerdings kann man in diesem Bemühen, lebenswirkliche Zusammenhänge zu sehen, schwerlich Effekthascherei betreiben oder politische Skandale „aufdecken".

Frankl vielschichtig schuldig zu sprechen und die Ursprünge der Logotherapie mit seinem politischen Engagement nach dem Krieg in Zusammenhang zu bringen, liegt auf derselben anprangernden Linie wie das vorher Gesagte, ohne sich um echtes Verständnis zu bemühen. Es will destruktiv sein und die Logotherapie politisch verdächtigen, was einer soziologistischen Gesinnung entspringt. Meiner Kenntnis nach hat sich Frankl angesichts kritischer Einwände gegen sein Handeln niemals mit dem Argument verteidigt, dass man von niemandem verlangen könne, dass er lieber ins Konzentrationslager gehen solle als sich den Nazis zu beugen. Mit dieser Äußerung wollte Frankl als KZ-Entlassener jene freisprechen, die den politischen Widerstand nicht auf sich genommen haben, sondern vor den Nazis ins sichere Ausland geflohen sind. Frankl hatte menschliches und versöhnendes Verständnis für jene, die als Deutsche und Österreicher um ihr Leben und das Leben ihrer Angehörigen bangten und daher nicht gegen die Nazis aufgestanden sind. Denn einen solchen Heroismus, der die Deportation ins Konzentrationslager bedeutet hätte, könne man eben von niemand anderem fordern, außer von sich selbst. Kein Mensch hat das Recht, jemanden deswegen schuldig zu sprechen, weil er nicht heroisch genug war. Und dies gilt mit keinem Wort weniger für jene, die aus der sicheren Position der Nachgeborenen über die urteilen, die damals ihr Leben zu bewältigen hatten. Ich möchte auch anfügen, dass unsere heutige Generation von einer späteren vielleicht ebenso verurteilt wird für unser Mitwissen und unser Mitläufertum in Sachen Umwelt, Rohstoffe, Energie, Umgang mit Leben vor der Geburt und vor dem Tod, Hunger und Not in Afrika, Südamerika und Asien usw. Die Bewältigung der Vergangenheit ist wichtig, sehr wichtig, weil unsere Gegenwart sich auf sie bezieht. Aber die Gegenwart und die Vorbereitung auf die Zukunft haben den Vorrang, weil ein verantwortliches Weiterleben die Basis sein muss für eine verantwortete Vergangenheitsbewältigung. Die Trauer über die Schuld der Vergangenheit darf nicht dazu führen, das Heute darüber zu vergessen – was zu neuerlicher Schuld führt, die dann wieder zu betrauern wäre.

Pytell behauptet schließlich noch, dass Frankl „nie in aktiven Widerstand“ gegen das nationalsozialistische Regime getreten sei. Offensichtlich ist es Pytell entgangen, dass Frankl die nationalsozialistische Euthanasie von Geisteskranken nach Kräften und Möglichkeiten zu sabotieren versuchte (60). Dies war der Rahmen, in dem Frankl politisch aktiv sein konnte, und nur auf dieser Ebene als Arzt, Psychotherapeut und Anthropologe ist er auch nach dem Krieg politisch aktiv geworden. Frankl hat nie mit Waffen gekämpft, war nie ein Teamarbeiter, der in einer Untergrundbewegung hätte mitwirken können, weil er dafür viel zu einzelgängerisch war. Er war zu wenig politisch denkend, zu wenig kämpferisch und zu human in seiner Gesinnung. Er war wohl auch eher obrigkeitshörig und akzeptierte Hierarchien. In der Öffentlichkeit kam seine Ängstlichkeit zum Tragen. Er hatte wenig Mut, in Opposition zu treten oder Kritik zu üben. Doch nach Maßgabe seiner Entscheidungskompetenzen leistete er in seinem Bereich Widerstand und nahm dabei auch ein Risiko auf sich. Wenn Frankl ohne Ansehen der politischen Haltung oder der Religionszugehörigkeit ärztliche Hilfe geleistet hat, wenn er nationalsozialistischen Funktionären mit der „paradoxen Intention“ geholfen hat, über ihre Angst hinwegzukommen (62), so mag das für manchen verbitterten und von den Nationalsozialisten verletzten Menschen unverständlich oder gar empörend sein, vielleicht sogar als Kollaboration erscheinen. Man kann seinen Beweggrund aber auch in seiner zutiefst humanen und hippokratischen Gesinnung erkennen.

Bevor wir auf Frankls versöhnliche Haltung nach dem Krieg zu sprechen kommen, soll hier noch ein Wort über die Erfahrung mit dem *Hass* gesagt werden, die Frankl im Konzentrationslager machte. Sie bildet die emotionale Grundlage für seine Versöhnungshaltung. Frankl schreibt, dass in der Beziehung der SS zu den Lagerhäftlingen kein Hass zu spüren war.

> „Von Haß konnte da keine Rede sein (...). Die Menschen im Konzentrationslager hat man nicht einmal gehaßt, wie man etwa Ungeziefer haßt – das man ja ebenfalls vertilgt, vergast. Nicht einmal gehaßt hat man diese Menschen, ja nicht einmal strafen hat man sie gewollt – so wie man beispielsweise Verbrecher strafen will. Hier wurde vielmehr der letzte Rest von Personalität ausradiert.“ (Frankl, 1990, 277)

Frankl führte das darauf zurück, dass im Konzentrationslager aus Menschen Objekte gemacht worden waren. Sie waren für medizinische Studien gedacht, waren Arbeitstiere, waren Ware. Er meinte, dass man nur ein Subjekt hassen könne, aber nicht etwas, „das man zum bloßen Objekt herabgewürdigt hat“ (ebd.). Und den Lagerinsassen sei der letzte Rest von menschlicher Würde aberkannt worden. „So kam es, daß dort, wo die Würde von Personen hätte gesehen werden müssen, nur mehr der Nutzwert von Sklaven gesehen wurde – solange diese Sklaven am Leben waren und zur Arbeit taugten; sobald sie gestorben waren, langte nämlich ihr Sachwert nur noch zur Verarbeitung zu Seife.“ (Ebd., 227 f.) Frankl hatte sich und seine Mitinsassen in einem solchen Maß von der Lagerleitung versachlicht erlebt, dass sie nicht einmal des Hasses wert gewesen wären. Es war bloße, inhumane Aggression, der die intentionale Gerichtetheit auf einen Menschen fehlte. Es war die Aggression gegen ein Kollektiv, gegen ein System, aber nicht gegen den Einzelnen. Darum wurde der Einzelne auch nicht gehasst, kam nicht aus der kollektivistischen Ebene hinaus in die humane Ebene, wo die Aggression umschlägt in Hass. Dieses Verhältnis zwischen Aggression und Hass führte Frankl in einer Vorlesung 1971 (Frankl, 1991, 225 f.) aus: „... auf menschlicher Ebene *hasse* ich! Und der Haß ist, eben im Gegensatz zur Aggression, intentional gerichtet auf etwas, das ich hasse, und leider auch auf jemanden, den ich hasse (...). Haß und Liebe sind menschliche Phänomene, weil sie intentional sind, weil der Mensch jeweils einen Grund hat, etwas zu hassen und jemanden zu lieben.“

Die SS hasste die KZ-Häftlinge nicht, sie betrat nicht die Ebene des Humanen, sie hatte keinen persönlichen Grund, sie funktionierte im System. Wenn wir im vorigen Kapitel (S. 155 f.) Frankls Aussage, dass er die Schuldigen der NS-Zeit nicht persönlich kenne, als etwas weltfremd kritisierten, so ist hier diese Kritik mit seiner Erfahrung einer „systemischen" und „systematischen" Aggression wieder abzuschwächen. – Wie sah die Aggression aufseiten der Häftlinge aus? Im KZ-Buch (Frankl, 1977) berichtete Frankl nicht von Aggression. Die Häftlinge erlitten nach dem Schock der Einlieferung vielmehr eine Apathie, und sie rangen mit Gefühlen der Verzweiflung. Durch ungerechte Behandlung und Willkür erlitten sie viel Schmerz und dabei Empörung (45 ff.). In einer Gedenkrede 1949 lässt Frankl zwei Mithäftlinge über den Hass sprechen:

> „Dann war da, vom gleichen Spital, ein junger Chirurg, Dr. Paul Fürst, und ein weiterer Arzt, Dr. Ernst Rosenberg. Beide konnte ich im Lager sprechen, kurz bevor sie starben. Und es war in ihren letzten Worten *kein einziges Wort des Hasses – nur Worte der Sehnsucht* kamen über ihre Lippen – *und Worte des Verzeihens*; denn was sie haßten und was wir hassen, sind niemals Menschen – Menschen muß man verzeihen können; was sie haßten, war nur das System – das die einen in Schuld brachte – und den anderen den Tod brachte." (Frankl, 1990, 346)

Diese Sichtweise umschreibt Frankls persönliche Haltung, wie er sie mir darlegte und wie er sie z. B. in der Vorlesung in der Poliklinik erklärte. Dort meinte er im Wintersemester 1984/85, es sei eigentlich seine persönliche Überzeugung, dass der Mensch im Grunde niemals die Person selbst hassen würde, sondern dass sich der Hass nur auf etwas *an* der Person richte bzw. auf das, was er im Krieg erlebt habe, nämlich auf ein System, das den Menschen zu einem hassenswerten Verhalten bringe. Der Nationalsozialismus z. B. habe die Menschen zu kollektivistischem Denken erzogen, weil er immer nur kollektiv und pauschal zu urteilen pflegte (vgl. Frankl, 1990, 309). Mario von Cranach, Professor für Psychologie aus Bern, brachte bei seinem Vortrag am 25. April 1998 anlässlich der Jahrestagung der Gesellschaft für Logotherapie und Existenzanalyse (Wien) eine interessante Bemerkung aus psychologischer Sicht. Er erzählte, dass laut empirischen Untersuchungen der einzelne Soldat an der Front nicht aggressiv sei. Vielmehr zeige sich, dass er Angst habe. „Aber wer ist dann aggressiv? – Es ist die Gruppe als ganzes." Als Truppe im Verband spannt sich sozusagen eine „systemische" Aggression über die Angst des Einzelnen. Frankl dürfte so etwas gemeint haben, wenn er ausführt, dass die einzelne Person als solche im Grunde nicht hassenswert sei. Er versuchte dafür eine Erklärung zu geben (Frankl, 1991, 225), die aber nur den pragmatischen Teil der Entwicklungsfähigkeit des gehassten Menschen betrifft und daher fragmentarisch bleibt. In ihr meinte er, dass es nur sinnvoll sei, *am* Menschen etwas zu hassen und nicht ihn selbst, denn „hasse ich ihn selbst, dann hypostasiere ich das an ihm Hassenswerte, identifiziere ihn mit dem an ihm Hassenswerten und blockiere in ihm die Fähigkeit, es jemals abzustreifen".

Frankls Verhältnis zum Hass hat noch einen ganz persönlichen Grund. Der Journalist Kurt Wimmer (1979, 48) berichtet von seinem Interview mit Frankl: „‚Haben Sie jemals Haß gespürt?' hatte ich ihn bei unserem Gespräch in seiner Wiener Wohnung gefragt, und er hatte ganz ruhig geantwortet: ‚Ich bin dazu nicht fähig.' Seine Frau Elli bestätigte: ‚Ich habe nie ein Wort des Hasses von ihm gehört.'" In seiner Rathausrede vom 10. März 1988 (in Frankl, 1994, 297 ff.) beginnt er mit Worten des Gedenkens an seine Familie, um dann fortzuführen: „Und doch muß ich Sie darum bitten, von mir kein Wort des Hasses zu erwarten. Wen sollte ich auch hassen? Ich kenne ja nur die Opfer, aber nicht die Täter, zumindest kenne ich sie nicht persönlich – und ich lehne es ab, jemanden *kollektiv* schuldig zu sprechen." Auf die Frage, ob man ihm in Wien nicht genug angetan habe, sodass er nicht lieber auswandern wollte, erwiderte Frankl stets mit der Gegenfrage: „Was hat mir wer angetan?" (80) Es scheint so, als habe Frankl mit keinem Menschen Kontakt gehabt, der aus persönlicher Überzeugung dem Rassenwahn anhing oder den Krieg betrieben hätte. Er zählte dann stets positive Beispiele von Menschen auf, die ihm oder anderen in Wien geholfen hatten (80; 1994, 298). Wen hätte er da hassen sollen? Offenbar kannte er seine Feinde nicht bzw. erlebte er das nicht fassbare Kollektiv als feindlich, die Ideologie, das System, wie wir eben fanden.

Es stellt sich aber auch die Frage, ob Frankl den Mut zur Anklage nicht hatte, ob er Angst hatte, Kritik zu äußern und schuldig zu sprechen, ob er die Augen verschloss vor dem unzählbaren Unrecht oder ob er die Realitäten schlichtweg verdrängte. Ich glaube, dass hier zwei Dinge zusammenfallen: einerseits Frankls idealistische Grundhaltung, die dem Menschen nie zu nahe treten mochte, ihn nicht auf eine Übeltat festschreiben wollte und die stets darauf aus war, nur das Gute zu sehen, weil nur dieses für ihn zählte. Zum anderen üben hier auch seine Kritikscheu und seine Angst, sich im Urteil über einen anderen Menschen festzulegen und dadurch auch selbst angreifbar zu werden, Einfluss aus.

Dieser Gedanke führt uns zu Frankls wichtigster politischer Tat, für die er nach dem Krieg bekannt wurde: zu seinem Auftreten *gegen die Kollektivschuldhypothese*. Wir haben im biografischen Teil, in dem Kapitel über die Zeit nach der Entlassung aus dem Konzentrationslager, die persönlichen Gründe angegeben, die Frankl dazu brachten, gegen die Kollektivschuldhypothese aufzutreten. Das hing vor allem damit zusammen, dass er selbst eine ganze Reihe positiver Erfahrungen gemacht hatte. Sie führten quer durch die Reihen der Nationalsozialisten wie auch ihrer Opfer und liefen dem Kollektivschuldgedanken zuwider. Aber Frankl begründete auch theoretisch, warum es seiner Meinung nach keine Kollektivschuld geben könne. Denn

> „Schuld kann jedenfalls nur persönliche Schuld sein – die Schuld an etwas, das ich selbst getan habe – oder vielleicht zu tun unterlassen habe! Aber ich kann nicht schuld sein an etwas, das andere Leute getan haben, und seien es auch die Eltern oder die Großeltern. Und den Österreichern, die heute zwischen 0 und 50 Jahre alt sind, in diesem Sinne eine sozusagen ‚rückwirkende Kollektivschuld' einzureden, halte ich für ein Verbrechen und für einen Wahnsinn – oder, um es psychiatrisch zu formulieren, es *wäre* ein Verbrechen, würde es sich nicht um einen Fall von Wahnsinn handeln. Und um einen *Rückfall* in die sogenannte Sippenhaftung der Nazis! Und ich denke, gerade die Opfer ehemaliger kollektiver Verfolgung sollten die ersten sein, die mir da zustimmen. Es wäre denn, Sie legen Wert darauf, die jungen Leute den alten Nazis oder den Neonazis in die Arme zu treiben!" (Rathausrede von 1988, in: Frankl, 1994, 297 f.).

Anthropologisch und philosophisch gründet diese Haltung darin, dass der Mensch nur für jene Taten persönlich verantwortlich ist, die er selbst getan hat. Somit kann er auch nur für eigene Taten schuldig werden. Streng genommen ist der Mensch nur für das und insofern verantwortlich, als er eine Entscheidung selbst gefällt, eine Wahl getroffen hat oder hätte treffen können. Denn für das, was sich seiner Freiheit entzieht, wie z. B. spontane Reflexe des Körpers, trägt er keine Verantwortung, wohl aber Haftung. Verantwortung trägt er für jene unwillkürlichen Reaktionen, an deren Überformung, Verstärkung, Schwächung oder Behandlung er hätte mitwirken können. Darum übte Frankl auch Kritik an den „fatalistischen Zügen" der Psychologie C. G. Jungs. In seiner „Schicksalsgläubigkeit an ein kollektives Unbewußtes" habe er auch eine Kollektivschuld aller Deutschen angenommen, „einschließlich jener deutschen Antifaschisten, die ins Konzentrationslager gesperrt worden waren: sie waren, nach Ansicht von Jung, eben unbewußt Nationalsozialisten" (Frankl, 1990, 308 f.).

Zu Recht wies Frankl darauf hin: „Wer von *Kollektivschuld* spricht, setzt sich selbst ins Unrecht." (80) Denn er spricht dem Menschen eine Schuld zu, die nicht die seine ist.

> „Denn die Verantwortung haben macht die Würde des Menschen aus, die Würde jedes einzelnen Menschen. Und es liegt ganz und gar immer nur am einzelnen Menschen, ob er sie mit Füßen tritt – oder ob er sie wahrt. So wie das eine das persönliche Verdienst eines Menschen ausmacht – so das andere seine persönliche Schuld. Und es gibt nur persönliche Schuld." (Frankl, 1990, 348)

Was aber das Rechten und Anklagen betrifft, zitierte er Paul Valery: „Si nous jugeons et accusons, le fonds n'est pas atteint" – solange wir noch rechten, urteilen und anklagen, ist der Grund nicht erreicht. Und um die Spirale der Ungerechtigkeit zu durchbrechen, wollte er nicht nur der Toten gedenken, „sondern auch verzeihen, den Lebenden. So wie wir den Toten die Hand reichen, hinweg über alle Gräber, so wollen wir sie auch den Lebenden entgegenstrecken – hinweg über allen Haß. Und wenn wir sprechen: Ehre sei den Toten – so wollen wir auch hinzusetzen: – und Friede allen Lebenden, die guten Willens sind" (Frankl, 1990, 348). Seine Rathausrede beendete Frankl mit demselben Gedanken in einer noch strafferen Formulierung. Er sehe die Forderung des Tages darin, „daß alle, die guten Willens sind, einander die Hände entgegenstrecken, hinweg über alle Gräber und hinweg über alle Gräben" (Frankl, 1994, 300).

Frankl ging mit dem Thema der Kollektivschuld aber nicht immer so plakativ um wie in seinen großen Reden. 1946 sprach und publizierte er wesentlich differenzierter über die Kollektivschuld (Frankl, 1991, 97–105). Dort sprach er von der Existenz einer Kollektivschuld in dreierlei Hinsicht, deren Begriff damals jedoch nicht in diesem Sinne verwendet würde. Diese „drei Formen, in denen allein Schuld oder Verantwortung tatsächlich kollektiv sein kann" (ebd., 97), sind die folgenden:

1. Kollektive Haftung: dass man als Mitglied eines bestimmten Kollektivs als Gesamtheit haftbar gemacht wird für die Folgen von etwas, das vom Kollektiv verbrochen wurde. Dies gelte auch für den Fall, dass das Einzelindividuum keine persönliche Verantwortung trifft.

2. Schuld am Beitritt zu einem Kollektiv: Hier liegt eine persönliche Entscheidung vor, die einen bis zu einem „gewissen Grade auch persönlich mitschuldig" sein lässt, z. B. wenn diese Partei programmatisch Verbrechen begangen hat. Frankl fügte dabei an, dass die Geburt natürlich kein Beitritt zu einem Kollektiv sei, sodass es widersinnig wäre, jemanden für seine Geburt verantwortlich zu machen. Und es sei auch für den Fall eines Beitritts zu einer Partei im Einzelfall zu prüfen, inwieweit jemand unter Druck gestanden habe oder gar erzwungenermaßen und unfreiwillig der Partei beigetreten sei. Über diese Verantwortung im Einzelfall zu entscheiden, sei gewiss eine „heikle Frage". Das Recht jedenfalls, den anderen abzuurteilen, habe seiner Meinung nach nur derjenige, „der für seine eigene Person unter Beweis stellen kann, daß er *selber* es *ja* so gehalten hat. *Nur wer selber lieber ins Konzentrationslager gegangen ist, als daß er dem Druck nachgegeben hätte – eigentlich dürfte nur der über den Nachgiebigen den Stab brechen.*" (Frankl, 1991, 98)

3. Kollektive Verantwortung: Dieser missverständliche Begriff beschreibt eine Verantwortung, „derzufolge jeder einzelne irgendwie mitverantwortlich ist für jeden anderen – ‚einer für alle', pflegt man zu sagen" (ebd.). Frankl war

bereit, ein solches Verantwortungsverständnis zu akzeptieren, aber um einen Gegenpreis: „Dann aber haben wir auch zu ergänzen: ‚Und alle für einen‘!“ (ebd.) Falls es also so etwas wie eine kollektive Verantwortung gebe, könne sie nur eine planetarische sein.

„Die eine Hand soll sich nichts darauf einbilden, daß nicht sie es ist, sondern die andere, die von einem Geschwür befallen wurde; denn immer ist es der ganze Organismus, der da erkrankt ist. Und so möge denn auch die eine Nation nicht frohlocken darüber, daß nicht sie es war, sondern die deutsche, die dem Nationalsozialismus verfallen war; denn es war die ganze Menschheit, die da erkrankte.“ (Ebd., 100 f.)

Hier denkt Frankl ausgesprochen systemisch und klagt de facto die Mitverantwortung der anderen Länder am Aufkommen des Nationalsozialismus ein. Das Deutsche Reich wäre damit sozusagen als „Indexpatient“ der kollektiv erkrankten Weltfamilie anzusehen – Gedankengänge, die heute durch die systemische Denkweise in der Familientherapie bereits sehr geläufig geworden sind.

Frankl geht aber noch weiter. Er verlangt, dass wir uns selbst und anderen zugeben:

> „Jeder Mensch, und jeder einzelne genauso wie jedes einzelne Volk, ‚ist‘ schlechterdings ‚in Begleitung‘ des Bösen. (...) Das Böse ist ubiquitär! Und sofern wir gerade in den letzten Jahren gesehen haben, zu was allem der Mensch fähig ist, so haben wir auch gelernt, daß dazu jeder einzelne fähig ist. Gewiß, nicht in jedem wird das Böse Wirklichkeit; aber in jedem ist es angelegt zumindest als Möglichkeit (...). Glauben wir nur nicht: daß der Teufel eine Nation gepachtet hat oder daß er irgendeine Partei monopolisiert hat. Und auch der irrt, der da meinte, der Nationalsozialismus sei es gewesen, der das Böse erst geschaffen habe: dies hieße den Nationalsozialismus überschätzen; denn er war nicht schöpferisch – nicht einmal im Bösen. Der Nationalsozialismus hat das Böse nicht erst geschaffen: er hat es nur gefördert – wie vielleicht kein System zuvor: gefördert durch eine negative Auslese, die er betrieb, und durch die ‚fortzeugend Böses gebärende‘ Macht des bösen Vorbildes.“ (Frankl, 1991, 98 f.)

Damit der Spieß heute nicht einfach wieder umgedreht und mit denselben Mitteln weitergearbeitet werde, gelte es jetzt, „die Kette des Bösen zu zerreißen; nicht wieder Gleiches mit Gleichem, Böses mit Bösem zu vergelten, sondern: die einmalige Chance zu nützen, die man jetzt hat, um das Böse gerade dadurch zu überwinden, daß man es eben nicht perenniert und perpetuiert, daß man sich nicht an das ‚Auge um Auge und Zahn um Zahn‘ hält“ (ebd., 100). Frankl hat das wirklich gelebt. Einmal ging er mit dem ehemaligen NSDAP-

Mitglied[24] Professor Hans Strotzka, dem Leiter des tiefenpsychologischen Instituts der Universität Wien, privat zum Heurigen. Nachher erzählte mir Frankl, dass es für ihn eine gewisse Komik hatte, an einem Tisch mit ihm zu sitzen. Er, der ehemalige Häftling, saß mit dem ehemaligen NSDAP-Mitglied, dessen Partei sich immerhin für die Endlösung der Judenfrage eingesetzt hatte, an einem Tisch und unterhielt sich gut und lustig. Das war für Frankl erst einmal zusammenzubringen! Doch Wandlung von Gesinnung war für Frankl stets eine menschliche Leistung – und Strotzkas Gesinnung hatte sich ganz grundlegend gewandelt. Dies erleben zu dürfen, und statt einer möglicherweise feindlichen eine freundliche Atmosphäre anzutreffen und sich gut verstehen zu können, ohne dass sich Gräben auftun, das war das Große an jenem Abend, soweit ich Frankl verstanden hatte.[25]

Diese Debatte um die Kollektivschuld hat meines Erachtens einen überzeitlichen Wert. Die Frage von Schuld, Haftung und Versöhnung im Schatten des Zweiten Weltkriegs ist gerade in diesen Jahren mit Vehemenz neu aufgebrochen. Wie wir sahen, erheben sich auch vorwurfsvolle Stimmen gegen Frankl, die sein Eintreten für Versöhnung und gegen die Kollektivschuld als einen politischen Verdrängungsprozess werten.

Frankl bezeichnete bereits 1946 prinzipiell jeden Menschen und jede Nation als schuldfähig. Er hat diesen Gedanken durch eine Metapher unterstrichen, die an seine Anthropologie anknüpft. Ausgehend von der anthropologischen Überlegung, dass weder die Biologie noch die Soziologie noch die Typologie und auch nicht die Zugehörigkeit zu einer Rasse den Mensch in seinem Verhalten eindeutig determinieren, kam er zu dem Schluss, dass es von einem personalen Gesichtspunkt aus eigentlich nicht korrekt sei, Menschen einer Rasse zuzuordnen.

> „In diesem Sinne gibt es daher auch keine Rassen; oder aber nur zwei ‚Rassen' – die Rasse der anständigen Menschen und die Rasse der unanständigen Menschen. Diese Trennung geht quer durch alle Typen. Die Biologischen wie die Psychologischen wie die Soziologischen. Und es wäre nur zu wünschen, daß die Menschheit zu diesem Einheitsbewußtsein der Zusammengehörigkeit aller anständigen Menschen, über alle Rassen und Typen hinweg, gelange; und daß so, wie einstmals das Judentum der Welt den Monotheismus geschenkt hat, als die Lehre von dem einen Gott, dereinst der Welt auch der Mon-Anthropismus gegeben werde, als die Lehre von der einen Menschheit." (Frankl, 1994, 89 f.)

In der Rathausrede griff Frankl diesen Gedanken wieder auf und setzte ihn etwas plakativ ein:

> „Der Nationalsozialismus hat den Rassenwahn aufgebracht. In Wirklichkeit gibt es aber nur zwei Menschenrassen, nämlich die Rasse der ‚anständigen

Menschen' und die Rasse der ,unanständigen Menschen'. Und die ,Rassen-*trennung*' verläuft quer durch alle Nationen und innerhalb jeder einzelnen Nation quer durch alle Parteien. Sogar in den Konzentrationslagern ist man hie und da auf einen halbwegs anständigen Kerl unter den SS-Männern gestoßen – genauso auf den einen oder anderen Falotten und Halunken unter den Häftlingen. Ganz zu schweigen von den Capos. Daß die anständigen Menschen in der Minorität gewesen sind und voraussichtlich auch bleiben werden – damit müssen wir uns abfinden. Gefahr droht erst dann, wenn ein politisches System die Unanständigen, also die negative Auslese einer Nation, an die Oberfläche schwemmt. Dagegen ist aber keine Nation gefeit, und in diesem Sinne ist auch jede Nation grundsätzlich holocaustfähig!" (Frankl, 1994, 299)

Als Beleg dazu verweist er auf jene Forschungsergebnisse der Psychologie, die unter der Bezeichnung „Milgram-Experiment"[26] bekannt geworden sind.

Mir persönlich hat diese Einteilung der Menschen in zwei „moralische Rassen" nie gefallen. Sie ist, zumindest in der Formulierung der Rathausrede, zu undifferenziert und zu idealistisch. Denn genau besehen gibt es keinen Menschen, der einer der beiden Rassen zugehörig ist. Jeder Mensch „ist schlechterdings in Begleitung des Bösen", wie Frankl selbst sagt. Keiner hat das Anständige gepachtet, wie es dieses Rassenverständnis fälschlicherweise (und gefährlicherweise – weil pauschal entschuldigend) suggeriert. Eine solche Denkweise halte ich für moralisierend. Ich habe Frankl dies gesagt, als er mir im Februar 1988 die vorbereitete Rede vorlas. Ich bat ihn, von dieser Bezeichnung abzusehen oder eine andere Formulierung zu wählen. Er meinte daraufhin: „Eine gewisse dichterische Freiheit müssen Sie mir schon lassen!" Trotz meiner Bedenken muss ich Frankl einen Sinn für das zugestehen, was in einem Vortrag „zieht". Denn in den Kommentaren und Zitaten zu dieser Gedenkveranstaltung war es genau dieses Zitat, das am häufigsten wiedergegeben wurde. Auch heute noch wird das Bild von den zwei Rassen gerne verwendet. Vor einigen Jahren gebrauchte es der Wiener Altbürgermeister Helmut Zilk in seinem Schlusswort zum Wiener Internationalen Theodor-Herzl-Symposion, das von 22. bis 24. September 1997 im Wiener Rathaus stattfand. Zilk hat darüber hinaus aber noch weitere Gedanken der Frankl'schen Rathausrede aufgegriffen.

Ebenso wie Frankl sich während des Krieges für die Rettung von Geisteskranken vor der Euthanasie einsetzte, verwendete er sich nach dem Krieg für die Rettung von Menschen vor dem Volksgerichtsprozess. 1946 gegen die Kollektivschuld aufzutreten, bedeutete gegen den Strom zu schwimmen. Noch weniger populär war es, sich für einen Nationalsozialisten einzusetzen. Wir haben schon im biografischen Teil berichtet, dass er einmal einen Kollegen in der Wohnung versteckte, um ihn vor dem möglichen Todesurteil durch einen

Volksgerichtsprozess zu bewahren. Auch eine Fachkollegin hat er, wie wir bereits erwähnten, durch seine Zeugenaussage vor dem Todesurteil bewahrt, was ihm vom KZ-Verband einen „Rüffel“ eintrug.

Weitere politische Aktivitäten hat Frankl in der Öffentlichkeit nicht unternommen. Im Ausland wurde er vom argentinischen Präsidenten Alfonsin empfangen, mit dem er politische und humanitäre Fragen diskutierte. Auch in Südafrika hatte er anlässlich eines Vortrags Kontakte zu ranghohen politischen Funktionären. Auf den Philippinen hat ein Präsident im Gefängnis Bücher von ihm gelesen, was Frankl zunächst aus einer Zeitung erfuhr. Die Bücher hätten wesentlich dazu beigetragen, dass er psychisch durchgehalten habe. Im März 1986 nutzte Frankl eine Vorlesung an der Moskauer Universität, um in allgemeiner Form Kritik an inhumanen Ideologien zu üben. Auf diese diplomatische Weise konnte er den Zuhörern seine Kritik am kommunistischen System vermitteln. Das war nach meiner Kenntnis das einzige Mal, dass Frankl sich in einem Vortrag im Ausland gegen die herrschende Politik eines Landes ausgesprochen hat.

Als in Österreich die Wahl Waldheims zum Bundespräsidenten wegen seiner Vergangenheit Schlagzeilen machte, meldete sich Frankl in der Öffentlichkeit nicht direkt zu Wort. Wie schon im biografischen Teil berichtet, hatte er Verständnis für Waldheims Haltung und für sein Pflichtgefühl. Er hielt ihn nicht für einen Kriegsverbrecher, was ihm damals angelastet wurde. Waldheim trat mit Frankl persönlich ins Gespräch, und Frankl demonstrierte seine Sympathie für Waldheim in der Öffentlichkeit, indem er im September 1988 aus seiner Hand das „Große Silberne Ehrenzeichen mit dem Stern“ entgegennahm. Dieser Akt gelangte natürlich durch die Medien in die Öffentlichkeit, wodurch Frankl indirekt einen politischen Einfluss zugunsten Waldheims geltend machte.

Zwei Jahre vor seinem Tod trat Frankl noch einmal in das Blickfeld der politischen Öffentlichkeit Österreichs. Der Chef der Freiheitlichen Partei Österreichs, Jörg Haider, bezog sich immer öfter auf Frankl und bezeichnete ihn schließlich als seinen Freund. In einer Fernsehsendung zeigte er, der im Rufe stand, ein Sympathisant der NS-Ideologie zu sein, ein Buch mit der freundschaftlichen Widmung Frankls. Tatsächlich war Frankl Haider zu Dank verpflichtet, weil er auf Betreiben Haiders die Ehrenbürgerschaft von Wien erhalten hatte. Bei der Verleihungszeremonie sah man Frankl die meiste Zeit mit Haider im freundschaftlichen Gespräch. Als Frankl kurz darauf wegen gefährlicher Herzprobleme auf die Intensivstation kam, wurde ein ärztliches Besuchsverbot verhängt. Nur wenige durften ihn besuchen – Haider war unter ihnen.

In den Jahren 1988 bis 1990 hat sich Frankl mir gegenüber zwei-, dreimal positiv über Haider geäußert: über seinen Mut, seinen politischen Hausverstand und seine geradlinige, offene Art. Frankl imponierte, dass Haider gegen

Pauschalierungen auftrat und z. B. sagte, dass nicht alles schlecht gewesen sei, was die Menschen in der NS-Zeit gemacht hatten, und dass es selbst in der SS auch gute Menschen gegeben habe. Als Haider dann begann, politisches Kapital aus seiner Beziehung zu Frankl zu schlagen, distanzierte dieser sich von Haider. Der *Standard* in Wien begann seinen Artikel mit einer Zusammenfassung, *News* brachte einen größeren Ausschnitt von Frankls Aussendung wörtlich:

„Viktor Frankl, von Jörg Haider als ‚persönlicher Freund' bezeichnet, erklärt, er habe ‚keinerlei Verständnis' für den Auftritt des F-Obmannes vor der Waffen-SS in Krumpendorf. Er sei nicht erfreut darüber, daß sein Name ausgerechnet in diesem Zusammenhang ins Spiel gebracht werde. Haider hatte mehrfach betont, daß er aufgrund seiner Freundschaft mit dem KZ-Überlebenden Frankl es ‚nie über das Herz bringen' würde, diesen ‚zu kränken'." (Standard vom 13. Jänner 1996, 4)

„Herr Dr. Haider und ich wurden einander im Frühjahr 1995 vorgestellt. Im Sommer erlitt ich gelegentlich einer Abendgesellschaft eine Blutdruckkrise und mußte ins Spital gebracht werden. Herr Dr. Haider, der ebenfalls anwesend war, hat sich damals in einer weit über das notwendige Maß hinausgehenden Weise um mich gekümmert. Ich bin ihm dafür zu Dank verpflichtet, und man muß verstehen, daß ich nun nicht öffentlich Wortklaubereien darüber anstelle, ob es sich dabei nur um die Hilfsbereitschaft eines Bekannten oder schon um einen Beweis von Freundschaft handelte. Allerdings bin ich nicht erfreut darüber, daß mein Name ausgerechnet im Zusammenhang mit der Diskussion um die Krumpendorf-Affaire ins Spiel gebracht wird. Ich habe keinerlei Verständnis für Dr. Haiders dortigen Auftritt." (News 3/96)

1996 besuchte die First Lady der Vereinigten Staaten, Hillary Clinton, mit ihrer Tochter Österreich. Frau Clinton äußerte den Wunsch, den weltberühmten Psychiater Viktor Frankl zu sehen. Frankl wurde daraufhin zu einem Bankett eingeladen. Dies war der letzte politische Akt, in dessen Rahmen Frankl auftrat. Und in seiner gekonnten, geistreich-humorvollen Art quittierte er die Einladung mit der Bemerkung: „Sie sind Zeuge eines rührenden Versuchs dieser Dame, mich wegen Größenwahns zu meinem eigenen Patienten zu machen." (Kurier vom 12. Juli 1997, 14)

Der Umstand, dass anständige Menschen in der Politik in der Minderheit sind, ja vielleicht „in einer ewigen Minorität, in einer immer scheiternden Minorität", machte Frankl pessimistisch (Frankl, 1991, 90).

„Wir sind Pessimisten geworden, denn wir wissen, wessen der Mensch fähig ist." (Ebd.) „Die Weltgeschichte mag so manchem wie ein einziger großer Sturz in die Katastrophe vorkommen – ein Sturz von einer Katastrophe in die andere, von der je letzten in die je nächste. Und der Mensch mag ihm eher wie ein fallendes Wesen erscheinen als wie ein ‚gefallenes'. Immer schwärt etwas am Organismus der Menschheit, und wenn es irgendwo gerade aufbricht und auszuheilen anfängt, beginnt es an irgend einer anderen Stelle wieder zu schwären." (Frankl, 1990, 312)

Doch der Pessimismus Frankls war eher ein Zweckpessimismus und schon gar kein Fatalismus. Er sollte zur Aktivität animieren. „Früher war der Aktivismus mit Optimismus gekoppelt – mit Fortschrittsgläubigkeit und Fortschrittsseligkeit. Heute sind wir ernüchtert, und heute ist es gerade der Pessimismus, aus dem allein der Aktivismus Impulse erhält." (Ebd.)

Zum Abschluss des Kapitels über Frankls Verhältnis zur Politik sei noch ein Wort zu *Frankls Beziehung zu Vereinen und Organisationen der Psychotherapie* angemerkt. Frankl war in der Nachkriegszeit Mitglied des Vorstands der „Internationalen Gesellschaft für Ärztliche Psychotherapie" und hat „auf Befehl von Kretschmer und Pötzl", wie er sagte, die Österreichische Sektion als Verein gegründet. Dieser stand er für die Dauer ihres Bestehens als Vorsitzender vor. 1988 bestand die Gesellschaft nur noch auf dem Papier und Frankl war im 37. Jahr des Vorsitzes. Ich selbst bin damals Mitglied der Gesellschaft geworden, um sie auf dem Papier zu erhalten. Ich weiß nicht, ob die Gesellschaft je aufgelöst worden ist.

Frankl hatte immer Bedenken gegen die Gründung von Psychotherapiegesellschaften, besonders von Logotherapie-Gesellschaften. Dies beruhte zu einem erheblichen Teil auf der Erfahrung, die er mit Alfred Adler gemacht hatte. Die Selbstherrlichkeit Adlers und die unwissenschaftliche Vorgehensweise, die zum Ausschluss Frankls aus der Individualpsychologie geführt hatte, blieb Frankl ein Leben lang warnendes Beispiel dafür, wie die Zusammenarbeit in der Psychotherapie nicht stattfinden sollte. Aus diesem Grund, so Frankl, habe er nie eine logotherapeutische Gesellschaft gegründet. Er hatte auch keinen Versuch gemacht, die „Österreichische Gesellschaft für Ärztliche Psychotherapie" in eine logotherapeutische umzuwandeln. Er war stolz auf seine undogmatische Offenheit.

Zwar war Frankl im Gründungskommitee der weltweit ersten Logotherapie-Gesellschaft gewesen, die 1954 in Buenos Aires während seines Besuchs ins Leben gerufen wurde, er übernahm in ihr aber keine Funktion und auch keine Ehrenposition, soviel ich ausfindig machen konnte. Überhaupt wurde Frankl in keiner Logotherapie-Gesellschaft Präsident oder Ehrenvorsitzender. Die einzige Ausnahme war die Gesellschaft für Logotherapie und Existenzanalyse (GLE) in Wien. Die Gründung dieser Gesellschaft befürwortete er, damit auch in Wien eine Gesellschaft existiere, nachdem Anfang der 1980er-Jahre international immer mehr Gesellschaften für Logotherapie gegründet worden waren. Der Ehrenvorsitz in der Wiener GLE wurde Frankl weder angetragen noch verliehen. Er bestand darauf, diese Funktion, die obendrein mit Vollmachten verknüpft war, „von Anfang an" innezuhaben, um von seinem Prinzip nicht abweichen zu müssen, keiner Gesellschaft beizutreten. Er fühlte sich dieser Gesellschaft durch die große Nähe und Kooperation mit mir besonders verbunden. Außerdem war auch seine Tochter Gründungsmitglied der Gesellschaft und wurde Vorstandsmitglied des ersten Vorstandes.

Frankl wollte solche Gesellschaften nicht, sah ihre Unvermeidlichkeit jedoch immer mehr ein. Er befürchtete, dass dies der Gründung von Kirchen gleichkäme, wie er es bei Adler erfahren hatte, wodurch dann sofort „das Problem der Rechtgläubigkeit entstehe". Denn als Angehöriger einer „Vereinskirche" habe man sich zu einer Lehre zu bekennen. Er hingegen wollte die Logotherapie als „offenes System" sehen (Frankl, 1997, 271), in welchem „niemand unterschreiben muß, was Dr. Frankl gesagt oder geschrieben hat" (ebd., 272). Er wünschte sich unabhängige und erfinderische, innovative und kreative Geister in der Logotherapie. Jedoch wollte er, dass sie selbst für den Fall, dass sie von den Inhalten der Logotherapie überzeugt seien, seine Bücher von Zeit zu Zeit wieder läsen. Sie sollten sich mit jenen Argumenten ausrüsten, welche die eigene Position gegenüber den „Angriffen der Patienten" uneinnehmbar machten (ebd., 272). Er hatte auch Bedenken geäußert, dass solche Gesellschaften in kommerziellem Stil Ausbildungen vornahmen und Zertifikate ausstellten. In ihnen sah er „Ersatzbefriedigungen für Leute, die nicht Ärzte, ja nicht einmal Psychologen" seien, wie er in einem Gespräch im Jänner 1988 meinte. Darin vertrat er auch die Ansicht, dass diese Ausbildungsindustrie bald von selbst zusammenbrechen werde und dann wieder nur seine Bücher gelesen würden.

Das Werk

Was sind Logotherapie und Existenzanalyse? Ein einführender Überblick

Viktor Frankl bezeichnet mit *Logotherapie* die von ihm begründete sinnzentrierte Psychotherapie. „Logos" bedeutet in diesem Zusammenhang „Sinn". Logotherapie ist also eine Behandlungsform, die mittels Sinnfindung und durch die Bearbeitung von Sinnverlusten praktiziert wird.

Unter *Existenzanalyse* versteht Frankl das dazugehörige Menschenbild, die Anthropologie. Sie stellt somit die *Theorie* zur Logotherapie dar.

„Die Logotherapie und die Existenzanalyse sind je eine Seite ein und derselben Theorie. Und zwar ist die Logotherapie eine psychotherapeutische Behandlungsmethode, während die Existenzanalyse eine anthropologische Forschungsrichtung darstellt."[1]

In der Existenzanalyse geht es um das Bewusstmachen („Analyse") der *Freiheit* (Frankl, 1990, 271) und des *Verantwortlichseins* „als Wesensgrund der menschlichen Existenz" (Frankl, 1982, 39). Verantwortung ist bei Frankl jeweils Verantwortung gegenüber einem Sinn (Frankl, 1982, 39), wodurch der Bogen von der Existenzanalyse zur Logotherapie geschlagen ist. Denn ohne Sinn, ja ohne letzten Sinn gäbe es auch keine Verantwortung (Frankl, 1982, 221). Das ist ein Grundgedanke der Existenzphilosophie. Für Frankl persönlich besteht dieser letzte Sinn in Gott. Im Existentialismus ist es z. B. die Würde des Menschen angesichts der Absurdität (Sartre, 1943).

Frankl stellt die Entstehung der Logotherapie dem Anliegen der Psychoanalyse Sigmund Freuds gegenüber. Während es dort um das Bewusstmachen der unbewussten Triebhaftigkeit geht, geht es in der Logotherapie und Existenzanalyse um die *Bewusstmachung des Geistigen* (Frankl, 1982, 39). Das Geistige im Menschen zeigt sich im Bewusstsein der eigenen Verantwortlichkeit und in der Fähigkeit zur Sinnfindung. Diese knappe Beschreibung soll im Folgenden ausgeführt werden.

Nach Viktor Frankl sucht der Mensch in seinem Leben vor allem eines: *Sinn*. Zum Problem wird Sinn üblicherweise erst, wenn er verloren gegangen ist, was z. B. durch körperliche oder seelische Krankheiten, Verluste, Trennungen, Einsamkeit, Abstumpfung durch Gewöhnungen usw. der Fall sein kann. Dann allerdings wird die sonst kaum beachtete oder bewusst empfundene Sinnfrage zum quälenden Problem, das sich sogar zum Hauptantrieb von Selbstmordgedanken entwickeln kann.

Der Mensch ist so sehr in ein Streben nach Sinn eingebettet, dass er nicht fähig ist, etwas zu *wollen*, wenn es für ihn keinen Sinn ergibt. Oder anders gewendet: Hinter allem Wollen steht ein Streben nach Sinn; alles Wollen peilt einen Sinn an. Der Mensch kann gar nicht wollen, wenn er keinen Sinn darin sieht (selbst wenn sich im Nachhinein herausstellt, dass es sinnlos oder unsinnig war, war es zunächst doch maßgeblich). In Abwandlung von Nietzsches Begriff vom „Willen zur Macht“ spricht Frankl daher vom *Willen zum Sinn* (z. B. Frankl, 1982, 161 u. a.; 1990; 1991) und bezeichnet ihn als die primäre Motivationskraft des Menschen. Denn ohne einen Sinn zu sehen, zu spüren, zu ahnen, zu glauben oder auf ihn zu hoffen, kann der Mensch nicht handeln, ja nicht einmal leben wollen, besonders wenn es gilt, eine leidvolle Situation zu bestehen. „Wozu auch?“, fragen wir uns, wenn wir keinen Sinn mehr sehen. Ohne Sinn wird das Leben inhaltsleer und zukunftslos. Wir haben dann nichts mehr, was uns in der Belastung vom Suizid abhalten könnte. Denn Sinnlosigkeit zu ertragen ist größte Pein. Der griechische Mythos hat sinnloses Handeln als die schwerste Strafe für den Menschen beschrieben: Sysiphos wälzt den Stein den Berg hinan, und kaum angekommen rollt er wieder zu Tal, ein Leben lang, eine Ewigkeit lang – Urbild sinn- und zwecklosen Handelns.

Frankl sieht das Sinnthema als so zentral im Leben an, dass er das Streben nach Lust (Freud) und nach Macht (Adler) als dem „Sinn“ nachgeordnet konzipiert. Nur als Kompensation bestehender Sinnlosigkeitsgefühle, sozusagen als Ersatz für Sinn in einem tiefen, geistigen Unerfülltsein, können sich beide Strebungen des Menschen bemächtigen und ihn dominieren. Sie können sogar Suchtcharakter bekommen (Überbetonung von Sexualität und Erotik sowie von Geld, Prestige und Macht); Sucht ist dann auch die größte Gefahr in der geistigen Verzweiflung eines als sinnlos empfundenen Lebens.

Die Tatsache, dass der Mensch im Grunde seines Wesens vor allem zuerst nach einem Sinn sucht, ist als charakteristischer Ausdruck des Wesens des Menschen zu verstehen. Denn der Mensch ist im Grunde ein Wesen, das zur Entscheidung fähig ist, ja *aufgerufen ist zur Wahl* und zur aktiven Mitgestaltung seines Lebens und seiner Welt. So charakterisiert die Existenzphilosophie den Menschen und sein Dasein. Stets vor die Wahl gestellt, erfährt sich der Mensch als ein im Grunde Befragter. Jede Lebenssituation, jeder Tag, jede Stunde stellt ihn vor die Wahl, verlangt eine Entscheidung von ihm. Dieses unablässige *Angefragtsein* bezeichnet Frankl als die Grundverfassung des Menschen. Eigentlich ist er ein vom Leben Befragter, Angefragter, infrage Gestellter. Es kommt wesentlich darauf an, die Frage der Situation, die „Lebensfrage" zu vernehmen, zu verstehen und auf sie jeden Tag, jede Stunde *Antwort* zu geben. Das Entscheidende für die sinnvolle Gestaltung des Lebens ist daher die Antwort – jene Antwort, die mir gerade möglich ist und als die beste erscheint. So antwortend „ver-"antwortet der Mensch sein Leben, indem er handelnd aus jeder Situation das Beste zu machen versucht. – Ich habe diese dynamische Wechselbeziehung zwischen Frage und Antwort in einen Satz gekleidet und versucht, die existenzanalytische Sicht der beiden Fragen zu beleuchten: Was heißt es unter existentiellem Gesichtspunkt, *Mensch* zu sein? Was heißt *Leben* in einem existentiellen Verständnis?

Menschsein heißt In-Frage-Stehen – Leben ist Antwort geben (Längle, 1988, 10).

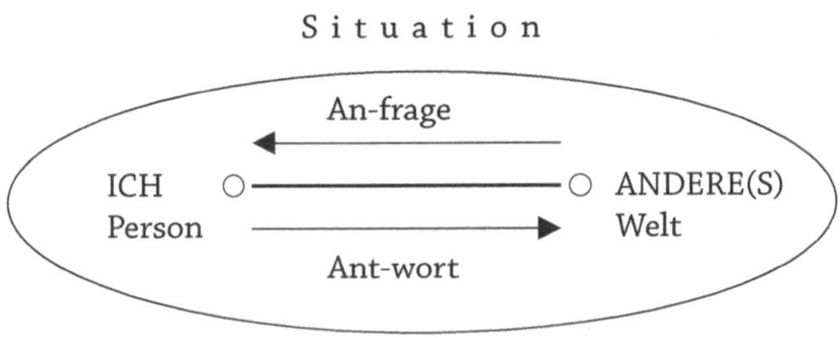

Abb. 1: Schema, das die „existentielle Verfassung" des Menschen wiedergibt. In jeder Situation erreicht uns etwas: es „spricht" uns an, „geht" uns an, berührt uns. Sinnvoll ist Handeln dann, wenn es auf diese Anfragen oder Angebote der Situation eingeht und versucht, das Beste daraus zu machen. Aus der Summe solcher (sinnvollen) Einzelhandlungen entsteht Sinn im Leben.

Als geistiges Wesen strebt der Mensch danach, für sein Leben selbst einzutreten, es autonom und eigenverantwortlich zu führen. Er lässt sich die Entscheidungen nicht vorgeben durch Autoritäten, seien es Eltern, Vorgesetzte, Lehrer, Kirchen, Institutionen oder Traditionen. Dieser zunehmende Trend zur Selbstbestimmung und Selbstständigkeit hält seit Beginn dieses Jahrhunderts unvermindert an und unterstreicht die Mündigkeit der Menschen als Bürger, Gläubige, Patienten oder Privatmenschen. Er fordert eine persönliche Orientierung. Wer oder was sagt einem, wo es langgeht und wie man sich entscheiden soll? Diese Orientierung bietet der Sinn.

Sinn ist die wertvollste Möglichkeit in jeder Situation. So ist Sinn in der Logotherapie definiert. Wie kann Sinn nun gefunden werden? Die grundlegende Haltung der Offenheit und des Sich-anfragen-Lassens mündet in einen konkreten Prozess. Er geht im Allgemeinen so vonstatten, dass ein *Sinngefühl* mehr oder weniger bewusst auftaucht, wenn wir mit der Realität der jeweiligen Situation konfrontiert sind. Das Sinngefühl kann sich langsam entwickeln – wie ein Bild, das aus dem Nebel auftaucht – oder er kann wie ein Blitz mit der ganzen klaren Gewissheit da sein. Jedenfalls hat der Mensch meistens – wenn auch mit unterschiedlichen Graden von Klarheit und Gewissheit – ein Gespür dafür, wofür diese Stunde geschaffen ist, was jetzt gerade das Beste zu tun oder zu lassen wäre. Diese intuitive Fähigkeit zur Sinnfindung in jeder Situation ist eine dem Menschen angeborene Fähigkeit zur Evidenz, zur Gewissheit – ist *Gewissen.*

Die Logotherapie beschreibt ganz grundsätzlich *drei „Hauptstraßen" zum Sinn.* Sie machen es dem Menschen möglich, in allen Lebenssituationen und unter allen Bedingungen Sinn zu finden . Allen Zugängen gemeinsam ist, dass es sich um Werte handelt. Sinnfindung erfolgt durch Werteverwirklichung:

1. *Schöpferische Werte:* An erster Stelle führt Frankl immer die Sinnfindung durch das Setzen einer Tat oder das Schaffen eines Werkes an. Wenn der Mensch erlebt, dass durch seine Arbeit, durch sein mutiges Eintreten für jemanden („Setzen einer Tat") etwas Wertvolles entsteht, dann erlebt er Sinn.
2. *Erlebniswerte:* Auch im Erleben von Interessantem, Wertvollem, Schönem, Packendem, Tiefem, Beglückendem usw. findet der Mensch Sinn. Dabei sind es vor allem Naturerlebnisse, Kunsterlebnisse und das Erleben anderer Menschen, allen voran in der Liebe, die den Menschen Sinn finden lassen.
3. *Einstellungswerte:* In Fällen unabänderlichen oder schicksalhaften Leids, bei dem einem die Hände gebunden sind, weil nichts mehr verändert werden kann (z. B. unheilbare Krankheit, Tod von Angehörigen, vollzogene Trennung vom Partner usw.), kann die aufkeimende Sinnlosigkeit nur durch das Beziehen einer gewissen Einstellung überwunden werden. Durch sie soll das Unglück eingedämmt werden, damit es nicht noch weiteren Schaden anrichtet. Nicht mehr das Schaffen oder Erleben sind hier zielführend, sondern einzig die *Haltung* zum Leben, die sich im „Wie" des Umgangs mit dem Leid zeigt und im „für wen" noch einen letzten Inhalt erhalten kann.

Sinn kann der Logotherapie zufolge nicht willkürlich geschaffen oder beliebig gefunden werden. Sinnfindung setzt einen *Suchprozess* voraus. Sinn ist in der Situation für die jeweilige Person entsprechend ihrem Lebensabschnitt und ihrer Fähigkeiten vorgegeben. Sinn kann daher manchmal Pläne und Zielsetzungen durchkreuzen. Denn es kommt vor, dass einfach etwas anderes „dran ist", das vorher nicht abzusehen war oder auf das man sich auch nicht eingestellt hat. Das Leben tritt bisweilen mit Forderungen an uns heran, mit denen wir nicht gerechnet haben. Gerade dann wird die Sinnfrage akut, weil eine Umorientierung vonnöten ist, und verlangt eine Offenheit für das, was die neue Situation von uns will.

Die Sinnfrage führt den Menschen konsequenterweise auch vor die Frage nach einem letzten Sinn, nach dem „Sinn des Ganzen". Diese umfassende Sinnfrage ist für den Menschen kognitiv nicht mehr zu fassen. Sie ist die Frage nach dem „Übersinn". Er kann nicht mehr wissend erreicht werden, sondern nur noch glaubend. Die Logotherapie führt den Menschen nur bis zu dieser „unbewussten Religiosität" heran. Sie hält sich im „Zimmer der Immanenz auf" – jedoch ohne die Tür zur Transzendenz zu verstellen.[2]

Wird Sinn nicht gefunden oder geht er allmählich verloren, entsteht ein *existentielles Vakuum*. Frankl hat diesen Begriff geschaffen zur Kennzeichnung von anhaltenden Sinnlosigkeitsgefühlen, die einhergehen mit einem Verlust an Interesse und einem Mangel an Initiative. Gerade die heutige Zeit ist besonders anfällig für das existentielle Vakuum, weil sie so viele Möglichkeiten und Freiheiten zur Verfügung stellt. Das Leben ist nicht mehr „vorprogrammiert", weil man nicht mehr um das nackte Überleben kämpfen muss. Jugendliche und Arbeitslose, die sich vergeblich um einen schöpferischen Sinn bemüht haben, fallen leicht der existentiellen Frustration anheim. Der Rückgang von religiösen Bindungen und Traditionen, von Großfamilien und konstanten Beziehungen (Familien) verschärft die Situation.

Die Tatsache, dass der Mensch in die Notlage der Sinnsuche kommt, hat Frankl in einem berühmten Zitat knapp zusammengefasst:

> „Im Gegensatz zum Tier sagt dem Menschen kein Instinkt, was er *muß*, und im Gegensatz zum Menschen in früheren Zeiten sagt ihm keine Tradition mehr, was er *soll* – und nun scheint er nicht mehr recht zu wissen, was er eigentlich *will*. So kommt es denn, daß er entweder nur will, was die anderen tun – und da haben wir den Konformismus –, oder aber er tut nur, was die anderen *von ihm* wollen – und da haben wir den Totalitarismus." (Frankl, 1981, 24)

Frankl hat wiederholt betont, dass das Suchen nach Sinn an und für sich noch keine *Krankheit* darstellt, sondern als Ausdruck der Geistigkeit und Mündigkeit des Menschen zu verstehen sei. So ist denn auch das existentielle Vakuum keine Krankheit. Wenn es aber anhält, wenn der Mensch über längere Zeit keinen Sinn findet, dann wirkt sich die existentielle Frustration krankmachend aus. Der Mensch hält Sinnlosigkeit nicht über längere Zeit aus, ohne Schutzreaktionen einzusetzen (vorwiegend Lust- und Machtstreben) oder schließlich gar krank zu werden. Frankl zählt als Folge des existentiellen Vakuums die Trias *Aggression, Depression* und *Sucht* auf. In der Aggression verschafft sich der Mensch Spannung bzw. führt er überschüssige Spannung ab, in der Depression resigniert er vor der Sinnlosigkeit und in der Sucht versucht er die Sinnlosigkeit zu betäuben.

Neben diesen Entstehungsformen von seelischen Krankheiten, die sich unmittelbar aus der Sinnfrustration ableiten, hat Frankl auch spezifische Entstehungsbedingungen von *anderen psychischen Störungen* beschrieben. In ihnen sieht er als gemeinsamen Nenner eine geistige Haltung oder Einstellung, die am Wesen des Menschen oder der Existenz vorbeigeht und sich solcherart pathogen, d. h. krankmachend auswirkt. *Angst* z. B. entsteht in vielen Fällen erst durch die Rückkoppelung der abwehrenden Einstellung zur Angst. Durch das Vorhaben, nur ja keine Angst haben zu wollen, entsteht die Spirale der Erwartungsangst. Durch sie wird die Angst nur noch verstärkt. Als spezifische Therapie dazu hat Frankl die *paradoxe Intention* entwickelt. Dies ist eine inzwischen weltweit anerkannte Methode zur Behandlung der Erwartungsangstschleife (nicht zu verwechseln mit der „paradoxen Intervention" der Verhaltenstherapie und Systemischen Therapie, die die „Intervention" des Therapeuten am Verhalten ansetzt). Die „paradoxe Intention" führt zur Mobilisierung der „Trotzmacht des Geistes", der geistigen Widerstandsfähigkeit des Menschen. Der Ängstliche wird dazu angehalten, sich paradoxerweise *selber* das vorzunehmen oder zu wünschen, wovor er sich fürchtet (eigene „Intention"). Jemand mit einer Kollapsphobie soll sich beispielsweise wünschen, auf der Stelle einmal zu kollabieren, sozusagen auf eigenen Befehl, und es dann auf der Straße gleich nochmals versuchen; schließlich soll es ihn alle hundert Meter erreichen, und immer sollen die Leute zusammenströmen und zuschauen, wie er aufsteht und sagt: „Das mache ich immer so, seien Sie beruhigt ...". Mit der „paradoxen Intention" hat Frankl auch als einer der Ersten den Humor in der Psychotherapie fruchtbar gemacht (vgl. auch Titze/Eschenröder, 1998).

Die Entstehung des *Zwanges* sieht Frankl im forcierten Ankämpfen gegen einen angstmachenden Inhalt. Auch hier ist die „paradoxe Intention" eine hilfreiche Methode.

Depressionen entstehen durch eine zu große Spannung zwischen Sein und Sollen, d. h. zwischen dem was ist und dem was sein (werden) soll. Man kann auch sagen: zwischen dem, was jemand tut, auf der einen Seite, und dem, was man tun sollte, auf der anderen Seite. Unter dieser existentiellen Überforderung beginnt der Patient alsbald als Versager zu resignieren. Die Logotherapie hat sich besonders mit der psychotherapeutischen Begleitung endogener (schwerer) Depressionen beschäftigt. Wiederum setzt sie an der Einstellung zur Depression an, um aus der resignativen Schleife, der „Depression über die Depression“ herauszuführen. In der Depression geht es nicht darum, einem Sinn, der in der Welt auf einen wartet, Folge zu leisten. Dazu ist der Depressive kaum in der Lage. Vielmehr geht es darum, sich für den Sinn, der im Schaffen und Erleben liegt, aufzusparen. Die Aufgabe ist, den rechten Zeitpunkt abzuwarten und sich vorerst dem „Gebot der Stunde“ – dem, was die Depression von einem fordert – zu beugen: nämlich für heute nichts von sich zu fordern.

Bei *Sexualstörungen* sah Frankl in den meisten Fällen das Streben nach Lust als Hauptstörfaktor an. Wegen dieser krankmachenden Einseitigkeit, welche die personale Begegnung übergeht, setzte Frankl die *Dereflexion* ein. Das ist die andere Methode, die er entwickelt hat. Sie besteht darin, dass sich der Patient auf den Inhalt und den Wert in der Welt konzentriert und von seinem ständigen Reflektieren auf Erfolg (oder auf Lust) abzusehen lernt.

Die genannten Beispiele psychischer Störungen und ihres therapeutischen Zugangs durch die Logotherapie sollen hier mehr Hinweischarakter haben. Sie sollen die Anwendungsweise der Logotherapie im Rahmen der psychotherapeutischen Arbeit zeigen. Frankl hat dieses Thema in mehreren Büchern ausführlich behandelt, auf die an dieser Stelle verwiesen sei (Frankl, 1956; 1959; 1982; 1997).

Als *weiterführende Literatur* empfehle ich zur Einführung in die Sinnproblematik Frankls Buch *Die Sinnfrage in der Psychotherapie*. Eine ältere Einführung in die Logotherapie ist Frankls Buch *Das Leiden am sinnlosen Leben*. Ein anderes Werk, *Der Mensch vor der Frage nach dem Sinn,* gibt in verschiedenste Bereiche der Logotherapie Einblick. Es geht darin weniger um den Zusammenhang als um Anregungen und Einblicke.

Frankls beste und übersichtlichste Zusammenfassung der Logotherapie und Existenzanalyse, ihrer Methoden und ihres klinischen Verständnisses findet sich als Beitrag in dem *Handbuch der Neurosenlehre und Psychotherapie* von 1959. Es wurde unter der Überschrift „Grundriß der Existenzanalyse und Logotherapie“ in dem Buch *Logotherapie und Existenzanalyse – Texte aus sechs Jahrzehnten* wiederabgedruckt. Erwähnt sei, dass dieser Text in wissenschaftlichem Stil verfasst ist und daher Kenntnisse in Philosophie, Psychologie und Medizin voraussetzt. Es soll hier natürlich auch noch auf die beiden Klassiker der Logotherapie verwiesen werden, nämlich auf die *Ärztliche Seelsorge* und *Der leidende Mensch. Anthropologische Grundlagen der Psychotherapie*. Auch diese beiden sind in der Fachsprache verfasst. Für den klinischen Bereich halte ich die *Psychotherapie in der Praxis* für das beste Buch zur Logotherapie. Bekannt ist auch Frankls Werk *Theorie und Therapie der Neurosen*.

Das Menschenbild

Das Menschenbild hat in der Logotherapie und Existenzanalyse einen so zentralen Stellenwert, dass es eigens dargestellt werden soll. Frankl hat in seiner frühen und mittleren Schaffensperiode (also vor dem Krieg und dann nach dem Krieg bis Ende der 1950er-Jahre) viel Energie auf seine Entwicklung verwendet. In seiner späteren Schaffensperiode beschäftigte er sich dann praktisch nur noch mit dem Sinnthema und der Logotherapie.

Logotherapie und Existenzanalyse sind zwischen Psychotherapie und Philosophie angesiedelt (39). Sie haben sich primär von der Philosophie und der philosophischen Anthropologie her entwickelt. Der größte Teil der existenzanalytischen Anthropologie geht auf den Philosophen und Phänomenologen *Max Scheler* (1874–1928) zurück. Sein kleines Werk *Die Stellung des Menschen im Kosmos* (1986) bringt die Bedeutung der geistigen Dimension zum Aufleuchten, die in Frankls Logotherapie eine so zentrale Rolle spielt. Wer sich umfassender mit dem Einfluss der Scheler'schen Anthropologie auf die existenzanalytisch-logotherapeutische Anthropologie befassen will, sei auf das Buch von Beda Wicki[3] verwiesen. Für Frankl war besonders Schelers *Formalismus in der Ethik und die materiale Wertethik* das maßgebliche Buch. Er trug es eine Zeitlang „wie eine Bibel" mit sich herum. Anleihe nahm Frankl auch an der phänomenologischen Anthropologie von Erwin Straus (1930; 1936) und in seiner Theorie des Willens bei Wilhelm Keller (1954).

Im Gefolge der klassischen Anthropologien seit Aristoteles beschreibt Frankl am Menschen drei unterschiedliche Aspekte („Seinsarten"): den Leib (Soma), die Gefühle und Triebe (Psyche) und den Geist (Nous). Der Mensch ist die *Einheit* dieser drei Aspekte des Menschseins (man würde gerne „Komponenten" sagen, aber das wäre zu separierend gedacht). Das Zusammentreffen dieser drei Kräfte, die in unterschiedliche Richtungen divergieren, lässt sich am besten mit Dimensionen darstellen, was Frankl als Erster getan hat:

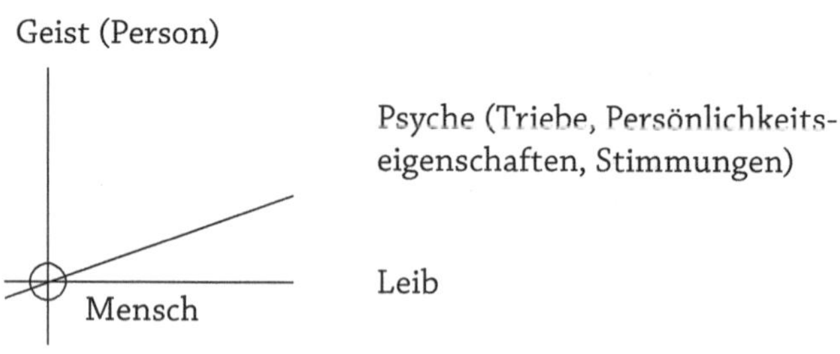

Abb. 2: Am Menschen lassen sich drei unterschiedliche Seinsformen darstellen, die eine untrennbare Einheit in ihm bilden.

Der Mensch ist leiblich, seelisch und geistig zugleich. Das macht seine Einheit aus. Die drei Dimensionen des Menschen stehen in einem besonderen Verhältnis. Zum einen setzt sich der Mensch nicht aus den drei Dimensionen „zusammen“. Die Einheit Mensch entsteht vielmehr dadurch, dass sich das Geistige in ihm mit dem Psycho-Physischen „aus-ein-ander-setzt“ (Frankl, 1990, 176). Zum anderen entwickeln die drei Dimensionen des Menschseins ihre eigene Dynamik, die als Motivationskräfte zum Vorschein kommen:

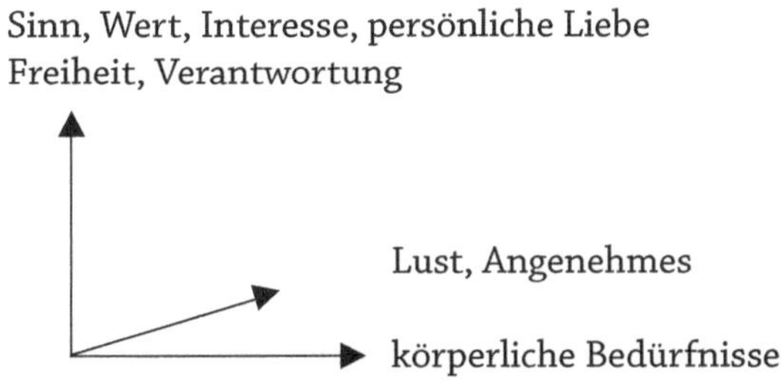

Abb. 3: Die dynamischen Kräfte des Menschen auf den unterschiedlichen anthropologischen Ebenen – ein Modell, das das mögliche Auseinanderstreben der Motivationen veranschaulicht, was zu Spannungen und motivationalen Konflikten führen kann.

Als *körperliches* Wesen geht es dem Menschen um die Erhaltung und Gesundheit des Körpers, was durch die Bedürfnisse geregelt wird (z. B. schlafen, essen, trinken, Sexualität, Bewegung).

Als *psychisches* Wesen geht es dem Menschen um das Leben seiner vitalen Kräfte und um das Wohlbefinden in seinem eigenen Körper. Er strebt nach angenehmen Gefühlen und Spannungsfreiheit gemäß seinen Persönlichkeitsanlagen. Das Gelingen solchen Strebens wird als Lust erlebt, das Scheitern als Unlust, Spannung, Frustration.

Als *geistiges* Wesen (Person) geht es dem Menschen um Sinn und Wert im Leben, um Themen wie Halt, Glaube, personale Liebe, Werte, Gerechtigkeit, Freiheit, Verantwortung usw.

Wesentlich an dieser Anthropologie ist, dass sich der Mensch als „Steuermann auf dem Boot des Psychophysikums“ versteht. Anders gesagt: die „personal-existentielle Dimension“ des Menschen (sein innerstes Ich) hat die Aufgabe, sich des Leiblich-Seelischen zu bedienen und sich mit ihm auseinanderzusetzen. Dies bedeutet, dass der Mensch zu einer Distanz zu sich selbst kommen kann *(Selbst-„Distanzierung“)* (Frankl, 1990, 234 ff.). Das ermöglicht ihm einen

Umgang mit sich und ein Verhalten zu sich selber. Frankl (vgl. Frankl, 1959, 685) brachte diese Fähigkeit des Menschen in den bereits zitierten griffigen Satz: „Ich muß mir nicht alles gefallen lassen – auch nicht von mir selber." Indem der Mensch zu sich selbst Stellung beziehen kann, über sich nachdenken und zu sich, zu seinen Gefühlen wie z. B. Ängsten, Depressionen auf eine gewisse Distanz kommen kann, wird der Geist aus der determinierenden Klammer des Physischen und Psychischen befreit (vgl. Frankl, 1967, 3). Durch die Selbst-Distanzierung („Trotzmacht des Geistes") erlangt die Person ihre Freiheit. Sie ermöglicht es dem Menschen, seinem Gewissen auch tatsächlich Folge leisten zu können.

Diese „innere Opposition" des Menschen zu sich selbst ist die eine Seite dieser dritten, spezifisch menschlichen Dimension. Die andere Seite ist ihre „Weltoffenheit" (Scheler). Der Mensch erkennt und erspürt die Werte in der Welt, den Sinn der Situation, dem er sich schließlich auch hingeben kann. Damit überschreitet der Mensch sich selbst, d. h. das Eingeschlossensein in der Innen-Welt seiner Bedürfnisse, Triebe und Spannungen. Frankl (1982, 160 f.) spricht daher von *Selbst-Transzendenz*. Er wird offen für den dialogischen Austausch mit der Welt (Längle, 1988, 10 ff.).

„Die Selbsttranszendenz markiert das fundamental-anthropologische Faktum, daß menschliches Dasein immer auf etwas verweist, das nicht wieder es selbst ist – auf etwas oder auf jemanden, nämlich entweder auf einen Sinn, den zu erfüllen es gilt, oder aber auf mitmenschliches Dasein, dem es begegnet. Wirklich Mensch wird der Mensch also erst dann und ganz er selbst ist er nur dort, wo er in der Hingabe an eine Aufgabe aufgeht, im Dienst an einer Sache oder in der Liebe zu einer anderen Person sich selbst übersieht und vergißt. Es ist wie mit dem Auge, das seiner Funktion, die Welt zu sehen, nur in dem Maße nachkommen kann, in dem es nicht sich selbst sieht. Wann sieht denn das Auge etwas von sich selbst? Doch nur, wenn es krank ist: wenn ich an einem grauen Star leide und eine ‚Wolke' sehe oder an einem grünen Star leide und rings um eine Lichtquelle Regenbogenfarben sehe, dann sieht mein Auge etwas von sich selbst, dann nimmt es seine eigene Krankheit wahr. Im gleichen Maße ist dann aber auch mein Sehvermögen gestört." (Frankl, 1997, 20)

Die geometrische Anleihe der dimensionalen Darstellung des Menschenbildes eignet sich auch, um den prinzipiellen Fehler des Psychologismus zu veranschaulichen. Er besteht darin, eine Dimension in die andere zu klappen. Die Phänomene der Mehrdeutigkeit und der scheinbaren Widersprüchlichkeit menschlicher Phänomene können anhand einer solchen „Dimensionalontologie" grundsätzlich verständlich gemacht werden (vgl. Frankl, 1990, 198–202). Aus dem Verhältnis der anthropologischen Dimensionen zueinander ergibt sich eine praktische Ableitung. Da die drei Dimensionen voneinander verschieden sind, kann nicht von der einen auf die andere geschlossen werden. Sie entfalten ihre dynamischen Kräfte unabhängig voneinander. Etwas, was auf der psychischen Ebene angenehm und lustvoll ist, ist nicht automatisch auf der geistigen Ebene „sinnvoll, richtig, gut, wahr“:

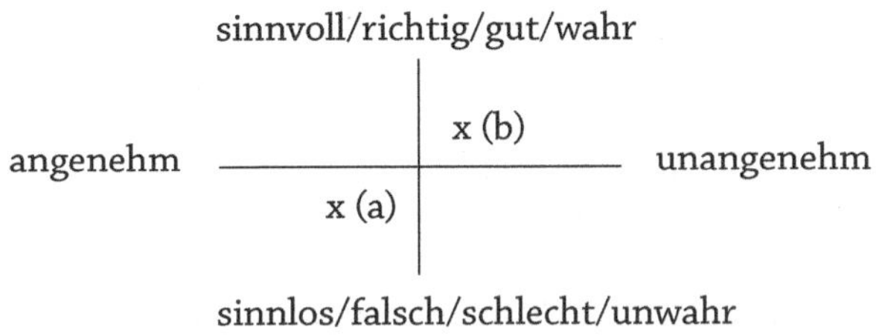

Abb. 4: Das psychische und das personale (geistige) Erleben liegen auf unterschiedlichen Dimensionen und bestehen weitgehend unabhängig voneinander – was angenehm ist, muss nicht richtig sein (a), was wertvoll ist, muss nicht immer angenehm sein (b).

Der psychisch Kranke orientiert sich in seinem Verhalten mehr am Angenehmen, ob es nun sinnvoll ist oder nicht. Der psychisch Gesunde hat den Schwerpunkt auf der Seite der Sinnhaftigkeit. Der psychisch Gesunde ist daher in der Lage und so frei, dass er etwas Richtiges und Sinnvolles tut, *obwohl* es unangenehm ist (z. B. ein unangenehmes Gespräch aufzunehmen). Man könnte dieses Schema als das „existenzanalytische Lust- und Realitätsprinzip“ bezeichnen.

Das Anliegen Frankls mit der Logotherapie

Viktor Frankl war schon als Medizinstudent unter Adler von der Idee durchdrungen, *gegen den Reduktionismus* in der Psychotherapie anzutreten (40). Auf diese Formel lässt sich Frankls Leitmotiv seiner Arbeit und vielleicht sogar seines Lebens bringen.

Frankl hat damit etwas Wichtiges gespürt und gesehen. So sehr Reduktionismus für die Forschung und zur Behandlung von Einzelthemen von Wichtigkeit ist, so birgt er auch die Gefahr der Verzerrung in sich – sowohl hinsichtlich seiner Einseitigkeit als auch in der Generalisierung. Man vergisst nur zu leicht, dass man lediglich einen Aspekt des Menschseins herausgegriffen hat und stellt diesen für das Ganze dar. Die psychische Kraft der sexuellen Strebungen wurde

z. B. von Freud zum zentralen menschlichen Motiv erhoben, das hinter aller bewussten und unbewussten Motivation des Menschen stehe. Bei Adler war es die Überwindung des Minderwertigkeitsgefühls, wofür das Streben nach Macht erforderlich ist. Natürlich gibt es diese Motivationskräfte beim Menschen und sie können im Einzelfall oder zu Zeiten die Motivation sogar beherrschen. Sie aber als das zentrale Movens menschlichen Lebens und Handelns hinzustellen und als seine dynamische Charakteristik, ja als Sinn seines Lebens aufzufassen, geht am Wesen des Menschen vorbei. Den Menschen nur als Lustwesen oder als machtstrebend zu verstehen, würde seiner Personalität (Geistigkeit) nicht gerecht. In einer wirklichen Liebe beispielsweise geht es um mehr als nur um Befriedigung der Lust oder Macht über den anderen. Es geht *in erster Linie* um den *anderen*: wie er ist, wie er lacht, wie beide miteinander können. Es geht um die seelische Verwandtschaft, die Gemeinsamkeit, ein Nach-Hause-Finden, ein Glück, das *vor* oder über allen Bedürfnissen steht und nicht auf diese rückführbar ist. Wenn Liebe „nichts als" (das Kennwort des Reduktionismus, wie Frankl sagt) sexuelle Lust oder ein Arrangement im gegenseitigen Machtstreben wäre, dann ginge dem Menschen seine Würde, seine Einmaligkeit und Einzigartigkeit, sein ganz individuelles und unersetzliches Wesen verloren. Das macht es eben aus, dass Liebe nicht durch Austausch der Objekte übertragen werden kann, sondern jedesmal von Neuem entsteht.

Frankls Anliegen war der Kampf gegen den Reduktionismus in der Psychotherapie und Psychologie, wo er in der Gestalt des *Psychologismus* in Erscheinung tritt. Der Fehler des Psychologismus ist, dass er einseitig alles Verhalten, Erleben und Denken des Menschen psychologisch ableitet. Triebe und Instinkte würden demnach das Denken und Handeln, das Entscheiden und Verantworten, das, was im Innersten als richtig oder falsch gespürt wird, bestimmen. Das Psychische ist nicht mitwirkende Kraft, die als solche die Entscheidungen beeinflusst oder auch auslösen kann, sondern wird als bestimmende, „entscheidende", determinierende Kraft angesehen.

Natürlich fließen die psychischen Bedingungen in die geistigen Akte mit ein. Sie sind Bedingungen, ohne die menschliches Leben nicht möglich ist. Aber sie sind nicht ihre Allein-Ursache. Meine Entscheidung, einem Hungerimpuls nachzugeben oder nicht, stammt aus einer anderen Ebene, nicht aus dem Hungertrieb. Das „Ich" ist eben mehr als Trieb oder Angst. Diese Rückführung und Ableitung des Geistigen (Entscheidung, Verantwortung, Gewissen, Sinn) auf psychische Mechanismen und Kräfte, die das Geistige allein determinieren, wird als Reduktionismus bezeichnet, weil es das Geistige auf das Psychische „reduziert". Man nennt diese Formen von Reduktionismus „Psychologismus". Diesem liegt eine „kategoriale Verwechslung" zugrunde (Frankl, 1990, 263). Dadurch werden die Gültigkeit, Richtigkeit, Sinnhaftigkeit oder Ethik einer

Entscheidung allein aus dem Psychischen abgeleitet – aus der Art und den Bedingungen des Entstehens einer Entscheidung, aus den Bedürfnissen und Problemen, die den Menschen gerade beherrschen (vgl. Frankl, 1983, 100 f.). Es wäre der Mensch dann nichts als ein Spielball von Bedürfnissen, Ängsten, Trieben und Gegenbedürfnissen, Gegenängsten, Gegentrieben; sein „freier Wille" wäre nur eine mathematische Resultante dieses Kräftespiels – eben nicht „frei", sondern (unbewusst) festgelegt, determiniert durch Mechanismen. Gäbe es dann noch Verantwortung, Schuldigwerden, Gewissen, Authentizität, Sinn?

Gegen diesen Determinismus ist Frankl angetreten. Um die Exaktheit des Denkens wachzuhalten, hat er in den Vorlesungen unermüdlich auf die alte philosophische Differenzierung zwischen „Ursache und Wirkung" einerseits und „Grund und Folge" andererseits hingewiesen (z. B. in Frankl, 1981, 46). Ursachen sind deterministisch, legen die Wirkung zu 100 % fest. Gründe sind indeterministisch, lassen eine Spielbreite von Folgen zu, zu deren Eintreten es einer Entscheidung bedarf. Frankls Lieblingsbeispiel waren die Tränen in den Augen eines Menschen. Sie können *verursacht* sein, z. B. durch Zwiebelschneiden. Dann „weint" der Mensch, aber er hat keinen Grund zum Weinen. Anders verhält es sich, wenn der Mensch seinen Partner verloren hat. Der Verlust erzeugt nicht „automatisch", reflexartig Tränen wie das Zwiebelschneiden. Der Mensch fühlt ein Leid, weil ihm ein Wert verloren ging, und es ist ihm Wert genug, dafür Zeit aufzubringen. Als Ausdruck seines Beschäftigtseins mit dem Verlust *lässt* er die Tränen, die sich in ihm anmelden, weil sie dem entsprechen, was er als wertvoll hochhält, aufkommen, und er weint.[4] Er weint *über* den Verlust. Aber nicht *durch* den Verlust.

Der Reduktionismus wird dem Wesen und der Bestimmung des Menschen nicht gerecht, sondern macht den Menschen zu weniger als er ist. Frankl spricht von einem „Subhumanismus" (40). Das nimmt dem Menschen seine *Würde*. Er verliert seine unvergleichliche und unvertretbare Einzigartigkeit als Person. Er wird zum „Objekt", das von „Mechanismen" gesteuert ist und dem es lediglich um das Überleben durch die beste Adaptation an sein Milieu geht.

Der Reduktionismus verzichtet auf eine *spezifisch menschliche Kraft*, die mit großem Nutzen auch in der Psychotherapie angewandt werden kann: die *Trotzmacht des Geistes*. Es ist dies die Fähigkeit, gegen alle inneren und äußeren Widerfährnisse dank des eigenen Willens in Opposition zu gehen, ihnen Widerstand zu bieten und zu trotzen.

Das wichtigste und auch zeitlich erste Argument, das Frankl gegen den Reduktionismus aufbrachte, war der *Verlust des Sinns und der Werte*. Sinn ist ein der Situation und dem Verhalten übergeordnetes Gut, ein Zusammenhang, der aus dem Blickfeld gerät, wenn nur auf die Einzelrädchen des Uhrwerks geschaut und nicht auch das Zifferblatt auf der Vorderseite gesehen wird. „Welchen Sinn soll das Leben haben, wenn es nichts als ein Verbrennungsprozeß wäre", rief der Gymnasiast Frankl empört. Der Sinnverlust führt in den *Nihilismus*.

„Ich bin durch die Schule des Psychologismus und die Hölle des Nihilismus gegangen" (104), bekennt Frankl. Die Logotherapie beschreibe demnach seine eigene Krankengeschichte, „seine Neurose", nämlich die Verzweiflung an der Sinnlosigkeit des Lebens und seines eigenen Ringens gegen den totalen Nihilismus. Er habe dagegen gekämpft, wie Jakob mit dem Engel, bis er endlich „trotzdem Ja zum Leben sagen" konnte und eine Immunität gegen den Nihilismus entwickelt hatte (Frankl, 1997, 278). Frankl bedauert an dieser Stelle, dass andere Autoren ihre Leser statt gegen den Nihilismus zu feien mit ihrem Zynismus infizieren.

Im *Zynismus* sieht Frankl einen „Abwehrmechanismus gegen den Nihilismus". Damit meint er, dass der Zynismus eine subjektive Schutzhaltung gegen die Entwertungstendenzen des Nihilismus darstelle. Doch ist im Zynismus der Nihilismus nicht überwunden, sondern er wird nur in Schach gehalten. Er bleibt weiterhin „ansteckend" (vgl. 104). Um diesen Kreislauf zwischen Zynismus und Nihilismus zu durchbrechen, bedarf es der „Entlarvung der Entlarver" (104). „Die Entlarvung einer einseitigen Tiefenpsychologie, die sich als ‚entlarvende Psychologie' versteht und bezeichnet." Denn sie muss Halt machen vor dem, was sich nicht mehr entlarven lässt, „aus dem einfachen Grund, weil es echt ist. Der Psychologe aber, der auch dort nicht aufhören kann zu entlarven, entlarvt nur die ihm unbewußte Tendenz, das Echte im Menschen, das Menschliche im Menschen zu entwerten" (104).

Frankl gab als verborgensten, tiefsten Grund seiner Motivation, „die Logotherapie zu kreieren", das „Erbarmen mit den Opfern des zeitgenössischen Zynismus" an (46). Er stellte sich an dieser Stelle am pointiertesten gegen die Psychotherapie, die er als „miese Branche" bezeichnete – „mies" wegen dem wissenschaftlich Unsauberen (v. a. der Psychologismus), „Branche" wegen ihrer Kommerzialisierung. Und es greife ihm ans Herz, wenn er die Leute vor sich sitzen sehe, „die nicht nur psychisch Leidende sind, sondern durch die Psychotherapie Geschädigte" (46; Frankl, 1975, 104 f.).

Lassen wir *zusammenfassend* Frankl selbst noch einmal zu Wort kommen: „Das Leitmotiv, das hinter allen meinen Arbeiten steht" (40), „ist das Grenzgebiet zwischen Psychotherapie und Philosophie, insbesondere die Sinn- und Wertproblematik der Psychotherapie" (39). Niemand in der Geschichte der Psychotherapie hat sich so sehr sein Leben lang mit dem Sinnthema beschäftigt wie Frankl. Das sagt nicht nur er von sich selbst (40), auch der Professor für Psychiatrie an der Stanford Universität in Kalifornien, Irvin Yalom, bestätigt das in seinem grundlegenden Werk über existentielle Psychotherapie (1980, 441 ff.).

Der Einfluss der Persönlichkeitsstruktur und Biografie Frankls auf die Logotherapie

In diesem Kapitel möchte ich einige Einflüsse auf die Inhalte der Logotherapie zusammenstellen, die der Persönlichkeitsstruktur und der Biografie Frankls entstammen. Dabei werden wir uns auf auffallende und zum Teil auch schon angesprochene Zusammenhänge beschränken. Dies ist ein erster Versuch, eine solche Brücke zu schlagen. Ein derartiges Unterfangen stellt natürlich immer ein gewisses Wagnis dar, da die komplexen Zusammenhänge so viele Unwägbarkeiten und Unsicherheiten in sich bergen. Eine systematische Analyse würde sicher weiterhelfen und sicherlich noch weitere Zusammenhänge und Einflüsse zu Tage bringen, den einen oder anderen vielleicht auch korrigieren, ergänzen oder erweitern. Für das Porträt eines Menschen, dessen Leben in der Hingabe an die Logotherapie aufging und der ein so umfangreiches und einflussreiches Werk hinterlassen hat, scheint es mir von besonderem Interesse zu sein, wie sich sein Leben und seine Persönlichkeit in seinem wissenschaftlichen Werk niederschlagen. Dass es solche „unwissenschaftlichen" Einflüsse auf Wissenschaften gibt, hat die Wissenschaftstheorie schon vor Jahrzehnten nachgewiesen (vgl. Carnap, Feierabend u. a.). Es gehört meines Erachtens zum wissenschaftlichen Prozess, dass die individuellen Einflüsse auf eine Wissenschaft erkannt werden. Es ist nicht die Frage, ob sie legitim oder nicht legitim sind. Sie sind auf keinen Fall zu vermeiden. Viel wichtiger ist es, die damit verbundenen Stärken und Schwächen eines wissenschaftlichen Werkes zu sehen. Dies schafft die Grundlage für eine Weiterentwicklung, die für jede Wissenschaft lebensnotwendig und erforderlich ist. Wenn sie hier ansetzt und das auszugleichen und zu korrigieren versucht, was durch die Persönlichkeitseigenschaften einzelner Menschen zu wenig beachtet oder überbetont wurde, dann arbeitet sie an ihren eigenen Grundlagen und betreibt echte Fortentwicklung.

Es könnte der Vorwurf entstehen, ein solcher Versuch sei psychologistisch und somit genau das, wogegen Frankl ein Leben lang ankämpfte. Denn was wir hier tun, ist tatsächlich ein Brückenschlag zwischen wissenschaftlicher, theoretischer Aussage einerseits und der psychologischen Ebene der Persönlichkeit und ihres biografischen Erlebens andererseits. Dass solche Zusammenhänge zwischen Theorie und Biografie bestehen, ist nicht von der Hand zu weisen. Frankl selbst hält sie in seiner Anthropologie für grundsätzlich gegeben, wenn er schreibt, dass es „keine Freiheit ohne Triebe" gäbe (wie auch umgekehrt es keine Triebe ohne Freiheit gibt). „Triebe und Freiheit stehen zueinander in einem korrelativen Verhältnis" (Frankl, 1959, 682). Und so gibt es auch kein wissenschaftliches Werk, das nicht beeinflusst ist von körperlichen, psychischen und biografischen Faktoren. Nur dass nicht vergessen werden darf, dass

Einflüsse zwar Bedingungen sind, aber keine Bestimmungen. Sie bewirken also etwas mit, aber sie legen es nicht zur Gänze fest und geben auch keine Information über die Richtigkeit der Aussage („zwei mal zwei ist vier, auch wenn es der Schizophrene sagt“, beliebte Frankl zu sagen)[5].

Frankl war sich bewusst, dass er mit der Logotherapie „letzten Endes“ seine eigene Krankengeschichte geschrieben hat. Die Gründung der Logotherapie hatte mit der Bewältigung seiner eigenen Probleme zu tun, was eine notwendige Voraussetzung war, um ein solches Werk zu schaffen. Die eigene Lebenserfahrung ist ein legitimer und authentischer Hintergrund, von dem her man nicht nur *über* das Leben sprechen muss, sondern *aus* dem Leben für das Leben.

Frankl: Ich glaube man könnte sagen, daß ich meine Lehre zunächst einmal für mich selbst entdeckt habe. Man sagt ja für gewöhnlich, daß jeder, der ein System der Psychotherapie begründet hat, letzten Endes seine eigene Krankengeschichte geschrieben und darin niedergelegt hat. Man weiß, daß Sigmund Freud an kleinen Phobien gelitten hat, man weiß, daß Alfred Adler darunter gelitten hat, daß er als Kind nicht besonders kräftig und gesund war. So kam Freud zu seiner Lehre vom Ödipuskomplex, Adler zu seiner Lehre vom Minderwertigkeitsgefühl. Ich muß sagen, daß ich keine Ausnahme von dieser Regel bin. Ich bin mir dessen bewußt, daß ich als junger Mensch in den Reifejahren sehr mit dem Gefühl zu ringen hatte, daß letzten Endes vielleicht doch alles gänzlich sinnlos sei. Und dieses Ringen hat dann schließlich zu einem Sich-Durchringen geführt. Und ich habe gegen den eigenen Nihilismus ein Gegengift entwickelt.

Kreuzer: Wann hat sich das abgespielt?

Frankl: In der Pubertät ...

Kreuzer: Das heißt, Sie haben diese Lehre seither latent mit sich getragen.

Frankl: Sie war präformiert, würde ich sagen. Sie hat sich nur begrifflich immer mehr herauskristallisiert. Sie mußte mit der Zeit, im Laufe der Jahrzehnte, zu einem System werden, damit sie eine lehrbare und lernbare Behandlungsmethode werden konnte. Aber innerlich mußte ich zunächst einmal den eigenen Nihilismus überwinden. Und das ist so bei jedem, der unter irgend etwas leidet – es muß ja keine Krankheit sein; Nihilismus, Sinnlosigkeitsgefühl ist ja wesentlich eine menschliche Leistung und keine Krankheit, keine Neurose, aber immerhin etwas, worüber man hinwegkommen muß. Und jenes Gedankengut, mit dessen Hilfe ich darüber hinwegkommen konnte, wollte ich nicht für mich behalten. Es ist selbstverständlich, daß man

> den Impuls fühlt, auch anderen so etwas mitzuteilen, auch anderen zu helfen. Und so wurde dieses System langsam, im Laufe von Jahrzehnten entwickelt, und es ist nun so, daß man sich fragen muß: Woran leidet die Menschheit, woran leidet der durchschnittliche Mensch im Alltag heute am meisten? Leidet er heute noch so sehr unter den Nachwirkungen von Minderwertigkeitsgefühlen? Und dann kommt man darauf: Nein – heute und immer mehr hat sich generell ein Sinnlosigkeitsgefühl der durchschnittlichen Menschen bemächtigt. Und hier stellt sich die Frage: „Was hilft da?", und da kann eine sinnorientierte, ja sinnzentrierte Psychotherapie wie die Logotherapie – Logos heißt ja Sinn in diesem Zusammenhang – unter Umständen sehr ins Spiel kommen. Wie die Amerikaner immer sagen: „It speaks to the needs of the hour" – sie spricht zu den Nöten der Zeit. (Frankl/Kreuzer, 1986, 7 f.)

Frankl gibt hier keinen persönlichkeitsbedingten, sondern einen biografischen Einfluss auf sein Werk an. So viel ist sicher: Die große Sensibilität Frankls gegen den Psychologismus stammte aus dem persönlichen Leid. Dadurch wird sein lebenslanges, unermüdliches Kämpfen gegen den Psychologismus verständlich. Es ging ihm eigentlich nicht um die Gründung einer Schule oder um die Entwicklung einer eigenständigen Psychotherapie. Er wollte im Gegenteil dieses Gedankengut innerhalb einer bestehenden Psychotherapierichtung einbringen! Frankl wollte die Individualpsychologie vom Psychologismus befreien (42 f.; Frankl, 1984, 247 ff.), was Adler aber nicht zuließ. An dieser Grundidee hielt Frankl ein Leben lang fest. Er verstand daher die Logotherapie als Ergänzung der Psychotherapie, und zwar für alle Psychotherapien. Sie sollte eine Art geistiger Überbau sein, ein Dach, das sich auf die unterschiedlichen Psychotherapien aufsetzen lässt. Sie sollte eben „ärztliche Seelsorge" sein, die sich des Menschen in seiner geistigen Not annimmt. Ebenso sprach er sich in der Medizin gegen ihre „Psychologisierung" aus, weil es ihm um eine „Humanisierung der Medizin" ging (Frankl, 1981, 50). Das scheint mir sehr wichtig zu sein, weil es herausarbeitet, wie das persönliche Anliegen Frankls organisiert war.

„Ich habe die Logotherapie immer nur als eine Ergänzung, aber nicht als einen Ersatz für die Psychotherapie ausgegeben." (Frankl, 1884, 249) „Es ist nicht möglich, die Psychotherapie durch Logotherapie zu ersetzen, aber es ist notwendig, die Psychotherapie durch Logotherapie zu ergänzen." (Frankl, 1990, 272) „So, wie innerhalb der Philosophiegeschichte der Psychologismus überwunden wurde, so muß nun der Psychologismus innerhalb der Psychotherapie durch etwas überwunden werden, was wir als Logotherapie bezeichnen möchten." (Frankl, 1982, 25)

Logotherapie ist daher keine Psychotherapie vom Psychischen her. Sie ist eine Art „Psychotherapie vom Geistigen her“ (Frankl, 1990, 271) und muss jene Vakanz auffüllen, die die psychologistische Psychotherapie nicht abdeckte, nämlich das Geistige in die seelische Krankenbehandlung einzubeziehen (ebd., 18). Dadurch werde „ärztliche Seelsorge erst dort nötig, wo Psychotherapie im engeren Wortsinn unmöglich geworden ist“ (Frankl, 1959, 704). Denn

> „nur in den Fällen, in denen eben über das Psychische hinaus das Noetische oder sagen wir das spezifisch Humane zur Diskussion steht, in denen der Mensch als Sinnsuchender frustriert ist in seinem Sinnanspruch ans Leben, ist die Logotherapie voll zuständig. Aber das hat ja eigentlich mit Krankheit längst nichts mehr zu tun. (...) in Wirklichkeit ist es ja gar keine Therapie, weil der Zustand, in dem wir den sogenannten ‚Kranken‘ betreuen müssen, keine Krankheit ist. Es ist doch keine Krankheit, wenn ein junger Mensch um den Sinn seines Lebens ringt“ (Frankl/Kreuzer, 1986, 19).

Die eigene Lebenserfahrung von Nihilismus und Sinnlosigkeit, zusammen mit noch anderen Gründen, haben Frankl zu einem „Anwalt des Geistigen“ in der Psychotherapie werden lassen. Deshalb versuchte er die Logotherapie allein im geistigen Bereich anzusiedeln und nicht eigentlich in die Psychotherapie einzugliedern. Von seinem persönlichen Anliegen her sehe ich in ihm mehr den Seelsorger und erst in zweiter Linie den Psychotherapeuten. Logotherapie als Ergänzung zur Psychotherapie sollte ein „Geheimtip“ (MS, 121) innerhalb der Psychotherapie sein, etwas, von dem alle sprechen, das aber nicht offiziell zu anderen psychotherapeutischen Schulen gezählt wird. Er sah die Logotherapie sowohl in einem „heuristischen“ wie in einem „didaktischen“ Gegensatz zur Psychotherapie stehen (Frankl, 1990, 272).

Als Frankl aus der individualpsychologischen Vereinigung ausgeschlossen wurde, fiel er – wie wir sahen – in eine der größten Krisen seines Lebens. Dies wird verständlich, wenn man bedenkt, wie Frankl beseelt, um nicht zusagen besessen war von der Idee, als Anwalt des Geistigen „seelsorgerisch“ tätig zu werden. Wo konnte er nun sein Anliegen vorbringen? Er musste irgendwann die Logotherapie gründen, sonst hätte er sich wieder einer Vereinigung anschließen müssen – doch im Wien der Vorkriegszeit gab es keine mehr (außer vielleicht die nationalsozialistische Psychotherapievereinigung, wo er bis 1938 als Gast dabeisein durfte).

Die Auffassung der Logotherapie als Ergänzung zur Psychotherapie ließ Frankl seinem Grundanliegen treu bleiben: Er wusste um die Unvollständigkeit und die methodischen Mängel der Logotherapie. Deshalb hütete er sich im wissenschaftlichen Rahmen, Logotherapie als Psychotherapie auszugeben. Dafür war Frankl zu intelligent und ein zu großer Kenner der Psychotherapie, als dass er dies nicht gesehen hätte. Gleichwohl gibt es zwei Tendenzen, die Logotherapie dennoch mit der Psychotherapie in Zusammenhang zu bringen. Die eine Tendenz ist im oben Gesagten schon enthalten: Er wollte die Logotherapie von der Psychotherapie abheben, aber er wollte sie als etwas Besonderes der Psychotherapie auch gegenüberstellen. Eine Kapitelüberschrift in der *Ärztlichen Seelsorge* (1982, 10) heißt: „Von der Psychotherapie zur Logotherapie". Hier könnte man den Eindruck bekommen, dass es Frankl in seinem Bestreben nach Besonderheit, nach Abgehobensein, vielleicht sogar nach Überlegenheit von der „miesen Branche der Psychotherapie" (46) nicht allein um die Sache ging, sondern auch um seinen Selbstwert. Mag sein, dass mir dies deshalb so scheint, weil es mich an eine Diskussion erinnert: Frankl wehrte sich in ihr gegen unser Vorhaben, die Gesellschaft für Logotherapie und Existenzanalyse (GLE) in den Österreichischen Dachverband für Psychotherapie zu integrieren. Sein Kommentar lautete damals: „Herr Längle, das haben wir nicht nötig, uns an die anderen Psychotherapien ranzuschmeißen. Wir können ruhig warten, bis die eines Tages zu uns kommen und sagen werden; ‚Herr Längle oder Herr Frankl, wir haben jetzt alle Psychotherapierichtungen vereinigt, aber eine fehlt uns noch. Wir würden Sie bitten, ob Sie nicht auch zu uns kommen möchten, sozusagen als Ergänzung der anderen Richtungen.'" Mir schien dieses Ansinnen der Sache der Logotherapie und noch mehr der Existenzanalyse nicht gerecht zu werden. Ich hielt dies für eine Eigenheit Frankls. Bald darauf war die GLE im Dachverband – und Frankl legte ein gutes Jahr später seinen Ehrenvorsitz in der GLE nieder.

Trotz seines Bestrebens, die Logotherapie und die Psychotherapie als zwei getrennte Bereiche aufzufassen, versuchte Frankl gelegentlich doch, die Logotherapie als eine eigene Psychotherapiemethode auszugeben. In seiner Literatur gibt es darauf kaum Hinweise. Es findet sich nur die häufige Betonung der Logotherapie als „dritte Wiener Richtung der Psychotherapie", wie sie erstmals der Innsbrucker Psychiater Soucek (1948) bezeichnet hat. Später hat sie auch der gebürtige Wiener Psychologe und Hamburger Ordinarius Peter Hofstätter (1957, 197) so genannt, und die Bezeichnung wurde immer mehr publik. Frankl selbst hat die Logotherapie nie so etikettiert, sondern die Bezeichnung nur als Zitat verwendet und betont, dass sie nicht von ihm stamme, sondern dass die Logotherapie von anderen so eingeschätzt werde. Die gleiche Haltung nimmt er in seiner Autobiografie ein, wo er es Alfred Adler zuschreibt, Logotherapie als eine eigene Forschungsrichtung auszugeben (43; vgl. S. 52). Hier ist für mich eine Tendenz spürbar, Logotherapie doch als eine anerkannte, eigenständige Psychotherapiemethode auszugeben. Aber im Wissen um die Unterschiede zur gängigen Psychotherapie und in der Ablehnung der traditionellen Psychotherapie betrieb Frankl diesen Schritt nicht aktiv. Erst in den letzten Lebensjahren hat er in Österreich einige Unterstützung dazu gegeben, die Logotherapie als Psychotherapieverfahren zu deklarieren.

Bisher war von den biografischen Faktoren die Rede, die das Lebenswerk Frankls stark geprägt hatten: das eigene Leiden am Nihilismus und an der Sinnlosigkeit. Wenn wir uns nun fragen, wie die Logotherapie nach den Vorstellungen Frankls gegen den Psychologismus zu kämpfen hatte, bringt uns das in das Gebiet der eigenen, persönlichen Fähigkeiten Frankls und somit aus dem Feld der Biografie in das Feld der *Persönlichkeitsfaktoren*. Im praktischen Vorgehen hat die Logotherapie nach Auffassung Frankls auf die *Argumente* einzugehen, die der Kranke vorbringt. Ein solches Eingehen auf die Argumente könne aber nicht mehr im gültigen Sinn als Psychotherapie bezeichnet werden, sondern müsse Logotherapie heißen. „Denn dieses Vorgehen geht ein auf die Gedankengänge des Patienten, und es geht auf sie ein mit logischen Gegenargumenten. (...) Mit geistigen Waffen versucht die Logotherapie auf das geistige Ringen, das im Patienten vorgeht, Einfluß zu gewinnen." (Frankl, [1947] 1991, 42 f.) Obwohl sich Frankl an anderer Stelle dagegen ausspricht, „daß man im Rahmen dieser Behandlungsmethode etwa ‚dem Patienten mit der Logik kommt' – dies hieße die Logotherapie mit der Persuasionsmethode verwechseln" (Frankl, 1959, 663), bleibt doch das argumentative Vorgehen in der Logotherapie zentral. Frankl orientierte sich dabei an den logischen Schritten und Schlüssen, wie sie Sokrates in seinen Dialogen vorgezeigt hat (Frankl, 1997, 7).

Eine argumentierende Vorgehensweise kam Frankls Persönlichkeit sehr entgegen. Da zeigte sich wieder seine rationalistische Ader, die wir bereits ausführlich beschrieben haben und auf die er selbst in seiner Autobiografie verweist (12, 13, 14). Der scharfe Intellekt und der wache Geist Frankls verschafften dem logischen Argumentieren den methodischen Primat in der Logotherapie. Denn natürlich kann man an die Sinnfrage auch mit anderen Mitteln herangehen (vgl. das Kapitel über die Weiterentwicklungen S. 212 ff.). Es ist aber selbstverständlich auch legitim, argumentierend und im sokratischen Stil mit Patienten über ihre Sinnprobleme zu sprechen. Dasselbe rationalistische Persönlichkeitselement Frankls dürfte auch Pate gestanden haben bei der Bezeichnung der logotherapeutischen Motivationslehre als „Wille zum Sinn". Trotz der Analogie zu Nietzsches Begriff des „Willens zur Macht" war Frankl viel an der Herausbildung eines starken Willens gelegen. Denn „wo ein Ziel ist, ist auch ein Wille" (Frankl, 1997, 223). Dass Frankl dem Willen in der Logotherapie eine so zentrale motivationstheoretische Bedeutung beimaß, hat neben seiner Bedeutung als Oppositionsfähigkeit des Menschen und als Grundlage der Selbst-Distanzierung und inneren Opposition eine unübersehbare persönlichkeitsbezogene Einfärbung. Schon vom Temperament her lag ihm das Opponieren. Und sein Leben lang hat er „gegen" etwas gekämpft (nämlich gegen den

Psychologismus, vgl. Frankl, 1990, 278) und stand daher viel in Opposition. Und so strich er einen Aspekt der Geistigkeit des Menschen heraus, den er naheliegenderweise „Trotzmacht des Geistes“ nannte. Für Frankl war weniger die Offenheit des Geistes, wie z. B. bei Heidegger, oder die Beziehungsfähigkeit, wie bei Binswanger oder Buber, das, was die Person kennzeichnet. Ihm stach die Scheler'sche Oppositionsfähigkeit des Geistes besonders ins Auge.

Die Geschicklichkeit im Argumentieren, die ihn in Diskussionen beinahe unbesiegbar machte (55), lässt durch ihre Wendigkeit und ihren Einfallsreichtum an die Definitionen der Person erinnern, wie sie Frankl gibt. Die Person zu definieren, besser gesagt zu beschreiben, ist aufgrund ihrer großen Komplexität nicht möglich. Jede Definition bringt daher nur einen Aspekt der Person zur Darstellung. Interessant ist, welche möglichen Definitionen der Person Frankl auswählt. Ich kenne zwei: einmal definiert er sie als „das Freie im Menschen“ (1990, 226), ein andermal als „absolutes Anders-sein“ (Frankl, 1997, 68) bzw. „immer auch anders werden können“ (Frankl, 1990, 95). So dürfte Frankl sein eigenes Personsein erlebt haben, denn er hat wohl kaum anders geschrieben, als seiner Erfahrung entsprochen hat. Es ist naheliegend, dass die Präferenz dieser Definitionen der Person somit auch mit seiner Person verbunden ist. Das macht die Definitionen keineswegs falsch, aber es ist auch klar, dass andere Aspekte der Person durch diese Perspektive verdeckt blieben.

Frankls Bemühen, seine Persönlichkeit im Zaume zu halten, ließ sich aus mehreren Umständen ersehen. Er versuchte seinem Mittelpunktstreben einen Riegel vorzuschieben, indem er den Begriff „Logotherapie“ kreierte. „... Den Neologismus prägte ich nur, um mir das Sprechen in der 1. Person zu ersparen und meinen Schülern den Personenkult zu erschweren“ (Frankl, 1994, 249). Das bedeutet zugleich, Logotherapie heißt so viel wie „ich, Frankl“. Dann sprach er von der „Degurufikation der Logotherapie“ (Frankl, 1997, 270). Er wollte den Vortrag in San Diego zum ersten Weltkongress für Logotherapie (1980) eigentlich mit dem Titel „Logotherapy on Its Way to Degurufication“ (ebd.) versehen. Noch schien ihm die Logotherapie nicht so weit zu sein, dass sie ihn als Guru (ver-)lassen könnte, sondern war erst „auf dem Weg“ dazu. Er aber wollte sich nicht als Guru verstehen, der die Zukunft der Logotherapie vorgeben würde, er wollte die Logotherapie stattdessen bei diesem Anlass in die Hände der Logotherapeuten geben – nicht ohne im selben Absatz gleich wieder zu erwähnen, dass er selbst ein Abkömmling des Maharal von Prag sei, des legendären Rabbi, der „durch die berühmte Novelle der Golem und von dem Film, der auf dieser Novelle beruht“, bekannt sei. Und auch in diesem Vortrag erwähnte er, dass „der einzige Zweck und der wahre Grund“ für die Prägung des Begriffs Logotherapie darin liege, dass es ihm erspart bleibe, „immer und immer wieder zu sagen: ‚Ich denke ..., ich glaube ..., ich habe gefunden ...‘ etc.;

statt dessen sagte ich: ‚Die Logotherapie lehrt ..., es ist ein Ziel der Logotherapie ...', usw. Jedenfalls bewahrte es mich davor, immer in der ersten Person zu sprechen oder zu schreiben" (ebd., 272).

Was Frankl mit der Logotherapie bezwecken wollte, davon träumte er schon als Maturant. Seine Abschlussarbeit verfasste er nämlich „Zur Psychologie des philosophischen Denkens" (18) und schloss ihr eine psychoanalytische „Pathografie" über Arthur Schopenhauer an. Von da an war Frankl von der Idee beseelt, mit den Patienten sozusagen praktische Philosophie zu betreiben, wie er mir erzählte. Er dachte schon damals, dass es oft vorkomme, „daß ein Neurotiker mit einer bestimmten Weltanschauung, mit einem philosophischen System oder einer metaphysisch-religiösen Lebensauffassung seine Einstellung zum Leben, zu sich und zur Gemeinschaft zu berechtigen sucht" (Frankl, 1925, 250). Denn es wisse jeder moderne Psychologe ganz genau, dass „diese höchsten Abstraktionen, diese von allen Affekten scheinbar grundsätzlich unabhängigen Gedanken, Philosopheme und Anschauungen letzten Endes im unbewußten Seelenleben des Betreffenden begründet, bedingt und bestimmt sind" (ebd.). Dieser Passus macht deutlich, dass Frankl ursprünglich an der Weltanschauung der Patienten ansetzen wollte. Die Philosophie sollte die Grundhaltungen zum Leben und die Erkenntnishaltungen revidieren helfen in der Hoffnung, Neurosen dadurch zur Auflösung zu bringen bzw. ihnen den Boden zu entziehen. Dies ist an sich ein sehr wertvoller Gedanke. In einer eingeschränkten Ausführung hat er in der Verhaltenstherapie psychotherapeutische Relevanz erlangt in der Korrektur „automatischer Gedanken" und ist auch in der rational-emotiven Therapie des amerikanischen Psychotherapeuten Albert Ellis aufgegangen. Neben psychotherapeutischen Methoden haben auch Philosophie und Literatur eine heilsame Potenz. Der Wert hilfreicher Gedanken in der Immunisierung gegen den Nihilismus lässt sich auch über Bücher transportieren. Deshalb hat Frankl immer eine Vorliebe für die Bibliotherapie gehabt und das Buch als „Therapeuticum" angesehen (Frankl, 1979b, 11 f.).

Dass Frankl dem Philosophieren und der Weltanschauung einen solchen Stellenwert einräumte, scheint mit seiner Vorliebe für das Denken gegenüber der Emotionalität und der Begegnung zu tun zu haben. Ein weiterer Grund ist seine eigene weltanschauliche Entwicklung, worauf wir gleich zu sprechen kommen werden. Hier möchte ich ein Zitat des 20-jährigen Frankl wiedergeben, das mir als der *Muttergedanke der Logotherapie* erscheint. Es fasst ihre spätere Entwicklung und Ausformung treffend zusammen:

„Wir wissen, daß es unter solchen Umständen zur Therapie gehört, den logischen Überbau der Weltanschauung mit dem affektiven Unterbau der Neurose niederzureißen, da ja eine sonst verbleibende neurotische Ideologie leicht zu neuerlicher Reproduktion der Neurose den geeigneten Boden hergibt. Wir dürfen aber auch nicht vergessen, daß es unter Umständen notwendig sein wird, zuerst den Überbau anzugreifen, um so der Neurose ihren abstrakten Halt, ihre Fiktionen zu nehmen und sie so leichter zu beheben. Dies wird wichtig sein bei Individuen, welche zu einer vorwiegend gedanklichen Argumentation ihres verfehlten Lebensplanes geneigt sind, im übrigen aber fakultativ gewiß zu den Besten der Gesellschaft zählen.

Ihnen gegenüber werden wir also mit philosophischen Gegenargumenten kommen müssen, denn alle anderen Argumente sind dann gegenstandslos. Man kann einem Pessimisten, der sehr intelligent und bewußt ist, nicht durch den Rat, sich gut zu nähren und Sport zu betreiben, helfen, denn darauf, wie auf die ganze Gesundheit, gibt er ja aus seiner Philosophie heraus nichts. Wir müssen hier erst seine Wertung beeinflussen, um überhaupt den Boden für eine weitere Behandlung zu schaffen, nämlich die Diskutabilität der Neurose!" (Frankl, 1925, 250)

Hier ist die argumentative, an der Überzeugung ansetzende Vorgangsweise der späteren Logotherapie Frankls schon deutlich sichtbar. Wie wir im biografischen Teil bereits gesehen haben, rang Frankl über Jahre mit seiner weltanschaulichen Haltung und seiner Religiosität. Dieses biografische Element scheint mir einen Einfluss auf die Entwicklung der Logotherapie gehabt zu haben. Frankl hat am eigenen Leib gespürt, wie verloren, ja unter Umständen krank man ohne lebbare Weltanschauung werden kann, wenn „die Seele ihren Sinn verloren" hat (C. G. Jung) und der Geist ohne Glauben ist. Das erlitt Frankl nach dem Ausschluss aus der individualpsychologischen Vereinigung. Das Zitat stammt aber schon aus der Zeit, bevor die biografische Erfahrung den Gedanken verschärft haben konnte. Mir scheint, dass diese therapeutische Vorstellung viel mit dem Elternhaus zu tun hat. Dort wurde ihm die Bedeutung einer Weltanschauung als Lebensleitlinie deutlich vor Augen geführt. Diese frühe Erfahrung dürfte durch das späte Vorbild des alten Vaters eine zusätzliche Bestätigung erhalten haben. Dieser machte offensichtlich eine schöne Persönlichkeitsentwicklung durch, seine Enge und Prinzipientreue wichen einem Liberalismus, einem „Reformjudentum", und sein Stoizismus ging in eine ruhige, weise, vertrauensvolle, in Gott verankerte Gelassenheit über. Frankl musste sein Urteil über den Vater im Verlauf des Niederschreibens revidieren (5). Ihm wurde vorgelebt, wie wichtig eine weltanschauliche Haltung und ein religiöser Bezug für die Entwicklung, für das Wachstum und die Reifung des Menschen und für die Lebensgestaltung sind und was eine „Psychotherapie vom Geistigen her" zu leisten imstande sein müsste.

Dass die weltanschauliche Haltung für Frankl von so großer Bedeutung geworden ist, lässt sich wohl kaum auf Einzelfaktoren zurückführen – es war eben *er selbst*, es war er, das Kind dieser Eltern, er, dieser wache Geist, er mit seiner Sehnsucht nach unerschütterlicher Geborgenheit. Es entsprach ihm, die tiefste Haltung zum Leben sorgsam zu pflegen und für diesen grundlegenden Wert zu leben. Zur Rettung und zum Schutz seiner religiösen Werte ist er gegen den Psychologismus so vehement angetreten. Der Glut dieser Liebe ist es unerträglich, wenn der Psychologismus Religion nur als eine Sublimierung psychischer Triebe und Gott nur als eine Projektion des Vaterbildes ausgibt.

Eine besondere Rolle in der Entwicklung und Ausgestaltung der Logotherapie spielte Frankls Verhältnis zur Emotionalität. Wir haben darüber in einem eigenen Kapitel ausführlich berichtet. Es war davon die Rede, wie sehr der rationalistische Zug Frankls Vortragsstil geprägt hat, dass er vorwiegend mit Argumenten operierte und bemüht war, eine Distanz zu den Gefühlen zu erreichen. Ihm ging es um geistige Immunität, um gegen Gefühle der Verzweiflung und Depression antreten zu können und nicht von ihnen überwältigt zu werden. Diese Distanz zur Emotionalität und Frankls persönliche Schwierigkeit eines ungezwungenen und offenen Umgang mit seinen Gefühlen prägten meines Erachtens die Logotherapie in besonderem Maße. Denken und Argumentieren, Wille und Entscheidung, Ethik und Verantwortung sowie Fragen der Weltanschauung treten dadurch mehr in den Vordergrund. Die Distanz zur Emotionalität ist aber nicht nur für die Wahl der Inhalte von maßgeblichem Einfluss gewesen, sondern auch und vor allem in ihrer Beschreibung und in der Ausgestaltung der methodischen Zugänge. Wir haben schon darauf verwiesen, wie Frankl die „Person" definiert hat. Ähnliches ließe sich sagen über sein Konzept der Existenz, vom Sinn, den er rein kognitiv, ja eigentlich wahrnehmungspsychologisch verstanden hat, von der Anthropologie, in der die Emotionalität so gut wie nicht vorkommt, oder von der Ausklammerung der Biografie und der Emotionalität aus der therapeutischen Arbeit. Es kam Frankl offensichtlich gelegen, dass ich die Logotherapie als eine kognitive Psychotherapierichtung bezeichnet habe (Längle, 1984, zit. nach Frankl, 1985, 259).

Trotz der Distanz zur Emotionalität im persönlichen Leben und ihrer Ausklammerung in der Logotherapie kann aber das *starke Mitgefühl* nicht übersehen werden, das Frankl für den leidenden Menschen hatte. Auch darüber haben wir schon mehrfach gesprochen. Es sei beispielsweise an den Traum erinnert, den er vom Konzentrationslager hatte, wo Geisteskranke ins Gas gehen mussten und er sich aus Mitleid freiwillig dazustellte (15), oder auf die Edelweiß, die er der gelähmten Patientin ins Krankenhaus mitbrachte (MS, 15), oder auf das Mitleid, das er mit den „Opfern der Psychotherapie" empfand (46). Ich kann keinen spezifischen biografischen Hintergrund ausmachen, der maßgeblich dafür gewesen wäre, dass Frankl die Logotherapie als trostspendende „Seelsorge" ausrichtete. Es war Frankl sehr daran gelegen, dem Patienten gemäß des Leitspruches von Kaiser Joseph II., der über dem Eingang des Allgemeinen Krankenhauses in Wien angebracht ist, *Trost und Heil* zukommen zu lassen. Es liegt in der Logik der Sache, dass eines der frühesten Bücher von Frankl *Homo patiens* hieß und dass sich Frankl sehr viel mit dem Thema Leid und Sinn des Leides beschäftigte. Sofern diese Lebenshaltung einen Bezug zur Person Frankls hat, würde ich sie weniger in der Biografie als vielmehr in der Persönlichkeit verankern. Denn auf der Ebene des Mitleids war ihm ein rational und weltanschaulich begründeter Umgang mit Emotionalität möglich, der nicht in Widerspruch geriet mit seinen beruflichen und ideellen Absichten.

Oft wird die Frage gestellt, ob nicht Frankls KZ-Erlebnisse maßgeblich für die Logotherapie waren. Frankl hat dies mir gegenüber verneint und gesagt, dass er sich immer wieder wundere, dass man dies von ihm behauptete, obwohl er doch die Logotherapie schon vor dem Konzentrationslager entworfen hatte und sämtliche grundlegenden Gedanken bereits niedergeschrieben waren (vgl. Frankl, 1938, und die Erstfassung der *Ärztlichen Seelsorge*, die im Konzentrationslager verloren ging). Auch ich neige in Kenntnis der Person Frankls zu der Ansicht, dass die KZ-Erfahrung ihn nicht grundlegend veränderte und dass sie nicht zu wesentlich neuen wissenschaftlichen Erkenntnissen geführt hat. Hingegen scheint sie mir die bestehenden Persönlichkeitszüge verstärkt zu haben. Die Grundhaltungen kamen deutlicher zum Vorschein: die religiöse Haltung, die Beziehung zu den Eltern, die Beziehung zu sich selbst (Biografie, Emotionalität, Lebensziel). Das KZ-Erlebnis hat nach meiner Ansicht Frankls Abwehrhaltung zur Emotionalität wesentlich verstärkt, aber nicht begründet. Nach der emotionalen Belastung durch das Konzentrationslager dürfte es für ihn noch schwieriger gewesen sein, sich mit der für ihn schwer fasslichen Gefühlswelt zu beschäftigen. Damit war Frankl nicht mehr nur theoretisch und neigungsmäßig, sondern nun auch traumatologisch eine Zustimmung zur Selbsterfahrung verwehrt. Dadurch wird es verständlich, dass er sein KZ-Buch nicht unter seinem Namen erscheinen lassen wollte, „sondern nur mit Angabe meiner Häftlingsnummer. Maßgeblich war mir hierfür meine Abneigung gegen ein Exhibitionieren von Erlebtem“ (Frankl, 1977, 23). Er habe sich aber überzeugen lassen, dass „der Mut zum Bekenntnis den Wert einer Erkenntnis erhöht“ (ebd.). Mit dem Bekennermut, um der Sache willen, habe er sich selber einen Streich gespielt und die Scheu vor dem Exhibitionieren ausgespielt (ebd.). Diese Abneigung gegen das „Exhibitionieren von Erlebtem“ war auch ein Grund, warum Frankl seine erweiterte Autobiografie von einem „Ghostwriter“ schreiben lassen wollte (vgl. S. 163, Politik). Noch 1991 beliebte es ihm in einem Vortrag über die Pathologie des Zeitgeistes an der Universität Salzburg über die Selbsterfahrung zu polemisieren. Dieses „Begaffen innerer Gefühlszustände“ lähme, paralysiere, ja neutralisiere jedes echte Gefühl. Und für dieses Herumkommandiertwerden müssten die Leute heutzutage auch noch Geld bezahlen!

So erhielt die Logotherapie ein Gepräge, das durch die innere Abwehr von Emotionalität und Triebhaftigkeit (Selbst-Distanzierung) und die nach außen gewandte Hingabe an Sinn und Wert (Selbst-Transzendenz) zu einer Abkehr von sich selbst führte. Was zählt, ist die „objektive Geistigkeit" (Logos), die subjektiv durch das Gewissen erfasst wird und der sich der Mensch unterzuordnen hat. Wachstum und Reifung geschehen dann von selbst und bedürfen keiner weiteren prophylaktischen oder gar therapeutischen Intervention. Nur wenn der Mensch in diesem Geiste lebt, kann er sich durch die Kraft des Sinns von selbst entfalten. Bedürfnisse und Sehnsüchte ordnen sich einem sinnorientierten Leben unter, sind relativ zum Sinn. Sie sonderlich zu beachten, würde einen nur abhalten, den Sinnanruf der Stunde wahrzunehmen. Lebensgeschichte und Verletzungen, Leid und Behinderung können sozusagen in der Hingabe an einen Sinn überstiegen und aufgeopfert werden. Dadurch erfahren sie eine natürliche Heilung. Die Einbettung des Lebens in einen letzten, religiösen Sinnzusammenhang, auf den hin der Mensch von allem Anfang an intentional ausgerichtet ist, gibt dem Leben seine letzte Erfüllung, sein Heil.

In diesem Absehen von sich selbst und dem Zurückstellen von Körperlichkeit und Psychodynamik, von Lebensgeschichte und Verletzungen und dem alleinigen Sich-Ausrichten auf Zukunft, Sinn, Werte und letztlich Gott wird der Mensch seiner Weltlichkeit ein Stück weit enthoben. Dies hat Frankl vorgelebt und das hat den Geist der Logotherapie geprägt. Ein Geist von *Idealismus* weht durch die Logotherapie, wie wir weiter vorne schon gesehen haben (S. 154 ff.).

Ausblick

Zur internationalen Rezeption der Logotherapie

Mit der Schaffung der Logotherapie ist Frankl ohne Zweifel ein Werk gelungen, das ihn überleben wird. Es hat als genuine Leistung zu einem frühen Zeitpunkt der psychotherapeutischen Evolution eine Sichtweise des Menschen gebracht, die als verdienstvolle Leistung zu würdigen ist. Frankl hat mit seiner Logotherapie die traditionelle, philosophisch-anthropologische Kritik an der Tiefenpsychologie aufgegriffen, die insbesondere von Husserl und später, etwa zeitgleich mit Frankl, auch von Jaspers vorgebracht wurde. Frankl formulierte die Kritik nicht nur auf der philosophischen Ebene, sondern er suchte gleichzeitig nach einem praxisrelevanten anthropologischen Modell und Korrektiv. Er beließ die Kritik somit nicht im Theoretischen, sondern wagte als Erster den Versuch einer Korrektur und Ergänzung der Psychotherapie. Dieses Vorhaben ist durch den Zweiten Weltkrieg unterbrochen und nach dem Krieg im großen Stile durch die humanistische Psychotherapie in Amerika, zum Teil in Unkenntnis der Frankl'schen Ansätze, weitergeführt worden.

Der humanistischen Psychologie ging es um ein ganz ähnliches Anliegen. Sie wollte den mechanistischen Tendenzen in der Psychotherapie ein anderes Gewicht entgegenstellen. Auch sie wandte sich der Person zu, ihrer Freiheit und ihrer Begegnungsfähigkeit, und sie ist von einem positiven Menschenbild geprägt. Der bekannteste Vertreter dieser Entwicklung bei uns ist Carl Rogers, der etwa zur selben Zeit wie Frankl in den Vereinigten Staaten lebte (Bühler/Allen, 1983; Quittmann, 1985). Parallel dazu entwickelten Masters und Johnson (1973) in den Vereinigten Staaten in der Nachkriegszeit eine Sexualtherapie, die Frankl in den Grundzügen anhand seiner Anthropologie schon entworfen hatte.

Man könnte also sagen, dass Frankls Anliegen und Idee heute auf breiter Ebene in der humanistischen Strömung der Psychotherapie Verbreitung gefunden hat. Bei genauer Betrachtung ist dem jedoch nicht ganz so. Frankl hat sich wiederholt dagegen gewehrt, mit seiner Logotherapie in die humanistischen

Richtungen der Psychotherapie eingegliedert zu werden, wiewohl dies meistens geschehen ist. Das hat natürlich auch sehr mit den bereits beschriebenen anderen Gründen zu tun, wonach sich Frankl sträubte, überhaupt mit Psychotherapie in Verbindung gebracht zu werden. Er strebte ja an, ein Sonderfall der Psychotherapie zu sein, ein Geheimtipp, ein Dach, das eben nicht mehr Psychotherapie, sondern geistige Ergänzung und Verlängerung der Psychotherapie ist. Neben diesen mehr persönlichen und grundsätzlichen Vorbehalten, einer Psychotherapieströmung zugeordnet zu werden, kritisierte er aber auch die humanistische Psychotherapie vom Gesichtspunkt der Logotherapie aus. In seinem Kapitel „Kritik der reinen Begegnung – wie humanistisch ist die humanistische Psychologie?" (1991, 217–234) richtet Frankl seine Kritik auf den Begegnungsbegriff der humanistischen Psychologie. Er zeigt, dass den Encounter-Gruppen das Wesenselement des Dialogs, der Logos, fehle. „Ein Dialog ohne Logos läuft auf einen Monolog à deux hinaus. Die Partner sind dann nicht mehr mit einem intentionalen Gegenstand befaßt, sondern nur noch damit beschäftigt, sich selbst zum Ausdruck zu bringen." (Ebd., 221) „Und eine Psychologie ohne Logos" kenne letztlich wieder nur Ursachen, keine Gründe (ebd., 223). Damit wirft Frankl einen Aspekt auf, den er auch am Psychologismus kritisiert. Die Selbstaktualisierungstendenz als zentrales menschliches Handlungsmotiv bzw. die Bedürfnisbefriedigung nach Maslow entsprechend der Hierarchie der Bedürfnisse stellen Konzepte dar, die von Psychologismus nicht ganz frei sind. Es sind innerpsychische Theorien, denen die Weltoffenheit und das genuine Ausgerichtetsein auf Andersheit und auf Sinn fehlen. Existenz wird daher nicht als Aufgabe angesehen, die dem Menschen bevorsteht und ihn herausfordert, sondern als Entfaltungsprozess ihm innewohnender Lebenskräfte (Entelechie). Dieser Prozess läuft nach inneren, organismischen Gesetzen des Wachsens ab und führt im Falle der Störung des Wachstums zu Pathologien. Darum sind die humanistischen Richtungen nicht eigentlich existentielle Verfahren, sondern personalistische Anthropologien. Dem existentiellen Grundgedanken entsprechen sie auch deshalb nicht, weil sie nicht primär auf das Faktum der Entschiedenheit und Verantwortung des Menschen für seine Existenz hinarbeiten.

Logotherapie und Existenzanalyse sind daher streng genommen nicht unter das humanistische Paradigma einzuordnen, wiewohl sie ihm am nächsten stehen. Sie stellen genau genommen ein eigenes, existentielles Paradigma dar (Yalom, 1980; Stumm, 1994, 185).

Wenden wir uns nun der Frage zu, welche Verbreitung Logotherapie und Existenzanalyse in der *Fachliteratur* fanden. Die Diskussion der Existenzanalyse und Logotherapie setzte dort – kriegsbedingt – erst nach dem Zweiten Weltkrieg ein, trotz erster Publikationen vor dem Krieg. Die eigentlichen Publikationen zur Logotherapie wurden erst nach dem Zweiten Weltkrieg veröffentlicht. Die Diskussion und Rezeption begann fast zur selben Zeit.

Die ersten fachwissenschaftlichen Diskussionen datieren schon in das Erscheinungsjahr der *Ärztlichen Seelsorge* im Jahr 1946. Damals haben beispielsweise Igor Caruso (1947) und Peter Hofstätter (1948) in Wien sowie Bazzi in Rom (schon ca. 1946 in einem Lehrbuch zur Psychiatrie) in facheinschlägigen Publikationen die neue Methode behandelt. In den 1950er-Jahren griff die Diskussion auf Südamerika (Argentinien) und Ende der 1960er-Jahre auf Nordamerika über, nachdem Gordon Allport, wie berichtet, Frankl zu einer Gastprofessur nach Harvard eingeladen hatte.

Wie nicht anders zu erwarten, setzte sich die Diskussion vorwiegend mit *zwei Themenbereichen* auseinander: Zum einen ist das *existentielle Menschenbild* ein großes Thema. Das schlägt sich insbesondere in der Auseinandersetzung mit der humanistischen Psychologie und in ihrer Literatur nieder. Aber auch andere Therapierichtungen befassen sich damit. Immer wieder geht es dabei um die Frage, wie weit ein Reduktionismus in der Psychotherapie methodisch notwendig ist bzw. wie sehr dadurch genau das therapeutisch wertvolle Agens der Sinnfindung und weitere human-konstitutive Elemente ausgeblendet werden. Frankls Grundidee der „Wiedereinführung der geistigen Dimension in die Psychotherapie" ist fast gleichzeitig in den Vereinigten Staaten (und in manchem parallel verlaufend) von Carl Rogers propagiert worden, der mit seiner „personzentrierten" Psychotherapie ein ähnliches Anliegen verfolgte.

Der zweite Themenbereich in der fachwissenschaftlichen Diskussion war die psychotherapeutische Methode der „paradoxen Intention". Gerade die Einführung von Paradoxa in die Psychotherapie sowie der methodische Gebrauch des Humors als therapeutisches Mittel führten zu einer breit angelegten Diskussion. Sie wurde hauptsächlich mit der Verhaltenstherapie geführt wurde. Dabei ist zu betonen, dass die Verwendung von Paradoxa in der Existenzanalyse/Logotherapie einer genuinen Haltung entstammt, die sich aus der personal-existentiellen Dimension ableitet: Diese Dimension ist von ihrem Wesen her eine „Nein-Sager-Dimension" (Scheler), deren geistiges Potenzial in der Fähigkeit zum Opponieren und zum „Sich-über-situative-Sachverhalte-stellen-Können" liegt. Unvermutete geistige Wendungen, die eine neue Einstellung bzw. Haltung zu einer belasteten Situation ausdrücken, sind ein methodisches Arsenal, das der geistigen Natur der Person entspricht. Von einem bloßen Trick zur Effizienzsteigerung der Methode kann im Rahmen der Existenzanalyse/Logotherapie daher nicht gesprochen werden.

Besonders interessant ist auch, dass die Diskussion der existenzanalytischen Anthropologie weit über den Fachbereich hinaus reichte. Sie führte zu einer breiten Auseinandersetzung mit den benachbarten Disziplinen der Philosophie, der Soziologie, der Theologie und der Pädagogik.

Die internationale Verbreitung der Methode ist aus den Publikationen ersichtlich. Sie zeigen, dass Logotherapie und Existenzanalyse auch außerhalb von Österreich in weiten Teilen der Welt diskutiert und praktisch angewendet werden. Ausbildungen in der Methode bestehen seit den 1950er-Jahren in Argentinien, seit den 1970er-Jahren in den Vereinigten Staaten (Institute of Logotherapy in Berkeley, Kalifornien, mit insgesamt vier angeschlossenen Chapters in den Vereinigten Staaten), in Kanada, Australien, Japan, Südamerika, Mexiko, Südafrika und in den meisten mitteleuropäischen Ländern, allen voran Österreich und Deutschland.

Mir persönlich sind über 70 facheinschlägige Überblickswerke zur Psychotherapie bekannt, in denen Logotherapie und Existenzanalyse behandelt, erwähnt, diskutiert oder kommentiert werden. Die meisten dieser Publikationen sind in englischer oder deutscher Sprache erschienen. Ich habe aber auch von italienischen, spanischen und russischen Büchern Kenntnis erhalten. Es ist auffallend, dass in Deutschland die Logotherapie in psychologischen und psychotherapeutischen Kreisen wenig bekannt ist. Beispielsweise behandelte Corsini (1984) in seiner amerikanischen „Enzyklopädie der Psychologie" die Logotherapie. In der deutschen Übersetzung des Werkes wurden einige „unbedeutende Verfahren" weggelassen, darunter die Logotherapie. In anderen Überblickswerken über die Psychotherapie, die zum Teil sehr detailliert sind und auch exotische Verfahren anführen, beispielsweise jenes von Seifert und Waiblinger (1993), wird die Logotherapie nicht einmal erwähnt, obwohl sie den Autoren persönlich durchaus bekannt ist.

Insgesamt gibt es über 1000 Publikationen zur Logotherapie und etwa 150 bekannte Diplomarbeiten und Dissertationen. Das Viktor-Frankl-Institut in Wien (Langwiesgasse 6, 1140 Wien) gibt eine ausführliche englische und deutsche Literaturliste heraus, die von den Professoren Fizzotti und Vesely zusammengestellt wurde. Die meisten Werke Frankls enthalten eine recht ausführliche Bibliografie, anhand derer man sich einen ersten Überblick verschaffen kann. Sie erweisen die weite Verbreitung und Bekanntheit der Logotherapie. Dennoch stellt diese keine große Strömung innerhalb der Psychotherapie dar, sondern ist sozusagen eine „Boutique" neben den „Warenhäusern" der großen Psychotherapierichtungen. Der Begriff Logotherapie ist natürlich untrennbar mit dem Namen Frankl verbunden, und häufig ist zwar der Name bekannt, aber der Begriff unbekannt. Frankl ist eben auch durch seine Persönlichkeit, seine rhetorische Gabe und vor allem dadurch, dass er den Holocaust überlebte, weltweit bekannt geworden. Sozusagen als Anhang zu der englischen Übersetzung seines KZ-Buches hat er den späteren Auflagen einen Überblick über Logotherapie beigefügt und damit erheblich zu ihrem Bekanntwerden beigetragen.

Die nächste Frage lautet, wie die Logotherapie aufgenommen und diskutiert wird und welche kritischen Stellungnahmen es gibt. – Generell wird Frankl das Verdienst zugeschrieben, die Bedeutung der Sinnfrage für das menschliche Leben innerhalb der Psychotherapie aufgegriffen und bewusst gemacht zu haben. Dass die Sinnfrage von einer gewissen Wichtigkeit im Leben ist, wird von den meisten Autoren nicht bestritten. Als zweites Verdienst Frankls wird von vielen Autoren die Einführung des paradoxen Arbeitens und des Humors in der Psychotherapie hervorgehoben. Zwar war Frankl nicht der Erste, der mit dem Paradox und dem Humor arbeitete, aber er gehört mit Sicherheit zu den Pionieren (Seltzer, 1986).

Charlotte Bühler (1962, 483) hat meines Erachtens sowohl die Rezeption als auch die Kritik an Frankl in knapper Form am treffendsten zusammengefasst:

„Einer der bekanntesten Vertreter dieser Auffassung (Anm.: Hauptaufgabe der Psychotherapie sei eine lebensphilosophische Erziehung) ist Viktor E. Frankl, ein Existentialist, dessen Schriften wesentlich dazu beitrugen, daß die von der einseitig analytisch orientierten Psychotherapie völlig beiseite geschobene Frage des *Lebenssinnes* vielen Therapeuten und darüber hinaus auch vielen Zeitgenossen erneut als fundamental zum Bewußtsein kam. Seine Aufforderung, unseren ‚Willen zum Sinn' in uns und unseren Patienten wieder zu erwecken, hatte eine stark aufrüttelnde Wirkung und gewann viele Anhänger für seine *Logotherapie*, wie er seine Lehre nannte.

Während Frankl für diese Auffassung der Psychotherapie weitgehend Zustimmung gefunden hat, wird andererseits die *Methode*, mit der er seine Patienten ziemlich direkt auf ihre geistige Verantwortung sich selbst gegenüber aufmerksam macht, vielfach als eine extreme Art der Führung betrachtet. Frankl selbst spricht von *Psychagogik*, das ist seelische Führung, und von ‚pastoraler Medizin'." (Anm.: Die korrekte Übersetzung wäre „ärztliche Seelsorge")

Auch Albert Görres' (1978, 33) Kritik an der Logotherapie ging in eine ähnliche Richtung. Die Aufmerksamkeit für den Sinn gehe oft leider mit einer „gewissen Vernachlässigung der biopsychischen Fundamente der Triebe und Triebschicksale einher. Ferner ist die Kunst der positiven Provokation geistiger Kräfte in der Psychotherapie noch nicht gut beschrieben." Daneben nimmt sich die Rezeption der Logotherapie durch Dieter Wyss (1993, 276–281) einseitig aus. Er beschränkt sich lediglich auf den Personbegriff Frankls, ordnet diesen dem katholischen Weltbild zu und bringt ihn in Verbindung mit dem Wiener Theologen und Psychoanalytiker Wilfried Daim, der in den 1950er-Jahren eine gewisse Rolle in Wien gespielt hat (Daim, 1951) und von dem Frankl sich stets abzugrenzen bemühte. Die einseitig theologische Interpretation des Personbegriffes bei Frankl geht hier auf den Umstand zurück, dass Wyss nur auf ein einziges Buch Bezug nimmt, in dem sich Frankl in erster Linie mit der Theologie auseinandersetzt.[1] In Vernachlässigung der übrigen Literatur des Psychologen wundert es nicht, dass die Interpretation rein theologisch ausfiel.

In den Vereinigten Staaten wird die Logotherapie wegen ihrer Methode der paradoxen Intention oft zu den Verhaltens- und Kurzzeittherapien gezählt (Phillips/Weiner, 1966; Koss/Butcher, 1986, 631). Grawe et al. (1994, 395–402) gehen in ihrer Metaanalyse der Effizienzstudien ausschließlich auf die paradoxe Intention ein. Dass die Logotherapie in dieser großangelegten Literaturstudie keine weitere Berücksichtigung fand, hängt mit der Beschränkung der Studie auf kontrollierte Gruppenstudien (und weitere Selektionsbedingungen) sowie dem Charakter der Logotherapie zusammen. Die Logotherapie ist ein sehr individuelles Verfahren, das für Gruppenstudien nicht geeignet ist. Anders ist es mit Studien über die Technik der paradoxen Intention. Ihr wird in der Analyse von Grawe ein mäßiger Erfolg bescheinigt. Sie werde besonders für Patienten, die sich gegen Beeinflussung von außen zur Wehr setzen, erfolgreich eingesetzt, spiele in der Praxis aber überhaupt nur in Ausnahmefällen als alleinige Therapie eine Rolle. Dies hat Frankl übrigens immer wieder betont: dass die paradoxe Intention in der Regel eingebettet gehört in eine umfassende Psychotherapie. Zu bemerken wäre noch, dass die Darstellung der paradoxen Intention bei Grawe et al. zu einer Vermischung mit der Symptomverschreibung geführt hat und nicht mehr der echten, Frankl'schen Technik entspricht.

Ein interessantes Forschungsergebnis brachte Peter Becker (1982) in seinen Studien zu Tage. Er untersuchte die Bedingungen seelischer Gesundheit und fand das Frankl'sche Theorem der Sinnfindung als jenen Faktor, der den größten Einfluss auf seelische Gesundheit hat.

Einsatzgebiete und Anwendungsbereiche der Logotherapie

Es soll hier keine Prognose über die Zukunft der Logotherapie versucht werden. Vielmehr wird eine Zusammenschau gegeben, wo sich Logotherapie nach meinem Kenntnisstand bisher schon etabliert hat und wo ihre Verbreitung auf Widerstand gestoßen ist. Daraus können wir *Anwendungsbereiche* erkennen und Rückschlüsse ziehen auf das, was an der Logotherapie bisher von Interesse war und wovon daher anzunehmen ist, dass es auch in Zukunft gefragt sein wird.

Als Erstes sind die Menschen zu nennen, die *unter einer Sinnproblematik leiden* und daher zur Logotherapie kommen oder überwiesen werden. Das sind vor allem Menschen, denen ein tragender Sinn im Leben verloren gegangen ist und die unter der Erschütterung, dem Orientierungsverlust und der Inhaltsleere ihres Lebens sehr leiden. Es kann sich dabei um Todesfälle nahestehender Menschen handeln, um den Verlust von Beziehungen, wie bei Scheidung und Trennung, oder um schwere körperliche und seelische Krankheiten, wie Krebserkrankungen, besonders wenn sie inoperabel sind, Querschnittslähmung, chronische Leidenszustände, Amputationen, Psychosen. Auch der Verlust tragender Beziehungen oder die Trennung von der Familie, der Verlust des Arbeitsplatzes, der Bankrott der eigenen Firma wie auch ganz allgemein Sinnlosigkeitserlebnisse im Alltag, im Zusammenleben mit der Familie, im Beruf, in der unerfüllten Freizeitgestaltung oder bei einem schon mehr ans Philosophische heranreichenden leidvollen Suchen nach der Sinnhaftigkeit des Lebens überhaupt, wird die Logotherapie immer wieder herangezogen. Die Anfragen kommen an die Beratungspraxen und an die Institutionen. Sehr oft wird zuerst einmal nach einem Buch gegriffen, das Antwort auf diese Fragen verspricht, oder es werden Vorträge besucht und angefragt. Darum spielt die Bibliotherapie, „das Buch als Therapeutikum", wie es Frankl bezeichnet hat, in der Logotherapie eine bedeutsame Rolle.

Ein zweiter großer Einsatzbereich ist der *präventiv-prophylaktische und pädagogische*. Die Sinnfrage ist gerade in der Pubertät von spürbarer Dringlichkeit. Die jungen Menschen suchen nach Lebensinhalt, nach Orientierung, nach Lebenswert und wollen sich ihre Eigenständigkeit in der Suche und in der Entscheidung erhalten. Junge Menschen übernehmen heute nicht einfach, was die Eltern denken und tun. Sie sehen in der Tradition eines Handwerks oder im Lebensstil einer Familie weniger Wert als im Finden ihres eigenen Weges. Dadurch geraten sie in einen gewissen Orientierungsnotstand. Auch die natürliche Erweiterung des Lebenshorizontes in den Jahren der Pubertät bringt die Frage mit sich, worauf es im Leben ankommt und was denn eigentlich den Sinn des Lebens ausmacht. Deshalb sind viele Menschen im Schul- und Erziehungssektor an den Inhalten der Logotherapie interessiert. Sie informieren sich darüber oder machen sogar Ausbildungen, um auf diese Fragen besser vorbereitet zu sein. Und die Jugendlichen selbst, auch Studenten, zeigen Interesse an diesen Themen.

Im *Gesundheitswesen*, bei Ärzten und Ärztinnen, im Krankenpflegebereich, in Psychotherapie und Beratung besteht ein anhaltendes Interesse am logotherapeutischen Menschenbild und insbesondere an der Thematik des Sinns im Leiden. Hier wird besonders auf Lektüre, Vorträge und Seminare, Fortbildungen und Ausbildungen zurückgegriffen.

Viele Menschen versuchen aufgrund ihrer eigenen religiösen Eingebundenheit mithilfe der Logotherapie zusätzlich ein psychologisches Instrumentarium zu erhalten, um mit der Sinnthematik in der Praxis besser umgehen zu können. Es handelt sich dabei nicht nur um Seelsorger, sondern auch um viele Laienhelfer und Pastoralassistentinnen und -assistenten, besonders auch im Krankenhausbereich und in der Sterbebegleitung.

Logotherapie stellt eine praktische Anleitung zur Reflexion der Lebenshaltung und der Lebensorientierung dar. Sie hat damit eine thematische Nähe zur Religion, jedoch ist die Vorgehensweise eine psychologische bzw. philosophische. Logotherapie setzt keinen Glauben voraus und setzt den Glauben auch nicht als therapeutisches Mittel ein. Logotherapie ist gleichermaßen für Gläubige wie für Nichtgläubige anwendbar, beides führt zu gleich guten Ergebnissen. Darauf hat Frankl immer wieder hingewiesen (Frankl, 1981, 63 f.). Es ist verlockend, religiöse Inhalte und Mittel mit der Logotherapie zu verbinden. Wie weit damit den Menschen und der Logotherapie ein Dienst getan wird, möge dahingestellt bleiben. Ich denke, dass es sich in machen Berufen anbietet, beides zu verbinden, insbesondere wenn Logotherapie im seelsorgerischen Rahmen zum Einsatz kommt. Dort wird dies auch von den Klienten erwartet. Im Rahmen von Beratung und Psychotherapie jedoch sollte eine strikte Trennung aufrechterhalten bleiben bzw. die Aufgabe der Trennung nur in offener Absprache mit den Klienten erfolgen. Logotherapie soll im religiös-weltanschaulichen Bereich niemals etwas suggerieren, indoktrinieren oder zu einer weltanschaulichen Haltung verführen (Frankl, z. B. 1994, 33 u. a.). Sie soll den Menschen Anleitung sein, ihren eigenen Weg und ihre eigene Haltung zu finden. Genau darin sehe ich eine Stärke der Logotherapie: dass sie einen formalen und strukturellen Rahmen gibt. Sie bleibt inhaltlich und weltanschaulich offen, ist politisch mit unterschiedlichsten Inhalten vereinbar, die in religiöser Hinsicht vom Atheismus über den Agnostizismus bis zum Theismus reichen, und steht allen Spannbreiten der Persönlichkeitsvariationen, des Alters und des Geschlechts offen (Frankl, 1981, 63 ff.).

Welche Entwicklungen haben eingesetzt?

Schon 1959 hat Viktor Frankl betont, dass die Existenzanalyse als Forschungsrichtung offen sei, „und zwar in zwei Dimensionen: sie ist bereit zur Kooperation mit anderen Richtungen und zur Evolution ihrer selbst“ (Frankl, 1959, 663). Dies wiederholte er öfter (z. B. Frankl/Kreuzer, 1986, 18; 1990, 72 f. u. a.). Er betonte es in seiner Eröffnungsrede anlässlich des ersten Weltkongresses für Logotherapie in San Diego, Kalifornien, am 6. November 1980, nicht ohne hinzuzufügen, dass er kein Interesse habe an Menschen, die wie Roboter (wie im Roman der Golem) „their master’s voice“ wiederholen (Frankl,

1997, 271). Er zitierte Elisabeth Lukas (1980), die in ihrem ersten Buch festgestellt hatte, dass es in der Geschichte der Psychotherapie keine so undogmatische und offene Schule gebe wie die Logotherapie.

Doch ganz so leicht, wie er vorgab, tat sich Frankl mit der Weiterentwicklung in der Logotherapie nicht. Denn schon eine Seite später gab er in dem genannten Vortrag über die „Degurufikation der Logotherapie" auf die Frage, was denn Logotherapie sei, die Antwort: „Ich könnte diese Frage einfach und leicht beantworten, indem ich sage, dass Logotherapie im reinen und eigentlichen Sinn („pure and proper") das ist, was Sie in meinen Büchern finden, z. B. in den sechs Büchern, die in Englisch erhältlich sind (von denen drei Bücher direkt in Englisch geschrieben und nicht ins Deutsche übersetzt wurden) und in den acht Büchern, die in Deutsch geschrieben wurden und nicht ins Englische übersetzt worden sind" (ebd., 272; Übers. A. L.). Logotherapie und Existenzanalyse sind also nach Frankls Auffassung offen für Kooperation und Weiterentwicklung, aber dennoch bleibt Logotherapie im eigentlichen Sinne nur das, was in seinen Büchern steht. Mit anderen Worten heißt dies, dass Weiterentwicklungen, die nicht von Frankl selbst stammen, nicht mehr eigentlich Logotherapie sein können. Genau in diesen Konflikt geriet Frankl Ende der 1980er-Jahre, was dann auch zum Bruch mit der Gesellschaft für Logotherapie und Existenzanalyse in Wien führte. Doch davon später.

Die erste Weiterentwicklung der Logotherapie hat bereits Frankls Freund, der Wiener Psychiater Paul Polak, in den 1950er-Jahren vorgenommen. Er setzte Grundsteine zur Entwicklung der Existenzanalyse als psychotherapeutische Langzeitmethode, die sich weniger mit der Sinnfrage beschäftigt, sondern mit den lebensgeschichtlichen Zusammenhängen und der Restrukturierung der Persönlichkeit, und publizierte sie gemeinsam mit seinen Kollegen, die damals an der Wiener Poliklinik unter Frankl arbeiteten (Kocourek/Niebauer/Polak, 1959, 737–764). Diese Entwicklungen sind später allerdings nicht weiter aufgegriffen worden und weitgehend der Vergessenheit anheim gefallen. Frankl selbst hat in seiner Literatur nicht auf sie verwiesen.

Meines Wissens setzten die nächsten Weiterentwicklungen erst in den 1980er-Jahren ein. Als Erste ist hier Elisabeth Lukas zu nennen, die mit der „Einstellungsmodulation" eine spezielle, an die Verhaltenstherapie angelehnte Methode für Einstellungsänderungen entwickelt hat (Lukas, 1980, 96 ff.). Mit dieser Methode wird versucht, die von Frankl betonte notwendige Arbeit an Einstellungen über eine Abfolge von Schritten methodisch zugänglich zu machen. Lukas hat darüber hinaus auch eine eigene Gruppentherapie entwickelt, in der Frankls Methode der Dereflexion (1959, 729 ff.) im Gruppensetting zur Anwendung kommen kann (Lukas, 1983, 359–392; 1986, 200 ff.; Fabry/Lukas, 1995, 125–140).

Auch Joseph Fabry (1997, 85) hat sich mit der Anwendung der Logotherapie im Gruppensetting befasst. James Crumbaugh entwickelte gemeinsam mit Kollegen eine spezielle Methode der Gruppentherapie für Alkoholiker, die besonders auf amerikanische Verhältnisse zugeschnitten ist (Crumbaugh et al., 1989). Hiroshu Takashima in Japan (1977, 1987) befasste sich mit der Behandlung psychosomatisch Kranker mit logotherapeutischen Mitteln und verbreiterte den theoretischen Hintergrund. In Europa begann der Hamburger Theologe und ehemalige Studentenpastor Uwe Böschemeyer in der Erwachsenenbildung mit der Entwicklung von speziellen „Leben-lernen-Seminaren", die er zur logotherapeutischen Gruppenarbeit ausweitete (Böschemeyer, 1988, 116 ff.). Er entfernte sich mit der „Integrativen Logotherapie" von der „Reinheit der Lehre", wie er sagt (ebd., 9), und begann von der Existenzanalyse und Logotherapie abzuweichen (ebd., 27). Böschemeyer wie auch Günter Funke, später Rudolf Kunert in Wien (1998) u. a. m. beschäftigten sich schon früh mit dem Einsatz der Traumarbeit und leisteten einen inhaltlichen und methodischen Beitrag zu ihrer Anwendung in Logotherapie und Existenzanalyse. In jüngster Zeit haben sich vor allem Böschemeyer und die Kinderärztin Wilhelmine Popa in Düsseldorf für die Entwicklung von imaginativen Verfahren eingesetzt. Popa (1992) bringt dabei ihr Verfahren hauptsächlich in Gruppen zur Anwendung, während Böschemeyer (Böschemeyer, 1996) sehr viel in Einzelsitzungen und im therapeutischen Einsatz mit der Imagination arbeitet.

Walter Böckmann hat logotherapeutische Prinzipien und Gedanken in das Coaching und die Betriebsführung einfließen lassen und den Slogan geprägt: „Wer Leistung fordert, muss Sinn bieten" (Böckmann, 1984).

Methodische Schritte zur Sinnfindung sind erstmals von mir entwickelt worden (Längle, 1988; 40–52). Danach kann der Sinnfindungsprozess in vier aufeinander aufbauende Stufen gegliedert werden. Zur Differenzierung des Sinnbegriffs habe ich (Längle, 1994) erstmals eine Unterscheidung in den ontologischen Sinn dessen, was ist, und in den existentiellen Sinn (Sinn, der durch das eigene Handeln entsteht) vorgenommen. Damit kann dem Vorwurf begegnet werden, Frankls Sinnbegriff sei über weite Strecken ein religiöser und mit dem existentiellen Sinnbegriff vermischt. Diese Differenzierung erlaubt außerdem ein präziseres Vorgehen bei Sinnproblemen.

Wolfram Kurz hat die Bedeutung der Logotherapie und Existenzanalyse für die ethische Erziehung untersucht (Kurz, 1987) und stellt in Anlehnung an die Entwicklungspsychologie phasenspezifische Sinnthemen heraus, die eine Art Entwicklungspsychologie der Sinnsuche darstellen (Kurz, 1995, 729).

Es wurden auch mehrere Tests zur Logotherapie entwickelt. In den USA ist der „Purpose in Life Test" (PIL) von Crumbaugh/Maholick (1969) am bekanntesten. Im deutschen Sprachraum sind es der Logotest von Lukas (1986b) und die Existenzskala von Längle/Orgler (1993).

Diese Aufzählung von inhaltlichen und methodischen Weiterentwicklungen der Logotherapie gibt nach meinem Kenntnisstand die wichtigsten Entwicklungen wieder, ohne einen Anspruch auf Vollständigkeit zu erheben. Frankl hat diese Entwicklungen alle noch miterlebt und sich gegen keine von ihnen ausgesprochen. Er hat aber auch keine von ihnen unterstützt oder in Vorträgen und Publikationen erwähnt.

Eine „personale Wende“ nahm die Existenzanalyse in den 1980er-Jahren in Wien. Da deutlich wurde, dass das Sinnkonzept allein für eine umfassende Psychotherapie nicht ausreichte, begannen hier drei Entwicklungen einzusetzen, die von der Emotion, der Motivation und der Biografie ausgehen[2]. Die erste systematische Entwicklung war die Methode der „Personalen Existenzanalyse“ (Längle, 1993c). Mit ihr wurde auch eine Emotionslehre (Längle, 1993a) entwickelt und nun verstärkt mit Emotionen und Affekten in der Psychotherapie gearbeitet. Damit rückten das personale Erleben und das psychische Befinden in den Mittelpunkt psychotherapeutischer Interventionen, an die sich dann die Bearbeitung des Sinnthemas im Bedarfsfall noch anschloss. Die *Existenzanalyse* wurde dadurch nicht mehr nur als anthropologische Forschungsrichtung für die Logotherapie und die Sinnfindung angesehen, sondern auch als *psychotherapeutische Methode* zur Bearbeitung von Problemen, Traumata, Behinderungen und psychodynamischen Konflikten im Vorfeld der Sinnfindung. Die Personale Existenzanalyse bedeutete ein Abrücken von der Logotherapie und ein Hineingehen in ihr Vorfeld. Zugleich eröffnete sie auch den Zugang zu psychischen und körperlichen Problemfeldern und entsprechenden Interventionen.

Mit der Entwicklung der Personalen Existenzanalyse ging notgedrungen eine Öffnung der psychotherapeutischen Arbeit für die Bearbeitung von *lebensgeschichtlichen Zusammenhängen* einher. Während Frankl die Logotherapie als eine allein auf Zukunft gerichtete Behandlungsform ansah und in der Bearbeitung der Biografie eine Ablenkung vom situativen Sinnauftrag sah, was für die Logotherapie kontraproduktiv wäre, wurde nun die Existenzanalyse als ganzheitliches Verfahren über die gesamte Lebensspanne des Menschen und somit auch über seine Vergangenheit ausgeweitet (vgl. Kolbe, 1992). Als methodisches Instrumentarium in der biografischen Arbeit kam wiederum die neu entwickelte Personale Existenzanalyse zum Zug (vgl. Längle, 1992).

Parallel dazu musste im Rahmen der Ausbildung zur Psychotherapie *Selbsterfahrung* in einem verstärkten Ausmaß durchgeführt werden, um mit diesen neuen Methoden psychotherapeutisch arbeiten zu können. Zugleich setzte sich in der Gesellschaft für Logotherapie und Existenzanalyse Wien (GLE) aufgrund der jahrelangen praktischen Erfahrung und der theoretischen Kenntnisse die

Auffassung durch, die Logotherapie tatsächlich als Ergänzung der Psychotherapie zu belassen, wie Frankl es immer beschrieben hatte. Logotherapie ist ein wertvolles beratendes, prophylaktisches, pädagogisches und in speziellen Indikationen psychotherapeutisches Instrumentarium. Aber die logotherapeutische Vorgehensweise bleibt schwerpunktmäßig beratend, vielfach „seelsorgerisch". Diese neue Form der Existenzanalyse, die im Übrigen an die Entwicklungen von Paul Polak aus den 1950er-Jahren anschließt, stößt in das breite Feld der erlebnisbezogenen, aufarbeitenden und restrukturierenden Psychotherapie vor. Viktor Frankl verfolgte die Entwicklung mit zunehmender Skepsis, ohne diese jedoch zum Ausdruck zu bringen. Persönlich störte ihn das zunehmende Ausmaß an Selbsterfahrung, mit dem er nicht mehr einverstanden sein konnte. Er fand diese Entwicklung schließlich verantwortungslos, weil sie den Menschen von seinem existentiellen Auftrag abbringe. Dieser bestehe darin, sich selbst zu übersehen und zu vergessen in der Hingabe an die Welt (Selbst-Transzendenz). Er befürchtete, dass die Menschen durch die Selbsterfahrung immer mehr dahin gebracht würden, um sich selbst zu kreisen und sich in egoistischer Manier auf Kosten anderer selbst zu verwirklichen. Diese „geistige Nabelschau" sei „anti-logotherapeutisch" und daher abzulehnen. Außerdem sei die Arbeit mit der Biografie nicht im Sinne der Logotherapie. Schließlich hätte die Personale Existenzanalyse mit Logotherapie nichts mehr zu tun und sollte daher nicht unter seinem Namen unter dem Dach der Logotherapie aufscheinen. Aus diesen Gründen entschloss sich Frankl 1991 ohne vorherige Absprache oder Aussprache, den Ehrenvorsitz der GLE in Wien niederzulegen und mit der Gesellschaft nicht mehr zusammenzuarbeiten (vgl. Frankl/Längle, 1991). Er wollte damit verhindern, dass er in irgendeiner Weise verantwortlich gemacht werden konnte für diese Entwicklungen, die nicht mehr von ihm stammten. Er wollte auch unterbinden, dass Menschen, die an seiner Logotherapie interessiert wären, durch seinen Ehrenvorsitz in der Annahme irregeleitet würden, dass Frankl hinter diesen Entwicklungen und Methoden stehe. Menschen, die „originäre Logotherapie" suchten, sollten nicht guten Glaubens mit Methoden behandelt werden, die nicht mehr von Frankl stammten.

Sein Rückzug, so betonte Frankl mir gegenüber, stelle keine Kritik an der Qualität der Weiterentwicklungen dar. So weit er diese Entwicklungen kenne, seien sie ja „nichts Schlechtes", aber sie seien etwas anderes.[3] Da dies nicht mehr Logotherapie sei, wollte er es auch nicht mit seinem Namen in Verbindung gebracht wissen. Die GLE hat sich daraufhin entschlossen, die psychotherapeutischen Weiterentwicklungen nur noch unter dem Namen Existenzanalyse zu führen. Als Ergänzung zur Existenzanalyse sieht man in der GLE nun die Logotherapie an, die vor allem beraterische, begleitende und präventive Aufgaben wahrnimmt.

An der letzten und vielleicht umwälzendsten Weiterentwicklung in der Existenzanalyse hat Frankl nur noch im Ansatz kurz vor der Trennung Kenntnis bekommen. In Fortführung des logotherapeutischen Motivationskonzeptes, des „Willens zum Sinn“, habe ich (Längle, 1997, in Längle/Probst, 1997, 17–18, 149–170) ein Modell der personal-existentiellen *Grundmotivationen des Menschen* entwickelt. Anhand der phänomenologischen Analyse psychotherapeutischer Arbeit ergaben sich vier fundamentale existentielle Themen, mit denen sich der Mensch auseinandersetzen muss, um zu einem erfüllten Leben zu gelangen. Es geht um das Sein-Können (ontologische Dimension, in der es auch um das Vertrauen und das Grundvertrauen geht), um das Leben-Mögen (axiologische Dimension, in der es auch um Gefühle und Werte geht), um das Selbst-Sein (ethische Dimension, in der es auch um Verantwortung und Selbstwert geht) und um das auf die Zukunft gerichtete Tätig-Werden (Sinndimension, in der es letztlich auch um den religiösen Bezug geht). Mit dieser Beschreibung der dynamischen Grundbewegungen personaler Existenz ist auch das Feld für einen psychotherapeutisch relevanten (und nicht nur philosophisch definierten) Existenzbegriff abgesteckt. Die Entwicklung der Grundmotivationen des Menschen bietet einen methodischen Rahmen für die psychotherapeutische Arbeit sowie eine Struktur für Krankheitslehre, Abwehrvorgänge und Diagnostik. An ihrer Weiterentwicklung wird derzeit im Rahmen der GLE Wien gearbeitet.

Diese jüngsten Weiterentwicklungen stehen nicht im Gegensatz zur Existenzanalyse Frankls. Sie greifen Elemente der Existenzanalyse auf, die „der mittlere Frankl“ in den 1940er- und -50er-Jahren im Ansatz niederschrieb. Das Neue daran ist ihre methodische Ausgestaltung und die primäre Zurückstellung der Sinnthematik in der Psychotherapie. Das Ziel ist dasselbe wie jenes, das Frankl in der Existenzanalyse angestrebt hatte, nämlich den Patienten zu befähigen, zu einer eigenverantwortlichen und selbstgestalteten Existenz zu kommen, die frei ist für die Sinnfindung der jeweiligen Situation – nur dass die Sinnfindung nun nicht mehr auf dem direkten Weg angegangen wird, sondern über den scheinbaren Umweg von Lebenseinstellungen und Haltungen, von Aufarbeiten und Bearbeiten lebensbehindernder Ereignisse, Erlebnisse und Erfahrungen, von Selbstfindung und Zugang zu sich selber. Denn erst dann ist der Mensch in der Lage, sich den Sinnangeboten und Sinnanforderungen des Lebens wirklich hinzugeben und seine Aufgaben und sein Leben zu erfüllen. Echte Hingabe hat einen Zugang zu sich selbst zur Voraussetzung, verlangt eine Offenheit für eigene Gefühle, für den Körper, für Triebe und Bedürfnisse, für das Selbstsein und die Autonomie. Wenn man sich nicht selbst „hat“, wenn ich nicht das Gefühl habe, wirklich ich selber zu sein in dem, was ich tue, dann handelt es sich nicht um „Hingabe“, sondern um „Hergabe“. Das aber ist allemal ein existentieller Verlust.

Lassen wir zum Schluss noch einmal Frankl zu Wort kommen, wie er sich die Weiterentwicklung in der Logotherapie vorgestellt hat: „Ich habe anläßlich der Gründung des Instituts für Logotherapie und anläßlich der Eröffnung der ‚Frankl Memorabilia and Library‘ in Berkeley, Kalifornien – das ist eine Art Dokumentationszentrum – gesagt: ‚Meine Damen und Herren, die Logotherapie besteht noch gar nicht. Was ich versucht habe, ist eine Grundsteinlegung. Sie werden sie eigentlich erst aufbauen‘“ (Frankl/Kreuzer, 1986, 11).

Nun, das scheint uns doch eine Übertreibung zu sein, die Bescheidenheit demonstrieren soll. Die Logotherapie halten wir für gut entwickelt und ausgebaut. Hier sind uns keine theoretischen Ansätze oder Lücken bewusst, außer der zu kurz gekommenen Emotionalität.

An derselben Stelle spricht sich Frankl noch einmal ganz explizit für die Pluralität der Meinungen aus:

> „Und jetzt ist ein Buch erschienen, es heißt *Logotherapy in Action,* dreißig Autoren sind darin vertreten, hauptsächlich aus Amerika, die sich auf die Anwendung der Logotherapie spezialisiert haben, auf die verschiedensten Teilgebiete, und ich sage ausdrücklich im Vorwort, daß jeder etwas anderes sagt, im gewissen Sinne etwas sagt, was ich gar nicht zu unterschreiben bereit wäre, aber die haben das Recht dazu, die volle Freiheit, denn in der Logotherapie gibt es keine Orthodoxie.“ (Frankl/Kreuzer, 1986, 11)

Viktor Frankl
Lebensdaten – Lebensereignisse

Ein Überblick

28. 3. 1861	Geburt des Vaters Gabriel Frankl in Pohrlitz, Südmähren (Österreich-Ungarn)
8. 2. 1879	Geburt von Frankls Mutter Elsa, geb. Lion in Prag (Vater Jakob war zur Zeit der Geburt schon tot)
26. 7. 1902	Geburt des Bruders Walter August, wahrscheinlich 1944 im Bergwerk eines Konzentrationslagers umgekommen
26. 3. 1905	Geburt von Viktor Emil Frankl in Wien. Zuvor war die Familie innerhalb der Leopoldstadt (2. Wiener Gemeindebezirk) von der Rothensterngasse 14 in die Czerningasse 6 übersiedelt.
30. 4. 1909	Geburt von Schwester Stella Josefine, 1938 (?) nach Mexiko emigriert; lebte in Australien, starb 1996
1908	Berufswunsch Arzt
1909	Erschrecken über das Bewusstsein der Vergänglichkeit des Lebens und Frage, ob dadurch sein Sinn zunichte würde
1910	Paradigmatische Geborgenheitserfahrung beim Vater, die ihn ein Leben lang begleitete
1914–18	Erster Weltkrieg; wirtschaftlich belastende Zeit für die Familie des Staatsbeamten Gabriel Frankl (Brot betteln und Mundraub auf den Feldern)
1918	Beschäftigung mit der Naturphilosophie (Wilhelm Ostwald, Gustav Theodor Fechner)

ab ca. 1919	Zunehmende Beschäftigung mit der angewandten und experimentellen Psychologie, dann vor allem mit der Psychoanalyse Sigmund Freuds, anfänglich vermittelt von den Freud-Schülern Eduard Hitschmann und Paul Schilder. Noch als Mittelschüler begann Frankl eine „Korrespondenz“ mit Freud (er sandte ihm Material aus seiner interdisziplinären Lektüre, von dem er annahm, dass es Freud interessieren könnte)
1920/21	Erster Vortrag über den „Sinn des Lebens“ in der philosophischen Arbeitsgemeinschaft der Wiener Volkshochschule bei Edgar Zilsel
1923	Erste Publikation Frankls in der Jugendbeilage einer Tageszeitung
1924	Obmann der Sozialistischen Mittelschüler Österreichs „Matura“ (Abitur) Erscheinen der ersten wissenschaftlichen Arbeit Frankls „Zur Entstehung der mimischen Bejahung und Verneinung“ über Einreichung durch Sigmund Freud in der *Internationalen Zeitschrift für Psychoanalyse* 10, 437–438 (verfasst wurde der Text „wenige Jahre“ vor dem Erscheinen) Einzige und zufällige persönliche Begegnung Frankls mit Sigmund Freud auf der Straße (Berggasse) Trennung von der Psychoanalyse und Wechsel zur Individualpsychologie Alfred Adlers
1925	Erscheinen der zweiten wissenschaftlichen Arbeit „Psychotherapie und Weltanschauung“ in der *Internationalen Zeitschrift für Individualpsychologie* Nr. 3, 250–252, über Einreichung Adlers (verfasst 1924)
1926	Zweite individualpsychologische Publikation. Grundsatzreferat auf dem 3. Internationalen Kongress für Individualpsychologie in Düsseldorf. Frankl bringt eine eigene „unorthodoxe“ Idee (die Neurose sei nicht nur als Mittel, sondern auch als Ausdruck der Person zu verstehen) Erstmalige Verwendung des Begriffs „Logotherapie“ in einem akademischen Vortrag

1927	Gründung und Leitung der Zeitschrift *Der Mensch im Alltag – Zeitschrift zur Verbreitung und Anwendung der Individualpsychologie* Ausschluss aus dem Verein für Individualpsychologie durch Adler
1928	Im Auftrag der Arbeiterkammer Gründung von Jugendberatungsstellen in Wien (unter Mithilfe von A. Aichhorn, E. Wexberg, R. Dreikus, Ch. Bühler u. a.) und sechs anderen Städten: Zürich, Dresden, Chemnitz, Prag (O. Pötzl), Brünn (M. Roller), Teplitz-Schönau; Vorträge auch in Berlin (W. Reich) und an der Universität Budapest. Leitung bis zum „Anschluss" Österreichs 1938
1929	Praktische Anwendung der „paradoxen Intention", 1939 unter dieser Bezeichnung erstmals publiziert
1930	Abschluss des Studiums. Arbeit als Psychiater/Psychotherapeut an der Psychiatrischen Universitätsklinik Wien (O. Pötzl). 1930–1933 zuerst am neurologischen Krankenhaus „Am Rosenhügel", dann unter J. Gerstmann im „Maria-Theresien-Schlössl" (Wien) tätig. 1933–1937 am psychiatrischen Krankenhaus „Am Steinhof" (L. Pawlicki) und Leitung der Station für selbstmordgefährdete Frauen
1933	Erstmaliger Gebrauch des Begriffs „Existenzanalyse"
1936	Facharzt für Neurologie und Psychiatrie
1937	Privatpraxis als Facharzt für Neurologie und Psychiatrie
1939–42	Primararzt der neurologischen Abteilung des Wiener Rothschildspitals (im Krieg aufgelöst)
(ca. Nov.) 1941	Verfall des Ausreisevisums in die USA
17. 12. 1941	Heirat mit der Krankenschwester Tilly Grosser im Standesamt Leopoldstadt (Wien)
September 1942	Deportation ins Konzentrationslager Theresienstadt, gemeinsam mit der ersten Frau Tilly und den Eltern. Sein Bruder Walter kam mit seiner Frau Elsa schon vorher nach Auschwitz
13. 2. 1943	Tod des Vaters im KZ Theresienstadt im 81. Lebensjahr (Hungerschwäche, zwei Pneumonien mit terminalem Lungenödem)

Oktober 1944	Trennung von der Mutter, Abtransport mit Tilly nach Auschwitz, dann in die Außenlager Dachaus: Kaufering III und Türkheim
23. 10. 1944	Abtransport der Mutter nach Auschwitz und Tod in der Gaskammer
April 1945	Tod seiner Frau Tilly in Bergen-Belsen
1945–70	Primararzt der neurologischen Abteilung der Wiener Poliklinik
1946	Publikation des Buches *Ein Psychologe erlebt das KZ*, später unter dem Titel *... trotzdem Ja zum Leben sagen* verbreitet Publikation der *Ärztlichen Seelsorge*
1947	Heirat der Krankenschwester Eleonore Katharina Schwindt
	Publikation von *Die Psychotherapie in der Praxis* Habilitation in Neurologie und Psychiatrie unter Anerkennung der *Ärztlichen Seelsorge* als Habilitationsschrift
1949	Doktorat in Philosophie mit *Der unbewußte Gott* als Doktorarbeit
1961	Gastprofessur an der Harvard University (über Einladung von Gordon Allport), 1966 an der Southern Methodist University, 1972 an der Dusquesne University. Gastvorlesungen an weiteren 205 Universitäten in der ganzen Welt
1970	Professur für Logotherapie ad personam an der United States International University von San Diego (Kalifornien) Pensionierung an der Wiener Poliklinik
1972	Flugunterricht in Kalifornien
Juli 1996	Letztes Interview vor einem großen Fachpublikum anlässlich des I. Weltkongresses für Psychotherapie in Wien
Wintersemester 1996	Letzte Vorlesung an der Wiener Universität
2. 9. 1997	Viktor Frankl stirbt in Wien und wird am nächsten Tag im engsten Kreise beigesetzt Grab: Zentralfriedhof, 11. Tor, Gruppe 76b, Reihe 23, Nr. 27

Anmerkungen

Blanke Ziffern (z. B. 1, 19) verweisen auf die *Autobiografie* Frankls (1995) mit dem Titel *Was nicht in meinen Büchern steht.*

Die Abkürzung *MS* (z. B. MS, 17) nimmt auf das umfangreichere *Manuskript* Frankls Bezug, das dieser Autobiografie zugrunde liegt.

Eine Zahl mit der Abkürzung *S.* verweist auf eine *Seitenangabe* im vorliegenden Buch.

Die Lebensgeschichte

1 Dieses Buch ist eine Erweiterung seiner *Autobiographischen Skizze* von 1973. Sie wurde bis auf einen Absatz zur Gänze aufgenommen und bildet das Rückgrat für die erweiterte Autobiografie. Hinzu kamen viele anschaulich und plastisch erzählte persönliche Erlebnisse und Gedanken sowie zahlreiche Fotos, die die Biografie illustrieren.

2 Beitrag von Kurt Wimmer.

3 Eine Ergänzung zum Manuskript erhielt ich im August 1987. Sie umfasste vier Seiten.

4 Greenberg, 1984

5 Dieses Verhalten ist in der heutigen Zeit nicht ganz leicht zu verstehen. Dahinter steht eine Haltung, die viele Generationen geprägt hat, auch jene Frankls. Sie macht es gewissermaßen verständlich, dass z. B. der ehemalige österreichische Bundespräsident Kurt Waldheim als Erklärung und Rechtfertigung seiner Tätigkeit während des Zweiten Weltkrieges anführte, er habe als Soldat unter dem NS-Regime „nur seine Pflicht erfüllt". Frankl hat mir in persönlichen Gesprächen gesagt, eine Haltung, die von Pflichterfüllung geprägt sei, könne man niemandem, auch nicht Waldheim vorwerfen, wenn sie nicht zu kriminellen Handlungen führe (was bei Waldheim ja trotz aller anfänglichen Beschuldigung nicht der Fall war). Bei einem Abendessen nach der Wahl zum Bundespräsidenten hat sich Waldheim ausführlich mit Frankl darüber unterhalten. Frankl blieb so fair und konsequent, dass er, der Verfolgte des NS-Regimes, Waldheim seinen Respekt für dessen Haltung bestätigte.

6 Vgl. Frankls Theorie der Sachlichkeit und Wertmaximierung in Frankl, 1990, 363, und in diesem Buch auf S. 139.

7 Zur Differenzierung zwischen Person und Persönlichkeit (früher sprach man auch von „Charakter") vgl. den Beginn des Kapitels „Die Person" auf S. 97.

8 In seiner Ansprache anlässlich der Errichtung eines Gedenksteines im ehemaligen Arbeitslager Kaufering am 11. November 1984 sprach Frankl davon, dass er oft Träume habe „voll von nostalgischen Empfindungen, Erinnerungen an diese Zeit (in den Konzentrationslagern). Weil man in all diesem Elend, in all dieser Tragik, in all dieser Verzweiflung erst gesehen hat, was man heute so selten sieht, wo es uns so relativ wohlergeht – nämlich Menschlichkeit, hundertprozentige Menschlichkeit. Das war ein Prüfstein, das Lager war ein Exerzierfeld für Menschlichkeit. Glauben Sie mir das."

9 Wilhelm Ostwald (1853–1932), deutscher Naturwissenschaftler und Philosoph, Professor in Riga und Leipzig, befasste sich mit physikalischer Chemie („Ostwald'sches Verdünnungsgesetz" und „Ostwald'sche Stufenregel"), mit Farblehre und mit naturphilosophischen Fragen. Er vertrat einen „energetischen Monismus", nach welchem materielle Prozesse Erscheinungsformen und geistige Prozesse Transformationen von Energie darstellten.

10 Gustav Theodor Fechner (1801–1887), deutscher Physiker, Psychologe und Philosoph, Professor in Leipzig (1834–1839) für Physik, ab 1843 für Anthropologie und Naturphilosophie. Experimente zu Ohm'schen Gesetzen und zur Farbenlehre. Geleitet von der Vorstellung der Allbeseeltheit der Natur versuchte er die Wirklichkeit hinter den Objekten der Naturwissenschaft geistig-seelisch zu erfassen. Er wollte für das Psychische ein physikalisches Maß finden und die Leib-Seele-Beziehung mathematisch erfassen (dies führte 1860 zur Erweiterung des Weber'schen Gesetzes zum „Weber-Fechner'schen-Gesetz") und wurde damit ein Begründer der experimentellen Psychologie. Außerdem führte er empirische Untersuchungen zum ästhetischen Empfinden durch (1876).

11 Alfred Adler (1870–1937) war ein österreichischer Psychiater und Psychotherapeut, ursprünglich Schüler Sigmund Freuds. 1911 erfolgte seine Abkehr von Freud und die Begründung der „Individualpsychologie". Er sah den Hauptantrieb des Menschen nicht wie Freud im Sexualtrieb, sondern im Macht- und Geltungsstreben, das die durch den Konflikt mit der Umwelt entstehenden Minderwertigkeitsgefühle zu kompensieren sucht.

12 Leo Trotzki (1879–1940), russischer Revolutionär und Politiker. Er war neben Lenin ein charismatischer Führer und Rivale Stalins. Als Begründer der Roten Armee schuf er die Voraussetzungen zum Sieg der Bolschewiken im russischen Bürgerkrieg 1918–1922. Von Stalin verbannt und 1929 exiliert, wurde er in Mexiko ermordet.

13 Max Scheler (1874–1928), deutscher Philosoph, Professor in Köln und Frankfurt/M. Logotherapie und Existenzanalyse beruhen weitgehend auf Schelers Phänomenologie, Philosophie und Anthropologie. Als Schüler Euckens und unter dem Einfluss der Phänomenologie Edmund Husserls begründete er eine „Wertethik", in deren Mittelpunkt die „Person" mit ihrem intuitiven Werterfassen („Wertfühlen") stand, was für Frankl zum Gewissensbegriff wurde. Er führte eine Neubegründung der philosophischen Anthropologie durch, in welcher der Dualismus zwischen Geist und Natur bzw. Leben (vitalistische Position) grundgelegt war (dies wurde bei Frankl zum

„psychonoetischen Antagonismus"). Der Geist eröffnet dem Menschen das „Ideendenken", die Opposition („Nein-Sagen") im Wollen, das Fühlen der Werte (z. B. der Liebe), weil er ihn vom Organischen entbindet. Durch den Geist erlangt der Mensch „Weltoffenheit" – was bei Frankl in Sinn-Offenheit als Anruf aus der Welt übergeht.

14 Rudolf Allers (1883–1963), Dr. med., Dr. phil., österreichischer Psychiater, Psychotherapeut (Individualpsychologie bis zum Bruch mit Adler 1927), Privatdozent in München und Wien. Er emigrierte vor dem Anschluss Österreichs in die USA und wurde Professor an der „Catholic University of America" und der „Georgetown University" in Washington, D. C. Er war ein Lehrer Frankls und führte diesen in die Philosophie Max Schelers ein. Später wandte er sich immer mehr der Philosophie zu.

15 Eduard Hitschmann (1871–1957), österreichischer Arzt und Psychoanalytiker, emigrierte vor dem Krieg in die USA. Er war Mitherausgeber der Internationalen Zeitschrift für Psychoanalyse und der erste Freud-Biograf.

16 Paul Schilder (1886–1940), ein österreichischer Arzt und Psychoanalytiker, emigrierte nach New York. Er war ein wichtiger Vermittler der Psychoanalyse in den USA.

17 Sigmund Freud (1856–1939), österreichischer Arzt und Psychotherapeut, Begründer der Psychoanalyse und Urvater der modernen Psychotherapie. Als zentrale Energie des Menschen sah Freud den Sexualtrieb (Libido) an, der in der therapeutischen Beziehung als Übertragung bemerkbar und behandelbar wird. Seine Unterdrückung führe zu Fehlentwicklungen (Neurosen) und Abwehrvorgängen. Anfangs durch Hypnose, später durch Traumdeutung (1900) gelang ihm ein systematischer Zugang zum Unbewussten. In seinem Menschenbild, das ein triebhaftes Es von einem reflektierten Ich und einem zensurierenden Über-Ich („Gewissen") unterscheidet, steht das Ich als integrierende Kraft zwischen dem verbietenden Über-Ich und dem nach Lustbefriedigung drängenden Es.

18 Frankl (1994, 246) gibt an dieser Stelle irrtümlich den Vornamen Ernst an, der aber der Sohn von Paul Federn und ebenfalls Psychoanalytiker war.

19 Pytell lehrte Geschichte an der Cooper-Union for the Advancement of Science and Art in New York. Er schrieb eine Doctor Thesis über das intellektuelle Leben Viktor Frankls.

20 Søren Kierkegaard (1813–1855), dänischer Theologe, Schriftsteller und Philosoph, Begründer der Existenzphilosophie. Er wandte sich von Hegel durch den zentralen Gedanken ab, dass die Synthese des Zwiespalts zwischen Endlichem und Unendlichem zur Bestimmung des Menschen gehöre und bleibende Aufgabe der Existenz sei. Sie könne nicht in der (nie zu erreichenden) Transzendenz zum Unendlichen erfolgen, wie Hegel annimmt. Menschsein sei Verhalten zur Unendlichkeit, Existenz sei durch Freiheit („Wahl einer selbst") und Angst geprägt.

21 Oswald Schwarz war bis zu seinem Austritt 1927 ein führender Vertreter der Individualpsychologie und ein Pionier der Psychosomatik.

22 43: Erwin Wexberg, Rudolf Dreikurs, Alexander Neuer (Frankl, 1994, 250) und Adlers Tochter Alexandra, mit der er in Amerika und als über Achtzigjähriger nochmals in Wien zusammentraf. Hingegen hatte er mit Adlers Sohn Kurt keinen Kontakt.

23 Frankl, 1994, 249; auch in (1946) 1982, 242, 25, 18; (1947) 1991, 42 f., 103

24 Der amerikanische Historiker Pytell (1997, 106) vertritt hingegen die Ansicht, dass „er sich 1928 Pötzl anschloß und Beratungszentren für arbeitslose und selbstmordgefährdete Jugendliche aufbaute". Pötzl war zu dieser Zeit Ordinarius für Psychiatrie in Wien und wurde ein väterlicher Freund Frankls – auf ihn wird noch öfter die Rede kommen.
Der Adler-Biograf Bernhard Handlbauer bemerkt, dass Frankl diese Jugendberatungsstellen gemeinsam mit einem gewissen Leopold Bock aufgebaut habe (Handlbauer, 1984, 166).

25 Ernst Kretschmer (1888-1964), deutscher Psychiater, Professor in Marburg (1926–1946) und Tübingen (1946-1959). Forschungen über den Zusammenhang von Körperbau und Charakter. Schuf die Typenlehre „Leptosom-Athlet-Pykniker". Hat anhaltende psychiatriegeschichtliche Bedeutung mit seiner Habilitationsschrift über den sensitiven Beziehungswahn und in seiner Forderung und Förderung von ärztlicher Psychotherapie auch im Bereich der Psychosen.

26 Josef Gerstmann (geb. 1887), Wiener Neurologe und Vorstand des neurologischen Krankenhauses Maria-Theresien-Schlössel. Nach ihm ist das Angularis-Syndrom (1927) benannt mit den Symptomen Fingeragnosie, Agraphie, Akalkulie und Rechts-links-Orientierungsstörung.

27 Pytell, 1997, 106

28 Vgl. seine Empfindung nach der Rückkehr aus den Lagern, wo er eine solche Bestimmung ausdrücklich formulierte (82).

29 Frankl schreibt beispielsweise: „Wenn ich in irgendeine fremde Stadt komme, habe ich ehrlich Schuldgefühle, wenn ich, sagen wir sightseeing unternehme, ohne zuvor einen Vortrag gehalten, mir also den Genuß auch verdient zu haben." (MS, 53)

30 Tendenziös und durch nichts belegt, ja nicht einmal durch die nähere Kenntnis der Person Frankls untermauert, ist die Behauptung des amerikanischen Historikers Pytell (1997, 111), dass es „wahrscheinlich" sei, „daß er diese Experimente auch deswegen durchführte, weil er damit sein eigenes Überleben zu sichern hoffte" – um in einer Fußnote noch anzumerken, dass sich „am Rande auch die Frage" stelle, „ob Frankl im Ansatz vielleicht schon von der nationalsozialistischen medizinischen Einstellung beeinflußt war, mit der Juden als bloße Experimentierobjekte entmenschlicht wurden" (ebd., 121). Pytell stellt nur eine Frage. Er unterstellt Frankl dies ja nicht. Es gibt auch keinen Hinweis, der eine solche Behauptung belegen würde. Aber für die gegenteilige Auffassung finden sich Hinweise: etwa wenn Frankl seine junge Tilly und seine Eltern mit einem fertigen Essen stehen lässt, sich ein paar Kaffeebohnen in den Mund stopft und zum Krankenhaus eilt, weil wieder ein Patient mit Schlafmittelvergiftung eingeliefert wurde (65). Und als Tilly nach seiner Rückkehr sich als Erstes nach dem Verlauf der Operation und nach dem Befinden des Patienten erkundigt, berührt Frankl das so sehr, dass er beschließt, sie zu heiraten. Sein ärztliches Ethos trat an vielen weiteren Beispielen im Laufe seines Lebens zutage, sodass in meinen Augen kein Zweifel daran besteht (z. B. Aufbau von Jugendberatungsstellen, psychohygienische Vorträge, kostenlose Telefongespräche mit suizidalen Menschen zum Teil in die USA und gelegentlich auf seine Kosten usw.). Dass Frankl bei seinen ärztlichen und therapeutischen Tätigkeiten von Sachlichkeit und von einem wissenschaftlichen Geist inspiriert war,

der emotionslos wirkt, mag vielleicht befremden und zu allerlei spekulativen Theorien Anlass geben, wie wir bei Pytell sehen.

31 1948 hat der Wiener Psychiater Erwin Ringel in Wien 745 Personen nach Suizidversuchen untersucht, um ihre psychische Verfassung vor dem Ereignis zu klären. Fast alle Untersuchten wiesen charakteristische Merkmale auf, die Ringel unter dem Begriff „präsuizidales Syndrom" zusammenfasste:
zunehmende Einengung, gehemmte Aggression, die sich zunehmend gegen die eigene Person richtet, Selbtsmordfantasien (Ringel, 1953).

32 Pytell (1997, 113) weist z.B. darauf hin, dass Berliner Ärzte darüber diskutierten, für jüdische Selbstmorde sogar Schlaftabletten bereitzustellen und Suizidanten das Sterben zu erlauben (Kwiet, 1993, 159 f.). Aus diesen unterschiedlichen Haltungen aber abzuleiten, dass die ärztlichen Bemühungen Frankls unglaubwürdig gewesen seien, wie es Pytell (ebd.) tut, ist zu kurz geschlossen. Dass andere (jüdische) Ärzte den (jüdischen) Suizid aus humanitären oder politischen Motiven unterstützten (weil dies als politischer Akt des Widerstands gegolten hat), untergräbt nicht die Glaubwürdigkeit von Frankls Haltung. Pytell geht sogar noch weiter und knüpft an diese Tätigkeit Frankls die Frage, wie weit dieser „in seiner Anpassung gegenüber den Nationalsozialisten" gegangen sei (ebd.). Er zieht den (nicht belegten) Schluss, dass die Nationalsozialisten seine Eingriffe bei Selbstmordpatienten unterstützt hätten und Frankl umgekehrt bereit gewesen sei, für sie zu arbeiten und „offenbar dankbar" gewesen wäre, „daß die Nationalsozialisten seine Bemühungen anerkannten" (ebd., 114). Sie hätten ihn ermutigt, diese Arbeit in der Schweiz zu publizieren, habe Frankl am 20. Februar 1972 in einer Vorlesung an der United States International University selbst gesagt. Er habe erklärt, die Nazis hätten gehofft, dass die Ergebnisse für die verletzten Soldaten an der Front hilfreich sein könnten.
Das würde Frankls ärztlichem Ethos durchaus entsprechen! Vertrat er doch die Ansicht (z.B. in Vorlesungen, Diskussionsrunden und oft mir gegenüber), dass er als Arzt die Verpflichtung habe, *jedem* Menschen ärztliche Hilfe zukommen zu lassen, ungeachtet seines Standes, seiner Religion, seiner politischen Einstellung oder moralischen Qualifikation. Er hätte und er hat auch Nationalsozialisten ärztlich behandelt (62). Pytell stellt hier Frankls Standpunkt einfach in Abrede und versucht ihn wegen seiner Auffassung moralisch abzuqualifizieren: „Letzten Endes war Frankl bereit, mit dem nationalsozialistischen Regime zusammenzuarbeiten, und trat offenbar nie in aktiven Widerstand" (Pytell 1997, 114). Frankls Form des Widerstandes war die Sabotage der Euthanasie, worauf wir gleich zu sprechen kommen.
Pytells Diskussion unterstreicht trotz ihrer nachweisbaren Tendenziosität die ethische Bedenklichkeit von diesen Interventionen Frankls. Dazu trugen die schwierige politische Lage, das medizinische Forschungsverständnis der damaligen Zeit (Pytell beschreibt es noch ausführlicher), Frankls persönliche Umstände, seine Persönlichkeitszüge und seine weltanschauliche Haltung bei. Aus all dem entstand das undurchschaubare Konglomerat einer Verhaltensweise. Sie rein auf einer oberflächlichen, politischen Ebene entschlüsseln zu wollen, entbehrt der ausreichenden Kenntnis der Person Frankls. Ihm aber seine weltanschauliche Haltung, die im Übrigen einer klassisch-traditionellen ärztlichen Ethik und allgemein-religiös fundierten

Achtung vor dem Leben entspringt, in Abrede zu stellen und nur auf Motive des politischen und persönlichen Vorteils zu reduzieren, geht an seiner Person vorbei. Pytell möchte Frankl in der zitierten Art „vielschichtig schuldig" sprechen (115), zu einem Opportunisten und Verdränger der Vergangenheit (115) stempeln, um ihn als Prototyp versäumter Aufarbeitung österreichischer Geschichte (98) zu verwenden.

33 Zitat nach mündlicher Mitteilung an Pareja, 1984, 30; Frankl erwähnt den ersten Teil des Traumes auch in seiner Autobiografie (14 f.) als Beispiel für seine Gefühligkeit und im Zusammenhang mit der Euthanasie Geisteskranker.

34 9./10. November 1938

35 13. Februar 1943

36 *Ärztliche Seelsorge*

37 Der Vortrag ist als Buchkapitel publiziert in dem Sammelband *Der Wille zum Sinn* (1991, 86–107).

38 Pötzls Verhältnis zur nationalsozialistischen Ideologie bleibt undurchsichtig. Pytell (1997, 105) gibt aufgrund von Pötzls NSDAP-Akte im Dokumentationsarchiv des Österreichischen Widerstandes an, dass er 1943 der Partei beigetreten sei. Er habe veranlasst, seinen Beitrittsantrag auf 1941 vorzudatieren. Auch habe er selbst behauptet, schon 1930 bis 1933 Beiträge an die NSDAP eingezahlt zu haben (damals war die Partei noch nicht verboten). 1938 habe er die Sterilisierung von Geisteskranken mit einer eugenischen Begründung befürwortet (d.h. mit Überlegungen, welche die Verbesserung des Erbgutes im Volk zum Inhalt haben). Mir scheint diese Äußerung allerdings zu schwach, um eine nationalsozialistische Gesinnung belegen zu können, die mehr als eine passive Kollaboration gewesen wäre.
Mit dem Verbot der Partei 1933 habe Pötzl die Zahlung von Mitgliedsbeiträgen eingestellt (Mitteilung des Psychiatriehistorikers Eberhard Gabriel vom 17. 12. 2018). Sowohl Frankl als auch Hoff hätten Pötzl eine politische Naivität zugeschrieben (ebd., Gabriel 2016, 38).

39 Wiederabgedruckt in 1994, 15–30

40 Beide sind heute zusammengefasst in dem Buch *Der leidende Mensch*, 1990.

41 Ludwig Binswanger (1881–1966), Begründer der Daseinsanalyse, die auf Edmund Husserls Phänomenologie und Martin Heideggers Fundamentalontologie beruht und somit auch eine existenzphilosophisch begründete Richtung der Psychotherapie darstellt und in manchen Grundkonzepten der Logotherapie und Existenzanalyse verwandt ist.

42 Ein ähnlicher Gedanke findet sich bei Hermann Broch (1953, 53): „Was aber war all dem Blute, all den Opfern, all den Qualen entgegenzuwerfen? Verse? *Waren Verse nicht zu wenig und doch zuviel?* Vermöchten Verse eine solche Welt zu ändern? ..." Der markierte Satz ist von Frankl persönlich unterstrichen worden.

43 Martin Heidegger (1889–1976), deutscher Philosoph, führender Vertreter der Existenzphilosophie, Professor in Marburg und Freiburg/Br. Er ging der aristotelischen Frage nach dem Sinn des Seins nach und versuchte ihn zunächst für das menschliche Sein, das „Dasein", zu finden. In *Sein und Zeit* (1927) entwickelte er die allgemeinen Charakteristika menschlichen Lebens, die „Existentialien". Der Mensch (das „Dasein") erschließe sich seine Welt durch „Sorge für sein Leben" und durch „Mit-

sein", „fürsorgend" für seine Mitwelt. Sein eigentliches Selbst sei ihm passiv in der „Befindlichkeit" erschlossen und aktiv im Sich-Verstehen in seinen Möglichkeiten für Wirklichkeit. Der Angst als Grundstimmung des Daseins werde der Mensch nur durch eine Vorwegnahme des Todes gerecht („Vorlaufen des Todes").

44 Karl Jaspers (1883–1969), deutscher Philosoph, führender Vertreter der Existenzphilosophie, zunächst Psychiater, dann Professor für Psychologie in Heidelberg, 1921–1937 Professor für Philosophie in Heidelberg, ab 1948 in Basel. Existenz ist für Jaspers eine „Möglichkeit des Daseins", von der es kein objektives Wissen gibt (im Unterschied zum Heidegger'schen Daseinsverständnis, das auf eine Daseinsontologie ausgerichtet ist). Die Erfahrung der Existenz ist mit der Erfahrung der Transzendenz unauflöslich verbunden. In den „Grenzsituationen" (Leid, Schuld, Tod, Kampf) wird ihm das „Umgreifende" bewusst und wird er zum „eigentlichen Sein" aufgerufen. Er beginnt nach dem „Absoluten" zu fragen („Existenzerhellung"). Dazu wird er auch durch den ersten Schritt der „Weltorientierung" angeleitet, in der er die Unmöglichkeit einer gesicherten, wissenschaftlichen Erkenntnis seiner Existenz in der Welt erfährt.

45 Medard Boss (1903–1990), Schweizer Arzt und Psychotherapeut, Begründer der Zürcher Schule der Daseinsanalyse. Jahrelange wissenschaftliche Zusammenarbeit mit dem deutschen Existenzphilosophen Martin Heidegger.

46 Josef Piper (1904–1997), deutscher Philosoph, Professor für philosophische Anthropologie in Münster (Westfalen).

47 Gabriel Marcel (1889–1973), französischer Philosoph und Schriftsteller, Hauptvertreter der französischen Existenzphilosophie. Die Grunderfahrung der Existenz ist bei Marcel die „zerbrochene Welt", die vor allem durch Sinnlosigkeit (und nicht durch Absurdität wie im französischen Existenzialismus) gekennzeichnet ist. Ursache der Zerbrochenheit sind das neuzeitliche vergegenständlichende Denken, die Verabsolutierung des Subjekts und seiner Autonomie, das Habenwollen (Besitz- und Machtstreben) und der Verlust des Bezugs zum Du, das nur noch als Objekt gesehen und behandelt wird. Das Sein ist seinem Wesen nach aber Geheimnis (mystère), das durch den „Akt der Sammlung" („recueillement") offenbar und erfahrbar wird. Die „Teilhabe am Sein" („participation") ist wesentliche Teilhabe am personalen Du des Mitmenschen.

48 Albert Camus (1913–1960), französischer Schriftsteller und Philosoph, 1957 Nobelpreis für Literatur, war ein Hauptvertreter des französischen Existenzialismus. Der Gedankengang von Camus' Werk enthält drei Schritte: Das *Absurde* (der Mensch verlangt nach Sinn, findet aber keinen Sinn vor). Gegen das Absurde kommt der Mensch in die *Revolte*, hat aber nur begrenzten Erfolg. Er erfährt jedoch, dass seine Einsamkeit von allen geteilt wird – die Revolte macht solidarisch. Diesen sinnstiftenden Freiraum gilt es gerecht aufzuteilen, weil er Grenzen hat. Er setzt ein *Maß*. Dem Nein zu Gott und zur Geschichte setzt er „Ja zum Leben" als Einsicht des Maßes gegenüber.

49 Jean-Paul Sartre (1905–1980), französischer Philosoph und Schriftsteller, war ein Hauptvertreter des französischen Existenzialismus. Zentral bei ihm ist der Begriff der Freiheit, der sich kein Mensch entziehen könne. Durch sie würden die „Dinge

an sich" zu „Dingen für mich", wodurch sie „zu sein haben, was sie sind". Für den konsequenten Atheisten ist der Mensch für sein Tun voll verantwortlich, weil alle Wertordnung seiner Freiheit entstammt. Engagement und bejahte Verantwortung für sein Tun sind die höchsten Formen des Seins.

50 Gordon Allport (1897–1967), amerikanischer Persönlichkeitspsychologe, lehrte von 1924–1930 Sozialethik, danach bis 1966 Psychologie an der Harvard University in Cambridge bei Boston, Massachusetts. Neben Fragen der Persönlichkeitspsychologie beschäftigte er sich mit Fragen der Diagnostik und mit der Psychologie des Vorurteils. Hauptwerke sind *Personality* (1937, deutsch: *Persönlichkeit*, 1949) und *Becoming* (1955, deutsch: *Werden der Persönlichkeit*, 1974).

51 Allport (1955) stellte die Eigenart, Eigenwelt und Einmaligkeit der Persönlichkeit heraus und befürwortete ein Menschenbild, das weder vom Lust-Unlust-Prinzip noch vom Reiz-Reaktions-Schema beherrscht werde. Seine Kritik an mechanistischen Vorstellungen innerhalb der Psychologie führten zur Forderung einer „Bluttransfusion" für die Persönlichkeitspsychologie, wofür die Existenzphilosophie in ihrer Betonung des Werdens („Becoming") und ihrer „weiteren und frischeren Sicht der Angst, des Mutes und der Freiheit" geeignet schien. Er hielt der Psychologie vor, dass sie „wenig zu sagen habe über das Nicht-Sein (Tod) und noch weniger über die Angst vor der scheinbaren Sinnlosigkeit der Existenz, die Tillich als die charakteristische Angst unserer Zeit beschreibt" (Allport, 1955, 79 f.).

52 Elisabeth Lukas, geboren 1942 in Wien, studierte 1965–1971 Psychologie in Wien bei Rohracher und Guttmann und verfasste die erste psychologische Dissertation über Logotherapie in Wien (1971). Ziel war die „experimentelle Verbindung der Logotherapie" (233), wofür in einer Voruntersuchung an 1000 Personen „jene Faktoren ermittelt worden sind, die zur persönlichen ‚Sinnfindung' des Menschen im Leben einen besonders großen Beitrag leisten" (ebd.). Sie erhielt neun „Sinngebungsfaktoren", wonach „eigenes Wohlergehen" und „Selbstverwirklichung" an erster Stelle standen (ebd.). Aufgrund dieser Ergebnisse wurde ein Fragebogen entwickelt, der „Logo-Test" (1986), der an 340 Personen (davon 55 psychiatrisch-neurologische Patienten) geeicht wurde.
Lukas war danach von 1973–1986 in Lebensberatungsstellen tätig und gründete 1986 das „Süddeutsche Institut für Logotherapie GmbH" in Fürstenfeldbruck bei München, wo sie seither auch Ausbildungen in Logotherapie anbietet. Sie war auch Gründungsmitglied der „Deutschen Gesellschaft für Logotherapie e. V.". Sie hat rund ein Dutzend Bücher über Logotherapie verfasst, in denen sie in einfacher und verständlicher Sprache die Logotherapie darzustellen weiß und vielseitige Lebenshilfe zu vermitteln versteht.

53 Joseph Fabry, geboren 1909 in Wien, hatte in Wien Jura studiert und emigrierte vor dem Krieg in die USA. Er war 24 Jahre lang Redakteur der University of California in Berkeley. Fabry stieß 1963 auf Frankls Buch *Mans's Search for Meaning* und traf Frankl im selben Jahr, als dieser in Berkeley einen Vortrag hielt. Fabry begann danach eine lebhafte Korrespondenz mit Frankl, bot Seminare an und gründete das „Institute of Logotherapy", das später mehrere Chapter in den USA hervorbrachte. Fabry gab auch das *International Journal for Logotherapy* heraus.

54 Das Viktor-Frankl-Institut (Langwiesengasse 6, 1140 Wien) „hat sich die Verbreitung der Logotherapie und Existenzanalyse zur Aufgabe gemacht. Zu den weiteren Zielen des Instituts gehören die wissenschaftliche Aufarbeitung des Viktor-Frankl-Archivs, einer bis 1945 zurückreichenden Sammlung von Manuskripten, Briefen, Filmen, Audio- und Videobändern; die Förderung des Informationsaustausches zwischen den in aller Welt bestehenden Instituten für Logotherapie und Existenzanalyse; die Abhaltung von Tagungen und Seminaren; die Herausgabe einer internationalen Zeitschrift" (aus dem Anhang in Viktor Frankl, 1994, 349). Das *Journal des Viktor-Frankl-Instituts* ist das offizielle Organ des gleichnamigen Instituts und „bietet Fachartikel über die theoretischen (psychologischen und philosophisch-anthropologischen) Grundlagen der Logotherapie sowie über die praktischen Aspekte ihrer Anwendung in Therapie, Beratung und Erziehung" (ebd.). Es erscheint zweimal jährlich, Chefredakteur ist Univ.-Prof. Dr. Franz J. Vesely. Dieser leitet gemeinsam mit Univ.-Prof. Dr. Eugenio Fizzotti von der Università Salesiana in Rom das „Internationale Dokumentationszentrum für Logotherapie und Existenzanalyse (Wien/Rom)", das die Gesamtbibliografie der von Frankl als logotherapeutische Literatur anerkannten Titel weltweit herausgibt.

Die Person

1 Leo Baeck hat dieses „Gebet um Versöhnung und Völkerfrieden" nach dem Krieg publiziert. Frankl erhielt eine Abschrift davon vom Frankfurter Rabbiner und Religionswissenschaftler Pinchas Lapide, den er sehr verehrte. In einer Ansprache zur Errichtung eines Gedenksteins beim ehemaligen Arbeitslager Kaufering III am 11. November 1984, wo Frankl selbst Häftling war und beinahe ums Leben gekommen wäre, nimmt Frankl darauf Bezug.

2 Dieser Absatz ist, soweit ich beim vergleichenden Lesen bemerken konnte, als einziger nicht in die neue Autobiografie übernommen worden.

3 Frankl schreibt in *Theorie und Therapie der Neurosen* (1956) am Ende des Buches (auf Seite 203): „Und doch bleibt es dabei, was ich in einem meiner englisch verfaßten und noch nicht ins Deutsche übersetzten Bücher (*The Will to Meaning*, 1969, New York, New American Library) sagte: daß die Psychoanalyse auch für die Psychotherapie der Zukunft die Grundlage sein wird, mag sie auch noch sosehr, wie jeder Baugrund, immer mehr dem Blick entschwinden, während das Gebäude dieser Psychotherapie der Zukunft auf ihr errichtet wird. So ist denn *Freuds* Beitrag zur Grundlegung der Psychotherapie unvergänglich, und so ist denn auch seine Leistung unvergleichlich ..." Anschließend bringt Frankl auch hier die Erzählung von Rabbi Löw.

4 Frankl schreibt (1991, 127), dass der „Narzißmus" der Menschheit gemäß einer Äußerung Freuds „dreimal einen schweren Schock erlitten habe: das erstemal durch die Lehre des Kopernikus, das zweitemal durch die von Darwin und das drittemal durch die von Freud selbst".

5 Zum Beispiel Adler, Pötzl, Soucek, Torellò u. a. Dass ausgerechnet der Witz, wo ein Mann mit seiner heimlichen Absicht, herauszubekommen, wo das Bordell ist, durch geschickte Tarnung zum Ziel kommt, Frankl Lieblingswitz ist (21), gehört vielleicht auch hierher – ebenso wie sein Wunsch, Logotherapie solle ein „Geheimtip" sein (MS, 121). Ob auch die Vorgangsweise, den Tod erst nach dem Begräbnis bekanntzugeben, damit zu tun hat?

6 Frankl brachte die folgenden Beispiel in den Ausbildungsgruppen der „Gesellschaft für Logotherapie und Existenzanalyse" in Wien, aber z. B. auch in einer Fragestunde am 13. Dezember 1990 bei einem großen Psychotherapiekongress in Anaheim, Kalifornien, vor rund 2000 Zuhörern.

7 Adolf Eichmann (1906–1962), deutscher SS-Obersturmbannführer, der als Leiter des Judenreferats die 1941 beschlossene „Endlösung der Judenfrage" durch Deportation in die Massenvernichtungslager leitete.

8 Auf Seite 27 berichteten wir, wie er als Fünfjähriger in der Sommerfrische an einem Morgen erwachte und „von dem unsäglich beglückenden und beseeligenden Gefühl durchflutet (war), geborgen, bewacht und behütet zu sein" (10) und im Aufblicken seinen Vater über sich gebeugt sah.

9 „Sei nicht zu gerecht und mache dich nicht zu weise! Warum willst du wahnsinnig werden?" (Prediger, Kapitel VII, Vers 16)

10 Das Zitat, auf das Frankl hier anspielt, lautet im vollen Wortlaut: „There, but for the grace of God, go I." – „Dort gehe ich, wenn mich nicht die Gnade Gottes beschützt hätte." Das Zitat stammt von einem gewissen John Bradford (1510–1555), der es von sich gegeben haben soll, als er zusah, wie man einen Verbrecher zum Schafott führte.

Von Frankl nicht angegeben, aber für den Sinn wichtig ist das „but" – es markiert den Schutz und bedeutet so viel wie „wenn es nicht die Gnade Gottes gäbe ... dann ...". Richtigerweise muss es auch heißen: „there go I" – Frankls Wendung „here I go" läuft auf eine andere Konnotation hinaus im Sinne von „in Gottes Namen, jetzt kann's losgehen".

11 Wir haben die Beispiele schon auf S. 107 besprochen, wo er der einen Frau eine Geschlechtskrankheit und der anderen eine Sexualpraktik auf den Kopf zusagte (MS, 15).

12 Zum besseren Verständnis des Verhältnisses von Gefühl und Intuition kann ein kleiner Exkurs in die existenzanalytische Motivationslehre dienen. Die Intuition ist nicht eigentlich Gefühlsleben, kann aber zum Gemütsleben gezählt werden. Sie ist eine tiefe Erkenntnisform, die anders als die rationale und intellektuelle ihre Wahrnehmung aus dem Einfühlen in das Objekt (und somit letztlich auf die Erfahrung bezogen) bezieht. Die Intuition ist am treffendsten als „Gespür" zu bezeichnen. Im Aufnehmen einer „Spur", einer „Witterung", verweist diese Empfindung über die Situation hinaus auf ein Geschehen oder auf einen Inhalt. Intuition ist Sachbezogenheit.

Das *Fühlen (Emotion und Affekt)* dagegen nimmt nicht auf eine solche Dynamik Bezug, sondern erschließt die Qualität des Zustandes – das, „wie" sich etwas „auf der eigenen Haut", im „eigenen Herzen" oder „im Bauch" anfühlt und sich im eigenen

Erleben auswirkt, wenn man es an sich herankommen lässt. Im Fühlen wird der Wahrnehmungsgegenstand auf das eigene Leben bezogen und hinsichtlich seiner lebensfördernden bzw. lebenshemmenden, vitalen Bedeutung bewertet (vgl. Längle, 1993a, b).

Während das Fühlen einen Selbstbezug und eine freie Psychodynamik voraussetzt, geht es im Spüren (in der Intuition) um ein intentionales, *von sich selbst absehendes Wahrnehmen*, das am Objekt und den mit ihm verbundenen Entwicklungen bleibt (wie z. B. bei einer Diagnose, einer gespannten Atmosphäre im Raum usw.). Max Scheler (1980, 262 ff.) bezeichnet sie als „intentionale Gefühle", die er von den „zuständlichen Gefühlen" unterscheidet. Ich selbst ziehe für das Erstere den Begriff „integrierende Emotion" (1993b) vor, da an jedem Gefühl, auch am „zuständlichen", eine Intentionalität feststellbar ist (beim „zuständlichen Fühlen" ist es das Bezogensein auf das eigene Befinden). Spüren und Intuition sind durch das „prälogische" („emotionale", die Qualitäten fühlende, nicht „diskursive") In-Verbindung-Bringen zahlreicher („synästhetischer") Wahrnehmungsinhalte gekennzeichnet. Durch die Zusammenschau (daher „integrierende Emotion") kann die inhärente Dynamik der anstehenden Entwicklung einer Situation gleichsam „abgelesen" werden.

13 Frankl, 1956, 135 ff.; 1959, 715 ff.; „Noogene" Neurosen sind nach Frankl seelische Krankheiten, deren Ursachen nicht in psychischen (Trieb-)Spannungen wurzeln, sondern in geistigen (Werte-)Konflikten, die sich in psychischen Spannungszuständen niederschlagen.

14 Zwar ist das „existentielle Vakuum" kein nosologischer und auch kein psychopathologischer Begriff, da er keine Krankheit beschreibt. Er sollte ein psychopathogenetischer Begriff sein, der eine Entwicklungsstufe zu seelischer Krankheit fasst. Aber er ist rein deskriptiv geblieben, beschreibt wie ein Foto nur ein Querschnittsbild, ohne dass klar wird, wie es zum Ausbleiben der Erlebniswerte (Mangel an Interesse) und schöpferischen Werte (Verlust von Initiative) kommt.

15 „Die Religiosität stellt mindest so sehr wie die Liebe eine wahre Intimität dar", schreibt Frankl im *Unbewußten Gott* (Frankl, 1979, 41).

16 Frankl, 1990, 231; Frankl übersetzt den berühmten Satz von Ludwig Wittgenstein, mit dem er seinen „Tractatus logico-philosophicus" abschließt, „aus dem Agnostischen ins Theistische": „worüber man nicht sprechen kann, darüber muß man schweigen" würde dann heißen: „von dem man nicht sprechen kann, zu dem muß man beten" (Frankl, 1982, 220).

17 Manche Kritiker bemängeln an der Logotherapie bzw. an der Art, wie sie manchmal gehandhabt wird, dass sie wie eine Ersatzreligion oder wie eine Sekte sei und dass Frankl zu einer Art Religionsstifter hochstilisiert werde. Dies ist wohl auch in diesem Zusammenhang zu sehen.

18 Martin Buber (1878–1965), jüdischer Religionsforscher und Religionsphilosoph, sah im dialogischen Prinzip die Grundlage des menschlichen Miteinander wie auch der Beziehung des Menschen zu Gott (*Ich und Du*, 1923). Er setzte sich für die Versöhnung zwischen Juden und Arabern und Juden und Deutschen ein.

19 Ferdinand Ebner (1882–1931), österreichischer Pädagoge und Kulturphilosoph, Vertreter einer dialogischen Philosophie, sah in der Ich-Du-Relation die zentrale Ge-

gebenheit menschlicher Existenz und wies damit manche Aspekte des christlichen Existentialismus von Gabriel Marcel voraus. Von der These der Einheit von Ich und Du im Wort entwickelte er eine religiös fundierte Sprachphilosophie.

20 Vgl. S. 60, wo er „ahnungslos" am Abend des Einmarsches der Hitlertruppen in Österreich einen Vortrag hielt.

21 Carl Rogers (1902–1987), amerikanischer Psychotherapeut, Begründer der Personzentrierten Psychotherapie („Gesprächspsychotherapie"), die durch ihre „nicht-direktive" Methodik bekannt wurde.

22 Pytell meint darin, Frankl habe mit dieser Bewegung ein politisches Interesse verbunden, kann es aber nicht belegen.

23 Dass Frankl angeblich im „christlichen Ständestaat" für die „führenden Vertreter des Goering-Instituts „in verschlüsselter Form" zwei Monate vor dem Anschluss Österreichs geworben hat (Pytell, 1997, 106), ist eine Verdrehung der Tatsachen. Immerhin vertrat diese Zeitschrift eine antinationalsozialistische Orientierung, wie Pytell selbst zugibt. Vielleicht ist der Amerikaner Pytell der deutschen Sprache nicht mächtig. Hätte er die Arbeit über die *Seelenärztliche Selbstbesinnung* gelesen (sie ist sogar wiederabgedruckt in Frankl, 1994, 31–35), dann hätte er sich vom Gegenteil überzeugen lassen müssen. Frankl spricht sich zwar für eine Einbeziehung von Weltanschauung und Wertproblemen in die psychotherapeutische Arbeit aus. Eine solche Forderung kann im Jahr 1938 schon nervös machen. Aber Frankl *warnt* genau vor diesem Dilemma des Psychotherapeuten, der dadurch in Gefahr stehe, einen weltanschaulichen Oktroi auf die Patienten auszuüben, was auf jeden Fall zu vermeiden sei. Er führt einige Zitate an, die diese Gefahr insbesondere nationalsozialistischer Beeinflussung der Patienten belegen. Als Exempel, wie es gerade *nicht* sein sollte, zitierte er den eben genannten Prof. M. H. Göring und stellte ihm „selbstkritische Psychotherapeuten" gegenüber, die vor solchem Vorgehen warnten. Um nicht alleine dazustehen, brachte er ein Zitat von einem gewissen Wladimir Eliasberg: „Es kann nicht die Aufgabe der Psychagogik sein, der leidenden Persönlichkeit einen ihr fremden Wert aufzuzwingen." (33) Frankl selbst hat auch im Zentralblatt für Psychotherapie 1938 (Nr. 10, S. 33–45) versucht, das Dilemma zwischen der Notwendigkeit, auf weltanschauliche Fragen und damit auf Wertprobleme einzugehen, aber absolut jeden Oktroi zu vermeiden, zu lösen. Er wiederholte die Essenz daraus auch in diesem Artikel im christlichen Ständestaat: „es ist nur nötig, auf einen Wert zurückzugreifen, der als formaler ethischer Wert noch keine Richtung auf konkrete Werte impliziert: auf den Wert der *Verantwortlichkeit*!" (34).

24 Wie mir Nadine Hauer, eine Biografin Strotzkas, am 1. November 1998 mitteilte, war Strotzka in den 1930er-Jahren als Mittelschüler Mitglied der in Österreich damals illegalen Nationalsozialisten geworden und hatte die Partei auch nach dem „Anschluss" Österreichs nicht verlassen. Bei der SS war Strotzka hingegen nie. –

25 Vgl. auch Frankls versöhnliche Haltung gegenüber Heidegger nach dessen Besuch in Wien, dessen Wandlung der Gesinnung ihm glaubhaft war (S. 88 ff/106). – Die NSDAP-Zugehörigkeit seines verehrten Lehrers Pötzl hatte Frankl nie ernst genommen, da er ihn für einen völlig apolitischen Menschen hielt. Auch in Kurt Waldheim

sah er keinen Nationalsozialisten, auch nicht in der Zeit der Waldheimaffäre oder danach (vgl. S. 29, FN 36; S. 189).

26 Experiment von S. Milgram (1974), das die menschliche Bereitschaft zum Gehorsam bei der Ausübung von Grausamkeiten belegt: Die Versuchsperson ist angehalten, einem „Schüler“, der angeblich Fehler macht, bei jedem Fehler eine dosierte Strafe durch einen elektrischen Schlag zu verabreichen. Die Stärke des Schlages sollte entweder höher oder niedriger sein, als die Versuchspersonen selbst für sich bei einer Probe am eigenen Leib tolerierten. In den meisten Fällen bestand ein deutlicher Unterschied zwischen der verabreichten Schlagstärke und der selbst tolerierten Stärke.

Das Werk

1 (Frankl 1959, 663) – In älteren Schriften hat Frankl die Existenzanalyse auch noch als „Analyse der konkreten Person“ (Frankl, 1997, 61) beschrieben, die den „Kranken bis zum radikalen Erlebnis seiner Verantwortung“ (Frankl, 1982, 222) führen solle. Von der Auffassung, *Existenzanalyse als Psychotherapie* zu bezeichnen, hat Frankl ab 1959 jedoch abgelassen und sie nur noch als Anthropologie und Theorie zur Logotherapie bezeichnet. Ab den 1960er-Jahren hat Frankl den Begriff Existenzanalyse nicht mehr verwendet, um nicht zu Verwechslungen mit der Daseinsanalyse Anlass zu geben (Frankl/Kreuzer, 1986, 19). Von da ab sprach er von *Logotheorie* (z. B. 1974/1997, 30; 1979b, 199; 1994, 282; 1995, 54). 1983 wurde für die Ausbildung in Wien wieder der Begriff Existenzanalyse verwendet (vgl. Längle, 1996, 198). Frankl griff ihn in der Folge nach 1987 wieder auf und stellte ihn neben den von ihm bevorzugten Begriff „Logotherapie“. Existenzanalyse fand eine gute Akzeptanz, während Logotherapie oft mit „Logopädie“, einem Sprachheilverfahren, verwechselt wird. Auch wird Logotherapie mit „Logik“ in Verbindung gebracht und als „Therapie durch Logik“ verstanden. Frankl selbst hat schon 1959 (663) auf diesen möglichen Irrtum hingewiesen.

2 (Frankl, 1991, 105) – Die Formulierung könnte von J. Goldbrunner stammen, der schon 1949 in seinem Buch *Individuation* auf S. 105 schrieb: „Jung lehrt im Seelenhaus heimisch werden, aber er sperrt darin ein; die Türe zur Transzendenz ist verstellt.“ (zitiert nach Lersch, 1966, 636 f.)

3 Wicki Beda (1991): *Die Existenzanalyse von Viktor E. Frankl als Beitrag zu einer anthropologisch fundierten Pädagogik*. In seinem ersten und zweiten Teil zeigt er die großen Anteile der Scheler'schen Anthropologie an der Existenzanalyse auf.

4 Dass dies mehr als ein mechanischer Reflex ist, wird daraus ersichtlich, dass jemand unter Umständen (z. B. in Gegenwart anderer Menschen) *nicht* weint, sondern die Tränen zurückhält, was beim Zwiebelschneiden aber keinesfalls möglich ist. – Was der Verlust *verursacht*, ist ein seelischer Schmerz – der Umgang mit ihm und seine Verarbeitung sind aber personale Prozesse und kommen daher im Bereich der Freiheit zu liegen: Die Tränen sind „bedingt“ durch den Schmerz, aber nicht unausweichlich festgelegt, eben nicht „bestimmt“. Denn dann hätten sie keinen Ausdrucks-

charakter mehr, würden nichts „bedeuten“, wären nur ein physiologischer oder psychischer Reflex.

5 Psychologismus wäre es jedoch, wenn wir behaupteten, die Logotherapie wäre „nichts weiter“ als ein Abreagieren von Spannungen aus der Persönlichkeitsstruktur Frankls oder aus der Biografie. Dann hätte die Logotherapie einen rein subjektiven Zweck für die Psychohygiene Frankls zu erfüllen gehabt. Dann wäre es auch nur zufällig möglich, dass andere an ihr etwas Wertvolles finden würden. Damit erhielte das Werk lediglich Nutzwertcharakter und würde seinen Eigenwert verlieren. Das Schaffen Frankls hätte einem finalistischen Zweck gedient, aber keinen intentionalen, das Subjekt überschreitenden, selbsttranzendenten Sinn gehabt. Dass sein Werk auch seiner eigenen Psychohygiene diente, hat Frankl selbst zugegeben. Logotherapie deshalb aber nur als „Frankl'sche Psychohygiene“ auszugeben, wäre der psychologistische Fehlschluss. Denn die Logotherapie ist ein Werk, das unabhängig von ihrem Autor Wert und Bestand hat und auch anderen Menschen hilfreich ist.

Ausblick

1 Wyss bezieht sich ausschließlich auf Frankls *Der unbewußte Gott*.

2 Uwe Böschemeyer hat in den Psychotherapien an seinem Hamburger Institut für „Integrative Logotherapie“ ebenfalls kurz zuvor biografisch zu arbeiten begonnen.

3 Telefonische Mitteilung von Frankl an den Autor am 10. März 1991, die er mit dem Satz abschloss: „Das heißt nicht, daß ich im Recht bin.“ Außerdem denke er nicht daran, „unsere freundschaftlichen Beziehungen irgendwie zu beenden“. Dennoch hat Frankl von diesem Tag an nie mehr bei mir angerufen, und auch ich habe nur noch wenige Male zu besonderen Anlässen mit ihm telefoniert.

Literatur

Allport, Gordon (1955): *Becoming. Basic Considerations for a Psychology of Personality.* New Haven, Yale Univ. Press.

Ascher, Michael (1997): *Viktor Frankl: An Unforgetable Encounter.* Existenzanalyse (Wien) 14, 3, 11–12.

Becker, Peter (1982): *Psychologie der seelischen Gesundheit. Theorien, Modelle, Diagnostik.* Band I. Göttingen, Hogrefe.

Bentwich, N. (1978): *The Destruction of the Jewish Community in Austria 1938–1942.* In: Fraenkel, J. (Hg.): The Jews of Austria. New York (zit. nach Pytell, 1997).

Böckmann, Walter (1984): *Wer Leistung fordert, muß Sinn bieten. Moderne Menschenführung in Wirtschaft und Gesellschaft.* Düsseldorf, Econ.

Böschemeyer, Uwe (1977): *Die Sinnfrage in der Psychotherapie und Theologie.* Berlin, de Gruyter.

Böschemeyer, Uwe (1988): *Mut zum Neubeginn. Logotherapeutische Beratung in Lebenskrisen.* Freiburg, Herder.

Böschemeyer, Uwe (1996): *Dein Unbewußtes weiß mehr, als du denkst.* Freiburg, Herder.

Boss, Medard (1987) (Hg.): *Martin Heidegger – Zollikoner Seminare. Protokolle – Gespräche – Briefe.* Frankfurt/M., Klostermann.

Broch, Hermann (1953): *Die Heimkehr des Vergil.* Die Neue Rundschau 64, 1, 53.

Bühler, Charlotte (1962): *Psychologie im Leben unserer Zeit.* München, Droemersche Verlagsanstalt.

Bühler, Charlotte/Allen, Melanie (1983): *Einführung in die humanistische Psychologie.* Frankfurt/M., Klett-Cotta, Ullstein.

Caruso, Igor (1947): *Die Krise der Tiefenpsychologie. Von Sigmund Freud zu Viktor Frankl.* In: Wort und Wahrheit 1, 714.

Crumbaugh, James C./Maholick, Leonard T. (1969): *The Purpose in Life Test.* Munster, Indiana, Psychometrics Affiliates.

Crumbaugh, James C./Wood, William M./Wood, Chadwick W. (1980): *Logotherapy. New Help for Problem Drinkers.* Chicago, Nelson-Hall.

Daim, Wilfried (1951): *Umwertung der Psychoanalyse.* Wien, Herold.

Fabry, Joseph (1979): *Sharing Groups.* In: Fabry, Joseph B./Bulka, Reuven P./Sahakian, William S. (Hg.) Logotherapy in Action. New York, Aronson, 161–170.

Fabry, Joseph (1985): *Wege zur Selbstfindung. Wie man jedem Tag seinen Sinn gibt.* Freiburg, Herder.

Fabry, Joseph/Lukas, Elisabeth (1995): *Auf den Spuren des Logos. Briefwechsel mit Viktor E. Frankl.* Berlin, Quintessenz.

Fintz, A. S. (2004): Beratung als existentielle Kunst. Eine Annäherung an Viktor Frankl mit Karl Jaspers. In: Existenz und Logos. Zeitschrift für sinnzentrierte Therapie, Beratung, Bildung. Heft 1, 88–109.

Fintz, A. S. (2006): Die Kunst der Beratung. Jaspers' Philosophie in Sinn-orientierter Beratung. Bielefeld: Sirius.

Fizzotti, Eugenio (1970): *Viktor E. Frankl.* Sonderdruck aus: Orientamenti Pedagogici 17, 3.

Fleckenstein, Karl-Heinz (1975): *Am Fenster der Welt.* München, Neue Stadt.

Frankl, Viktor (1924): *Zur mimischen Bejahung und Verneinung.* Internationale Zeitschrift für Psychoanalyse 10, 437–438.

Frankl, Viktor (1925): *Psychotherapie und Weltanschauung. Zur grundsätzlichen Kritik ihrer Beziehungen.* Internationale Zeitschrift für Individualpsychologie 3, 250–252.

Frankl, Viktor (1935): *Ein häufiges Phänomen bei Schizophrenie.* Zeitschrift für Neurologie und Psychiatrie 152, 161–162.

Frankl, Viktor (1938): *Zur geistigen Problematik der Psychotherapie.* Zentralblatt der Psychotherapie 10, 33–45.

Frankl, Viktor (1942): *Pervitin intrazisternal.* Ars Medici, 1, 58–60.

Frankl, Viktor (1956): *Theorie und Therapie der Neurosen.* München, Reinhardt (8. Auflage 1999).

Frankl, Viktor (1959): *Grundriß der Existenzanalyse und Logotherapie.* In: Frankl, V./v. Gebsattel, V./Schultz, J. H. (Hg.): Handbuch der Neurosenlehre und Psychotherapie, Bd. III. München, Wien, Urban & Schwarzenberg, 663–736.

Frankl, Viktor (1967): *Psychotherapy and Existentialism.* Selected Papers on Logotherapy. New York, Simon & Schuster.

Frankl, Viktor (1971): *Psychotherapie für den Laien.* Freiburg, Herder.

Frankl, Viktor (1975): *Interview mit V. Frankl.* In: Fleckenstein, K. H.: Am Fenster der Welt. München, Neue Stadt.

Frankl, Viktor (1977): *... trotzdem Ja zum Leben sagen.* München: Kösel. Ab 1982: Frankfurt/M., dtv TB 10023.

Frankl, Viktor (1979): *Der unbewußte Gott. Psychotherapie und Religion.* München, Kösel (5. Auflage).

Frankl, Viktor (1997b): *Der Mensch vor der Frage nach dem Sinn. Eine Auswahl aus dem Gesamtwerk.* München: Piper (9. Auflage 1997: Serie Piper 289).

Frankl, Viktor (1983): *Die Sinnfrage in der Psychotherapie.* München, Piper (7. Auflage 1997: Serie Piper 177).

Frankl, Viktor (2004): *Das Leiden am sinnlosen Leben.* Freiburg, Herder (7. Auflage).

Frankl, Viktor ([1946] 1982): *Ärztliche Seelsorge.* Wien, Deuticke (ab 1987: Frankfurt/M.: Fischer).

Frankl, Viktor (1984): *Die Begegnung der Individualpsychologie mit der Logotherapie.* In: Frankl, V. (1994): Logotherapie und Existenzanalyse. Texte aus sechs Jahrzehnten. München, Quintessenz, 245–258.

Frankl, Viktor (1985): *Logos, Paradox and the Search for Meaning.* In: Mahoney, M./Freeman, A. (Hg.): Cognition and Psychotherapy. New York, London, Plenum, 259 ff.
Frankl, Viktor (1986): *Diskussion mit V. Frankl.* In: Längle, A. (Hg.): Der Wille zum Sinn. Wien, Tagungsbericht der Gesellschaft für Logotherapie und Existenzanalyse, 1, 1, 41–51.
Frankl, Viktor (1987): *On the Meaning of Love.* International Journal of Logotherapy, 10, 1, 5–8.
Frankl, Viktor (1988): *Interview*. Samstag, 40, 1. Oktober 1988.
Frankl, Viktor ([1975] 1990): *Der leidende Mensch. Anthropologische Grundlagen der Psychotherapie.* München, Piper.
Frankl, Viktor ([1972] 1991): *Der Wille zum Sinn. Ausgewählte Vorträge über Logotherapie.* München, Piper (3. Auflage).
Frankl, Viktor (1994): *Logotherapie und Existenzanalyse. Texte aus sechs Jahrzehnten.* München, Quintessenz (früher Piper).
Frankl, Viktor (1995): *Was nicht in meinen Büchern steht. Lebenserinnerungen.* München, Quintessenz (2. Auflage 1995).
Frankl, Viktor ([1947] 1997): *Die Psychotherapie in der Praxis.* München, Piper (6. Auflage).
Frankl, Viktor/v. Gebsattel, Viktor/Schultz, Johannes (1972) (Hg.): *Grundzüge der Neurosenlehre.* München, Urban & Schwarzenberg.
Frankl, Viktor/Kreuzer, Franz (1997): *Im Anfang war der Sinn. Von der Psychoanalyse zur Logotherapie. Ein Gespräch.* München, Piper (3. Auflage).
Frankl, Viktor/Längle, Alfried (1991): *Prof. Viktor E. Frankl legt seinen Ehrenvorsitz in der GLE zurück.* Bulletin der GLE 8, 2, Mai 1991, 3–4.
Gabriel E (2016): *Zum Wiederaufbau des akademischen Lehrkörpers in der Psychiatrie in Wien nach 1945.* In: Gabriel E, Dietrich-Daum E, Lobenwein E, Watzka C (Hrsg.) Virus. Beiträge zur Sozialgeschichte der Medizin, Bd. 14. Leipzig: Leipziger Universitätsverlag, 35–78.
Garfield, Sol L./Bergin, Allen E. (1986) (Hg.): *Handbook of Psychotherapy and Behavior Change.* New York, John Wiley & Sons.
Görres, Albert (1978): *Kennt die Psychologie den Menschen? Fragen zwischen Psychotherapie, Anthropologie und Christentum.* München, Piper.
Grawe, Klaus/Donati, Ruth/Bernauer, Friederike (1994): *Psychotherapie im Wandel. Von der Konfession zur Profession.* Göttingen, Hogrefe.
Greenburg, D. (1984): *How to be a Jewish Mother.* Los Angeles: Price Stern Sloan.
Gstrein, H. (1984): *Jüdisches Wien.* Wien, Herold.
Handlbauer, Bernhard (1984): *Die Entstehungsgeschichte der Individualpsychologie Alfred Adlers.* Wien, Geyer.
Hofstätter, Peter R. (1948): *Einführung in die Tiefenpsychologie.* Wien, Braunmüller.
Hofstätter, Peter R. (1957): *Psychologie*. Frankfurt/M., Fischer.
Jaspers, K. (2016): 1. Korrespondenzen. Briefwechsel. Psychiatrie, Medizin und Naturwissenschaften. Bormuth M, v. Engelhardt D (Hrsg.). Göttingen: Wallstein.
Keller, Wilhelm (1954): *Psychologie und Philosophie des Wollens.* München, Reinhardt.

Kocourek, Kurt/Niebauer, Eva/Polak, Paul (1959): *Ergebnisse der klinischen Anwendung der Logotherapie.* In: Frankl, Viktor/v. Gebsattel, Viktor/Schultz, Johannes (Hg.): Handbuch der Neurosenlehre und Psychotherapie, Band III, München, Urban & Schwarzenberg, 737–764.

Kolbe, Christoph (1986): *Heilung oder Hindernis. Religion bei Freud, Adler, Fromm, Jung und Frankl.* Stuttgart, Kreuz.

Kolbe, Christoph (Hg.) (1992): *Biographie. Verständnis und Methodik biographischer Arbeit in der Existenzanalyse.* Wien, GLE-Verlag.

Koss, Mary P./Butcher, James (1986): *Research on Brief Psychotherapy.* In: Garfield, Sol L./Bergin, Allen E. (Hg.) Handbook of Psychotherapy and Behavioral Change. New York, Wiley, 627–671.

Kunert, Rudolf (1998): *Gewalt im Traum.* Existenzanalyse (Wien) 15, 1, 4–10.

Kurz, Wolfram (1987): *Ethische Erziehung als religionspädagogische Aufgabe.* Göttingen, Vandenhoeck & Ruprecht.

Kurz, Wolfram (1995): *Das Verhältnis von Logotherapie und Entwicklungspsychologie.* In: Kurz, Wolfram/Sedlak, Franz (Hg.): Kompendium der Logotherapie und Existenzanalyse. Tübingen, Verlag Lebenskunst.

Kwiet, K. (1993): *Suicide in the Jewish Community.* In: Leo Baeck Yearbook 38 (zit. nach Pytell, 1997).

Längle, Alfried (1984): *Das Seinserlebnis als Schlüssel zur Sinnerfahrung.* In: Frankl, V. (Hg.): Sinnvoll heilen. Freiburg, Herder, 47–63.

Längle, Alfried (1985) (Hg.): *Wege zum Sinn. Logotherapie als Orientierungshilfe.* München, Piper.

Längle, Alfried (1988) (Hg.): *Entscheidung zum Sein. Viktor E. Frankls Logotherapie in der Praxis.* München, Piper.

Längle, Alfried (1992): *Die biographische Vorgangsweise in der Personalen Existenzanalyse.* In: Kolbe, Christoph (Hg.): Biografie. Wien, GLE-Verlag, 9–33.

Längle, Alfried (1993a): *Wertberührung.* In: Längle, A. (Hg.): Wertbegegnung. Phänomene und methodische Zugänge. Wien, GLE-Verlag, 22–59.

Längle, Alfried (1993b): *Glossar zu den Emotionsbegriffen.* In: Längle, A. (Hg.): Wertbegegnung. Phänomene und methodische Zugänge. Wien, GLE-Verlag, 161–173.

Längle, Alfried (1993c): *Personale Existenzanalyse.* In: Längle, A. (Hg.): Wertbegegnung. Phänomene und methodische Zugänge. Wien, GLE-Verlag, 133–160.

Längle, Alfried (1994): *Sinn-Glaube oder Sinn-Gespür? Zur Differenzierung von ontologischem und existentiellem Sinn in der Logotherapie.* Bulletin der GLE-Wien, 11, 2, 15–20.

Längle, Alfried (1996): *Kritik, Bedeutung und Stellenwert der Selbsterfahrung in Logotherapie und Existenzanalyse.* Psychotherapie Forum, 4, 4, 194–202.

Längle, Alfried/Orgler, Christine (1993): *Existenzskala.* Wien, GLE-Verlag.

Längle, Alfried/Probst, Christian (1997) (Hg.): *Süchtig sein. Entstehung, Formen und Behandlung von Abhängigkeiten.* Wien, Facultas.

Lersch, Philipp (1966): *Aufbau der Person.* München, Barth (10. Auflage).

Lukas, Elisabeth (1971): *Logotherapie als Persönlichkeitstheorie.* Unveröffentlichte Dissertation an der Philosophischen Fakultät der Universität Wien.

Lukas, Elisabeth (1980): *Auch dein Leben hat Sinn. Logotherapeutische Wege zur Gesundung.* Freiburg, Herder.
Lukas, Elisabeth (1981): *Der Widerstand aus der Sicht der Logotherapie.* In: Petzold, H. (Hg.): Widerstand. Ein strittiges Konzept in der Psychotherapie. Paderborn, Junfermann-Verlag, 191–207.
Lukas, Elisabeth (1983): *Von der Tiefenpsychologie zur Höhenpsychologie. Logotherapie in der Beratungspraxis.* Freiburg, Herder.
Lukas, Elisabeth (1984): *Logotherapie auf der Suche nach Sinn.* In: Petzold, H. (Hg.): Wege zum Menschen. Methoden und Persönlichkeiten moderner Psychotherapie. Ein Handbuch, Band I. Paderborn, Junfermann.
Lukas, Elisabeth (1986a): *Von der Trotzmacht des Geistes. Menschenbild und Methoden der Logotherapie.* Freiburg, Herder.
Lukas, Elisabeth (1986b): *Logo-Test. Test zur Messung von „innerer Sinnerfüllung" und „existentieller Frustration".* Wien, Deuticke.
Masters, William/Johnson, Virginia E. (1973): *Anorgasmie und Impotenz.* Frankfurt/M., Goverts, Krüger, Stohlberg.
Milgram, S. (1974): *Das Milgram-Experiment.* Reinbek/H., Rowohlt.
Morgan, John H. (1983): *Personal Meaning as Therapy: The Roots and Branches of Frankl's Psychology.* Pastoral Psychology, 31, 3, 184–192.
Moser, Georg (1978): *Wie finde ich zum Sinn des Lebens?* Freiburg, Herder.
Oro, Ricardo (1997): *Persona y Personalidad.* Buenos Aires, Fundacion Argentina de Logoterapia.
Pareja, Guillermo (1987): *Viktor E. Frankl. Communicación y resistencia.* Tlahuapan (Puebla, Mexico), Premià.
Peek, Stephan (1991): *Suizid und Seelsorge. Die Bedeutung der anthropologischen Ansätze V. E. Frankls und P. Tillichs für Theorie und Praxis der Seelsorge an suizidgefährdeten Menschen.* Stuttgart, Calwer.
Phillips, E. L./Weiner, D. N. (1966): *Short-term Psychotherapy and Structural Behavior Change.* New York, McGraw-Hill.
Popa, Wilhelmine (1992): *Existentielles Bild-Erleben.* Bulletin der GLE, Wien, 9, 2, 8–10.
Pytell, Timothy (1997): *Was nicht in seinen Büchern steht. Bemerkungen zur Auto-Biographie Viktor Frankls.* Werkblatt, Zeitschrift für Psychoanalyse und Gesellschaftskritik (Salzburg), 39, 2, 95–121.
Quittmann, Helmut (1985): *Humanistische Psychologie.* Göttingen, Hogrefe.
Ringel, Erwin (1953): *Der Selbstmord.* Wien, Maudrich.
Sartre, Jean-Paul (1946): *L'être et le néant. Essai d'ontologie phénoménologique.* Paris, Gallimard.
Scheler, Max (1980): *Der Formalismus in der Ethik und die materiale Wertethik.* Bern, Franke (6. Auflage).
Scheler, Max (1986): *Die Stellung des Menschen im Kosmos.* Bonn, Bouvier (11. Auflage).
Schorske CE (1985) : *Fin-de-Siècle Vienna. Politics and Culture.* Cambridge: Cambridge University Press.

Seifert, Theodor/Waiblinger, Angela (1993) (Hrsg.): *Die 50 wichtigsten Methoden der Psychotherapie, Körpertherapie, Selbsterfahrung und des geistigen Trainings.* Stuttgart: Kreuz (2. Auflage).

Seltzer, L. F. (1986): *Paradoxical Strategies in Psychotherapy.* New York, Wiley.

Soucek, Wilhelm (1948): *Die Existenzanalyse Frankls, die dritte Richtung der Wiener Psychotherapeutischen Schule.* Deutsche Medizinische Wochenschrift, 73, 594.

Spiel, Hilde (1994): *Glanz und Untergang.* Wien 1866 bis 1938. München, dtv 30422.

Stern, E. (1974): *Die letzten zwölf Jahre Rothschild-Spital.* Wien, Europäischer Verlag.

Straus, Erwin (1930): *Geschehnis und Erlebnis.* Berlin, Springer (Reprint 1978).

Straus, Erwin (1936): *Vom Sinn der Sinne. Ein Beitrag zur Grundlegung der Psychologie.* Berlin, Springer (Reprint 1978 der 2. Auflage von 1956).

Stumm, Gerhard/Wirth, Beatrix (1994) (Hg.): *Psychotherapie. Schulen und Methoden. Eine Orientierungshilfe für Theorie und Praxis.* Wien, Falter (2. Auflage).

Takashima, Hiroshi (1977): *Psychosomatic Medicine and Logotherapy – Health Through Noo-Psychosomatic Medicine.* Berkeley, Ca., Inst. Logotherapy Press.

Takashima, Hiroshi (1987): *Humanistic Psychosomatic Medicine – A Logotherapy Book.* Berkeley, Ca., Inst. Logotherapy Press.

Titze, Michael (1985): *Frankl und die Individualpsychologie. Anmerkungen zur Konvergenz zweier Wiener Schulen der Psychotherapie.* In: Längle, A. (Hg.): Wege zum Sinn. München, Piper, 34–54.

Titze, Michael/Eschenröder, Christof (1998): *Therapeutischer Humor. Grundlagen und Anwendungen.* Frankfurt/M., Fischer.

Torberg, Friedrich (1980): *Die Tante Jolesch oder der Untergang des Abendlandes in Anekdoten.* Frankfurt/M., dtv (5. Auflage).

Vesely-Frankl, Gabriele (1996): *„Laßt Frankl aus dem Spiel!“* Profil, 4, 22. Jänner 1996.

Wicki, Beda (1991): *Die Existenzanalyse von Viktor E. Frankl als Beitrag zu einer anthropologisch fundierten Pädagogik.* Bern, Haupt.

Wimmer, Kurt (1979): *Univ.-Prof. Dr. Viktor E. Frankl.* In: Österreicher, die der Welt gehören. Herausgegeben von der Mobil Oil Austria (limitierte Geschenkausgabe).

Winklhofer, Wasiliki (1997): *Das Gute soll zählen. Nachruf auf V. Frankl.* Existenzanalyse (Wien), 14, 3, 9.

Wyss, Dieter (1993): *Die tiefenpsychologischen Schulen von den Anfängen bis zur Gegenwart. Entwicklung, Probleme, Krisen.* Göttingen, Vandenhoeck & Ruprecht.

Yalom, Irvin D. (1980): *Existential Psychotherapy.* New York, Basic Books.

Namensregister

Sachregister